谨以本书纪念王云五先生诞辰 130 周年

苦斗与壮游

金炳亮 著

王云五评传

SPM
南方出版传媒
广东人民出版社
·广州·

图书在版编目（CIP）数据

苦斗与壮游：王云五评传/金炳亮著. —广州：广东人民出版社，2018.8
ISBN 978 - 7 - 218 - 12493 - 3

Ⅰ.①苦… Ⅱ.①金… Ⅲ.①王云五（1888—1979）— 评传
Ⅳ.①K825.42

中国版本图书馆 CIP 数据核字（2018）第 001827 号

KUDOU YU ZHUANGYOU：WANG YUNWU PINGZHUAN

苦斗与壮游：王云五评传

金炳亮　著

出 版 人：肖风华

责任编辑：卢雪华　廖智聪　李尔王
装帧设计：李桢涛
责任技编：周　杰　周星奎
出版发行：广东人民出版社
地　　址：广州市大沙头四马路 10 号（邮政编码：510102）
电　　话：（020）83798714（总编室）
传　　真：（020）83780199
网　　址：http：//www.gdpph.com
印　　刷：广州市浩诚印刷有限公司
开　　本：787mm×1092mm　1/16
印　　张：30.75　　插　页：1　　字　数：386 千
版　　次：2018 年 8 月第 1 版　2018 年 8 月第 1 次印刷
定　　价：78.00 元

如发现印装质量问题，影响阅读，请与出版社（020 - 83795749）联系调换。
售书热线：（020）83795240

序一

林家有

　　王云五是历史文化名人，祖籍广东香山县（今中山市），与伟大的中国民主革命先行者孙中山是同县人。王云五的父亲是外国洋行在上海的买办，所以他出生在上海，幼年虽回广东香山故乡生活几年，他懂粤语、喜欢粤菜，但因他出生在上海、成长在上海，做事和成名也在上海，上海人的精明、包容、善思、刻苦的品性对他的成长影响很大。虽然广东人的敢为天下先、勇于开拓和善于创造的历史文化对王云五也有影响，但这并不是王云五成长的主要原因。

　　王云五没有接受过高等学校系统的文化知识和科学技术的教育，也没有出国游学接受西方英、法、德、美各国和东方日本的科学培养，只是一个靠自学、勤奋苦练成才的文化人。他教过书、讲过学、做过研究、写过书、编过书，还发明四角号码检字法，成为一位远近闻名的文化奇人。王云五在文化上的成功，诚如金炳亮在《苦斗与壮游：王云五评传》书中所说，不是靠天分，也不是靠恩赐，而是靠他的"苦斗"品格和"不服输"的奋斗精神。

　　历史是讲过去的人和事，但历史毕竟与现实不同，所以对待历史上的人和事，必须坚持实事求是的观点和方法去审视历史上的人和所发生的事。每一个人都离不开他生活的时代和具体的历史条件，评判历史人物和事要从历史的角度去探讨人的一生，说明他成功和失败的缘由。王云五在经营海峡两岸商务印书馆时出版了中国大量文化典籍和文化教育的读物，对于传承中国五千多年的优秀传统文化起了重大的作用。他不是全盘西化论者，也不是食古不化的顽固的封建传统的守护人。他主持编的书，他写的文章，虽也有时代和阶级的局限，但他不认为中国"百事不如人"，也不主张"议古论今"，更不认为"今不如昔"。晚年他虽也有几事哀叹，因为国民党丢了大陆，对共产党执掌中国的大权心有不甘。他时有流露出对国民党无能的指责，也有反共的言行，对于外来文化也有新的思考。这就是历史，历史可以造就人，但历史也会伤害人、误会人。这一切王云五都经历过。抗日战争全面爆发后，王云五的商务印书馆经营困难，他焦虑不安。他一会到南京，一会又到北平、重庆，一会又回上海，来来往往，一晃多年过去了。在万般无奈之下，王云五由文化界投身政界。1938年4月，王云五作为文化界的代表，被选为蒋介石国民政府第一届参政会参政员，开始投入政坛。1946年6月，王云五还出任南京国民政府经济部长，并兼任最高经济委员会委员，蒋介石想通过王云五来稳定金融和经济，可是这时王云五已经59岁了，已力不从心了，蒋介石对他希望越大，失望也越大。次年王云五又担任国民政府政务委员和行政院副院长。王云五在错误的时间，作了错误的选择。国民党政权已经行将就木，垮台即在眼前，是留在南京为蒋介石腐败政权看守、送终，还是一走了之，王云五选择了后者。1948年11月，他携家人飞往广州，次年又移居香港，1951年3月又由香港飞往中国的台湾，定居台北。王云五这一走到了台湾，蒋介石当然高兴一阵子，因为他在台湾天天叫喊反攻大陆，光靠那些拿枪的武人不济于事，因此蒋介石对于投奔台湾的大陆重量级文化人给予笼络和收买，借此安定人心。如胡适给予"中研院"院长、蒋梦麟给予台湾新竹清华大学校长、傅斯年则出任台北台湾大学校长，王云五也混了个"考试院"副院长、"行政院"副院长的头衔。这就决定王云五这一生从喜剧开始，而以悲剧告终的命运。

政治无情，人有情。王云五家乡中山市人民对王云五的"苦斗"精神，自学成才的经历至今仍津津乐道，对于他离开大陆后至1979年8月在台北过世前未能回故乡一趟，感到有点惋惜。对于像王云五这样的两面性人物，过去大陆、台湾学术界评论不一，各说各的话，不过这是学术问题，学术应该允许，也应该进行自由讨论，求得一个合理的、公允的解释，给人们一个正确的启导。

金炳亮长期在出版行业工作，对于王云五经营商务印书馆的经历发生兴趣，这是自然而然的反应。近年来他在繁忙的工作中，仍然重视对王云五资料的搜集，并在2006年于广东人民出版社出版《文化奇人王云五》一书。之后他又对王云五进行全面、系统的研究，历经数年终于写就这部《苦斗与壮游：王云五评传》。本书的初稿和二稿，我都认真地读了多遍。本书史料丰富，行文流畅，观点有创新，评判据事而议，结论谨慎。本书对王云五的人际关系也有较多陈述，是一部具有学术性和可读性的成功之作。我为金炳亮在人物研究中的方法和审视问题的角度以及评判人物的原则表示赞赏和肯定。

人的一生是很复杂的，每个人生命背后都有许多故事。一个人之所以成功与失败，抑或他之所以这样而不那样，这里面有许多原因。现在的人来研究历史人物，得到的只是相对的结论，而非绝对真理。当然，知己固不易，知人则更难，在人物研究中不可过于武断；要做到这一点，研究者的学养固然重要，但研究的方法和视角也很重要。金炳亮这部王云五评传，讲王云五的主要经历，评王云五的成功和失误的原因也比较恰如其分。祝金炳亮成功完成王云五评传的写作和出版，并期盼他继续努力，不断有新著出版，为文化建设作贡献。

（作者系中山大学历史系教授）

序二

陈万雄

评传作者金炳亮兄约聚，并面嘱为新稿撰序。能第一时间奉读此稿，因关乎商务印书馆的史事，欣然拜读。近500页的煌煌巨著，专心致志，也足足化了两个星期才算读过一遍。至于嘱咐撰序，阅前看后，都觉踌躇。心忖金炳亮兄之意，嘱托撰序者，无他，以本人曾经服务香港商务印书馆愈三十年，是商务中人，会对商务印书馆的馆史有所认识和研究，何况又是专治中国近代史的。不过金炳亮兄还是误会了。

本人之所以从事出版工作，并入职香港商务印书馆，自有认识和理解到近代中国的出版业、尤其是商务印书馆，在中国近代文化教育的重要影响的因素。另外，虽然专治的是中国近代史，然而，对近代中国的出版和新闻业，却未认真做过专题研究。至于服务商务印书馆愈三十年，对馆史的研究，亦措意不多，只停留在治近代史者和任职者的认识水平。当然，既服务长达愈三十年，对商务印书馆的立馆宗旨和一贯的企业精神，还是有一定的体会和认识的。这些体会和认识，前后在商务印书馆90、100、110 和 120 年馆庆纪念中，屡有表述。

通读此稿，实获益良多。除增进了对王云五的全面认识外，更加深了对商务印书馆在近代中国出版业和近代史地位的更完整的认识。故不揣浅，谈谈我的一些读后感，而实未副金炳亮兄和读者作为序的期望。

金炳亮兄是一位资深的出版人和出版经营者，深谙编辑出版的门道和出版经营的要领，是出版业的局中人，内行人。所以在阐述传主和商务的出版思想和经营理念，尤见鞭辟入理。从这个角度，此书的面世，书内不少篇章，可供主管和从事出版业者、甚至是文化企业经营者参考和借镜，有助打破常纠缠在文化与市场取舍中的迷惑。出版业和出版工作，尤其像商务印书馆这样性质的出版社和图书经营者，兼具文化教育的强烈理想与努力不懈的企业经营的追求，如不谙其特有的企业性质，实无法彰显其历史的地位和贡献。在这方面，著者书中着墨甚多，是同类研究著作中的一大特色。

挽近几十年，中国近代史的研究，文化思想的范畴，无疑是其中的显学，但研究重心颇见偏颇，所谓文化思想的研究，多侧重主导者的言论而轻忽社会大众的普罗意识。如商务印书馆及其重要人物之在近代中国的学术、文化、教育、社会思潮以至近代企业创造等方面，不仅对社会的上层，对大众社会，都产生过广泛而深远的影响。兹举一例以证之，商务印书馆连同中华书局等出版社，其出版的教科书，实主导和塑造了近代中国的国民意识，其影响可谓大矣、广矣、深矣！如此这样关乎社会大众的启蒙和普罗意识，长时间内，研究是相当零落的，因此也反映不出近代历史发展的全貌。直到上世纪九十年代开始，关于商务印书馆及其人物的研究渐多，但从某种意义来说，大部分的研究，仍然是作为企业史去处理的。近十年，关于商务印书馆及其人物的研究勃兴，而且能跳出企业史的研究格局，而将之纳入中国近代史发展的大脉络中去考察，这是一种明显的进步。2017 年 8 月，为纪

念商务印书馆成立 120 周年，由北京大学和商务印书馆合办的
"商务印书馆与中国现代文化的兴起国际学术研讨会"，就是一个
具体而微的明证。是次研讨会的研究论文，不说精粗之分，详略
之别，但省观所发表的题目，视野之广，研究角度之新颖，以至
能紧扣中国近代史的大课题而作出的阐述，都是令人耳目一新的。
可以预见，以商务印书馆为首的近代出版业的研究，将成为日后
中国近代史研究的一项新热点。金先生此著作的出版，虽云以王
云五为传主，以商务印书馆为脉络，但其内容实逸出传主和商务
印书馆本身，而幅射到中国近代史发展的大流中。从这角度而言，
这部著作又不啻是中国近代出版史和文化教育史的导读本。

　　此书传主王云五先生，从商务印书馆本身馆史而言，贡献是
大的，却又是一位争议性不少的人物。何况作者对传主的研究，
是全方位的，不以商务印书馆和出版史为限。对于传主，其在中
国近代史上的地位，比之他视为至友的胡适之一样，更是"誉满
天下，谤亦随之"的历史人物。中外古今，评价历史人物，是最
困难的。何况中国近代，风起云涌、瞬息变幻的变局，历史人物
的评价更形困难。对王云五这样毁誉参半的人物，明显见到，作
者比之以往的研究，力求客观、本着实事求是的态度去撰述的。
至于作者对传主的评议，自当仍争议难免。关键在于著作的研究
和撰述，是否言之有理，持之有故，渐能摆脱一时的偏见，回归
客观。

　　　　　　　　（作者系香港出版总会永远名誉会长、历史学博士）

目　录

引言：海峡两岸的王云五

1979 年 4 月 10 日，商务印书馆、中华书局在人民大会堂台湾厅举行职工座谈会，曾任新中国出版总署署长的胡愈之、文化部部长的茅盾等商务印书馆、中华书局的老同志参加，会上提议与台湾商务印书馆建立联系，交流出版物，互相通信，探亲访友。8 月 14 日，王云五在台北病逝。

这当然只是巧合。历史，没有再为王云五的"壮游"提供这样的机会。在 20 世纪 80 年代胡愈之、茅盾、叶圣陶这些当年曾经在商务印书馆编译所与王云五共事多年的老人相继去世之后，海峡两岸的两个商务印书馆握手言欢的故事，只能留待他们的继任者来讲述了。

当 1948 年底王云五匆匆离开大陆，他绝没有想到是一去不复返。1949 年的大风大浪将海峡两岸阻隔为完全不同的两个世界。王云五时刻想着"反共复国"，重返大陆；然而他能做的，只是千方百计地复兴台湾商务印书馆；他以为他承继了商务印书馆的血脉，然而，他认定的"那一个"商务印书馆早已终结在"民国时期"的历史书写之中了。

1954 年，商务印书馆总管理处由上海迁到北京（之前已设驻京办事处，编审部和出版部随后也相继迁往北京），实行公私合营，改组为高等教育出版社（仍保留商务印书馆的牌子）。1957年，商务印书馆恢复独立建制，由文化部主管。出版范围为："以翻译资本主义国家的哲学、社会科学、自然科学方面的著作为主，并出版中外文的语文辞书。"①

香港、新加坡、马来西亚也相继创建了商务印书馆。

1988 年，海峡两岸和港新马的五家商务印书馆的负责人实现历史性的会晤。继王云五之后担任台湾商务印书馆总经理的张连生，到北京访问了商务印书馆。

在很长一段时间，由于众所周知的原因，大陆似乎忘记了王云五这个人物的存在。不过，可能是因为四角号码检字法太过普及和深入人心，王云五的这项发明不但没有消失，而且发挥了极为重要的作用。早在 1950 年 8 月，还在私营未改组之前的商务印书馆，就在上海编写出版了《四角号码新词典》。之所以加个"新"字，是表示新中国的"新"，是区别于"旧中国"而言的；然而内容却是旧版王云五编著的《四角号码学生词典》的修订增补。作者的署名自然不可能是王云五了，而代之以虚化的"商务印书馆编辑"。《四角号码新词典》到 1962 年 5 月已出至第六次修订本，仅在上海（全国还有其他印刷点）就印行至第 29 次，累计印数报纸本 584.55 万册，高级纸本 43.17 万册。

"文化大革命"中，除了《毛泽东选集》《毛主席语录》，出版活动基本停了。《四角号码新词典》也不再重印和修订再版。1971年，周恩来总理在听取文化口出版组的工作汇报时说："王云五编的四角号码字典为什么不能用？不要因人废文。一个人有问题，书就不能用了？它总有可取之处嘛！""要懂得水有源树有根。……《新华字典》也是从《康熙字典》发展来的嘛！编字典可以有创造，但创造也要有基础。"② 这可能是 1949 年之后中国大陆第一次公开提及王云五的名字。要知道，即使《四角号码新词典》畅销多年，王云五的名字也是作为一个忌讳，被"轻轻抹去"的。

---

① 《商务印书馆 110 年大事记》（1958 年），商务印书馆 2007 年版。
② 《周恩来选集》（下），人民出版社 1984 年版，第 467 - 468 页。

　　既然周总理发了话，《四角号码新词典》继续印行。在《新华字典》和《现代汉语词典》正式出版发行之前，《四角号码新词典》实际上发挥了这两本全民工具书的作用。1977 年，在《四角号码新词典》第 8 次修订时，王云五的"旧四角号码"被"新四角号码"所取代。不过，此后，音序检字法和部首检字法逐渐取代了四角号码检字法。2008 年，以"商务印书馆辞书研究中心"名义修订的第 10 版《四角号码新词典》仅印了 1 万册。四角号码检字法及相关工具书此后逐渐退出历史舞台。

　　中华人民共和国成立后，王云五在商务印书馆时的多位同事，成为新政权的高官。其中陈云官至中共中央政治局常委、国务院副总理，但陈云早年在发行所，而王云五在编译所，两人工作上没有交集。中华人民共和国成立之后，陈云也没有提及过王云五。王云五在编译所时的几位同事胡愈之（1896—1986）、茅盾（沈德鸿）（1896—1981）、郑振铎（1898—1958）、周建人（1888—1984）、叶圣陶（1894—1988），都做了新中国的文化事业领导者。胡愈之，1914 年进商务印书馆编译所理化部做练习生，20 世纪 20 年代实际负责《东方杂志》编辑事务，1928 年离开商务印书馆赴法国留学，1931 年回国重返商务印书馆，1932 年 10 月商务印书馆复业后主编《东方杂志》，1933 年离开。中华人民共和国成立后胡愈之是首任国家出版总署署长，后任文化部副部长。茅盾，原名沈德鸿，1916 年入商务印书馆编译所，20 年代初在编译所主编《小说月报》，将其办成

陈　云

新文学运动的主要阵地；1925 年
离馆走上职业革命家的道路。中
华人民共和国成立后茅盾曾任文
化部部长、中国作家协会主席。
郑振铎，1922 年入商务印书馆编
译所，创办《儿童世界》杂志，
1923 年接茅盾主编《小说月报》
杂志；在编译所工作期间与商务
印书馆编译所的元老高梦旦之幼
女高君箴结婚；1927 年离开商务
印书馆赴英国留学。中华人民共
和国成立后郑振铎曾任文化部副
部长、文物局局长。周建人，
1921 年入商务印书馆编译所，编
译自然科学著作，直至 1932 年
"一·二八"事变；后又短期再
入商务印书馆。中华人民共和国
成立后周建人曾任出版总署副署
长、高等教育部副部长。叶圣

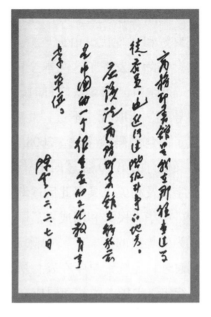

1982 年 2 月 7 日，陈云为纪
念商务印书馆成立八十五周年题
词："商务印书馆是我在那里当过
学徒、店员，也进行过阶级斗争
的地方。应该说，商务印书馆在
解放前是中国的一个很重要的文
化教育事业单位。"

陶，1915—1916 年在商务印书馆附设尚公小学任教员，1923 年入
商务印书馆编译所，1928 年任《小说月报》主编，1930 年离馆。
中华人民共和国成立后曾任教育部副部长、人民教育出版社社长、
中央文史馆馆长。

　　胡愈之、茅盾、郑振铎、周建人、叶圣陶都是王云五主政商
务印书馆编译所时的多年同事，也是王云五颇为倚重的编译所业
务骨干。相互之间，他们应该都不陌生。可是由于两岸阻隔，更
是由于意识形态的高墙封锁，他们之间不但完全不通信息，而且

囿于各自的政治身份，也都小心翼翼地避免谈到对方。即使偶尔谈及对方，海峡两岸的当年同事对于同一事件的描述也多有不同，甚至截然相反。

以相对与王云五交集较多的胡愈之为例。对于1930年6月23日下午在巴黎与胡愈之的会面，王云五曾在回忆录《岫庐八十自述》中有简短的忆述："是日下午，商务印书馆东方杂志助理编辑胡愈之自乡间来访。愈之以编译生考入商务印书馆编译所，嗣在东方杂志助理编辑，写作甚有进步，前岁自费来法国留学，研究国际法。"① 双方谈了些什么则没说。对于胡愈之在"一·二八"事变后商务印书馆复业时担任复刊的《东方杂志》主编半年即离职之事，王云五在写于1954年（其时胡愈之已任中华人民共和国出版总署署长）的《关于东方杂志的回忆》中，称自己因为"爱才"，"乃依序擢胡氏为主编"；"惜其担任此席后，所收外稿，甚至自撰社论，颇多不合'国策'，我不得不加以劝告。有一次不得已撤去其已发排之一文，胡氏为此深滋不悦，遂请辞职。"② 这段回忆与胡愈之、茅盾等的回忆基本一致。而王云五写于1971年的《重印东方杂志全部旧刊五十卷序》在回顾杂志历史时，对胡愈之曾任主编之事则只字未提："本志首任编辑人为杜君亚泉，次为钱君智修，历时最久；复次为李君圣五……"。③

胡愈之

---

① 《王云五文集》陆（上），江西教育出版社2011年版，第187页。
② 《王云五全集》（10），九州出版社2013年版，第542页。
③ 《王云五全集》（19），九州出版社2013年版，第460页。

胡愈之写于 1978 年的回忆录提到那次在巴黎的会面。"我在法国遇到过王一次。他来找我。他说商务要他做经理，他认为原来的老先生对付工人没有办法，他向商务提出让他周游世界一次，专门看看大工厂，专门考察管理工人的办法。……我看他'考察'的目的就是想用什么手段来更加残酷地剥削工人和压迫工人，这就是他对商务印书馆的'贡献'。"① 胡愈之回忆，他接手主编《东方杂志》，与王云五有约在先，就是商务当局不能干预具体编辑事务，但才干了半年，王云五就不让干了，因为 1933 年元月推出的新年特辑《新年的梦想》得罪了国民党。而接任胡愈之担任《东方杂志》主编的李圣五是汪精卫的红人，后来加入汪伪政府，当了汉奸。所以胡愈之说王云五"就这样用《东方杂志》投靠汪精卫去了"。②

在对王云五的总体评价上，一方面，胡愈之肯定其在商务印书馆编译所的改革，认为"从 20 年代初期商务印书馆在书刊出版的方针上，作了一些比较进步的改革"③；一方面又断言："从历史上看来，王云五是商务印书馆走向衰弱和反动的主要罪人"。④

茅　盾

与胡愈之充满意识形态政治色彩的描述相比，茅盾的回忆则要具体而生动得多。20 世纪 20 年代初，

① 胡愈之：《我的回忆》，江苏人民出版社 1990 年版，第 139 页。
② 胡愈之：《我的回忆》，江苏人民出版社 1990 年版，第 140 – 141 页。
③ 胡愈之：《我的回忆》，江苏人民出版社 1990 年版，第 281 页。
④ 胡愈之：《我的回忆》，江苏人民出版社 1990 年版，第 141 页。

为了淡化《小说月报》的激进色彩，王云五试图另办《小说世界》，将前者淘汰不用的那些"礼拜六派""鸳鸯蝴蝶派"的稿件重新启用，茅盾（沈德鸿）将这一行为指斥为"王云五及其同伙之卑劣无耻"①。对于王云五在"五卅"运动中捐助 100 元创办《公理日报》，茅盾也没有刻意回避。②对于王云五在商务印书馆工潮中的表现，茅盾多有直观具体的描述。

相比之下，学术界则客观理智得多。1985 年 4 月出版的《大变动时代的建设者——张元济传》是中国大陆早期研究商务印书馆和张元济的重要著作，书中称"商务印书馆前后有三位独当一面的人：夏瑞芳、张元济、王云五"③；认为"商务在五四后终于完成了走向学术著作等高级读物的转变过程"，对于王云五主政商务印书馆编译所之后的改革成效作了肯定。④

在王云五去世之后的十年间，两岸坚冰逐渐打破，出版界和学术界开始逐渐注意到王云五。1979—1989 年的十年间，以王云五为主题的论文发表共有 28 篇，说明学术研究已开始起步。20 世纪 90 年代，两岸交往频繁，1990—1999 年以王云五为主题的论文共发表 99 篇。⑤1997 年，上海的学林出版社编辑出版《旧学新探——王云五论学文选》，这是中国大陆在中华人民共和国成立之后最早出版的王云五著作。1999 年，上海书店出版社又出版郭太风著《王云五评传》，是为中国大陆出版的第一部王云五研究专著

① 茅盾：《我走过的道路》（上），人民文学出版社 1997 年版，第 215 页。
② 茅盾：《我走过的道路》（上），人民文学出版社 1997 年版，第 304 页。
③ 汪家熔：《大变动时代的建设者——张元济传》，四川人民出版社 1985 年版，第 243 页。
④ 汪家熔：《大变动时代的建设者——张元济传》，四川人民出版社 1985 年版，第 203 页。
⑤ 申卫群：《1979—2013 年以王云五为主题研究文献的计量分析》，载《贵图学刊》2014 年第 4 期。

和王云五传记。这些研究的一个突出的特点是强调王云五的文化贡献和成就，同时尽可能淡化其意识形态色彩。90 年代出版的权威辞书《中国大百科全书》的"王云五"词条较好地反映了这些研究成果：

> 王云五（1888—1979），中国出版家。原名之瑞，号岫庐，祖籍广东香山（今中山），1888 年 7 月 9 日（清光绪十四年六月初一）出生于上海。1906 年起，先后在上海同文馆、中国公学等校教授英文。1909 年兼上海留美预备学堂教务长。1912 年，先任南京临时大总统府秘书，后在北洋政府教育部任事。1913 年任中国公学大学部教授。1917 年起，在上海从事编译工作，并创办公民书局，开始出版商生涯。1925 年发明四角号码检字法并编出《王云五大词典》等书。1930 年春，出任商务印书馆总经理。抗日战争爆发后，开始投身政界，连任 4 届国民参政会参政员、政协代表。1946 年，任国民政府经济部部长，"制宪国大"代表。次年 4 月任行政院副院长，积极支持反共内战政策。1948 年 5 月，出任行政院政务委员兼财政部部长。为挽救濒于崩溃的经济，在蒋介石授意下，提出币制改革方案，以金圆券代替法币，限制物价，并获通过实行。但不久即遭到失败被弹劾下台。1949 年 4 月去台湾，先后任台湾当局"行政院"设计委员，"总统府""国策"顾问，"考试院"副院长，"行政院"副院长，台湾商务印书馆董事长等职。1979 年 8 月 14 日卒于台北。著有《物理与政治》《中外图书统一分类法》《四角号码检字法》等。①

---

① 《中国大百科全书》（简明版）第 9 卷，中国大百科全书出版社 1998 年版，第 4981 - 4982 页。

在时光的流逝中，意识形态终将退去，而文化的意义会愈为突显，并将永存！精明的王云五明白这个道理，所以他在晚年要回归学术、重返出版；他的学生和门徒也明白这个道理，因此在评价老师时基本不涉及政治。比较具代表性的是王云五的学生金耀基撰写的两段文字。

其一是 1977 年为立于云五图书馆门厅的王云五铜像而撰写的文字：

> 王云五先生，号岫庐，公元一八八八年生，先生出身于平凡的学徒，自强不息，以牛马骆驼之精神，苦斗不懈，终成一代奇人。先生在学术、文化、政治、教育上独特之贡献皆已化为时代共有的资产。惟千百年后，先生仍将被记得他是万有文库的主编者，四角号码检字法的发明人，现代科学管理之先驱，云五图书馆的缔造人，商务印书馆的伟大斗士与化身。王云五三个字已成为一空无依傍的人凭一己之努力攀登社会巅峰的象征。[1]

其二是 1979 年王云五逝世后撰写的墓志铭：

> 在此九十二年生命中，正值一非常之时代，云五先生在人间作了一次极不平凡的壮游。
> 先生于学无所不窥，乃罕有之通人。
> 先生掌馆时实行科学管理，开拓文化疆域，发扬国故，输入新知，网罗全国学术精英，编印四部丛刊、大学丛书、万有文库等书，气魄宏伟，识见深远。领导书界与新教育连

---

[1]　金耀基：《人间有知音：金耀基师友书信集》，香港，中华书局 2018 年版，第 26 - 27 页。

成一气，出书之多与精，为全国冠。中国读书人鲜有未读商务书者。商务曾四度毁于国难，而先生四度使之复兴。故言商务必言先生，先生诚商务之伟大斗士与化身也。

　　无论为官为商，始终不脱书生本色若先生者，真第一等人也。①

　　20世纪90年代之后，随着编辑出版专业列入教育部学科规划，大学院系陆续开设编辑出版专业，以及相关研究机构渐多，王云五的研究逐渐趋热。2000—2009年以王云五为主题的论文发表达247篇，而2010—2013年的三年多时间，发表论文已达129篇。② 尽管王云五在政治、经济、文化、教育等方面都曾深度介入近现代中国历史，但从发表论文的刊物来看，以王云五为主题的论文，其刊发期刊按发表数量依序排在前五位的是《编辑学刊》《编辑之友》《出版科学》《中国出版》和《出版史料》，全部是编辑出版方面的专业期刊。③ 以王云五及相关出版活动作为研究对象的硕士学位论文为数亦不少。2000年，王建辉的博士论文《文化的商务：王云五专题研究》由商务印书馆出版，标志着王云五研究进入到一个较高的阶段。王建辉著作将王云五的出版活动放进"一个大转型的时代"进行考察，认为王云五是中国"出版近代化的探索者"④。书中对王云五的出版活动从时代背景、（商务）内部传承、文化创新、与思想文化界的联系等多方面进行研究，试图

① 转引自王寿南编：《王云五先生年谱初稿》（四），台湾商务印书馆1987年版，第1859-1860页。
② 申卫群：《1979—2013年以王云五为主题研究文献的计量分析》，载《贵图学刊》2014年第4期。
③ 申卫群：《1979—2013年以王云五为主题研究文献的计量分析》，载《贵图学刊》2014年第4期。
④ 王建辉：《文化的商务：王云五专题研究》，商务印书馆2000年版，第40页。

通过对文献史料的梳理，"为王云五寻求历史的公正"①。可惜的是，作者对王云五在去台之后重振台湾商务印书馆的经历没有进行研究。1965 年，王云五以近八十岁的高龄，将萎靡不振的台湾商务印书馆建成全台湾首屈一指的出版机构，其自誉为是商务印书馆的"第五次复兴"。这一段历史，对于王云五的出版活动而言，无论如何都是不可或缺的。

2002 年，王云五之子王学哲从美国返台任台湾商务印书馆董事长，加快了王云五"精神返乡"的进程。2005 年和 2007 年，王学哲相继编辑《我怎样读书》和《岫庐八十自述》两本王云五著作单行本，分别由辽宁教育出版社和上海人民出版社出版。后者是王云五晚年写的回忆录，其内容涉及政治、经济、文化诸方面，大大突破了过往出版王云五著作集中于文化和学术的限制，为研究者提供了较为全面的第一手资料。2010 年，《王云五文集》列入国家"十一五"重点图书出版规划，随后 6 卷 11 册的《王云五文集》陆续由江西教育出版社出版（至 2015 年出齐）。2013 年 4 月，九州出版社推出 20 卷《王云五全集》，尽管遗漏了部分重要著作，但编选者尽最大可能保留了所选篇目的原貌，为学术研究的深入提供了良好的保障。

本书书名《苦斗与壮游》来自王云五漫长人生的两个关键词。王云五崇尚"苦斗"，他能由一个没有学历、没有资望、没有人脉的底层草根，成长为著名的出版家，并在政治、文化、教育、学术等多个领域取得成就，绝非偶然。"苦斗"是必修课，也成为他终其一生引以为豪的一个标签。他无数次的演讲、写作都有关于自己"苦斗"的经历，许多文章直接以"苦斗"为题。他曾这样总结自己的人生："幸而从小藉苦斗而养成之习惯，任何挫折，悉

---

① 章开沅：《文化的商务：王云五专题研究·序》，商务印书馆 2000 年版，第 4 页。

视同命运予我之试验，而以解决难题为无上之自我报酬。职是之故，任何逆境不足以陷我于消极，转因听之于天，与求其在我之两种观念，往往峰回路转，别入新境。"① 王云五的学生金耀基是这样阐释王云五的"苦斗"精神的："王云五三个字最生动的意义是落在象征层次上的。王云五象征了一个贫苦无依的人的奋斗成长的故事。他的成功没有半点的侥幸，也不是纯靠天份，而是凭他的不服输、不肯认命的战斗性格，凭他的'牛马骆驼'苦干与坚毅的精神。"②

"壮游"则是王云五人生的一个写照。"壮游"一词多次出现在王云五不同时期所写的诗词当中。最早是写于 1930 年他首次出国考察："壮游万里气如虹，历遍河山一羸躬。九国新猷供囊括，五洲奇迹叹神工。"③ 王云五在政治、文化、教育、学术等多方面均有所经历并取得成就，每一个方面，在常人而言，足以成就一个圆满的人生。这也正是所谓"奇人"王云五的传奇之所在。

如果说，"壮游"是梦想；那么，"苦斗"就是实现梦想的途径。苦斗与壮游，这是王云五"成功学"的基本逻辑，也是王云五励志故事经久不衰的核心元素。正所谓："处世如壮游，胡为不劳生；壮游不易得，岂宜虚此行。"④

---

① 《王云五全集》(17)，九州出版社 2013 年版，第 9 页。
② 金耀基：《我所认识的王云五先生》，载王寿南主编：《我所认识的王云五先生》，台湾商务印书馆 1975 年版，第 404 页。
③ 《王云五全集》(20)，九州出版社 2013 年版，第 449 页。
④ 《王云五全集》(20)，九州出版社 2013 年版，第 456 页。

第一章／少年磨难

1967 年 7 月 8 日，台北市的中山同乡会会所，外面车水马龙，所内人声鼎沸、名流云集。这是王云五 80 岁生日庆祝会现场。

三天前，王云五设了一个"局"：为"避寿"躲进了台北的宏恩医院。几乎所有人都知道云老的身体硬朗得很，从没听说

1965 年 11 月 14 日，王云五在（台北）中山同乡会办公室（百龄堂）落成典礼上致辞

进过医院，而他八十大寿的消息早就在政坛、学界和出版界传开了。6 日上午，"总统"蒋介石到王云五的寓所祝寿，因为事先没有通知，王云五"避寿"的"局"却把他"一生最好的知己"蒋介石给避开了。

蒋介石为祝寿而题写的"弘文益寿"四个大字寿幅就摆放在会所寿堂的入口处，寓示着王云五一生传奇的最高荣耀。生日庆祝会由中山同乡会的名誉理事长孙科主持，"副总统"严家淦、"总统府"秘书长张群等三千余宾客到场致贺。王云五"一袭湖色的绸袍，黑色的皂鞋，他不要人搀，更不要人扶，也不肯坐下来憩息，一直神采奕奕地在贺客群中打转"。①

这一年，为了庆祝王云五 80 岁生日，台湾的出版界、政界和学界早早开始了行动。台湾商务印书馆感念王云五半个多世纪以来对商务印书馆所作出的杰出贡献，将新建落成的馆屋命名为"云五大楼"。孙科发起募集资金，成立云五奖学金。政治大学校长刘季洪倡议编辑出版《云五社会科学大辞典》，嘉新水泥公司捐

① 《王云五全集》（17），九州出版社 2013 年版，第 5 页。

赠一百万元新台币用作编辑出版费用。

孙科以中山同乡会名义举办的这场生日庆祝会盛况空前，王云五低调的"避寿"，由此被这高调的盛会冲得几乎了无痕迹。

这天夜里，一向睡眠奇好的王云五兴奋难眠，连夜写就《八十自寿》（五言八十句），回顾自己的一生：

> 鲰生出寒门，少小苦多病；闭户从兄读，平凡无特行。
> 迟迟就外傅，辍学因运命；发奋勤自修，早年教学竞。
> 一衿尚未青，学子咸知敬；邂逅我国父，青睐使观政。
> 服官赴北都，讲学操笔柄；一时著微名，解职见真性。
> 平日喜潜修，一鸣惊僚友；周旋护法间，误入是非薮。
> 为国矢忠诚，洁身拒利诱；赋闲试笔耕，忝厕书林首。
> 苦斗垂十年，艰难忍释手；蹉跎廿五春，万卷孰与偶。
> 抗战参大计，适时抒抱负；访英远报聘，西亚友情厚。
> 胜利终来临，协商平壁垒；复员膺特命，迭奏经财技。
> 一度入枢垣，褐衣被金紫；挽危倡改币，功罪付信史。
> 坚辞引咎职，负责当如是；初服幸我还，首先归故里。
> 播迁到台峤，卖文为生理；一日五千言，盈盈数十纸。
> 宏开"国代会"，言行著口碑；协办主铨衡，量才玉尺持。
> 行政倡改革，半年莫始基；重游紫薇垣，建议待施为。
> 五载多劳苦，挂冠勿迟疑；勉留五六月，重担终解除。
> 奉聘为资政，献替岂容辞；任教来政大，及门尽研几。
> 十年四博士，硕士二十余；商馆重主宰，半年景物移。
> 措施兼三利，一举复令誉；古物长保管，北迁呈异姿。
> 基金宏奖助，旧学与新知；一心为文化，戮力遗居诸。
> 八秩犹顽健，宝刀尚无疵；满怀老益壮，学用到期颐。①

---

① 《王云五全集》（17），九州出版社 2013 年版，第 2—3 页。

一、上海，香山

前半辈子，王云五绝大部分时间都工作、生活在上海；晚年一直在台北生活和工作。他讲上海话，讲国语，也讲粤语。他明明是广东人，可是在上海出生长大。在北平、香港、重庆、南京都住过几年。这种混搭，使得王云五对于"你是哪里人"的问候，感到迷惑。

这种情况在他远离故乡、漂泊寄零于海上孤岛的时候，却又慢慢变得清晰起来。晚年的王云五，颇有点"鸟近黄昏皆绕树，人当岁暮定思乡"的味道。1960 年冬，王云五担任成立届满一年的中山同乡会的理事长，为《中山县志》撰序，为著名乡贤撰写《中山县先贤志略》。倦鸟归巢，叶落归根。无论他走过哪里，漂向何方，他的根，还是在那个曾经叫做"香山"的地方，伟大的爱国者孙中山先生的故乡，中山县。

1888 年 7 月 9 日（农历六月初一）王云五出生于上海租界。

上海租界，起始于 1842 年清政府与英国签订《南京条约》，被迫开放上海等五口通商。1845 年，根据清政府上海地方当局与居住上海的英国人签订的《上海土地章程》，上海开始出现中国最早的租界。在不断扩展之下，租界由最初的 863 亩（0.575 平方千米）拓展到 48653 亩（32.43 平方千米），包括公共租界（即英美租界，Shanghai International Settlement）33503 亩（22 平方千米多）和法租界 15150 亩（10 平方千米多），共分中区、东区、西区和北区。今北黄浦、静安以及虹口、杨浦两区南部沿江地带是上海公共租界最主要的组成部分，分别对应公共租界中区、西区、北区与东区。

经过不到半个世纪的风雨，虽然中间经历短暂的太平军围攻和小刀会起义，但中国近代化的历史进程在这个中国开埠最早的城市留下了极为浓重的色彩。上海，已从一个封建王朝的旧县城，发展成为一个初具规模的现代意义上的城市。白天，车水马龙；晚上，万家灯火。电车、电话、电报，自来水、公园、报馆、游乐场等等普通中国人闻所未闻的新事物，已然成为这座现代都市必不可少的一个个元素。

王云五出生和成长的租界就是这样一个号称十里洋场的中国最具现代气息的地方。

位于上海租界核心区域的南京路于 1865 年正式命名。南京路的形成和命名，是上海走向近代化的一个标志。英国人命名南京路本为纪念给他们带来莫大利益的《南京条约》，但上海人习惯将南京路称为大马路，而将由南京路为起点向南延伸的九江路、汉口路、福州路和广东路，依次分别称为二马

1900 年拍摄的上海租界外滩

路、三马路、四马路和五马路。四马路是后来商务印书馆总馆的所在地，而王云五一生最好的时光、最大的成就就发生在这里。

租界名义上是租借之地，事实上却在中国政府及法律的管辖之外，其一切内部事务均由租界当局设立机构直接管理。公共租界的管理机构是"工部局"（Shanghai Municipal Council），另有独立的司法机构"会审公廨"。法租界的管理机构是"公董局"（Council Municipal）。因此，租界实际上相当于外国人的领地。1853年小刀会攻占上海县城后，大量华人涌入租界居住。由于租界相对较为安全，以后凡是战乱，或其他天灾人祸，华人即大量涌入。到1932年，华人在租界已超过一百万，形成华洋杂居、城中有城的独特景象。

上海租界与中国其他地方是那么的不同，当时有人形容"租界内康庄如砥，车马交驰。房屋多西式，轩敞华丽，有高至六七层者。钟楼矗立，烟突如林。入夜则灯火辉煌，明如白昼"。还有人形容"一进租界眼界开，此生疑是入蓬莱；若偕刘阮今重到，错认桃花不肯回"。

如果排除租界形成的政治因素，仅从表面上看，上海租界可以说是当时中国经济最繁荣、管理最现代化的地方。最重要的是，这里工商业发达，市场发育成熟，是名副其实的十里洋场，是冒险家的乐园。在这里，前有李鸿章、盛宣怀的崛起，后有蒋介石起家发迹，虞洽卿、黄金荣、杜月笙的异军突起。历史学家夏东元先生在《盛宣怀传》中解读盛宣怀的崛起时说："非常之世，必有非常之人走着非常之路。"

时代，场景，一切准备停当，大幕徐徐拉开，我们的主角要出场了。

王云五出生在上海，不过，他的家乡，履历表上填写为籍贯的地方，却是广东省香山县永宁乡泮沙村（今属中山市南朗镇泮沙

著者走访泮沙村，与王云五家族后人交谈。王云五祖屋现已不存，这是其后人在原址盖的房子，编号：王屋正街一巷6号

村), 与孙中山先生的
家乡翠亨村(原名菜坑
村, 属四都乡) 相隔只
有十多里, 与中国民主
革命最早牺牲的烈士陆
皓东 (1868—1895) 是
远房亲戚。王云五称陆
皓东为表兄。

王云五祖屋旧址门前的水井是当年留下
的唯一遗迹

笔者于 2006 年 4 月
6 日曾与中山市文化广播电视新闻出版局的甘建波先生一同前往泮
沙村访问。王云五的故居现在的门牌编号是泮沙村王屋正街一巷 6
号, 但故居早已倾圮不存, 只有进门右侧一口废弃不用的水井为
当年原物。现在的房子没有任何可以显示王云五曾在这里居住的
标志, 租住该房子里的住客也不知王云五何许人也。

香山县在宋高宗绍兴二十二年 (1152) 设立县治, 迄今已有
800 多年, 在广东是一个开发较早、经济和文化均较为发达的地
方。香山毗邻澳门, 离香港也不远, 并有大量华侨散居海外, 思
想观念上较少束缚, 更易接受外来事物。如孙中山早年从事革命
的檀香山 (火奴鲁鲁) 就有许多香山移民, 王云五家族也有许多
亲戚侨居在此。澳门和香港也是孙中山、陆皓东等中国民主革命
先行者早年从事革命活动的两个重要据点。近代以来, 香山产生
了许多著名的政治家、思想家、教育家, 可以说是一个钟灵毓秀、
人才辈出的地方, 除前述的孙中山、陆皓东外, 还有唐绍仪 (民
国第一任总理)、郑观应 (近代著名思想家)、容闳 (近代留学生
之父)、苏曼殊 (近代著名诗人) 等著名历史人物。有人做过统
计, 如果以县为单位, 列入《辞海》的 30 余位中山 (香山) 籍名
人 (全书共收录 2000 多名历史人物) 在全国各县市中名列前茅,

这些名人中最知名和绝大多数都是近现代产生的。① 近代上海开埠之后，香山人大量涌入上海。据学者估算，19 世纪中叶，在上海的广东人有 8 万多，而来自香山的有两万多。② 早期来上海的香山人大都在各大洋行工作，家族中人以学徒方式相互帮带跟学，香山因而成为"买办之乡"。在洋行熟悉了生意之道后，许多香山人在上海创办工商企业，著名买办、企业家有徐润、唐廷枢、唐廷植、郑观应等，还有上海百货业巨头郭氏家族等等。香山人在上海不但在工商企业实力雄厚，在当地政界也有较大的话语权，19 世纪中叶香山人吴健彰曾任上海道台；民国时期最知名的当然是孙科，还有曾任民国第一任总理的唐绍仪，曾任国民党上海市市长的吴铁城，等等。

20 世纪 30 年代，中山县"经商或服务于沪地之乡友，统计不下四五万，就中如吴铁城、俞鸿钧、陈炳谦、蔡增基、郭顺、郑伯昭、王云五、杨梅南等诸氏，均属政商界领袖人才，社会中知名人士"。③ 功成名就之后的王云五，在旅沪广东人的圈子中颇有声望，担任了上海广肇公所、粤侨商业联合会、广东俱乐部等多个粤人社团会馆及粤籍子弟学校的职务，热心于相关的公益服务事业。

王云五家族在他父亲这一辈离开香山到上海做买办。如果按西方人以出生地论籍贯，王云五应该算上海人。他在 1948 年底离开中国大陆之前，除了童年在家乡度过四年，中年前后短暂离沪赴北平、香港、重庆、南京等地担任政府公职、学校教书和从事新闻出版活动之外，绝大部分时间都在上海。他最主要的性格特征——精于算计（或者说精明），也是明显的上海人特征。可以

---

① 胡波：《简论香山名人文化》，《开放时代》2005 年（增刊）。
② 熊月之：《上海香山人与香山文化》，载《百年千年：香山文化溯源与解读》，广东人民出版社 2006 年版，第 293 页。
③ 《申报》1936 年 9 月 5 日。

说，是上海这个十里洋场孕育了王云五的商人天性，是上海这个"冒险家的乐园"成就了王云五的传奇一生。

然而王云五似乎更认同自己广东人的身份。他自认"有十足的广东人的神气"。在抗日战争最困难的时候，报界以"广东精神"概括他四度复兴商务印书馆①的艰难险阻："广东人所有的长处，他全有。广东人性格豪爽慷慨，明朗，实在，刚强，不屈不挠，而又剃刀一般锐利而睿智。他把这些特性，集于一身。""广东人多勇猛精进，顽强冒险；但在遇到挫折时却也能够达观。""还有，广式的经商风度，也是他所具有的。要么就是大公司组织，大刀阔斧的干，要么就是不干。很少有患得患失，畏首畏尾，安于现状，保守小天地，打小算盘，弄小智术的。"② 王云五屡挫而不折，始终勇猛向前的精神，有人概括是因为"打不倒的王云五具有广东人的傻劲和热情"。③

有趣的是，由官民互动评选出的当代"新时期广东人精神"——敢为人先，务实进取，开放兼容，敬业奉献——在王云五身上也有突出的体现。

香山与上海相隔1000多公里，在当时中国交通还十分落后的条件下，乘船单程也要三至四天。王云五家族在香山世代为农，不过自上海开埠以来，富于冒险精神的香山人就不断远赴上海，经商做买卖，他父亲王光斌少年时代即随乡亲在上海经商，成为

---

① 按照王云五的说法：1932年"一·二八"事变，商务印书馆停业，8月1日复业，是第一次复兴；1937年"八一三"上海战事爆发，商务印书馆被迫歇业，10月1日恢复出版新书，是第二次复兴；1937年11月上海沦陷之后，商务印书馆经营业务主要转到香港，是第三次复兴；1941年12月香港沦陷之后，经营业务主要转到重庆，是第四次复兴。

② 郑君实：《经济界的文化人：王云五》，载王寿南编：《王云五先生年谱初稿》（一），台湾商务印书馆1987年版，第445页。

③ 林鹤：《王云五与工商管理》，载《新商业月刊》第一卷第四期，1945年2月，翰堂近代报刊数据库。

上海租界最早的一批买办之一。到王云五出生时，家里说不上富贵，但也小有积蓄，可以在家乡买地建楼了。

1891年，4岁的王云五随父母兄妹从上海经香港乘船回到香山。这是王云五第一次回乡。由繁华的大都会回到乡下，由沪语转为乡音，一切都显得新鲜热辣。晚年王云五对幼年时初次返乡仍有着鲜活的记忆。王光斌携全家在香山住了几个月，未等新建住屋落成，因为生意的原因先期返沪，家小则继续留居香山。

这次王云五跟随母亲兄妹在家乡香山共住了四年。等到8岁的王云五再经香港返回上海，中国的形势已然发生了重大变化。1894年，孙中山在上书李鸿章无果的情况下，远走海外，在檀香山成立了近代中国第一个民主革命组织——兴中会，提出了"振兴中华"的口号，并且在广东的惠州发动了第一次武装起义，成为清政府的通缉犯。1895年，王云五的表兄陆皓东在广州参加起义失败被捕，英勇就义。孙中山后来称誉他是"中国有史以来为共和革命而牺牲者之第一人"[1]。陆皓东为起义队伍亲手绘制的青天白日旗成为日后国民党党旗的雏形。他就义前说的话："今事虽不成，此心甚慰，但我可杀，而继我而起者不可尽杀！"[2]鼓舞和激励着继起革命的志士仁人。陆皓东的故事在王云五的家乡广为传颂，他的哥哥就经常讲陆皓东的故事给王云五听，认为这是家族的荣耀。王云五一生谨遵道统，追随孙中山，始终捍卫国民党利益，其思想源头或许与这一段历史多少有些关系。

同一年，在中日甲午战争中惨败的清政府，被迫与日本签订屈辱的《马关条约》，赔偿巨款之外，将美丽富饶的台湾及其周围列岛割让给日本。这一事件导致了两个结果：一是清政府的腐败无能、丧权辱国更加激起了革命的浪潮。二是日本崛起引起在华

---

① 孙中山：《建国方略》，《孙中山全集》第6卷，中华书局1985年版，第230页。
② 陈锡祺主编：《孙中山年谱长编》（上），中华书局1991年版，第88页。

列强的高度警惕。日本的崛起及其表现出来的贪婪本性和对华野心，对已在华瓜分中国利益的西方列强，无疑是一个强烈的信号：要小心这个对手！对于上海这个甚至比日本都会还要繁华富庶的东方大都市，日本人是从来都不惮于隐瞒自己的野心的。三十多年后，在东北的九一八事变后不到半年，日本就对上海发动了"一·二八"事变；七七事变之后，抗日战争全面爆发，日本以最快速度在上海发动"八一三"突袭，迅速占领上海。

从后来的情况看，这一切变化，对于王云五的人生，产生了不可低估的影响。但是在当时，他还是一个懵懵懂懂、未经世事的幼童。他晚年回忆这一段乡居日子，印象深刻的是他体弱多病，终日与药罐为伴，算命先生说他活不过 14 岁。母亲因此对他处处格外照顾。母亲不在身边时，"辄把我放置床上，四面环以棉花，我就动也不动，安坐床上"。弄到他终生怕见棉花。因为体弱多病，王云五"偶出门游戏，遇顽童欺侮，都不敢计较，立即快步回家"。[1] 他处处不与人相争，好静而胆怯，畏见生人。后来母亲得一秘方，即用田鸡蒸饭，来治他的病。吃了一段时间，王云五的身体状况竟然慢慢好转，性格也变得开朗起来。

王云五"少小苦多病"[2]，终老时 92 岁。中老年后顽健无比，体力与精力极为充沛，80 岁前几乎没进过医院，这也是他能驰骋商界、政界和学界，多方面做出巨大贡献的重要原因。晚年时经常有人请教他长寿之道，王云五多归功于早睡早起，少吃多动的良好习惯和积极愉快的人生态度。

二、半工半读，自学成才

王云五的一生，读书、教书、编书，写书、出书、藏书，可以

---

① 《王云五文集》陆（上），江西教育出版社 2011 年版，第 3－4 页。
② 《八十自寿》，载《王云五全集》（17），九州出版社 2013 年版，第 2 页。

说，终生与书为伴、与书结缘、与书为伍。他与书有缘，却无进学校读书的份，真正应了时下恋爱宝典里说的那条金律：有缘而无份，无缘过一生。

无份到什么程度？王云五这样说："可怜得很，我的学校生活，一共不满五年，比诸中华民国宪法规定儿童一律受基本教育的六年还有不足。"①

1895 年王云五 8 岁时，在上海的家中，家里首次延请塾师，对他进行"开文蒙"教导，至 1897 年大哥日华去世中断。

以王家比较殷实的家底，上学的费用应不成问题。但有几件事情对王云五入读学校产生了不利的影响：一件是上一节提到过王云五 8 岁以前体弱多病，母亲以保全他的身体健康为第一要务，上学的事情也就暂不作考虑了。另一件是王家读书最好、最见出息的大儿子日华，在考中秀才的第二年就因病逝世，逝世时年仅 18 岁。王家长辈迷信，认为王家世代为农，从来没人考取功名，大儿子才刚中秀才就莫名其妙死了，因而命里注定王家出不了读书人，学而优则仕的路子走不通。因而不想让王云五上学，以免再生悲剧。

王家育有九个子女，王云五出生时，三哥夭折，大姐早逝，王云五上有大哥二哥，二姐三姐，下有两个妹妹。长兄如父，大哥日华与王云五最为亲近，在家里延请塾师"开文蒙"之前，大哥已对他进行大约半年的家庭教育。大哥经常讲故事给王云五听，王云五对大哥很是佩服。大哥在王云五"开文蒙"才不到两年就突然去世，对王云五的打击是非常大的。

1898 年，王云五先入萧老师私塾；1900 年，庚子"拳乱"，八国联军进犯北京，全家避居到广东香山；次年返沪后转入李先生私塾。在王云五 13 岁第二次返乡躲避战乱的半年多时间中，他

① 《王云五全集》（14），九州出版社 2013 年版，第 207 页。

跟着族中的堂伯父学习心算和珠算，"利用这时期的余暇，把珠算的'归除诀'念得很熟，由此一生养成计算的习惯，无论做任何事，须要计算其利害得失，究竟利与害孰多，借为判断的标准"。①

1902 年，王云五 15 岁。他的父亲在他这个年龄到上海做学徒，二哥日辉也在这个年龄跟着父亲学习经商。父亲认为既然家里没有读书做官的风水，王云五也应辍学，学做生意。父亲安排王云五到同乡开的五金店中做学徒。白天在五金店帮着做事，晚上在英文夜校上课学英文。此后，王云五便再没有进过任何正规的学校，无论是旧式的私塾，还是新式的学堂。所谓不满五年的学校生活，也只是断断续续的四年多的私塾教育。

表面上看，王云五没怎么去上正规学校的课，是家里迷信风水；在根本上，还是因为王家生活的上海，传统的农村耕读生活和学而优则仕的观念已然发生深刻变化，读书做官不再是最佳选择，更不是唯一选择。王家一直生活在租界，其职业又是洋行买办，其所在的圈子，很多人都是很小出来做事，从跟班或学徒做起，一步步做大，也能混出个模样。

这里需要补充叙述一个事实，就是王云五的名字。

传统上，中国人是先有了按族谱辈分排下来的名，入读学校后再由先生取个雅一些的字，就构成了名字。更雅一些的，则给自己再封一个号，那就需要有点学问了。姓、名、字、号，是为标志中国读书人身份特征的"四大件"。

王云五小名日祥，按族谱辈分排"鸿"字辈，但直到结婚时，族中才给了他一个按族谱辈分排的名字"鸿祯"。王云五早年出版的学术专著《中国古代教育思潮》，用"王一鸿"作笔名，可能与此有关。

---

① 《王云五文集》陆（上），江西教育出版社 2011 年版，第 13－14 页。

这样看来，直到 1901 年在李先生私塾读书，14 岁的日祥既没有一个按族谱排辈分的名字，也没有一个读书人应该有的或许更为雅致一些的名字（学名）。前面的叙述，我们一直以"王云五"称呼他，实在是为了行文的需要和读者阅读的方便。

这一年，喜爱日祥的私塾老师李先生之弟以"日祥"的字面意思，再作延伸，为他取字"云五"，意为"日下现五色祥云"。至此，"王云五"三个字才横空出世，而"日祥"之名却渐渐不为人知了。

广东香山有著名的"云梯"石刻和五桂山风景区，曾有人问王云五取名是否与此有关，他回答说这只是巧合。权当无巧不成书吧。

1906 年，做了老师的王云五给自己取名"之瑞"，意思还是与"日祥"有关："日下现五色祥云，为之瑞也。"但他舍不得"云五"这两个字，就以之瑞为名，云五为号。以后，因为发表文章用"出岫"的笔名，又号岫庐。"岫"的意思是山洞，据《尔雅·释山》，"山有穴为岫"。"出岫"则出自陶渊明的《归去来辞》："云无心以出岫，鸟倦飞而知还"。这又引出王云五后来翻译写作时另一个常用的笔名"龙倦飞"。《中国大百科全书》"王云五"词条说他"原名之瑞，号岫庐"，不算错误，但不完全，且易误解。准确的表述应是：谱名日祥，后以之瑞为名，号云五，又号岫庐。

与他的二哥日辉一样，王云五半工半读，白天做事，晚上则在夜校学习英文和算学。因为他父亲做洋行仓库主任的工作，二哥是父亲的助理，父亲认为王云五学好英文与算学，就可以在洋行谋到差事做了。据王云五自己回忆，他似乎生来"颇喜计算"，亲属甚至料定"余所计算甚准确，将来长大，定是商场能手"。在五金店，他很快就成了"珠算能手"。[①] 可是王云五又特别喜欢读

---

① 《王云五文集》陆（上），江西教育出版社 2011 年版，第 25 页。

书，有一次某文社悬赏对联，上联是"菊放最宜邀友赏"，他对以"苏来奚后慰民思"，博得李先生激赏并夺得头名；在先生为他取了"云五"的名号之后，他似乎认定自己应该读书才对。这样，白天在五金店帮手做事的时候，只要有空他必一卷在手，看得入神。

王云五晚上入读的是一所广东人开办的英文夜校，一起就读的多是与各洋行有生意往来的人，年龄不一，程度差异大。王云五初学英文，以《英文读本》为教材。7个月后，两册教材尚未学完，因为要陪家人返乡而离开。

1903年4月，王云五与二姐夫梁仲乔一起入读上海守真书馆。这是一所美国教会办的英文专修学校，白天上课，主修英文，另有历史、地理、算学等，也是用英文授课。教材是美国人编的，教师也都是美国人。可能因为王云五对英文特别有悟性，因此虽然只有7个多月英文夜校的经历，和在家跟着梁仲乔一起读过一段时间英文，守真书馆时期的王云五在学业上竟然突飞猛进，初时他插入第六级（共八级，一级程度最高），梁入第五级，其后他竟连续跳级，很快升至第三级，至年底，才学了8个月时间，考升至第二级。可惜在次年年初的时候，二哥当上收入极好的洋行买办，父亲要王云五接替二哥的工作，做他的助理。王云五只得中断了守真书馆的学业。

1904年暑假，王云五经人介绍到青年会办的英文夜校公文翻译社做助教，每月收入24元。以此为理由，王云五向父亲提出，由二姐夫梁仲乔接替他做父亲的助理，自己则不要家里负担，全靠夜校助教的收入做学费，入读有名的上海同文馆。

这同文馆可大有来历。最早的同文馆是创办于1862年的京师同文馆。京师同文馆直接隶属于清政府负责外交事务的机构——总理各国事务衙门，可以说是中国最早的"洋务学堂"，专门为清政府培养外语人才、外交人才。另外，京师同文馆还设有印刷所，译印数、理、化、历史、语文等方面的书籍，因此也是一个重要的文化机构。1902 年，京师同文馆并入京师大学堂（北京大学前身）。北京之外，上海、广州也有同文馆，其性质、功能与京师同文馆类似，但规模要小一些。

上海同文馆由原京师同文馆教师、英国人布茂林（Charles Budd）创办，在上海是一所很有口碑的外语学校。其所设学科仍以英文为主，其他课程则有历史、地理、科学、经济学、伦理学等。据说各科目的程度系按照英国的中学设计，以能投考剑桥或牛津大学为准，按程度不同分为五个班。王云五先是插读第二班，3 个月后升入第一班。再过 4 个月，布茂林以王云五表现出色，聘他兼任"教生"（助教之意），同时免去他的学费，并另发薪水。

1905 年 10 月，王云五转到沪上颇有些名气的一所英文专修学校——益智书室担任专职教师。18岁的王云五真正开始其职业生涯。

这样，王云五在广东人办的英文夜校读了 7 个月，在守真书馆读了 8 个月，在同文馆又读了 7 个月，虽然时断时续，总计学了近两年的英文和新学知识，从一个不识字母的学徒工，半工半读，边学边练，竟成了上海名校的英文教员！

中山市《乡土教材》关于王云五的课文

王云五颇有语言天分。王家祖籍自福建迁入广东，其"父母和本族父老皆能操闽南语"。[①] 王云五在家讲粤语，出门讲上海话。他学英文，一开始就是英文为母语的外籍教师授课，用的是全英文教材，他又有超强的自学能力。更重要的是，他特别喜欢读书，因此学英文的同时，他就开始找英文原版书阅读，由浅入深，学以致用。在同文馆学习的时候，布茂林先生的书房简直成了他的图书馆，每天去看书，或者借回家去读。这些英文书很多是英美的经典名著。

此后，王云五还有两段函授经历。1907 年，他选修美国的万国函授学校土木工程，不到两年修完数理机械等各种基本课程。1910 年，修读美国拉沙尔函授大学之法律科。

王云五通过半工半读，以小学都未毕业的学历，靠补习和进修等非正规学校的学习而成才，取得文化上的成就，得益于天时地利人和。天时者，进入 20 世纪初，中国的教育制度发生了前所未有的变化，旧式科举逐渐式微，并在 1905 年终于废除，以新学新知为标志的新式学堂兴起。科举不再是读书人的唯一出路。王云五最初目标是学好英文和算学，做买办，不是读书做官。地利者，上海以实业而兴盛，以商业而繁荣，对于学历、资历等外在的东西，比之中国所有其他地方，都不显重要，这里更看重的是能力，更注重的是务实。这样的环境使王云五的能力得以充分发挥。人和者，王家有意让王云五走从学徒到买办的父兄之路，因此半工半读不失为一种实用的选择。

这一段非正式的学校教育，至少对王云五造成了以下四个重大影响。

一是养成自学的习惯和终生学习理念。王云五之成才，固然

① 《王云五文集》陆（上），江西教育出版社 2011 年版，第 2 页。

是自学的结果，但自学并不必然导致成功成才，多少人在自学的路径上因为各种原因半途而废！王云五却从自学上寻找乐趣，摸索诀窍。终其一生，他都对新鲜事物保持浓厚兴趣，勇于迎接各种挑战，虽无人指点和教授，而往往能够无师自通。

二是造就了他苦斗不屈服、屡挫而不折的个性。他在晚年回忆说："这时候，我已渐养成对环境的苦斗习惯，认为小时由于多病，不能早读书，童年在塾中读中文，刚有进境，又改为半工半读；好容易在最近大半年内入守真书馆读英文，成绩尚不差，忽又辍学。这或者是由于我的命运使然。但我不甘屈服于命运，决借自修而补缺憾。"① 王云五在事业上取得成功，不是得益于学历和资历，而是得益于他的能力，这种能力主要还不是专业上的、技能上的，而是组织、协调、领导能力，处理问题的能力，应变的能力，等等。用现代人的术语，他的情商非常高。加上智商较高，财商也高，焉有不成功之理？

三是养成了他经济上自立自强的个性。王家虽不算穷困，但也并不富有。半工半读，既是出于迷信风水，也因为家里需要多几个劳动力。王云五15岁出来做事，17岁做翻译兼职赚取学费，18岁做专任教师。在十里洋场的花花世界，十七八岁就可以自力谋生，并且是教英文这样的既"高大上"又收入不菲的职业，极大树立了王云五的自信心。在他的人生中，不管是他在商务印书馆的事业，还是个人生活，他都遇到过经济上非常困难的时候，但他都靠自力更生，排除万难，终于渡过难关。王云五最为擅长的英文、算学及商业，对他以后在政、商、学界的发展，起到非常重要的作用。

四是学问上博而不专，经营上面向大众。王云五因为酷爱自

---

① 《王云五文集》陆（上），江西教育出版社2011年版，第38页。

学，读书上随心所欲，兴趣来了，什么书都看，甚至抱着辞典和百科全书通读。术业有专攻，他却是名副其实的博而不专。博而不专，做学问也许成不了大家，而做出版，却正好可以扬长避短。王云五把最美好的岁月全都贡献给了出版业，他最辉煌的成就，也由出版业取得，直到 77 岁高龄，还不顾年迈重返出版业，这一切，绝非偶然。他在从事出版工作时总是以读者为导向，编辑过程中注重化繁为简，由博返约，选择作者和取舍稿件时，尽量选择那些善于用简单通俗的语言表述艰深学术问题的作者及其稿件。这些也与他自学的经历、博而不专的个性有密切关系。

1909 年秋季，22 岁的王云五到李瑞清办的留美预备学堂教授英文，兼任教务长。稍后，他与同乡徐净圃结婚。这时的王云五，家已成，业已立，意气风发，就像一张涨满了弦的弓，蓄势待发。

第二章／与书结缘

15 岁的少年，正是苹果将熟未熟的青涩的前青春期。王云五难违父命，开始半工半读的人生旅程。一天晚上从夜校放学回家，两位要好的同学把他带到一家悬挂"书寓"招牌的地方，迎接他们的却是两位打扮时髦的妖娆女子。小伙伴们知道王云五喜欢读书，但这地方显然跟书没有丝毫关系。原来这是一家妓院，却起了这么一个雅致的名号。小伙伴开玩笑说："你是最喜欢读书的，所以我们带你到这所'书寓'来，好让你拣些心爱的书读一读。"

少年王云五落荒而逃。他对这件事记忆十分深刻，晚年还屡屡忆及。"书寓"的小插曲像是一个隐喻，寓示着王云五与书之间非同一般的缘分。

一、买书狂人

王云五与正规的学校生活无缘，对书却似乎有着与生俱来的缘分。

20 世纪初期的上海，虽然还在中国现代出版兴盛的前夜，但由于西方现代印刷术的引入，书籍的形态已从传统的雕版线装，进化为活字铅印，书籍的内容也从四书五经过渡到中西杂处，现代意义的报馆和书局不断涌现，图书也开始大批量出版发行。大量报刊在上海的公共租界应运而生，甚至出现了报馆一条街、书店一条街。

中国古代的四大发明令我们深感自豪，但也有研究者指出：中国的指南针在西方导致了航海技术的革命，为其远洋殖民扩张做了技术上的准备，而在中国却沦为风水先生的玩物；火药的发明改变了西方的战争形态，西方人并且用火炮轰开了清帝国的大门，但在中国却沦落成为百姓玩耍的烟花爆竹。另外两大发明——造纸术与印刷术，虽然使古老的中国文化以典籍的形态代代相传，但由于昂贵的成本和复杂的技术，典籍不能大批量生产，文化难以普及；而西方人却在工业革命的推动下，发明机器和动力，从而大大改进了造纸术与印刷术，使大量生产书籍成为可能。

　　中国的出版史虽然可以上溯至文字产生初期的简策时代，但现代意义的出版却实实在在是由西方传教士为了传教的需要（大量印刷《圣经》等）而从西方传入中国的。这一沿变的脉络可以从下面这个表格中清楚地看出。

中国书籍制度发展简表①

书籍制度	书籍材料	装订形态	传播方法	历史时期
简策 （包括版牍）	竹木	苇编、丝编	抄写	公元 4 世纪以前 （上古至东晋）
卷轴	缣帛	卷轴	抄写	公元前 4 世纪至公元 5 世纪（春秋末至六朝）
	纸	卷、轴、褾带	抄写	公元 2 世纪至 10 世纪（东汉至宋朝初年）
卷轴至册页过渡时期	纸	经折装、旋风装	抄写及初期雕版印刷	9 至 10 世纪（晚唐至五代）
册页 （双页单面印）	纸	蝴蝶装 （纸页外折）	雕版印刷	10 世纪末至 13 世纪（五代至元代）
		包背装 （纸页内折）	雕版印刷	12 世纪至 15 世纪（南宋至明代中叶）
		线装 （纸页内折）	雕版印刷、木活字版	14 世纪至现在
册页 （单页双面印）	纸	平装 （包背装的变形）、 精装 （西式装订）	铅活字、 铅版石印、 影印	19 世纪（清末）至现在

---

① 刘国钧：《中国书的故事》，中国青年出版社 1955 年版，第 99 页。

王云五出生于 19 世纪末期现代出版业最为发达的上海租界，成长于 20 世纪初期上海滩的商人买办家庭，他的家世和社会环境，无疑是非常有利于成就他与书的缘分的。而他也的确是爱书如命，痴迷于书。

17 岁时，他开始在青年会办的英文夜校"公文翻译社"兼课，每月领薪 24 元，有了人生第一次自己挣到的钱。他开始买书，这点钱自然买不了许多书，更买不了他喜爱的昂贵的西洋精装书。他把一半薪水交母亲，一半自己留用，自己留用的一半则全用来买书。"当时北京路有许多西文旧书店，就是他的唯一去处，他搜集藏书的习惯，便在那个时期开的端。"① 这些西文旧书店可藏有不少宝贝，不过店主多半不清楚其价值。据王云五晚年回忆："这些旧西书店多从拍卖行把外国人回国者的家具什物和书籍一起买回来。他们对于家具什物都还识货，自能待价而沽；但对于西书既不知其内容，便只凭外表装订之优劣与书籍的新旧，胡乱定价出售。"② 因此，王云五从这些旧西书店以极低廉的价格淘到许多好书，这一方面是靠节俭，另一方面也要归功于他对西书的兴趣和慧眼，以及当时上海独特的旧西书市场。

与此同时，王云五"也常常向扫叶山房等购石印古书，广智书局等购日文翻译书，文明书局、商务书馆等购新编各种书"。③ 一年下来，竟也颇为壮观，数百册中外书籍堆满卧室三面墙，俨然一家小小的私人图书馆。

18 岁的时候，王云五开始翻译西书，有了稿费收入，并且也正式受聘做了专任教师，每月有固定收入。有了这些收入，他买

① 马三纲：《王云五——一位现代的成功人》，载《自修》杂志，1939 年第 49 期，翰堂近代报刊数据库。
② 《王云五全集》（14），九州出版社 2013 年版，第 226 页。
③ 《王云五全集》（14），九州出版社 2013 年版，第 226 页。

书更多，选书也更精了。1906 年，他联合一帮志同道合的朋友，创办"振群学社"，自任社长，一方面把大家的藏书集中起来，吸收社员入社阅读，一方面利用社内人力办补习学校。振群学社因此具有图书馆与学校的双重功能。

1908 年，在同文馆任"教生"的王云五看到报上刊登的英文版《大英百科全书》销售广告，由商务印书馆西书部代理销售，可按分期付款方式购书，每月还款 12 元，三年付清。王云五立即以分期付款方式买了一套。这是一套英国出版的权威的大型工具书，共有 30 大本，而且装帧精美，印制精良。当首期付款后他拿到书时，"其愉快之情，真是不可言状"。[①] 要知道他当时才 20 岁，每月"教生"所得也就区区 24 元！

在月月还款的三年时间内，王云五几乎每天翻读《大英百科全书》两三个小时，不知不觉竟读完了这套原本只是作为查阅、不是拿来通读的大型工具书！胡适称王云五为"有脚的百科全书"，王云五自称博而不专，都与这套书相关。王云五与商务印书馆的关系，也可以前溯到这一套书。

从青年时代起，王云五搜购图书几乎达到疯狂程度。他常年订有数十种杂志，每年购书不下数千册。数次出国考察访问中，寻访书店，购藏图书，都是他行程中的必修课。1943 年底，王云五参加参政会访英团出访，每到一处，总要寻访当地书店；还在赴英途中经过印度停留时，就已开始往国内邮递书籍。离开英国时，所购书籍重达五六十公斤，他怕战争年代行李容易遗失，这些新购书籍"只好尽量随身携带"；由于随身行李限定 20 公斤，又"不得已将许多书籍之布面切去，以减重量"，其余则请驻英公使叶公超以外交渠道寄运。[②] 回国途经伊朗、伊拉克、土耳其三

---

① 《王云五全集》（10），九州出版社 2013 年版，第 566 页。
② 《王云五全集》（20），九州出版社 2013 年版，第 211 页。

国，短暂停留期间，王云五又买了许多书。每天晚上，王云五都
要翻读新书，同行团友戏称为"流动图书馆"。王云五回国后撰述
的《访英日记》，除安排的官方活动外，主要就是记录他如何访购
书籍和读书心得。

他曾回顾"生平所购书籍最感觉得意者"：一是以月缴12元、
三年付清的分期付款方式购买了英国百科全书（第九版）；二是20
年代在上海一家拍卖行买到全套德国原版的化学及制药学杂志
（自18世纪末的创刊号起至1914年）；三是1930年出国考察科学
管理时为东方图书馆搜购到全套英国皇家学会会刊，以及英、法、
德国的早期刊物、稿本等，其中有远及谷腾堡（今译古登堡）发
明印刷术后三四十年时所印刷的古本；四是在东方图书馆被毁后
购得全套《东方杂志》；五是以商务印书馆部分盈余作复兴东方图
书馆之用，使其在"一·二八"被毁后短短五年间，藏书达到40
万册，其中善本书不少，各省通志达1400余种，各类年谱1200余
种，接近东方图书馆被毁前的水平；六是30年代在济南购得稿本
《蠡测篇》120册，内收四库序跋3000余篇。[1]

如此疯狂买书，使得王云五在青年时代就拥有极为丰富的藏
书。民国元年他在迁居北京担任政府公职时，上海寓所的藏书已
达六七千册，包括一些珍贵的木版旧书和英、法、德、日文的外
版书。"及民国五年南返，合平沪两地的藏书，计已在万册以
上。"[2] 到他离开大陆时，已有近8万册图书，"其中古版书有三万
多本，铅印和石印书四万本，还有外文书七千册"[3]。1948年底王
云五逃离大陆，"随身仅带罕传与应用图书若干……其后辗转来

---

① 《王云五全集》（10），九州出版社2013年版，第565－567页。
② 《王云五回忆录》，九州出版社2012年版，第225页。
③ 胡有瑞：《王云五独资兴图书馆》，转引自《王云五全集》（18），九州出版社2012
　　年版，第498页。

台，携来图书多系抗战初期留居香港移存彼处者，为数不及藏书总数廿分之一"。①

对于留在大陆的这七八万册图书，王云五始终念念不忘、耿耿于怀。"何期列战犯，薄产池鱼殃；彼方且勿笑，财富尽书香。"② 别人关注的可能是列战犯、殃薄产，他所可惜的却是满屋的书香，再也闻不到了。

到了台湾之后，王云五仍然疯狂搜购图书，仅西文杂志，常年订阅的就达 30 种。通过各种途径，他搜全了出版时间超过 50 年的全套《东方杂志》，全套的美国《外交季刊》。他在台北的寓所以及台湾商务印书馆和政治大学的办公室，到处堆满了书。号称"位置皆宜无杂品，收藏极富只诸书"（清朝钱南园对联）的台北寓所书房是他最引以为豪之所在。

二、播种图书馆

王云五的父亲虽然文化程度不高，家里却藏有一套珍贵的二十四史，几个书柜的线装书，俨然一间小小的书房。这是王云五最早接触的旧籍"国故"。他在上海同文馆补习时的英文教师布茂林先生是一位学富五车的饱读之士，家里顶层的阁楼藏满各种精美的西文图书。因为王云五喜欢读书，布茂林先生破例允许他每天有空时就去阁楼翻书，看中了可以借回去慢慢读。据王云五回忆，布茂林先生的阁楼藏书室藏有六七百册英文图书。少年王云五每天徜徉其中，仿佛置身于"知识的海洋"。王云五对于西学"新知"像海绵一样，不断吸收。每次借书回来，都是尽快看完，竟渐渐养成了快读的习惯。王云五的阅读，正如他说："大都是由

---

① 《王云五全集》（10），九州出版社 2013 年版，第 563 页。
② 《王云五全集》（20），九州出版社 2013 年版，第 452 页。

我自己随好奇心与兴趣而选读"。以下是他晚年回忆在布茂林先生
藏书楼读书的英文书目：

马可莱氏著《英国史》
亚当·斯密著《国富论》（严复译为《原富》）
斯宾塞尔著《社会学原理》（严复译为《社会通诠》）和
《教育论》
戴雪氏著《英宪精义》
孟德斯鸠著《法意》
达尔文著《物种起源》
埃克曼著《哲学史》
柏拉图著《对话》
休谟著《人类理解》
约翰·穆勒著《代议政府》和《自由论》 （严复译为
《群己权界论》）
卢梭著《社约论》
克莱尔著《法国革命史》①

可见，布茂林先生的阁楼图书室虽然不大，但选书精到，以
上所列书目大抵都是影响了西方社会进程的经典书籍。这些图书
肯定也对少年王云五的人生产生了重大影响，因此直到晚年他还
能回忆出所读过的书的情况。其中有些书，如《国富论》和《法
意》，他知道有严复的中译本之后，又从其他地方借来中文译本，
将中英文两种版本对照着读，这样不但可以加深理解，对于提高
英文水平也大有裨益。

---

① 《王云五文集》陆（上），江西教育出版社 2011 年版，第 40 页。

　　王云五自从有了收入，就把可以支配的一半薪水拿来买书。这种近乎疯狂的购买图书和订阅杂志，使得他在 18 岁时，就拥有了一间三壁皆书的卧室兼书房，这该是他的私人图书馆的最初原型吧。

　　图书在中国有古老的历史，但现代意义的图书馆的历史要短得多。中国历朝历代存续不绝的藏书楼，不是现代意义的图书馆。因为藏书楼的功能在"藏"，目的是为文化的存续保存火种；而图书馆的功能在"读"，目的是为公众提供图书阅览和借阅服务。二者最大的区别，前者是封闭的、私密的，后者是开放的、公共的。尽管藏书楼有官藏、私藏之别，图书馆也有公立、私立之分，但藏书楼以"藏"为业，图书馆以"读"为生。图书馆的魅力在于，它不是高不可攀的圣地，而是令人可以亲近的精神家园。

　　图书馆与王云五的人生有着莫大的关系。一方面，图书馆是缺乏学校正规教育的王云五读书之旅的加油站，某种意义上说，王云五自学成才是因为他充分而有效地利用了图书馆的资源。关于王云五和图书馆的关系，他自己在《我的图书馆生活》里有一个很好的概括："我在学校的时期很短，我在图书馆的时期却很长。我不是职业的图书馆馆员，但我大半生消磨于图书馆的时间恐怕比一般职业的图书馆馆员尤多。一个职业的图书馆馆员至多与一二十所图书馆发生过关系，而与我有关系的图书馆至少有几千所。"①

　　这里所说的与他有关系的图书馆至少有几千所，是指他主持编辑出版的《万有文库》《小学生文库》《幼童文库》《中学生文库》《人人文库》等都是以图书馆为销售对象，几千家图书馆因为购买了这些文库而具备了"图书馆"的基本馆藏和对外借阅功能。

① 《王云五全集》（14），九州出版社 2013 年版，第 223 页。

　　另一方面，王云五的人生事业也有很大一部分与图书馆有着密切关联。1921 年王云五进入商务印书馆时，商务印书馆的涵芬楼已有藏书约 40 万册，其中中文图书（包括各种珍本古籍）20 多万册，英、日、德、法文书籍五六万册。涵芬楼藏书尽管不少，但也有不足。胡适在参观之后说："西文书甚少，中文书中志书颇多，但远不如京师图书馆。……他们为什么不肯拿这笔钱买些有用的参考书呢？"① 胡适在美国留学多年且对西学渴求强烈，感觉"西文书甚少"在情理之中。茅盾则这样回忆当时的涵芬楼："编译所图书馆里英文书很多，不过杂乱无章。"② 还有就是不对公众开放。

　　涵芬楼归属编译所，而编译所的所长是王云五。1924 年 3 月，位于上海宝山路商务印书馆总馆对面的涵芬楼新楼落成，这座占地 2600 平方米的四层楼漂亮建筑极大地改善了原来藏书逼仄的窘况。经商务印书馆董事会批准，涵芬楼更名为东方图书馆，"示与西方并驾，而发扬我国固有精神"③。王云五以商务印书馆编译所所长兼首任东方图书馆馆长。

1924 年落成的商务印书馆涵芬楼新楼，1925 年更名为东方图书馆

① 《胡适的日记》上册，1921 年 9 月 3 日，中华书局 1985 年。
② 茅盾：《我走过的道路》（上），人民文学出版社 1997 年版，第 145 页。
③ 《王云五文集》陆（上），江西教育出版社 2011 年版，第 106 页。

涵芬楼收藏了许多古籍善本。"商务印书馆花那么多钱买善本书，编书参考固然是，但不是主要目的。"① 这与张元济"难得之旧本，若无公家为之保存，将来终归澌灭"② 的思想有关。在保存古籍并为商务印书馆编译图书提供参考的同时，张元济也一直在考虑将这些图书对外开放。1921年2月，商务印书馆董事会提议试办"公用图书馆"。③

1926年5月，东方图书馆正式对外开放服务。1931年，东方图书馆成立流通部，办理图书借阅。外地读者也可以通过邮递方式借阅东方图书馆的图书。

王云五在主持东方图书馆工作之后，主要带来两大变化：一是他采纳胡适的建议，大量采购补充西文图书；二是用四角号码检字法为中文图书著录索引，又用中外图书统一分类法将中外图书统一编目和归类，从而大大改进了之前图书馆藏书"杂乱无章"的状况，极大改善了图书馆的藏书管理和借阅服务。

东方图书馆阅览室

---

① 汪家熔：《张元济》，上海辞书出版社2012年版，第211页。
② 《张元济全集》第3卷，商务印书馆2007年版，第496页。
③ 张人凤编著：《张菊生先生年谱》，台湾商务印书馆1995年版，第203页。

　　至"一·二八"事变被日军炸毁前，东方图书馆已卓然成为亚洲首屈一指的大型公共图书馆。由涵芬楼更名为东方图书馆，由服务本馆而面向社会公众，这是涵芬楼由传统的藏书楼转变为现代公共图书馆的一个历史转折点。

　　由于王云五在图书馆方面的建树和贡献，1926 年 11 月，王云五当选上海图书馆协会主席；随后，任上海市图书馆筹备员，国立中央图书馆（筹备）审查会主席；1929 年 2 月，当选中华图书馆协会执行委员。

　　20 世纪 20 年代中国出版业的快速发展与图书馆事业在中国的勃兴有十分密切的关系。王云五以出版人与图书馆专家的双重身份，在这一历史进程中发挥了重要作用。他感受到图书馆的勃兴催生了大规模的图书需求，因而将编译所的出书方向转为普及类图书，尤其是中小学的课外读物；为了方便图书馆的检索和编目，他研究和发明四角号码检字法，创立中外图书统一分类法，并将其首先应用于商务印书馆推出的《万有文库》等大型丛书，一方面使图书馆省去大量人力物力，一方面又有力推动了这些大型丛书的销售。在后来写的《四十年来之出版界》一文中，王云五将这一时期出版业的发展归入"图书馆运动时期"①，虽然带有强烈的个人色彩，但确实在一定程度上反映了当时的出版现实。

　　1935 年 3 月 21 日，上海市图书馆临时董事会成立，推举蔡元培、王云五分别担任董事长和副董事长，负责筹备上海市立图书馆事宜。该馆于当年正式成立。

　　王云五充分利用自己担任商务印书馆要职的便利条件，将他疯狂买书的秉性也同时用在了为东方图书馆购买图书上。他自己只要有机会就为东方图书馆搜购图书，商务印书馆在各地的分支

---

① 王云五：《四十年来之出版界》，香港《大公报》1940 年 5 月 10—12 日连载。

机构也成了他搜购图书的网络。东方图书馆被日本人蓄意炸毁后，商务印书馆董事会批准成立东方图书馆复兴委员会和复兴基金，同时公开向国内外募捐图书，王云五更直接提出由商务印书馆拨出部分盈余充入复兴基金。因此，东方图书馆的图书增长很快，在1949年前已达到"一·二八"事变前的水平。1953年，商务印书馆将东方图书馆全部藏书献给人民政府。2002年，商务印书馆投资的涵芬楼书店落成并公开营业。"涵芬楼"，这个有着浓厚商务文化传统的品牌形象，得以重生。

2002年，商务印书馆涵芬楼书店落成并开业

王云五一生以书为伴，"真是每日除了吃饭睡觉和工作以外，没有一时一刻肯离开它"。晚年他将所有图书捐出，以自宅一栋建成云五图书馆，向公众开放。可以说这是他留给世人的最后的图书馆情缘了。

三、教书、译书、著书、编书

不算守真书馆和同文馆由学员兼教员的经历，以及公文翻译社、振群学社的补习、教课、翻译三者合一的生活（1903—1906），王云五的职业生涯是从 1905 年 10 月受聘上海的益智书室开始的。因为在此之前，即使有一些兼职，那也是半工半读前提下的兼职。他的主要身份先是学徒，后转为父亲任职的洋行仓库的助理，只是在晚间或节假日，他才到夜校和补习学校学习。又因为在夜校或补习学校表现出色，程度远远高出一般同学，才被老师委以兼课的"重任"。

不过，这段时间的兼职使得王云五明确了自己的人生定位和职业方向，那就是，他不会再走父亲为他设定的人生道路，重复父辈的生活，在洋行做一辈子的买办！他明白，他的人生道路一定要与文化有关。因为几次兼课的缘故，他对讲台已不再陌生，甚至可以说驾轻就熟，虽然他还不满 18 周岁。

1906 年 10 月，王云五接到中国公学的教师聘书，据说是一位曾听过他的英文授课的学校干事，"把他力荐于中国新公学的当局"[①]（原文如此，应为"中国公学"）。虽然月薪比他在益智书室的薪水还要少，但中国公学更有名气，而且每周教课仅 18 小时，还不及益智书室的一半，他可以有更多时间自由读书。因此，他也就爽快地接受了下来。

事实证明，王云五的选择极具前瞻性，也可以说，这一选择奠定了他一生的事业基础。因为，他几次关键的职业转变，正是得益于他在中国公学的两位后来极有名望的学生——朱经农和胡适之的引荐！

1909 年，王云五迎来职业生涯的第二次跃升。这年秋天，他应聘到李瑞清办的留美预备学堂任教务长，仍教授英文。初出茅庐的青年画家黄宾虹被王云五聘为国文教师，这也是王云五后来

---

① 刘涛天：《出版业经营家王云五传略》，载《教育与职业》第 161 期（1934 年），翰文近代报刊数据库。

主政商务印书馆编译所时延请黄宾虹担任编译所美术部主任的最初因缘。

辛亥武昌起义成功后，全国各地纷纷宣布独立，统治中国两千多年的封建君主专制寿终正寝。流亡海外的孙中山被革命党推举为即将成立的中华民国临时政府临时大总统。

1911 年 12 月 31 日，旅沪香山同乡会设宴欢迎抵沪的候任总统孙中山先生。王云五以青年才俊被同乡会推举，致欢迎辞。孙中山对这位淡定的后生印象颇佳，遂邀请王云五到南京任总统府秘书。这一次，王云五还认识了随侍在旁的孙中山先生的大公子孙哲生（孙科），两个人的友谊维持终生。

面对孙中山先生的盛情邀请，无论是出于政治前途还是出于人情世故，王云五都无法拒绝。因此，王云五也便暂时结束了以教授英文为主、兼为报纸翻译和撰述社论的文化人生活，做了总统府接待处秘书。与此同时，王云五致信民国首任教育总长蔡元培，提出教育改革的建议，蔡元培遂邀请他到教育部任职。南京临时政府只存在了短短数月，便为政治暴发户袁世凯篡夺政权。王云五随临时政府北迁到北京，新职务是教育部专门教育司第一科科长。此后，他还做过短期的苏粤赣三省禁烟特派员（公署设在上海）。

王云五很喜欢学校的粉笔生涯，在北京的教育部任职时，他又兼任了

王云五在相貌和性格上都显得老成持重

国民大学法科的英文教授。1914 年任中国公学大学部（次年改为中国大学）教授。出道十年的王云五由兼课的"教生"升级为专业课的"教授"。以一个小学未毕业的资历，而成为大学教授，成就了王云五首个人生传奇。

在这一段时期，王云五还一直在做着编译和为报纸撰稿。在留美预备学堂任教务长时，他兼任《天铎报》主笔。在北京的教育部任职时，他兼任《民主报》撰述。

1914 年，由朱经农推荐，王云五到熊希龄筹办中的全国煤油矿事宜处任编译股主任。其得意之笔是奉命在一夜之间译出中美合办陕西延长油矿契约的英文本约 3 万字。

1917 年以后，王云五辞去了所有公职、教职和兼职，专心过起了在家赋闲的读书写作生活。1920 年，王云五在中国公学的学生赵汉卿与人合办公民书局，约请他主编《公民丛书》。在一年左右时间里，王云五为《公民丛书》策划出版了二十余种图书，包括他自己翻译的英国哲学家罗素的名著《社会改造原理》和他编译的《物理与政治》。据王云五晚年回忆，他与公民书局是一种"既未加入股本，亦不领取薪水，只就编译书稿计酬"的关系，其"业务经营，我亦未与闻"。① 有点类似现在的出版经纪人。

在 1921 年进入商务印书馆之前的 15 年职业生涯中，除了将近三年担任政府公职，其他大部分时间，王云五所从事的工作都与书有关。由读书而教书，由译书、著书而编书、出书，他的一生注定是要与书结缘和相伴了。也可以说，已入而立之年的王云五已在学识上、职业上、心理上做好了进军中国一流出版机构担任要职的一切准备。

正所谓：万事俱备，只欠东风。

---

① 《王云五全集》（15），九州出版社 2013 年版，第 84 页。

第三章／商务印书馆岁月（上）

一、胡适推荐

前面说万事俱备，只欠东风。这个"东风"，就是胡适推荐王云五到商务印书馆任编译所所长。

名满天下的著名学者、北京大学教授胡适，又怎么会引荐籍籍无名的王云五到全国最大的文化出版机构商务印书馆担任如此重要的职务呢？

这还得从十多年前胡王二人的相识相交说起。

前面说过，王云五是胡适在上海中国公学时代求学时的英文老师。但在中国公学解散后，处于青春期的胡适在经济上陷入困顿，精神上陷入迷茫。

王云五适时出现，推荐胡适到上海租界工部局任华董公学的国文教员。而且"事成始见告，其意至可感念也"。①

有一次，醉了酒的胡适在街上撒野，打了租界的巡捕。好在华董公学本来就是租界工部局的附属学校，法庭宽大为怀，只罚了他区区 5 元钱了事。

不过，自此以后，胡适发愤自省，发愤向学。这一段时间，胡适与王云五过从甚密，据《胡适的日记》记载：新春过年之际，正月初二王云五来访，正月十三、十五，胡适往

中国公学时期的少年胡适

---

① 耿云志：《胡适年谱》，福建教育出版社 2012 年版，第 20 页。

访王云五；期间，两人还多次信来函往。我们无从判断是什么原因使一度悲观颓废的胡适发愤图强，但王云五在胡适最为困难的时候为他救急，使他倍受感动；同时，以王云五自学成才、在沪上颇闯出些名头的经历，对胡适的心理变化产生过一些影响，是完全可能的。

随后，当第二次留美庚子赔款官费生选拔的机会出现时，极其善于把握人生机会的王云五实实在在地帮了胡适一把。王云五不但竭力鼓励他去应试，还帮他补习较为薄弱的功课——代数和解析几何。

1910 年 6 月，19 岁的胡适赴京应考，以第 55 名的成绩（其中英文 60 分，国文 100 分）考取官费留美。这是胡适人生最重大的转折点。胡适与王云五的友谊维持终生，留美之前的患难之交，应是其最坚定的友谊基础。

这样，当 1921 年能够改变王云五一生的重大机会出现时，胡适投桃报李，推荐王云五去商务印书馆任职，就是自然而然的了。

1921 年，是中国大变动时代的开始，而商务印书馆也正走在发展的十字路口：是沿着原来的旧学路子继续走下去，还是转向新学，迎接新时代的挑战？

有人曾把北京大学和商务印书馆作为当时中国最重要的两个文化机构。然而事实上，在五四新文化运动中，这两家著名文化机构的表现却判若泾渭。北京大学是新文化运动和五四运动的重镇，而身处上海、以远离政治风潮为企业宗旨的商务印书馆，在五四新文化运动中，却是波澜不兴、风平浪静。由此也就造成了两家机构截然不同的结果：北京大学成功地实现了现代转型，成为中国最知名的大学和现代民主政治的摇篮；商务印书馆却在民国前后巨大的商业成功之后逐渐归于平稳，趋向保守。

1918 年 9 月 15 日，《新青年》九卷五号发表陈独秀的《质问

〈东方杂志〉记者——〈东方杂志〉与复辟问题》，直指《东方杂志》鼓吹东方文明是为政治复辟张目，引发陈独秀与杜亚泉（时任《东方杂志》主编）之间、《新青年》与《东方杂志》之间、北京的新文化阵营与商务印书馆保守阵营之间的一场论争。中间虽言辞激烈且多有误解，但论争的实质是支持新文化运动的进步，还是回归传统的保守。一波未平，一波又起。1919 年 4 月 1 日，《新潮》一卷四号刊发北大学生罗家伦的文章《今日中国之杂志界》，矛头再次指向商务印书馆主办的几家著名期刊。在罗家伦眼里，《教育杂志》是"最讨厌的"；《学生杂志》"是一种极不堪的课艺杂志"；《妇女杂志》"专说些叫女子当男子奴隶的话，真是人类的罪人"；"最可以做代表的，就是商务印书馆的《东方杂志》，这个上下古今派的杂志，忽而工业，忽而政论，忽而农商，忽而灵学，真是五花八门，无奇不有。你说他旧吗？他又像新。你说他新吗？他实在不配。"① 由商务印书馆创办于 1904 年的《东方杂志》，曾经是中国最新潮的杂志，这时简直就成了新文化运动主要阵营《新青年》和《新潮》（均为北京大学主办）的对立面了。

事实上，商务印书馆在民元前后成功实现飞跃，成为中国规模最大和最著名的文化出版企业之后，由于思想上的保守、经营上的失误以及人事纠纷等原因，从民元前后到新文化运动的十年时间，在市场上接连受到中华书局等竞争对手的挤压。对此，曾经把商务印书馆引向快速发展之路的商务核心人物张元济、高梦旦等心中有数。要改变这种状况，关键在于改变用人方式，大胆启用新人，特别是经过新文化运动洗礼的西学人才。

但在用人和一系列重大问题的决策上，商务印书馆内部以张元济为首的书生派（改革派）和以高凤池为首的教会派（守旧派）

---

① 罗家伦：《今日中国之杂志界》，转引自宋原放主编：《中国出版史料（现代部分）》，第一卷（下册），山东教育出版社 2001 年版，第 395 – 397 页。

存在严重分歧。书生派多系文化人，重改革创新和向外发展；教会派多属创业元老及其亲朋故旧，偏向保守和固守本地小圈子。身为商务印书馆总经理的高凤池和身为经理（相当于副总经理）的张元济各为首领，理念相左、意见不合，无疑是商务印书馆在首任总经理夏瑞芳被刺杀后不能继续快速发展，在新文化运动中明显落伍的重要原因。

夏瑞芳在 1914 年初遇刺之后，董事会力推张元济出任总经理一职，但张元济因为厌恶政治，认为总经理一职难免与政府打交道，力辞不就，无奈之下改推印有模为总经理；两年之后，印有模病故，高凤池接任总经理。张元济虽然在职务上仅是编译所所长，但因为学识和能力，在商务印书馆内部有着极高的威望。高凤池继任总经理之后，张元济改任经理，编译所所长一职由高梦旦继任。名义上，张元济要协助高凤池工作，但二人性格、思考问题和工作方式南辕北辙。张元济的责任心使得他每天忙碌不堪，终日奔波于编译所、发行所和印刷所。只要涉及馆内重大事项，张元济与高凤池必然发生矛盾。在用人问题上，"高凤池主张用老人，张元济因为旧人里不能办事的人已不少，主张用年轻人；高主张用平素熟悉的人，张主张用能干的人，不论熟悉与否。张元济语重心长地说，用人能不能推陈出新，是一个企业或盛或衰的根本"。[①]

高凤池和张元济在用人、投资、发展战略等一系列重大问题上严重冲突。这样的冲突甚至一度导致张元济向董事会提出辞职，并且声称"决不复职"。经过高梦旦和陈叔通的斡旋，商务董事会决定高、张二人一起退居二线，以监理的身份继续为商务印书馆服务。总经理和经理分别由鲍咸昌、李拔可（宣龚，1876—1953）担任。

鲍咸昌也是商务印书馆的创业元老，说起来也属教会派，不

---

① 江家熔：《大变动时代的建设者——张元济传》，四川人民出版社 1985 年版，第 186 页。

过较为温和。他深知张元济对商务印书馆的重要，因而在用人问题上采纳了张元济的意见，一批新人开始被大胆起用或从外部引进到商务印书馆。

1920 年 1 月，攻读政法的日本留学生陶保霖（惺存）接替杜亚泉，任《东方杂志》主编，开始采用一部分白话文文章（以前全部是文言文）。原主编杜亚泉专任编译所理化部主任。

1920 年 1 月，年轻有为的沈德鸿（茅盾）任《小说月报》主编。他一改鸳鸯蝴蝶派的绵弱之气，使《小说月报》"成为新文学运动取得胜利的一个里程碑"（胡愈之语）。短短数年间，茅盾、郑振铎、叶圣陶几位年轻人将《小说月报》打造成新文学的主要阵地，使上海成为新文学的又一个主战场。

1920 年底，思想进步的杨贤江以作者身份被商务印书馆引进，主持《学生杂志》，使该杂志由原来标准的课艺杂志一变而

商务印书馆编译所的改革样本《小说月报》

为教育青年走向社会、走向生活的进步杂志。

此外，《妇女杂志》改由章锡琛主编，并一改其多年来一直教导妇女做贤妻良母的办刊宗旨，变成鼓吹妇女解放的刊物。《教育杂志》改由李石岑编辑，实际的负责人则是周予同。

在这种形势下，新文化运动的先锋人物、北京大学知名教授胡适很自然地进入了商务印书馆决策层的视野。

这时的胡适，与十多年前的懵懂少年自不可同日而语，与那

个曾经胡混的不羁青年也已经判若两人。经过留美 7 年的西学熏陶和北京大学五年的新文化运动洗礼，尽管胡适在年龄上还不到 30 岁，但已经是北大的知名教授、名满天下的新文化运动旗手了。

对于商务印书馆，如果说，为了追赶新文化的步伐，期刊业务上大胆起用新人还只是外围的变革的话，真正的变革堡垒却在编译所。编译所在 1902 年张元济入馆后创设于上海的北福建路，

已经名满天下的北京大学教授胡适

1903 年冬张元济推荐蔡元培兼任编译所所长。但因蔡元培忙于中国教育会、爱国学社和爱国女学的事务，难以兼顾编译所的工作。很快，张元济就接任了编译所所长。在民元前后的商务印书馆的第一个繁荣时期，编译所编辑出版的几套教科书为商务印书馆创造了高额利润，《东方杂志》等期刊则为商务印书馆造成了极大的社会影响。可以说，编译所已成为商务印书馆的业务核心部门，在这一时期商务印书馆快速发展中居功至伟。

但是，如前所述，在新文化运动浪潮中商务印书馆面临诸多压力。1918 年任编译所所长的高梦旦，曾任留学生监督，且在日本留学和考察教育经年，对民元前后大量译自日本的西书较为熟悉，亦深知其弊；同时面对所内复杂的人事关系，尤其是张元济寄予希望的以新人替换旧人的改革，高梦旦也深感无力。编译所必须进行大刀阔斧的改革，这是张元济与高梦旦的共识。但是，高梦旦提出的设想却是他让贤，而以胡适自代，这还是令人惊讶！作为备受尊敬的商务印书馆元老之一，高梦旦于 1903 年由张元济

邀请，加入商务印书馆，早年在编译所主持国文部工作，在编辑出版小学国文教科书、编纂《辞源》等开创性的工作方面贡献极大，因性格温和、善于协调，在馆内素有"参谋长"之称。在商务印书馆面临转型的历史性关头，这样的"让贤"体现出何等宽广的胸怀！何等深远的眼光！

高梦旦爱才如命，幼女高君箴嫁给了郑振铎。左起：高梦旦、郑振铎、胡适、高君箴

　　张元济深知编译所的弊端所在和改革的迫切，对高梦旦的设想极为支持。为表示诚意，商务印书馆董事会派高梦旦专程赴京，正式向胡适提出聘任其为编译所所长的请求，期待胡适像当年张元济主持编译所一样，引领其走进一个新时代。

　　不过，胡适另有想法。一方面，以商务印书馆的盛名，新职位虽然并不会使他在社会地位上有所委屈，在经济收入上或许比之北大名教授还要更多，但毕竟这是一个事务性的工作，一旦陷入，他在研究学问上的时间将大受限制，他的学术空间将变得局促，他所最为看重的个人自由也将大受影响。另一方面，已经声名大振的胡适，在20世纪20年代政治多元、权力格局多变的情势下，7年美国生活养成的民主政治理念使他在政治上有所期待。1920年8月1日，胡适与蒋梦麟等7人联名发表《争自由的宣言》，标志着他们这批自由主义知识分子由书斋走向社会、走向政治。

而商务印书馆作为一家企业经营机构，他的政治活动和言论自由肯定是会受到相当影响的。

当然，这样的想法，在商务印书馆求才若渴的诚恳态度面前，于情于理，都是不便于说出口的。1921年暑假，胡适答应南下到商务印书馆，先做调研，再做决定。

上海是胡适从安徽绩溪老家走出来的第一站，在留学美国之前，他曾经在这里读书和生活过六七年。这里有他的亲朋故旧，而最令他感到亲切的，也许就是亦师亦友、在他出国前一度过从甚密的王云五了。尤其是，如果他不能赴商务印书馆就职，他必须推荐一个可以代替自己的适当人选，才能既不辜负商务印书馆的厚爱，又可以安心朝自己的学术方向和政治理想奋进。在上海，胡适于7月13日往访王云五。多年未见的王云五似乎颇让胡适惊喜。他在当天的日记中对王云五赞不绝口："他是一个完全自修成功的人才，读书最多、最博。家中藏西文书一万二千本，中文书也不少。他的道德也极高，曾有一次他可得一百万元的巨款，并且可以无人知道。但他不要这种钱，他完全交给政府。……此人的学问道德在今日可谓无双之选。"① 不过，正在商务印书馆调研并犹豫是否接受编译所所长职位的胡适，这时并没有想到推荐王云五以自代。7月18日，他在日记中写道："梦旦问我，若我不能来，谁能任此？我一时想不出人来。"②

在随后的一个多月时间，两人频繁互访，倾心长谈。8月13日，胡适终于下了决心："我是三十岁的人，不应该放弃自己的事，去办那完全为人的事。"③ 9月6日，胡适正式向商务印书馆推荐王云五到编译所任职。

---

① 《胡适的日记》（上册），1921年7月13日，中华书局1985年。
② 《胡适的日记》（上册），1921年7月18日，中华书局1985年。
③ 《胡适的日记》（上册），1921年8月13日，中华书局1985年。

经过胡适的推荐，商务印书馆的决策层张元济、高梦旦等开始与王云五接触。恰在此时，商务印书馆经理兼发行所所长王显华①也向张元济推荐王云五到商务印书馆接任总务处机要科长的职务。

对于差不多同时来自内外两方面的推荐，商务印书馆的决策层颇感诧异。决策层最终接受了这项推荐，并不完全是看胡适的名望和面子，更重要的是他们看中了王云五的才干。王云五虽说在名望、学问上与胡适相去甚远，但在资

初入商务印书馆编译所的王云五

历、阅历上却远胜于胡适，更为重要的是，王云五为人圆通、处事精明，在政商学各界交游甚广，颇多好评，十分符合张元济"本馆营业非用新人、知识较优者，断难与学界、政界接洽"的用人理念，实为商务印书馆这样的文化企业的理想人选。张元济和高梦旦在不同场合多次说到王云五的"办事能力"，说明他们主要也是从商务印书馆这样一个文化企业自身的人才需求来看待王云五的。

因此，胡适推荐王云五不完全是出于私谊，张元济和高梦旦引进王云五也不仅仅是因为胡适的举荐。王云五只是在合适的时间（五四新文化运动之后）、合适的地点（上海）和合适的场合（商务印书馆寻求变革），及时地出现在了胡适、张元济、高梦旦这样一群具有识才的眼光、爱才的胸怀、用才的胆略的人面前。而后来的事实证明，没有任何学历、出版经验粗浅的王云五用自己卓越的才干

---

① 王显华，张元济日记写为"王仙华"。据胡适回忆，王仙华与王云五同为中国公学的英文教员，参见《胡适自述》，华东师范大学出版社 2013 年版，第 63 页。

证明，胡适、王显华没有看错人，张元济和高梦旦也没有用错人。

二、编译所的改革

商务印书馆于 1897 年由专印教会书籍的美华书馆中方经理高凤池和印刷工鲍咸恩、鲍咸昌兄弟，以及英文捷报馆（China Gazette）排字工夏瑞芳（粹芳）在上海发起创办。英文名为 Commercial Press。初时只是一家规模很小的印刷所。由夏瑞芳承揽外来印件，而由印刷技术工人出身的鲍氏兄弟主持印刷业务。

商务印书馆创办初期的手绘馆屋复原图

商务印书馆的第一次飞跃是因为引进了一位了不起的人物——张元济（字菊生，1867—1959）。张元济在加入商务印书馆之前就已经是颇负盛名的维新人士和教育家，1902 年他以"出版事业可以提携多数国民，似比教育少数英才为尤要"，决心辞去南洋公学总理兼译书院院长之职，而以全副身心加入商务印书馆。

以专门机构编译外国资料，在近代中国有过两次热潮：一次是洋务运动时期，先后有同文馆（1862年，北京）、广方言馆（1863—1864，上海、广州），江南制造局译书馆（1868年，上海）等官办或教会办的专门译书机构，以翻译物理、化学、工程、机械、船舰等实用西学知识和一般资讯为主，多由教会人士翻译。第二次是戊戌维新及清末新政前后，先后有1897年梁启超在上海设立的大同译书局，1901年刘坤一、张之洞在南京设立的江楚译

早年张元济追随维新变法，进入商务印书馆后致力内部改革

书局和张百熙在京师大学堂设立的编译局，以及1906年清廷学部设立的编译局等，译书主体转向西方政治、法律、社会、外交等，多由留学生翻译。两次热潮中，除了严复等个别以文言文翻译西方人文社科经典之外，大部分留学生主要从日文转译西方社科著作。之所以多以"编译"为名，因为既非原典翻译，又根据自己理解，参阅多种资料，有编有译，既编又译。张元济在南洋公学主持的译书院也属于这样的"编译"性质。

张元济到商务印书馆之后，顺理成章地主持编译工作，并且很快地正式成立了编译所。初期，蔡元培在创办爱国女学过程中因"经费短绌"，兼任过很短一段时间的编译所所长。① 1903年，张元济任所长；1918年，高梦旦接任所长。在张元济、高梦旦主持下，商务印书馆编译所业务发展迅猛，不但紧紧抓住了清末新

---

① 汪家熔：《商务印书馆史及其他——汪家熔出版史研究文集》，中国书籍出版社1998年版，第90页。

政教育改革和民国成立的机会，编辑出版了多套小学和中学教科书，而且在辞书工具书和古籍整理出版等方面，多有建树。商务印书馆由印刷业务为主向图书出版综合业务转变。在这个转型过程中，编译所居功至伟。在商务印书馆一处（总务处）三所（编译所、印刷所和发行所）的架构中，编译所处于业务核心地位，是毋庸置疑的。

位于上海闸北的商务印书馆编译所大楼

　　编译所能够发挥这样的作用，一方面是因为商务印书馆主要的三个出书方向：中小学教科书、辞书工具书和古籍整理，需要集中人力团队作战，难以借助外力；另一方面也是因为商务印书馆管理当局放手张元济、高梦旦，使得他们有较大的施展空间。

　　可是，当编译所经过十多年的快速发展，其弊端逐渐显露。这些弊端在1920年杨端六入馆工作、1921年暑假胡适到馆调研都有集中反映，在茅盾等人的回忆录中也多有涉及，归纳起来有如下几点：

　　一是在编译人员结构上，新人少而旧人多。旧人馆龄长、年龄大、薪水高，但缺少西学知识，观念较为陈旧；而新人馆龄短、年轻而富有创新精神，观念新，勇于改革。

二是编译人员多沾亲带故，且带有明显的地域帮派特点。如国文部编教科书的是清一色的常州帮，理化部是绍兴帮。① 有的一家数人都在编译所或商务印书馆其他部门做事。

三是内部弥漫官场文化习气，升职论资排辈，办事偷工减料。茅盾入馆后就注意到商务印书馆盛名之下其实难副："一方面似乎搜罗人才，多出有用的书籍，而另一方面却是个变相的官场，处处讲资格，讲人情，'帮派'壁垒森严。"②

四是缺乏相关的制度，管理上多依赖传统的人治。如馆内"能人"朱元善竟身兼《教育杂志》《学生杂志》和《少年杂志》的主编，他编《教育杂志》主要依靠从日本订阅的教育杂志，但他自己居然不懂日文。③

编译所的弊端反映到市场上，就是商务印书馆的销售开始显现疲态。例如，曾经风光无限的《小说月报》的销量，就一路下跌至仅3000册。1920年2月3日商务印书馆第237次董事会在讨论时认为："现在各省自编教科书，又新思潮激进，已有新妇女、新学生、新教育出版，本馆不能一切迎合，故今年书籍不免减退。"④

在1916年张元济任商务印书馆经理，协助总经理高凤池工作之后，两人之间在经营理念上矛盾冲突不断。对于编译所的工作，高凤池认为发展得这么好，没必要改弦更张。而张元济则认为编译所编有余而译不足，尤其是西学新知方面，远远跟不上形势，商务印书馆在新文化运动中的被动应对，与此有关；同时，编译所陈陈相因的人事管理导致旧人难出，新人难进，公司缺乏活力，导致成本居高不下，而效率难以提高。因此，1917年7月，张元

---

① 茅盾：《我走过的道路》，人民文学出版社1997年版，第121页。
② 茅盾：《我走过的道路》，人民文学出版社1997年版，第130页。
③ 茅盾：《我走过的道路》，人民文学出版社1997年版，第137-139页。
④ 张人凤编著：《张菊生先生年谱》，台湾商务印书馆1995年版，第180页。

济就与高梦旦商量，"拟将编译所改为在外编译"。① 1919 年 7 月，张元济与高梦旦、陈叔通、李拔可等人重议改组编译所，"拟将编译所改组。编译可在外办事者，一律包办，宁宽勿严。其重要人每部留一二审查。拟分三部：一、审查，二、编辑，三、函授"。② 也就是说，能够在外面请人编译的，"一律包办，宁宽勿严"，以便节约成本，提高效率；然而如此一来，编译所大量人员势必无事可做，自然就只能"每部留一二审查"了。这种过于理想化的改革，由于涉及到太多人的利益，因而迟迟未能施行。8 月初，高梦旦向张元济提出辞去编译所所长职务，张元济紧急约见高凤池和鲍咸昌，正式表明态度："我辈亦不能永远如此办事，宜急觅替人"。③

　　1920 年 4 月，鉴于张元济与高凤池的矛盾难以调和，商务印书馆董事会召开特别会议，推举鲍咸昌为总经理，提拔较为年轻的李拔可、王显华为经理，而高凤池、张元济则转任监理。经过这一轮的人事调整，商务印书馆的管理层在引进新人推动编译所的改革这一问题上达成共识。

高凤池守旧保守，与张元济锐意改革格格不入

　　商务印书馆引进新人接替高梦旦的首要人选是当时名满天下的新派人物胡适。经过多次接触，胡适仍未答应，无奈之下，张元济甚至与高梦旦商议在北京成立第二编译所，重金礼聘胡适主持工作，"专办新事"。④ 这种存量不动、只做增量改革的设想，

---

① 《张元济日记》，商务印书馆 1981 年版，第 249 页。

② 《张元济日记》，商务印书馆 1981 年版，第 615 页。

③ 张人凤编著：《张菊生先生年谱》，台湾商务印书馆 1995 年版，第 168 页。

④ 张人凤编著：《张菊生先生年谱》，台湾商务印书馆 1995 年版，第 181 页。

也从另一方面反映了编译所改革的难度和商务当局引进人才的急迫心情。

在这种情况下，王云五既无正规学历、又乏出版经验的"草根"身份，在张元济看来，就不是缺陷和不足，而是优势所在了：他与商务印书馆素无渊源，正可无知无畏地进行最大胆的改革。而王云五出色的办事能力，也正是张元济、高梦旦设想中的改革所急需的。

在王云五进入商务印书馆之前，商务印书馆已发展成为一家全国规模最大、声誉最卓著的出版机构和具有广泛社会影响的文化教育机构。员工总计达 2000 多人。在出版方面，年出书达三四百种，六七百册，其教科书和工具书等均在全国占有最大市场份额；办有 7 份知名杂志（《东方杂志》《教育杂志》《小说月报》《妇女杂志》《学生杂志》《少年杂志》《英文杂志》）。印刷方面，在上海本部和北京设有大型印刷厂，其规模和设备均在全国处于领先地位。资产方面，在上海闸北宝山路拥有占地百余亩的厂房和办公场所，资本额已由最初创办时的 3750 元，迅猛扩充至 300 多万元。发行方面，在国内外开办了 31 个分支馆（汉口、北京、天津、沈阳、福州、开封、潮州、重庆、安庆、广州、长沙、成都、济南、太原、杭州、芜湖、南昌、黑龙江、西安、保定、吉林、南京、兰溪、衡阳、贵阳、梧州、常德、昆明、新加坡、张家口、南阳）。另外，还办有 3 家学校（尚公小学、商业补习学校、师范讲习所）。

在企业发展如此迅猛、经营如此优质的形势下，商务印书馆的决策者们却充满了危机和忧患意识，屡屡试图作出重大改革，这样的眼光和魄力，即使在今天看来，还是令人惊叹和佩服！他们能够大胆引进既无正规学历、又无出版经验的王云五操盘商务印书馆的核心部门，无论从哪个角度看，都是极为大胆和富有气魄的动作。

对于当时赋闲在家的王云五而言，胡适的推荐和商务印书馆发出的邀请，可以说正中下怀。"因为正想从事于编译工作，如果能够有一个大规模的出版家让我发展，那是无所用其客气的"。[①]王云五既没有因为自己的出身和经历而胆怯，也没有被商务印书馆的大牌名头所吓退。他表示可以先试用三个月，试用合适，再正式任命。这样"低调"的回应，正是王云五的精明和过人之处。在接到商务印书馆发出的邀请之前，胡适已将他在编译所两个月的考察情况告诉他，他深知编译所需要进行一些改革，作为一个"外人"，这是优势，也是劣势。这一切，都取决于商务印书馆高层的态度，如果他们支持改革，那么劣势将转为优势；如果他们不支持改革，则他在编译所的工作将难有作为。因此，试用，对双方而言，都是一个富有弹性而进退有据的最好选择。他自然不清楚，张元济和高梦旦对编译所进行改革的迫切心情，甚至他本人进入编译所，都是这次改革的一部分！

1921 年 9 月 16 日，王云五到编译所任职。经过两个多月的考察调研，在胡适考察报告的基础上，王云五撰写了《改进编译所意见书》，送交张元济及其他若干董事，"居然承他们接纳，并衷诚表示，在我接任编译所所长后，当极力支持

编译所时期的王云五

① 《王云五文集》伍（上），江西教育出版社 2008 年版，第 119 页。

我从事于改进"。①

三个月试用期满之后，在高梦旦的坚持下，商务印书馆董事会正式任命王云五为编译所所长。高梦旦转任出版部主任，协助王云五工作。

按张元济的设想，王云五初来乍到，情况不熟悉，"可先任副所长，梦公仍兼所长……俟半年后再动较妥"。② 然而高梦旦早已决心让贤，在他看来，胡适也好，王云五也好，新人来了，自己退位让贤，由主角变为配角，是编译所改革的重要一环。既然自己无法推动编译所的改革，何妨协助王云五一试？

高梦旦（1870—1936）并非无
名之辈，也未曾到退休年龄。他曾
在日本考察教育，并任清末新政时
创办的杭州求是学堂（浙江大学前
身）总教习。加入商务印书馆之后，
一直都是张元济在编译所最主要的
工作助手。高梦旦为商务印书馆作
出过重大贡献，而且通晓日文，思
想开明，绝不守旧。但为了商务印
书馆的发展大计，被胡适、王云五
称为"现代圣人"的高梦旦主动提
出让贤，以胡适代替自己出任商务

高梦旦

印书馆编译所所长一职。这才有了胡适推荐王云五的历史情节，也才有了 20 世纪二三十年代商务印书馆发展的又一个鼎盛时期。

前面说过，在五四新文化运动之后，已深感落后于形势发展的商务印书馆，为了跟上形势，加快发展，改革已是势在必行。

---

① 《王云五文集》伍（上），江西教育出版社 2008 年版，第 120 页。
② 《张元济日记》（下），河北教育出版社 2001 年版，第 1071 页。

编译所作为商务印书馆的核心部门，必然是首先改革的部门，因而才动了延请新文化运动的风云人物胡适的念头。借助外力来改变商务印书馆向来的沉疴，这是决策者的一个重大考虑。胡适在编译所观察思考了近两个月，王云五对编译所从外到里也观察思考了两个多月，两个人在考察期间，主要由高梦旦作陪，共同研讨编译所的各种情况和存在问题。因此，王云五起草的《改进编译所意见书》，事实上凝聚着胡适、高梦旦和王云五三个人的智慧和心血，这里有当局者的长远考量（高梦旦），也有旁观者的清醒分析（胡与王），有胡适既作为著译者又作为读者对一个出版机构的认识，也有王云五着重从管理角度、企业角度对一个大企业弊端的解剖。

因为事先已作过充分沟通，商务印书馆董事会很快就批准了王云五提交的《改进编译所意见书》，亦即编译所的改革方案。

我们且来看一看这份"意见书"说了些什么。为了便于理解，我套用了现代管理科学的一些术语（括号内是"意见书"的原文）。"意见书"共有7个方面的内容：

1. 工效挂钩（所内人员宜更定考成标准也）

所内人员各以工作职责制定薪酬标准，每人每日记录各人的工作情况、收支情况，年终结算如有盈余，给予奖励。此项制度主要针对编书、译书、改稿、审稿等直接创造利润的人员，而对高级行政人员以及校对、编务等则仍按工作时间进行考核。这一条主要改革商务印书馆作为一家老企业，讲究资历，以进所前后制定薪酬标准的做法，目的在调动员工的积极性。

2. 资源共享（以新方法利用旧资料也）

商务印书馆作为一家老企业，积累了许多资料，特别是编辑出版教科书和工具书过程中，存下极多的卡片资料，但这些资料分类不科学，且分散保管，各自为政，至编译新书时往往不易利用。王云五提出的方法是，在教科书方面，"当参照外国报馆平日搜罗资料之法，将原有各种教科书资料，择其可存者，每课各列一纸，分类保管，遇有变更增减之必要时，随即修正删补，至改编时只须规定大纲及内容各类之成分，便可按图索骥，不仅事半功倍，且省费不少也"。在工具书方面，"则于编纂大部书籍之初当先预计由此书可以产生若干子系或旁系之书，务使各具特长，相得益彰；并可利用原有资料之最大数量，以编同类之书"。通过上述"新方法"，编译所历年积累的卡片资料就不再是一堆仅由少数人拥有和仅为少数人服务的"旧资料"，而成为互有关联、随时可用，并能在全所编译人员中实现资源共享的宝贵资料了。

3. 业务重组（规定所内外编辑事业范围也）

按照产品类别进行业务重组，适合所内人员做的不发外编辑，适合发外编辑的不由所内人员承担，各定标准，互不重叠。产品类别分为三类：一是中小学校各种教科书；二是百科全书、辞典、字典等工具书；三是专门译著。前两类由所内人员担任，第三类则"委诸所外人，而由本所审查订正"。这样，职责明确，便于管理，且可节约成本。

4. 团队协作（全所人员当作为一种有机体之组织，俾收互助之效也）

编译所聚集了许多专家，"然向例各部独立，联络甚鲜。譬如字典一项，包罗各科，今乃使一部分人专任之。又如各种教科书之编辑……今乃使一人或一部分人独任之。故实际上编辑人员虽多，殆难收互助之效"。王云五提出的解决办法是：以项目整合人员（类似今日企业盛行的项目负责制）。"譬如编辑一部之小学教科书，至少当经过四种人之手。第一，为规定纲领之人……第二，为选择资料之人……第三，为编著成书之人……第四，为审查成稿之人……"这样可以发挥各人专长，优势互补，形成合力，大大加快项目实施的速度。

5. 市场定位（编著书籍当激动潮流不宜追逐潮流也）

这一点，即使现在看，也是非常先进的出版理念。而王云五的论证却是相当朴素，他认为："普通书肆之出版物所以追逐潮流者，以资本短缺，亟图目前之利耳。然潮流既至，尽人得而追逐之，则竞争者多，为利亦仅矣。以本馆资本之雄厚，在营业上固不必追逐潮流，而当激动潮流。"因此，他力主充分利用现有资料，在中小学校教科书市场已充分占领的基础上，编印基础科学应用科学等专门书籍，供给未能进入学校而有进取之心的青少年。"虽一时或未能十分畅销，然以实际需要者之众多，苟从营业上特加注意，固不难逐渐发展，及效果渐著，则所谓'社会大学校'将成立于无形中。"显示王云五已在构思商务印书馆由小教育（学校教科书）市场向大教育（全民教育、终身教育）市场的战略转移。

6. 人尽其才（以新组织为旧人择事而酌补其缺也）

企业的用人问题极为重要，但须辅以运作良好的机制，方能人尽其才，否则，"若只换人而不换方法，行见新人物入于旧漩涡，鲜无不同化者"。因此，关键在于用人得当，用得其所，用其所长。人各有所长，长于经验者，可收稳重之效用，长于学识者，可扬前进之特长。首先要使现有人员能各尽所长，个别岗位确实在本所找不到合适的可以胜任的人，则"酌以新人补充之"。

为了做到人尽其才，王云五把编译所所需要的人才分为13种，并分类择用之：（1）具深远眼光，知教育大体及各种学术梗概，而能规划大纲者。（宜于主持全局）（2）具一科之专门学识者。（宜于主持一部）（3）于编辑营业具丰富之经验，并深悉本馆历史及教育状况者。（宜任编辑顾问及普通审查）（4）深明教育原理，或于中小学校教科书富有经验，能知生徒之需求及教科书之实际情形者。（宜于抉择及审查编辑资料与形式）（5）长于国文国语，能以短速时间，成活泼之文稿者。（宜于撰著书稿）（6）精外国文字，可撰著作或翻译者。（宜于翻译书稿或著作外国文书稿）（7）具普通知识，能搜罗资料而编辑之者。（宜为编辑各种书籍之助手及保管旧有资料）（8）能与知识界联络者。（宜于搜罗外稿及征求所外专家之意见）（9）考成公正，能监视勤惰，稽核成绩者。（宜于考核成绩）（10）干练而能守秩序，善办行政事务者。（宜办理事务）（11）勤慎精密，善于校对者。（宜任校对）（12）善于正草各体字，能任录事者。（宜充缮写）（13）能作地图及各种绘书者。（宜任绘图事项）

编译所所缺者为（2）（4）（6）各项，即主持部门工作的中层管理人员、了解市场的组稿编辑和精通外语的著译人员，这部分人员需要从外部招录。"此外各项大致已备，不过支配失当，故难见效用耳。"也就是说，其他 10 项人员在编译所内适当调配就可以了。

7. 合理分配（改定暑假例假办法以期两全也）

编译所旧例，员工有两个月假期，暑假一个月，例假一个月，如照常上班，则发双薪，因此休假员工每年拿 12 个月薪酬，而不休假员工则每年可拿 14 个月的薪酬。这项制度的弊病是：在经济利益的驱动下，员工为了多拿钱，宁可不休假；从公司角度考虑，则既降低了工作效率，还要比平常多发两个月的工资。王云五提出的解决办法是：14 个月的薪酬总额不变，但将其平均到每一个月，员工的假期减为一个月，休可带薪，不休亦不加薪，以达强制休假的效果。这样，员工每月的薪酬增加了，等于加了薪，强制休假又使员工精神充足，效率提高，一举两得。

这 7 项改革措施，涉及战略层面的出版理念、出书方向，经营层面的控制成本、提高效率，管理层面的用人和分配制度，等等。虽然，对王云五而言，既要考虑使改革方案打动商务印书馆的高层，同时又要有所保留，留下一些空间供自己腾挪，因此方案不可能涉及太多的东西。但，就是这 7 条，已足以说明王云五对商务印书馆编译所的弊端已有相当的了解，并拟在经营管理上对症下药，亦充分表现出王云五在管理方面确有一定的才能。科学管理法的一些思路、方法，比如如何对职位进行分类，如何制定工作标准，如何节省工作时间，如何提高工作效能，等等，在这份意见书中已初露端倪。不难看出，当王云五有机会主政商务印书馆，他对以科学管理法作为理论指导，在商务印书馆进行全面改革，是有着多么的期待和渴望了。

随后，编译所的一系列改革在这份"意见书"的指导下陆续进行。

首先，王云五对编译所的组织架构进行了改组。改组后的编译所设 9 部，即国文部、英文部、史地部、算学部（后改为数学部）、博物生理部、物理化学部、哲学教育部、法制经济部和总编辑部；又以大项目统筹，设立横向的教科书、中西字典辞典等 10 个编辑委员会。后来，又按照现代学科的基本分类，将各编辑部再扩充为 21 个组：国学组、小学课本组、英文组（占两组）、教育组、历史组、地理组、法制组、商业字典组、算学组（占两组）、自然组、自然界（杂志）组、农业组、医学组、化学组、物理组、杂纂组、舆图组、儿童用书组和万有文库组。《东方杂志》《教育杂志》《妇女杂志》《学生杂志》《英文杂志》《小说月报》《小说世界》《儿童世界》等 8 个杂志独立运行（其中《小说世界》为王云五主持编译所后创办，《儿童世界》在原《少年杂志》基础上创办）。王云五还将编译所附设的英文函授科扩充为包括国文、英文、国语、算学、商业等五科的函授学社。

其次，王云五大量引进人才。编译所下属各部，大多延聘专家主持工作，除少数留用原来的专家（如杜亚泉由理化部调任博物生理部，邝富灼留任英文部等），大部分是留学归国的专家，计有：朱经农，先后主持哲学教育部和国文部；唐钺，先后主持总编辑部和哲学教育部；竺可桢，史地部部长；段育华，算学部部长；任鸿隽，理化部部长；周鲠生，法制经济部部长；黄宾虹，美术部部长。其中，朱经农是王云五在上海中国公学任教时的学生，黄宾虹是王云五任留美预备学堂教务长时的学生。朱经农与任鸿隽在入编译所前均已是北京大学的知名教授。

此外，仅在1921—1923年，或由王云五等网罗延聘、或慕名而进入编译所工作的人还有：周建人、周予同、李石岑、郑振铎、陶孟和、顾颉刚、范寿康、叶绍钧（圣陶）、向达、胡寄尘、何炳松、傅东华等，这些人大都比较年轻，思想先进，学有专长，进入编译所之后很快成为骨干。

长期以来，张元济和高梦旦对编译所人员老化和人浮于事多有批评，想要改革，又因商务印书馆的传统多以年资计酬，馆龄越长，待遇越好，而且许多员工，包括管理层等沾亲带故，关系复杂，改革迟迟难以推动。关于"新人"与"旧人"，张元济主张多用新人，而应辞退一些惰性十足的"无用之人"。"能退无用之人而进有用之人，何尝靡费。且进一有用之人，可退三四无用之人，非独无靡费，且而可以节省矣。"① 高凤池则认为一旦改革，"旧人皆将寒心，公司必受其影响"。② 王云五大量引进新人，势必也要裁掉一些旧人。不过，由于王云五将部门作了调整，职能做了划分，工作定了标准，薪酬与工效挂钩，他做出的裁人决定就有了依据。有些类似现在流行的"三定"方案（定编、定岗、定员），"三定"既下，人员各自对号入座，富余人员则或另行安置，或面临裁掉可能。一些老资历的编辑因为不适合新的岗位而被裁就在所难免，据章锡琛说，"许多资格最老的编辑被淘汰"。③ 但由于标准既定，在新机制下一部分年资长的编译人员确也不适应工

---

① 《张元济书札》，商务印书馆1981年版，第184页。
② 《张元济书札》，商务印书馆1981年版，第191页。
③ 章锡琛：《漫谈商务印书馆》，载商务印书馆编辑部编《商务印书馆九十年》1987年版，第120页。

作，再难混日子上班，无奈之下，只好走人。

　　由于新人进得多而旧人去得少，编译所的人员由 1921 年王云五到所时的 160 人左右，到 1925 年已达到 286 人，其中大部分为编译人员。① 根据当时《编译所职员录》中所载 228 名在册编辑的馆龄统计分析表明，228 名编辑人员中，馆龄在五年以上，也就是在 1921 年前进馆的人数是 59 人，平均馆龄 13 年，占总人数比例为 25.88%；1921—1925 年进馆人数为 169 人，占比为 74.12%。详见下表。

1925 年商务印书馆编译所 228 名编译人员馆龄分析②

进馆年份	馆龄（年）	人数	百分比	进馆年份	馆龄（年）	人数	百分比
1904	21	1		1915	10	6	
1905	20	2		1916	9	6	
1906	19	2		1917	8	1	
1907	18	1		1918	7	4	
1908	17	1	馆龄超过 5 年者 59 人，占比为 25.88%。平均馆龄 13 年。	1919	6	14	
1909	16	1		1920	5	6	
1910	15	1		1921	4	23	
1911	14	2		1922	3	34	
1912	13	3		1923	2	30	馆龄 4 年以下者 169 人，占比为 74.12%
1913	12	3		1924	1	57	
1914	11	5		1925	-1	25	

① 汪家熔：《商务印书馆史及其他——汪家熔出版史研究文集》，中国书籍出版社 1998 年版，第 91 页。1927 年 10 月拍摄的一张编译所全体同人合影，人员总数为 196 人；当时拍摄这样的全家福是大事，绝大部分人员应该都来了，但不知是否包括非编译人员（如杂工等）。
② 本表根据汪家熔《商务印书馆史及其他——汪家熔出版史研究文集》（中国书籍出版社 1998 年）第 93－94 页表重新梳理整合而成。

商务印书馆编译所全体同人合影，共 196 人，前排右起 28 为王云五（摄于 1927 年 10 月）

居中者为王云五

虽然查不到王云五到底裁掉了多少人，但接近四分之三的编辑人员是在王云五主政编译所时招进的；到 1925 年，五年以上馆龄仍留用的编辑人员只占了四分之一多。可见编译所的人员经过大幅调整，结构已发生极大变化，新招进的成为主流，尤其是各部门的负责人，多由归国留学生担任，9 个专业部的部长有 7 个是新人。

此外，还有一些馆外特约编辑，如胡明复、胡刚复、杨杏佛（铨）等，"皆上海南京两地之名教授"。①

三是由原来自编自译稿和买稿为主改为以组稿和支付版税为主，自撰自译仅限于课本、辞书等销量大的书。由于专著、译著类图书大量出版，原有的主要依靠所内力量编译图书的出版模式难以为继，改为以向外组稿为主并按图书发行量向作者支付版税也是必然选择。

商务印书馆历来善于抓住商机加快发展，在张元济主政编译所时代，已奠定教科书、辞书和古籍整理三大类图书在全国市场占有领先地位。王云五入主编译所后，同样紧紧抓住了教育改革、国语普及和图书馆运动的大好时机，图书出版品种大幅度增加。除影印善本、流通古籍仍由张元济亲自主持外，其他各项出版计划均由王云五一手制订和组织实施。

1920 年，全国兴起国语运动，教育部通令全国，小学国文课程改用国语教授。1921 年，商务印书馆编译所创办国语讲习所。1922 年，在教育部公布增订注音字母四声点法之后，商务印书馆迅速筹办上海国语师范学校，聘吴稚晖任校长，又在编译所附设函授学社增设国语科、国文科，全面推进国语教育。

1923 年，教育部公布了新学制课程标准，包括小学、初中各

---

① 《王云五文集》伍（上），江西教育出版社 2008 年版，第 126 页。

科纲要及高中课程总纲。其中小学校课程分为国语、算术、卫生、公民、历史、地理（前四年卫生、公民、历史、地理合并为社会科）、自然、园艺、公用艺术、形象艺术、音乐、体育等12科。初级中学课程分为社会科（包括公民、历史、地理）、语文科（包括国语、外国语）、算学科、自然科、艺术科（包括图画、手工、音乐）、体育科（包括生理、卫生、体育）等6科。商务印书馆以最快速度编出新学制教科书初小9种，高小10种，教员用书15种；初中教科书8种；高中20余种。[①] 以前商务印书馆所编教科书仅限于小学和初中，王云五入主编译所后，补上了高中教科书。

在张元济、高梦旦时代已开始着手的一些辞书项目进度大大加快。《中国人名大辞典》《中国医学大辞典》（1922）；《动物学大辞典》（1923）；《哲学辞典》（1925）；《综合英汉大辞典》《教育大辞书》（1928）等大型辞书陆续推出。值得一提的是，《教育大辞书》是王云五任编译所所长后提出的选题，先后主其事的有唐钺、朱经农和高觉敷三人，1922年春开始着手，1928年2月出版。王云五为其撰序。他评价《教育大辞书》"为该馆在大陆时出版专科辞书之规模最大与最完备者"。[②]

王云五为商务印书馆带来最大变化的是出版图书的品种迅速增加。图书品种之所以能够做大规模，是因为：一方面，王云五对编译所的各项制度进行了重大改革，同时大量引进西学人才，使其工作效率极大提高；另一方面，王云五敏锐地看到了中小学课外读物短缺这个市场蓝海，当时学校缺乏科学教育，有关科学普及的学生课外读物尤为欠缺，有专家指出："中国各级教育之成绩，以中学校为最不良，中学校各科目之成绩，又以科学为最不

---

① 《王云五文集》伍（上），江西教育出版社2008年版，第144页。
② 《王云五文集》伍（上），江西教育出版社2008年版，第236页。

良。"① 针对这个问题，王云五还专门撰写了论文《中学之科学教育》，在《科学月刊》上发表。

1922 年，全国教育会联合会议决"推广学校图书馆案"。王云五捕捉到出版商机，决定将过去商务印书馆零星出版的新学书籍，进行有计划地系统出版，作为中小学校的学生课外补充读物。他计划由编印各科入门之小丛书入手，"拟于三四年内陆续编印各百数十种，务期各科各类具备。及至适当数量已达成，然后进一步编印各科丛书。换言之，即以各专科之名，分别构成有系统之丛书"。② 他充分利用编译所的资料创编各科小丛书，以深入浅出之方法，分请专家执笔，2 万字一册。陆续推出百科小丛书、国学小丛书、新时代史地丛书、农学小丛书、工业小丛书、商业小丛书、师范小丛书、算学小丛书、医学小丛书、体育小丛书等等。

王云五编印这些小丛书，既有填补学生课外读物短缺的考虑，也与他个人自学成才的经历密切相关。因为自己是在"社会大学校"苦读出来的，他相信有许多像他这样的人，因种种原因不能进学校就读，但有求取知识的强烈愿望。他认定这个潜在市场有极大的需求。同时他还有更大的抱负，就是在各学校兴建图书馆时，这些成系统出版的小丛书可以被学校图书馆统一采购，用为图书馆的基本馆藏图书。

王云五在同文馆做"教生"时就大量借阅图书，他深知图书馆对于自修学习有多么重要。1925 年，涵芬楼改称东方图书馆，王云五兼任馆长。在此前后，中华教育改进社图书教育委员会提议，将美国退还的庚子赔款的三分之一用于在全国建设 8 所图书馆。中华图书馆协会在上海成立，王云五积极参与活动，1929 年

---

① 《王云五文集》伍（上），江西教育出版社 2008 年版，第 130 页。
② 转引自汪家熔：《商务印书馆史及其他——汪家熔出版史研究文集》，中国书籍出版社 1998 年版，第 110 页。

当选为 25 位执行委员之一。1928 年召开的全国教育会议提议大学院（教育部）通令全国各学校设立图书馆，会上王云五提议以学校经费的 5% 作为图书馆的购书经费，获得与会代表的赞成，会后由大学院通令全国执行。这一波风起云涌的图书馆运动，王云五是其中的活跃分子，其对这一时期出版业的推动作用是显而易见的。①

王云五很敏锐地捕捉到了图书馆运动给商务印书馆带来的重大商机。在这一过程中，他从编印各种有系统的小丛书入手，再进而与各大学及学术团体订约编印专科丛书。到 1927 年，总计出版各科各类丛书已达数十套，每年出版图书品种则已超过 500 种。在此基础上，他"想把整个大规模的图书馆化身为无量数的小图书馆，使散在全国各地方、各学校、各机关，而且在可能时，还散在许多家庭"②。也就是说，通过编译所的努力，使一家东方图书馆之书化身为无量数的小图书馆。王云五的具体做法是将各丛书集合，初拟定名为《千种丛书》，最后以《万有文库》命名，"隐寓以一万册为最终目标之意，而不以千种为限"③，亦有包罗万象之意。

王云五也加强了与各大学及学术团体的合作，自 1923 年起，先后编辑出版了《北京大学丛书》《东南大学丛书》《尚志学会丛书》《中华学艺社丛书》等。这些书多由大学及学术团体的教授或专门学者撰写，王云五的长远打算是从中可以选用一些作为大学教材。这是后来出版《大学丛书》的前缘。

1923 年，在王云五主持编译所两年之后，商务印书馆的出版

---

① 王云五：《五十年来的出版趋势》，载《王云五文集》伍（下），江西教育出版社 2008 年版，第 875 页。
② 《王云五文集》陆（上），江西教育出版社 2011 年版，第 135 页。
③ 《王云五文集》陆（上），江西教育出版社 2011 年版，第 136 页。

物总量已为历年之冠，达 667 种，2454 册，而过去一般每年只出两三百种，数百或千余册。以下是 1919—1928 年商务印书馆的出书及营业情况的统计：

1919—1928 年十年间商务印书馆的出书及营业情况统计表[1]

年份 （年）	出书情况 （种，册）		营业额 （万元）	资本额 （万元）	可运用资金 （万元）[2]
1919	249	602	516.08	—	—
1920	352	1284	580.67	300	—
1921	230	773	685.82	—	—
1922	289	684	690.99	500	709
1923	667	2454	815.02	—	678
1924	540	911	911.74	—	827
1925	553	1049	876.83	—	880
1926	595	1210	973.81	—	796
1927	297	535	791.77	—	813
1928	456	544	1013.57	—	779

从上表可以看出，1922 年以后的出书和营业额都有急剧的攀升，营业额几乎以每年 100 万元的速度递增，到 1928 年已超过 1000 万元。王云五的出版思路是多出普及性读物，因而重印率往往较高，上表统计的出书情况只是初版书，没有统计重印书。营业额快速攀升，应与图书品种急剧扩充及重印书大幅增加有关。

图书品种急剧扩充，既是王云五在编译所改革的红利所致，

---

① 本表根据王云五《八十自述》《商务印书馆与新教育年谱》有关数据整理而成。

② 可运用资金为资本额加各种公积和储蓄。参见《王云五文集》伍（上）第 457 页。资本公积和同人储蓄是商务印书馆为节省资金成本而定的一项制度，这项制度使商务印书馆可以尽可能少向银行借贷，而使员工受益。

也是王云五和商务印书馆的决策者们在教育改革、国语运动、图书馆运动等推动下对出版商机准确把握的结果。主政编译所的 8 年时间，使王云五形成了"以廉价图书大量供应市场"的出版理念，这也成为他屡屡在商务印书馆遇到困难和危机时致胜的一大法宝。

王云五在编译所的改革是成功的。身居其中的陶希圣晚年有这样的评价："全国思想潮流的源泉由北京大学转入上海的趋势，至五卅运动而形成。商务印书馆在此一趋势之中，居于一个关键地位。……五四至五卅之间，商务印书馆编译所的盛况，以及其出版物，杂志与图书，对中国现代学术思想的重大影响，云五先生与有大力于其中。"①

馆内同人对王云五由初时的猜疑变为由衷的钦佩，也使王云五逐渐在上海有了一些名声。1924 年 6 月，上海著名的沪江大学邀请王云五在毕业典礼上演讲，按学校惯例，演讲者须穿博士服、戴博士帽，王云五应邀做了题为《西方对现代中国文学之影响》的英文学术演讲。没有上完小学的王云五，第一次以"博士"的面貌示人，这是对他个人自学成才的肯定，更应该看作是学术界、教育界、文化界对他主持商务印书馆编译所这一深具社会影响的文化教育机构的充分肯定。

三、发明四角号码检字法

王云五主持编译所工作后，编印各科辞典是所里一项重要工作。商务印书馆已出版过《辞源》《中国人名大辞典》等具有广泛品牌影响的大型权威工具书，是商务印书馆重要的经济支柱。王云五到任后，加大了编著工具书的力度，尤其是利用现有资料进

---

① 陶希圣：《商务印书馆编译所见闻记》，载王寿南主编：《我所认识的王云五先生》，台湾商务印书馆 1975 年版，第 42－44 页。

行改编、面向普通读者的普及型工具书，更是大量出版，仅 1923 年就编辑出版了各科辞典 20 种，1924 年初又出版了译自美国的《少年百科全书》20 册。工具书的首要功能是检索便捷，即对词条进行快速准确的检索，但传统的汉字部首检索和笔画检索恰恰达不到这个要求，主要的问题是部首太多、相同笔画的字太多，查检不便捷。

汉字自秦始皇统一文字以来，已有两千多年历史，如何检索一直是历代文人颇为头痛的难题。先是东汉许慎在编《说文解字》时创立了部首检字法，将汉字部首分解出 214 个。清初编《康熙字典》时增加笔画检字法。近代以前，汉字检索一直就使用这两个检字法。

近代以来，阿拉伯数字和西文字母的引入，为汉字检索革新提供了新的思路。进入 20 世纪，任教于清华大学的林语堂有感于中文与英文相比，在检索上达不到英文以字母为序排列的检索方便快捷，着手汉字检索的研究。王云五得知这个消息后，认为如果取得成果，对推广和销售商务印书馆的各类工具书极有帮助，即与林语堂订约，由编译所资助一部分研究经费，而林语堂须向编译所逐月报告研究经过，研究成果则优先供给商务印书馆出版的工具书使用。林语堂的研究思路是"以西文之例，应用于华文之点画"，想法虽好，但由于西文是字母文字，中文是方块形声字，如何借鉴，并没有找到较好的办法，也未跳出部首、笔画的传统思路。有意思的是，循着这一思路，林语堂后来研制出世界上第一台中文打字机。

其实，在编译所内部，自编纂《辞源》开始，高梦旦就一直在研究汉字检字法。他在传统的部首、笔画检字的基础上，提出以字形定位部首，摒弃过去以六书为分部依据的传统做法，将 214 个部首以字形位置为准，归并为 80 个部首。但因 80 个部首无法容纳上万个汉字而放弃。

王云五对林语堂和高梦旦的研究情况是了解的，他也经常与高梦旦共同探讨相关情况。事实上，王云五从高梦旦的字形定位和林语堂的西文替代点画中得到极大启发，四角号码检字法的四角定位是字形定位的进化，号码检字则明显受到字母替代的启发。不过，最终促成王云五发明四角号码检字法的是他从电报译码中获得灵感。

对于新检字法，王云五列出八项要求：（1）人人都能明白；（2）检查迅速；（3）必须一检便得，不要转了许多弯曲；（4）不必知道笔顺；（5）每字的排列有一种当然的次序，不必靠着索引上所注的页数或其他武断的号码，便能检查；（6）不可有繁琐的规则；（7）每字有一定的地位，绝无变动；（8）无论如何疑难之字必须检得。

这八项要求，是王云五对古今中外各种检字法进行研究后发现必须改进的地方，也可以说是新检字法的努力方向。从1924年11月开始着手进行实质性的研究，至1928年10月推出改订后的四角号码检字法的四年时间，王云五发明四角号码检字法经历了以下三个阶段，与上述的八项要求是相吻合的。

（一）号码检字法

王云五从电报译码用阿拉伯数字编码汉字得到启发。电报译码好处显而易见，即每字都有对应的号码，不像部首和笔画有那么多的重码，而且号码一目了然，易学易记。但缺点是无规律可循，纯靠记忆，非专业人士无法掌握。王云五苦思不得其解。一次吃饭的时候他忽然想到，以前都是将每字的笔画总计计算，所以无法代入数字，如果将汉字拆解，不就可以代入不同的数字了吗？"我想到这里，不觉把桌子一拍，大笑起来，家人见此情形，不知就里，竟以为我要发狂。殊不知我的新检字法就在这时候开端了。"[1]

王云五首先将汉字拆解成各种笔法，再将各种笔法归类为五类。每字按笔法位次各算出每一笔法的笔画数，即先按笔法顺序，次算笔画多少，由此得出一个五位数。如有某类笔法全缺的，以"0"记数，某类笔法的笔画超过9画的记为"9"。见下表[2]：

号码检字法例表

位次		第一位	第二位	第三位	每四位	第五位
笔法名称		横和趯	直和直钩	撇	点和捺	屈折和右钩
笔法形式		一 ╱	∣ ╮	╱	、丶	ᄀ ∟ 乙 ㇌ ㇙
举例	天	2	0	1	1	0
	地	2	2	0	0	2
	玄	1	0	0	2	2
	黄	5	4	1	1	1
	宇	2	1	0	2	1
	宙	2	2	0	2	2
	洪	3	2	1	3	0
	荒	3	3	1	1	2

1925年6月，王云五在《东方杂志》第二十卷第十二号发表《号码检字法》，将一万多个汉字用5980个号码编成，平均大约一个号码两个字。

然而号码检字法的缺点仍然十分明显，最主要的是误差太大，笔画容易发生误算，而且重码太多。更糟糕的是，位次一错，差之毫厘，谬以千里。对使用者而言，既要记笔形，又要算笔画，

---

[1] 《王云五文集》陆（上），江西教育出版社2011年版，第115页。

[2] 《四角号码检字法》自序，载《王云五文集》壹，江西教育出版社2015年版，第26页。

还要依顺序编码；非得将一个字写在纸上，慢慢得出一个数才行，还不一定对。

（二）四角号码检字法（原订）

"我虽然不满意于上述的号码检字法，可是我始终觉得按号码顺序检字是最自然的方法。"[①] 循着这个思路，又经过了半年多的研究改进，1926 年 2 月，王云五在《东方杂志》第二十三卷第三号发表《四角号码检字法》。相比号码检字法，这次改进，一是原来用数字代入笔法，现在改为用数字代入 10 种笔形；二是不再人为规定排列顺序，而是按照汉字书写习惯，以左上角、右上角、左下角、右下角的四角顺序排列各角笔形，既不必费神计算笔画，也不必担心笔形的排列顺序出错。

1926 年 4 月，王云五正式出版了《四角号码检字法》一书。新检字法最大的改变是以 10 个阿拉伯数字代表 10 种汉字笔形，并以汉字方块字的特点，将所有汉字依序解构为左上、右上、左下、右卜四个角，每一个角对应一组笔形，亦即对应一个阿拉伯数字。新检字法保留了号码检字的优点，又创造性地将汉字解构为四个角，以号码对应四个角，因此称为"四角号码检字法"。参见下表[②]：

四角号码检字法例表

号码	0	1	2	3	4	5	6	7	8	9
笔名	头	横	垂	点	叉	插	方	角	八	小
笔形	亠	一 ノ 乚 乀	丨 丨 丿	丶 丶	十 乂	扌	口	ㄱ 丁 乚 ㄥ	八 ソ 人 乚	小 灬 ㄴ 个 亅

---

① 《四角号码检字法》自序，载《王云五文集》壹，江西教育出版社 2015 年版，第 27 页。

② 《王云五文集》壹，江西教育出版社 2015 年版，第 35 页。

四角号码检字法公开发表后，颇获好评。"中外人士来信以及在各种刊物中间表示好评的，有八十多起。请求采用的有二十多起。"美国国会图书馆中国藏书部主任来函请求采用此法编目。[①]可是经过反复演练使用，王云五仍不满意。主要问题是：四角和笔形如何确立仍颇多歧异，还有许多字难以归入，同码字还是过多。

（三）四角号码检字法（改订）

又经过两年多的研究和实验，1928 年 10 月，王云五发表改订后的四角号码检字法。这次改订，最大的改变是两点：一是笔形种类多采复笔，且将单笔酌量归并；二是增加了附角。前者较好地解决了四角和笔形确立时存在的歧异问题，后者则最大限度地解决了同码字过多的问题。增加附角是高梦旦的提议。当四角同码时，以右下角上方最贴近而露锋芒之一笔为附角；如该笔业已用过，则附角作"0"。附角类似于汉字电脑五笔输入法的识别码。

这次改订后，检字法使用规则由原来的 16 条缩简为 8 条，即正则 4 条、附则 4 条。这就是后来各种辞书、工具书（包括 1949年之后中国大陆出版的）及其他使用者都会附上的用繁体字印出的两页"凡例"。

四角号码检字法发表后，受到各界称赞。蔡元培在为王云五著《四角号码检字法》（商务印书馆 1926 年 4 月版）撰序时称："这种钩心斗角的组织，真是巧妙极了。而最难得的，是与他自己预定的八原则，都能丝丝入扣。"[②] 吴稚晖撰序说："王先生的用数字检字，寻到了四角的排列，乃是我们字书很自然的大成功。这值得算一个重大发明。"称其是"字书的新纪元"。[③]

---

① 《王云五文集》壹，江西教育出版社 2015 年版，第 28 页。
② 《四角号码检字法》蔡序，载《王云五文集》壹，江西教育出版社 2015 年版，第 2 页。
③ 《四角号码检字法》吴序，载《王云五文集》壹，江西教育出版社 2015 年版，第19 页。

胡适则两次为王云五撰著的《四角号码检字法》（1926年4月和1930年2月）作序，序中不但叙述了王云五研究、发明四角号码检字法的经过，详尽推介其方法，把四角号码检字法誉为"是最容易、最方便、应用最广的法子"。[①] 为了解决最可能影响四角号码检字法推广应用的笔形笔画如何对应数字号码的问题，胡适还编了一首《笔画号码歌诀》：

　　　　一横刀，
　　　　二三竖，
　　　　撇四，叉撇五，
　　　　点捺同是六，
　　　　有叉变成七，
　　　　左钩右钩八九毕。

四年后，胡适将这首歌诀改写为：

　　　　一横二垂三点捺，
　　　　点下带横变零头，
　　　　又四插五方块六，
　　　　七角八八小是九。

商务印书馆出版的工具书，凡附有四角号码检字法的，都同时收录胡适的顺口溜，一者是借重胡适的名气，二来这首顺口溜也的确十分有助于读者熟记笔形号码。为了使之更合乎逻辑（胡适所作号码从三直接跳到零）也更易记，1949年以后的新中国各类工具书又将这首顺口溜改写为（号码从一依顺序至零）：

---

① 《四角号码检字法》胡序，载《王云五文集》壹，江西教育出版社2015年版，第11页。

横一垂二三点捺，
叉四插五方框六；
七角八八九是小，
点下有横变零头。

为了宣传推广四角号码检字法，在得到学界的普遍认同之后，王云五在推广应用上大做文章。他到处宣讲四角号码检字法的快速便捷，同时利用商务印书馆附设的学校，以及开办各种培训班，讲授和推广应用四角号码检字法。1928 年，国民政府大学院（后改称教育部，王云五其时兼任大学院译名统一委员会主任）通令全国采用四角号码检字法，为该法推行全国扫清了最后一个障碍。

推广检字法，最有效的办法，当然还是用四角号码检字法编写出版学生字典了。1928 年 9 月，商务印书馆出版《四角号码国音学生字汇》和《四角号码学生字典》，借助商务印书馆强大的广告宣传和品牌力量，这两本书在市场上大获成功，"年销达数十万册"。[1] 随后商务印书馆对各类字词工具书都用四角号码检字法进行修订再版。四角号码检字法很快得到各界认可，并广泛使用。到 1929 年，权威媒体的说法是："现在实行采用该检字法的机关已有百数十所，按照该法检字的人不下五十万。"[2] 王云五在 1931 年说"现在四角号码检字法用的人有一百多万"。[3]

辞书、工具书之外，四角号码检字法还广泛应用于图书馆的书目、著者编目，档案部门的卡片及目录编制，电信部门的电话号码簿编制，等等。在台湾，应用最广的是户籍部门为台湾全省户口人名编制卡片，计有千余万张；还有中国国民党党员名卡、出入

① 《王云五与商务印书馆》，《申报》"自由谈"，1929 年 8 月 12 日。
② 《王云五先生传略》，《良友》第 35 期，1929 年，翰堂近代报刊数据库。
③ 《怎样读书》，《读书月刊》1931 年第 2 期，翰堂近代报刊数据库。

境人名检查片等，皆在百数十万张以上。①

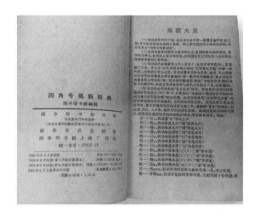

《四角号码新词典》版权页，著者
署名：商务印书馆编辑

《四角号码新词典》，2008 年
已出至第 10 版

1949 年以后，新中国没有因为王云五从政以后的政治立场，而因人废事，弃用四角号码检字法。事实上，中华人民共和国成立之初，商务印书馆专门编辑出版了一本《四角号码新词典》，且不断地修订再版；1978 年又出修订重排本，1982 年出版缩印本；到 2008 年已修订至第 10 版。商务印书馆重版的各种工具书，以及新出版的《现代汉语词典》及《辞海》等权威工具书，也全部保留了四角号码检字法。

四角号码检字法从一开始，在海外就有一定的影响。几乎在出版《四角号码检字法》的同时，王云五即印行了该书的英文本。"英文本发出后颇得各方赞同，先后接到旅华西人函四五十通，均劝我早日照此法编印字典词典。各西报杂志揭载介绍文者亦已有五六处，多奖饰过当之词承。"② 美国的国会图书馆、哈佛大学图

① 《王云五文集》陆（上），江西教育出版社 2011 年版，第 117 页。
② 《王云五信三十六通》（1926 年 6 月 25 日），影印件，载耿云志主编《胡适遗稿及秘藏书信》第二十四册，黄山书社，第 330 页。

书馆等也以其编制中文图书的检索。《四角号码检字法》在海外出有日文版（译者为间宫不二雄）和英文版。王云五在回忆录里记录了这么一段插曲：20 世纪 60 年代，王云五的日本朋友给他送过一套《汉和大辞典》，是日本十分畅销的语言工具书，书后竟也附有四角号码检字法，遗憾的是没有署王云五的名字。

四角号码检字法能够得到广泛应用，最主要原因是使用便捷。王云五自称检一个字几秒钟就够了。如果经过训练，还能更快。因此，四角号码检字法"初虽有人怀疑，不久即风行全国，良以此法易学易用，与其他检字法相较，其难易直有天渊之别"。①

四角号码检字法风行全国，历久不衰，除了名人力推、政府颁令通行、工具书畅销带动等等因素之外，与王云五本人的一些做法也有密切关系。首先是他在一开始就放弃了专利申请及经济上的收益。1926 年 4 月出版的《四角号码检字法》声明："本检字法有发明及著作权。但发明及著作者为促进文化与能率，自愿不受报酬公诸于世。"王云五只要求在采用时事先书面征得其本人同意，并注明"采用王云五氏四角号码检字法"；如有改进意见，亦须书面征得其本人同意。② 他还表示："我所以声明采用须得我同意一节，并非有何希冀，不过想维持研究的系统，使采用者不得无故改头换面，以期这方法——如果有可采用之真价值——能够渐收统一之效而已。"③

王云五发明四角号码检字法大量利用了商务印书馆的资源，包括人力、物力和时间，有"职务发明"之嫌；对于商务同人的支持，王云五在著作出版时有说明，对于占用商务的资源，他也

---

① 《王云五与商务印书馆》，《申报》"自由谈"，1929 年 8 月 12 日。
② 《四角号码检字法》书首，载《王云五文集》壹（书首），江西教育出版社 2015 年。
③ 《王云五信三十六通》（1926 年 8 月 7 日），影印件，载耿云志主编《胡适遗稿及秘藏书信》（第二十四册），黄山书社，第 334 页。

并不隐讳。这也许是他既坚持自己是四角号码检字法的"发明人"，拥有"发明及著作权"，同时又宣布放弃任何报酬的一个原因。不管怎么说，无偿使用，对于推广和使用四角号码检字法，进而对于出版界、读书界和其他社会各界，都是大有益处的。

其次，王云五对自己的这项发明十分自得，随时随地大力推广。王云五一生保持好奇心，对许多事情都有研究和创新，除了本章重点叙述的四角号码检字法和中外图书统一分类法，还有中文排字架的改进、抗战时期的航空纸型以及晚年改进毛笔等，但他念兹在兹的始终就是："生平只有一个小小的发明，就是……四角号码检字法"。在提到其他数项研究创新时，他会小心翼翼地避免使用"发明"一词，而一旦提到四角号码检字法，他是必然会使用"发明"一词的。王云五生平演讲无数，无论是谈及人生经历，还是各类学术讲演，甚至一些看来与演讲主题无关的场合，往往都会不由自主地讲到他发明四角号码检字法的经历。无疑，以王云五在社会各界的影响力，这样有意或无意的"宣传推广"，对四角号码检字法的普及和应用，还是起了相当大的作用的。

四角号码检字法为王云五赢得巨大声誉。如果说，以前的王云五，更多是以读书多和知识广博而著称，那么，此时可以说他是一个专家了。四角号码检字法的风行，也为舆论成功型塑王云五这个励志偶像提供了最有力的例证。王云五由文化界的知名人士，成为具有广泛社会知名度和相当社会影响力的"社会贤达"，应该是从发明四角号码检字法开始的。

现代信息技术发展的历史表明，四角号码检字法也是最早将汉字进行"数字化"的一项发明，为电脑时代汉字的信息化处理提供了思路和借鉴。20世纪80年代，电脑刚刚开始在台湾普及时，所用的汉字输入技术之一——三角编号，显然受到王云五发明的四角号码检字法的启发。大陆方面应用最广的电脑汉字五笔输入法以字母代替笔形，与四角号码检字法以数字代替笔形也有异曲同工之妙。王码五笔输入法的识别码与四角号码检字法的附角原理也是一样的。

20 世纪中期以后，随着拼音的推广和普通话（国语）的普及，尤其是当各种电脑搜索软件普遍成为人们首选的"工具书"，四角号码检字法慢慢淡出人们的视野。这个，真是应了胡适在王云五刚刚推出四角号码检字法时的预言："将来注音字母通行之后，国音渐渐普及了。音标（字母）的使用也渐渐习惯了，也许我们可以用音标来分类排列了。"① 可是我们不该忘了王云五发明四角号码检字法在这一段历史时期的文化贡献。正如王建辉在《文化的商务：王云五专题研究》中所说："四角号码的使用率和覆盖面，创造了近代中国文化的一个奇迹，更方便于文化和知识的普及，不仅仅嘉惠士林与后学，更表明它是近代尤其是新文化运动以来最成功的文化普及，成为近代以来大众文化生活中最为奇特的文化符号。"②

四、创设中外图书统一分类法

商务印书馆编译所所属涵芬楼是张元济、高梦旦多年苦心经营的藏书机构，其目的是收藏古籍及其他图书，以供编译所同人在编译图书时参考。由于张元济的深厚学养，同时又利用商务印书馆的影响力和遍布全国的分支馆店网络搜购古籍，因此自创办以来至王云五到任，涵芬楼已积累图书约 40 万册之多。不但居私

---

① 《四角号码检字法》胡序，载《王云五文集》壹，江西教育出版社 2015 年版，第 7 页。

② 王建辉：《文化的商务：王云五专题研究》，商务印书馆 2000 年版，第 151－152 页。

家藏书之首位，而且比之一般的公立图书馆，也毫不逊色。① 收藏古籍的数量和版本质量则有过之无不及。

王云五任编译所所长后，一方面提请董事会批准拨出常年添购图书经费5万元，及购地建馆费用10万元；一方面谋求公开对外开放，向公共图书馆转变。1924年3月，位于上海宝山路商务印书馆总馆厂对面的涵芬楼五层新楼落成，紧邻新建的编译所大楼。1925年，涵芬楼改名为东方图书馆，王云五兼任馆长。

东方图书馆的图书古今中外包罗万象，而图书编目颇不统一，西文图书用的是杜威的图书分类法，中文图书古籍按经史子集，其他则或参照杜威分类法，或参照古籍，不伦不类。这样一来，中文图书固然不能与西文图书同类归并，而西文图书译为中文之后，又分开归入中文的类别，颇不符合美国图书分类学家卡特对图书分类的定义："图书分类是集合各种图书，选择其性质相同的放在一处。"② 编目既混乱，检索自然就不便捷。东方图书馆要对外开放，不解决统一编目和检索的问题，根本无从谈起。

如何将中文图书与西文图书的分类能够统一起来，既"使性质相同的放在一处"，又达到方便编目、检索快捷的目的，而且中文书与外文书可以统一编目，这是王云五试图解决的问题。

有一天，王云五偶然看见邻近新造的房屋门牌号，因为这所房屋是位于183号和184号之间，编号便成了183A。他由此受到启发，在杜威的图书分类法的基础上，将所有中文图书增加"＋""＋＋""±"三个符号，分别读作"加""廿"和"土"。这三个符号均放在杜威分类法用数字表示的图书分类的前面，表示这些图

---

① 可资比较的是，1931年6月国立北平图书馆新馆落成，藏书40万册多。据王云五说，国立北平图书馆"在公立图书馆中居第一，而与私立之东方图书馆相伯仲"。见《王云五文集》伍（上），江西教育出版社2008年版，第323－324页。
② 转引自《王云五文集》陆（上），江西教育出版社2011年版，第106页。

书与中国有关。符号后面跟着的杜威分类法的数字，则有不同的
规定："＋"号只能排在绝对相同的号码之前；"＋＋"号则不问个
位的大小，一律排在十位相同的号码之前；"±"号则不问有无小
数及小数的大小，一律排在整数相同的任何号码之前。如下所示：

＋812	812	＋812.4
＋＋816	819	
±813.3	±813.5	813

考虑到图书馆编目经常用到地名、国别、年代和著者姓名等，
王云五根据上述原理，并参照四角号码检字法，对地名、国别、
年代、著者姓名等也进行了数字符号的统一。特别是对外国的著
者姓名，过去国外著者多以姓氏的首字母跟数字的方式，数字依
序排列，经常一个字母之下有数十页之多，查检极为不便；中国
著者依此类推，数字则由名字的笔画数计算，依序排列，查检时
要计算笔画，因而也极为不便。王云五采用四角号码检字法的原
理，将罗马字母数字化，如下表所示：

罗马字母与阿拉伯数字对应表

0	1	2	3	4	5	6	7	8	9
A	B	C	D	E	F	G	L	M	S
OH	P	K	T	IJY	VUW	Q	R	N	XZ

中小图书馆，著者编目可取姓的前四个字母，即四个数字组
成，如亨利 Henry 为 0487。大型图书馆可在此基础上，再取名字的
两个首字母，如 Henry O. B. 是 048701。中国著者则直接采用四角
号码检字法。这样不管中国著者还是外国著者，统一由数字编目，
只要知道姓名，就不难查检，当然也十分有利于图书馆编制相关的
卡片或索引了。这样做最大的好处是，"无须把中国姓名译为西文，

或将外国姓名译为中文，彼此均以世界共同的号码为共同标准"。①

　　1927年4月，王云五发表《中外图书统一分类法》，可以视作此项成果创设的标志。1928年，他将成果撰著《中外图书统一分类法》一书，由商务印书馆出版发行。

　　四角号码检字法与中外图书统一分类法，前者针对汉字检索，后者针对图书分类，均与图书检索有关，当然也与王云五正在从事的工作——图书馆编目和辞书编纂，有着莫大的关系。两项成果互为因果，互有促进，"分类法赖检字法而完成，检字法亦赖分类法而磨练"。②

　　20世纪30年代前后，图书馆界应用较广的图书分类法有四五种。根据何多源在1936年统计，"国内图书馆所用分类法，以《中外图书统一分类法》为最多"。其中包括湖北、湖南、江苏、陕西等省立图书馆。③

五、"四""百""万"

　　20世纪30年代初，社会上流行王云五的一个绰号，"曰'四百万'，颇流行于时。世人盖因'四角号码''百科全书'及'万有文库'三者，皆系彼一人竭毕生精力所擘划经营，故以名之"。④

　　王云五少年时期以分期付款的方式购买《大英百科全书》，并在家通读。王云五成为自学成才的偶像之后，通读《大英百科全书》便成为社会上争相传说的一件事。就连胡适在向商务印书馆推荐王云五时，也说了这个故事，用来形容他的好学和博学。尽管王云五后来多次谈到，这种笨办法并不可取，甚至忏悔因为自

---

① 《王云五文集》伍（上），江西教育出版社2008年版，第183页。
② 《王云五文集》陆（上），江西教育出版社2011年版，第105页。
③ 转引自《中国出版通史》第8卷，中国书籍出版社2008年版，第347页。
④ 《名流谈屑：四百万》，《申报》"自由谈"，1932年1月11日。

己不懂得怎样读书，才将一种参考书"从头至尾地读了一遍，像这样的读书是等于不读书。希望诸君不要走我失败的路"。[①] 但或许因为这件事太过神奇，王云五的多次澄清似乎并不见效。

通读《大英百科全书》或许不是好的读书方法，对于绝大部分读者，也几乎全无可能。但对于求知欲极其旺盛的少年王云五，对他成为博学之才，以及后来在商务印书馆编译所的工作，应该还是产生了积极的作用。编译所人才云集，出书门类广泛，作为所长，王云五的博学就有了用武之地。他的外号"有脚的百科全书"渐渐有了名声。

这也催生了王云五的一个梦想，就是出版一部中国人自己的百科全书。在商务印书馆编译所，从一开始，他就将编撰出版百科全书列入工作计划，但发现除了编译外国的同类出版物，要编一部中国的百科全书，需要从头开始慢慢积累资料，实在是一项耗时费力的巨大工程。事实上，编译所时期，他除了从国外编译出版的《少年百科全书》之外，百科全书的出版计划仍处于资料积累阶段。他任商务印书馆总经理之后，这项工程一直在继续进行，可惜在1932年"一·二八"事变中，馆藏资料损毁无数，其中就包括他为编纂百科全书而积累的大量卡片资料。此后，他得到中山学术文化馆的资助，拟编辑出版5000万字规模的《中山大辞典》，但又由于1937年"八一三"事变而中止。一部分幸存的资料，被他编成《中山大辞典一字长编》于1938年在香港出版。这是中国人编撰中国百科全书的前传。

王云五一直将未能经手出版中国的百科全书，引为终生憾事。他在晚年主持台湾商务印书馆工作，发动各界参与，倾全力编撰出版了《云五社会科学大辞典》《中山自然科学大辞典》和《中正

① 《怎样读书》，《读书月刊》1931年第2期，翰堂近代报刊数据库。

科学技术大辞典》，三者合计 36 巨册，约 5000 万字，虽然没有用"百科全书"之名，但可以看作是"台湾版"的中国百科全书。中国大陆的《中国大百科全书》自 1978 年开始立项，倾国家之力，集 2 万余专家学者，历时 15 年，于 1993 年由中国大百科全书出版社出版。全书共 74 卷，7.8 万条目，1.26 亿字，5 万幅图片。1998年推出简明版《中国大百科全书》（12 卷）。

这里重点说说"四""百""万"里的"万"，即《万有文库》。

王云五策划出版《万有文库》与 20 世纪 20 年代兴起的图书馆运动有密切关系。前已述及，1922 年，全国教育会联合会已有在中小学校广设图书馆的倡议。1925 年，中华图书馆协会在上海成立，王云五以全国最大私营图书馆馆长身份积极参与其活动，并于 1929 年 2 月当选为协会 25 名执行委员之一。在这样的背景下，如何以编译所的力量扩大生产，如何通过商务印书馆的出版活动为大量兴起的中小图书馆供应图书，就成为王云五重点思考的问题。他在晚年回忆这段经历时说："我自从二十岁左右开始感到图书馆的重要。自入长商务印书馆编译所之次年，即筹议为国内小图书馆植其初基。我的具体办法，就是从编印各种有系统的小丛书入手，再进而与各大学及学术团体订约编印专科丛书。凡此皆所以谋充实图书馆之供应。"①

1928 年 5 月，王云五以"学术界之名专家"应邀参加全国教育会议。他在会上提出各省财政拨出"经费若干为增购图书之最低限度"。②提案经会议表决通过。会后，大学院（教育部）通令全国各学校设置图书馆，并且每年从全校经费中至少提取 5% 作为购书费用。③商务印书馆紧紧抓住这一有利时机，于当年暑假开设

---

① 《王云五文集》陆（上），江西教育出版社 2011 年版，第 135 页。
② 《王云五全集》（17），九州出版社 2013 年版，第 31 页。
③ 《中国出版通史》第 8 卷，中国书籍出版社 2008 年版，第 344 页。

了为期六周的图书馆讲习所，由于报名踊跃，次年暑假继续开办，两期图书馆暑期讲习班，培训学员共计 350 余人，几占全国培训总人数的三分之一。①

1928 年参加第一届全国教育会议代表合影，前排左一为王云五

同时，王云五也认识到，编译所在张元济、高梦旦主持下，已在编印教科书、编撰《辞源》和翻印古籍善本三个方面取得巨大成就，创造了"三个划分时代的工作"；站在巨人的肩膀上，他要想有所作为，就必须另辟新路。"为了对得起历任负责者的苦心，以及为社会文化上着想，自己亦应替商务印书馆创造一个新时期才好，于是他就经过长时期的详细考虑，提出了编印万有文库的计划。"②

---

① 《中国出版通史》第 8 卷，中国书籍出版社 2008 年版，第 348 页。
② 刘涛天：《出版业经营家王云五传略》，载《教育与职业》第 161 期，1934 年，翰堂近代报刊数据库。

王云五在编译所的各项改革大大提高了工作效率，大量从外面约稿，又使编译所的工作重心从"编译"向"编辑"转移，这使得商务印书馆的图书出版进度大大加快，出书品种大幅度增加，从而也使得王云五雄心勃勃的大规模出版规划成为可能。

在这样的大背景下，王云五提出将商务印书馆前期已出的各套丛书进行整合，重新包装，以整套书上千品种统一向图书馆推销供货的出版思路。经清点，已出版的《百科小丛书》《学生国学丛书》《国学小丛书》《新时代史地丛书》，以及农、工、商、医、算学、体育等小丛书等，已有 500 余种，拟再增加一些适用的丛书和单册图书，以《千种丛书》的名字出版。

其后，又考虑到这是一套开放性的丛书，要分辑以若干年陆续出版，《千种丛书》以千种为限，反而约束了自己，因此最终定名《万有文库》。

"文库"一词早在《宋史·艺文志》中就已出现，其意义与现代的图书馆相类。日本人借用"文库"一词，既有图书馆之义，如东洋文库、静嘉堂文库等，也有丛书之义，如《岩波文库》。有意思的是，英文 library 也有图书馆和丛书的双重含义。早年涵芬楼即藏有英文版的 *everyman's library*（王云五译为《人人丛书》，茅盾译为《万人丛书》①）。这是一套在英美畅销不衰的系列品牌图书。据王云五自己说，他以"文库"命名丛书，是受了欧美的影响，是从 library 的意义联想到古籍上的"文库"一词，受到启发而悟出来的，并不是由于日本的影响。《岩波文库》创始于 1927 年 7 月，大约与王云五筹划《万有文库》的时间相当，王云五的说法还是可信的。两套对思想文化产生深远影响的文库，差不多同时在中日两国分别出版，不约而同，殊途同归，可以说是一段

① 茅盾：《我走过的道路》，人民文学出版社 1997 年版，第 145－146 页。

出版史的佳话！王云五说，"我国把'文库'作为'丛书'的别名，我当然是最早的"①。绝非自夸。

《万有文库》规划在 10 年之内出版三集，共 5000 种图书。第一集 1929 年以后陆续推出，共出版了 1010 种，2000 册（有的一种一册，有的一种多册）。另有 10 册规模较大的参考书（附四角号码检字索引）。总字数达 1.5 亿字。包括 12 套丛书：《百科小丛书》《国学小丛书》《新时代史地丛书》《农学小丛书》《工业小丛书》《商业小丛书》《师范小丛书》《算学小丛书》《医学小丛书》《体育小丛书》《汉译世界名著丛书》《国学基本丛书》。第一集至1931 年出齐。

《万有文库》

由于商务印书馆在 1932 年上海"一·二八"事变中遭受重创，《万有文库》第二集的出版计划在两年后才重新启动。不过，在商务印书馆遭受重创后稍稍恢复元气，王云五（此时任商务印书馆总经理）就重启《万有文库》的计划，也可知这套大型文库在他心目中的地位。第二集从 1935 年开始陆续出版。除延续了第

① 《王云五全集》（17），九州出版社 2013 年版，第 234 页。

一集的编辑思路和体例之外，第二集有三个大的调整：第一，原有的以"治学门径"为目的的各类小丛书（第一集约占总数近一半）不再收入，而增设《自然科学小丛书》200 种；第二，增设《现代问题丛书》50 种，以增强时代感，"即所以导读者随时代之转轮而俱进也"；第三，扩充原有的《国学基本丛书》和《汉译世界名著丛书》，前者由百种增至 300 种，后者由百种增至 150 种。因此，第二集实际仅包括 4 套丛书，即《自然科学小丛书》《国学基本丛书》《汉译世界名著丛书》和《现代问题丛书》，总共 700 种，2000 册。另有 28 册规模较大的参考书（附四角号码检字索引）。共约 1.9 亿字。

第二集与第一集相比，除了内容上呈阶梯式递进外，有两个明显特点：一是更具时代感。其增加的《自然科学小丛书》和《现代问题丛书》具有强烈的时代气息。二是选材上更为精细。如《国学基本丛书》，"选择标准既不敢凭少数人之主观，亦不宜据片时之判断"。选目四易其稿，力求补充各家所漏列，使各科各类俱备而均衡。又如《汉译世界名著丛书》，"除以各国书评或选书之作为一部分根据外，不能不参酌本国之特殊需要，取舍之间，亦尝经长期间之探讨也"。可以说殚精竭虑。

《万有文库》第三集虽有规划，但随着抗战爆发，商务印书馆再遭重创，财力和物力已难以支持如此巨大的出版项目；另一方面，战争也使机关、学校等经费短缺，购买力下降，《万有文库》从卖方到买方都失去存在的基础了。

《万有文库》推出之初，对于开机首印多少，商务印书馆内部争议极大。因为如此巨大的项目，如果首印数多，则可大大降低成本，但会增加库存风险；相反，如果首印数低则虽库存风险降低，而成本上升，定价必高，达不到以低价图书充实一般经费并不充裕的小型图书馆的目的，当然也就难以实现赢利。王云五坚持首版开机印刷 5000 套，而负责销售的发行所则力主减少起印数，两种意见争持不下，提交到商务印书馆总务处高层会议决策，结果高层会议也是意见分歧，各不相让。最后，在高梦旦的支持下，张元济一锤定音，就以 5000 套开印。如此大型文库，首印 5000 套，共 1000 万册图书，即使在今天看来，也是很大的一个数目。

在商务印书馆持续不断的宣传推动下，《万有文库》的编辑出版理念逐渐得到认同，专家学者和知名人士相继发表文章推荐文库，市场逐渐打开。当时，浙江省财政厅厅长钱新之在得知《万有文库》详情后，以财政盈余一次性订购 80 余套，分赠全省各县，极大缓解了商务印书馆的资金压力，同时也激励了营销人员主攻各地图书馆团购市场。各地图书馆陆续购置《万有文库》以充实库藏。国民政府内政部和教育部在 1930 年甚至饬令地方当局购备《万有文库》以充实当地图书馆，许多地方因为购置《万有文库》而成立了公共图书馆。1933 年 12 月，国立编译馆从《万有文库》中选取 412 种图书作为中等学校用书（第一辑），由教育部通令全国采用。《万有文库》第一集不但首印 5000 套全部销售出去，重印的 3000 套也陆续卖完，第二集又销售了 6000 套。两集合计卖出 14000 套，共 2800 多万册图书。

王云五对《万有文库》极为看重，第三集虽未做成，但即使在抗战期间物质极为贫乏，出版至为艰难的情况下，仍于 1939 年在当时的抗战大后方香港出版了《万有文库简编》500 种，1200 册。20 世纪 60 年代他任台湾商务印书馆董事长后，第一个大的出版项目就是《万有文库荟要》。简编和荟要都是利用原有的品牌，根据新的形势，对《万有文库》旧书目重新整合，加以新的书目，重新包装后再推向市场，类似旧书的修订再版。1977 年，他又在台湾商务印书馆重印了全套《万有文库》。

《万有文库》的影响超越了意识形态的界限，显示了文化普及的强大力量，其中一些通过各种方式进入共产党控制的区域。最具传奇色彩的是这么一个故事：据谢和赓老人回忆，抗战时期延安的物质极为贫乏，精神食粮更为短缺，但当时延安却聚集了一批知识分子，包括许多中共高级干部。延安方面为此想了许多办法广泛搜罗书籍。宁毅侯老先生知道延安对图书的急迫需求，慷慨地将家藏的全套《万有文库》用骡子驮送到延安，20多头骡子40多箱书，逶迤行进在宝塔山下的延河边，成为延安城一道美丽的风景。老人的义举受到中共中央的表彰。[①]

十年（1929—1939）之中，《万有文库》出版2500多种（5000多册）书，行销3000多万册，装备数千家图书馆，影响海峡两岸几代出版人，对学术界、文化界、教育界的影响超越意识形态界限，至今余脉不断。这一切，对于任何一个出版人、任何一家出版机构，都是不易超越的一座大山。可以说，"创造了一个现代出版的文化奇迹"。[②]

《万有文库》的出版规模、社会影响和文化贡献在中国至今无人超越，比之国际著名的《企鹅丛书》《岩波文库》等也毫不逊色。《万有文库》无疑是王云五出版生涯、文化活动的一个高峰。

也有人对《万有文库》贪多求大提出批评。鲁迅就把《万有文库》这样的出版行为称为是"书的还魂与赶造"：

> 汇印新作，当然是很好的，但新作必须是精粹的本子，这才可以救读者们的知识的饥荒。就是重印旧作，也并不算坏，不过这旧作必须已是一种带有文献性的本子，这才足供读者们的研究。如果仅仅是克日速成的草稿，或是栈房角落的存书，改换新装，招摇过市，但以'大'或'多'或

① 《为延安送书》，载《西安晚报》1984年2月23日。
② 王建辉：《文化的商务：王云五专题研究》，商务印书馆2000年版，第110页。

'廉'诱人，使读者花去不少的钱，实际上却不过得到一大堆
废物，这恶影响之在读书界是很不小的。凡留心于文化的前
进的人，对于这些书应该加以检讨！①

这样的批评虽然辛辣，但不无道理，像《万有文库》这样的
大型丛书，当然不可能每种每册都是精品，这是大型丛书的天然
缺陷，出版人在策划出版大型丛书时一定要加以注意。

已有许多文章、论文研究《万有文库》，以我作为一个从业近
30年的出版人看来，《万有文库》值得总结的是以下几个方面：

首先是其出版理念。出版是一项文化事业，也是一门生意。
王云五的精明之处在于，他将出版事业的文化公益性与商业性结
合得非常巧妙，即"以大量廉价优质图书供应社会"。他认为：
"社会对于一个出版家的期望，一是供给许多优良的图书，二是供
给相当廉价的图书。"②

在这样的指导思想下，他主持商务印书馆编译所之后，在继
承张元济重视出版中小学教科书和辞书工具书的基础上，重点在
三个方面对出书方向进行了调整：一是由旧学（国故）为主，转
为国故新知并重，大大增加了译著出版，特别是近代以来的西方
自然科学和人文社会科学著作。二是由小教育（中小学校教科书）
向大教育（各级学校教育和非学校教育）转移。三是大量出版普
及性的青少年课外读物，尤其是那些可作为失学青少年自学自修
的各学科入门读物。

《万有文库》的出版集中体现了上述出版理念。王云五极为敏
锐地看到了图书馆运动对于国家、民众的文化公益性，同时也极

---

① 转引自宋原放主编：《中国出版史料（现代部分）》，第一卷（下册），山东教育出
版社2001年版，第492页。
② 《王云五文集》陆（下），江西教育出版社2011年版，第1249页。

为敏锐地捕捉到了图书馆运动给商务印书馆带来的商机。他策划《万有文库》的出发点就是要"把整个大规模的图书馆化身为无量数的小图书馆"。《〈万有文库〉第一集印行缘起》一开始就开宗明义地说：

> 本文库之目的，一方在以整个的普通图书馆用书贡献于社会，一方则采用最经济与适用之排印方法，俾前此一二千元所不能致之图书，今可三四百元致之。更按拙作中外图书统一分类法，刊类号于书脊；每种复附书名片，依拙作四角号码检字法注明号码，故由本文库而成立之小图书馆，只须以认识号码之一人管理之，已觉措置裕如，其节省管理之费不下十之七八。①

其次是处处为读者着想的服务意识。"以大量廉价优质图书供应社会"要做到并不容易。除了必须在严控成本上下功夫，在管理上确保各个环节落到实处之外，还要在服务上真正为读者着想，并使读者可以切身感受到这些服务的价值。《万有文库》价廉物美，除了定价低廉之外，更重要的是，每本书都按中外图书统一分类法在书脊印有类号，并按四角号码检字法附有内含书名、著者等信息的卡片，这样图书进了图书馆之后，管理员就省去了编目和制作卡片的功夫。图书馆不但在采购图书上节省了费用，而且还在管理上节省了人力物力成本。每一本书从里到外，每一处细节，都体现出商务印书馆的良苦用心和优质服务。这一点，在当时各地图书馆刚刚兴起，管理人才奇缺的情况下尤其受到欢迎，难怪因《万有文库》而兴办的图书馆竟达到二千所之多。②

---

① 《王云五文集》伍（上），江西教育出版社 2008 年版，第 270 页。
② 《王云五文集》伍（上），江西教育出版社 2008 年版，第 268 页。

进入 21 世纪之后的中国出版界，图书馆已成为重要的购书主体，出版社和发行商开展馆配业务时追求无缝对接，即尽可能为图书馆提供便捷周到的服务。回顾近一个世纪前王云五出版《万有文库》的"馆配"历程，仍使人深受教益。

王云五出身草根，具有鲜明的大众意识。在出版由精英转为大众的过程中，王云五是一个标志性的人物。服务大众，是出版家的重要素养，王云五从出版"百科全书"，到筹划"千种丛书"，再到推出《万有文库》，这个"百千万"的过程，清晰地突显着他处处为读者着想的服务意识。

第三是经营理念。王云五认为，出版家不应该跟风，而应该引领风潮，看到潜在的市场，甚至想办法创造市场。"头等出版家，是创造市场；次等出版家才迎合市场。"①《万有文库》借图书馆运动的东风，顺势而上，创造了一个广阔的图书馆馆配市场，可以说是出版物创造市场的经典之作。

20 世纪二三十年代出版界兴起的各种小说热，如言情小说热、社会小说热、武侠小说热、侦探小说热等等②，尽管为许多出版社赚了大钱，但王云五从不为其所动。商务印书馆在民国初年就创办了《小说月报》，大众喜欢小说，王云五当然是知道的，但上述的各种小说热，大都是跟风起浪，并不符合王云五的出版理念，更不应该是商务印书馆这样的"头等出版家"所为。

正是看到了学校教育普及带来的图书大众消费的潜力，以及图书馆运动激发的团购潜力，王云五极为重视普及性通俗图书，极为重视丛书的组织和出版。现代出版业丛书的兴起，王云五不是始作俑者，却是一个转折性的标志人物。自王云五开始，丛书成为一个重要的出版潮流，每当出版繁荣高潮来临，丛书总是站

---

① 《王云五全集》（17），九州出版社 2013 年版，第 283 页。
② 参见《中国出版通史》第 8 卷，中国书籍出版社 2008 年版，第 351－368 页。

立在潮头的先锋。由丛书出版到文库出版，王云五是现代丛书出版潮流化的一座高峰。

由《万有文库》开始，图书馆、学校和机关团体的图书"团购"成为出版社的经营重点。由《万有文库》开始，大型丛书的广告预热、预售打折、直销优惠等成为重要的营销手段，也是王云五在此后的出版实践中屡试不爽、屡获成功的经营策略。

几十年过去了，《万有文库》余脉绵绵。

20世纪60年代，王云五仍以《万有文库》为振兴台湾商务印书馆的市场首选，其经过重新整合取舍和增订补充而推出的《万有文库荟要》（借用《四库全书荟要》之名）1200册，大获成功。大陆这边，商务印书馆总经理、著名出版家陈原，在20世纪80年代初提出以《万有文库》为蓝本，十年以内出版2000种左右社会科学和语文工具书的宏大计划。

20世纪90年代中期，辽宁教育出版社社长俞晓群偶然读到王云五关于《万有文库》的回忆文字，竟然产生心灵感通、相见恨晚的奇妙心理，60多年的时空交错刹那间化为"前有古人，后有来者"的冲动！为读书人提供买得起、用得上、值得存的常备图书，这个60多年前简单朴素的出版理念，使一批当代著名的文化人、学者、出版家聚集在一起，其中就有已退休的商务印书馆总经理陈原，以及沈昌文（王土）、王元化、李慎之、顾廷龙、金克木、董乐山等文化精英，他们或规划选题，或推荐书目，或遴选版本，辽教版的《新世纪万有文库》隆重推出，一时成为文化盛事。

《新世纪万有文库》的主事者之一、知名出版人沈昌文先生在说到两套书的传承关系时说："当年商务印书馆的《万有文库》风靡一时，至今余响不绝。我们照抄原名，冠以'新世纪'，以示时代差异，但承继之意是不言自明的。"

　　按规划，《新世纪万有文库》将在1996年至2005年的十年间，每年出书100种，共出版1000种，分别归入三大书系，即传统文化书系、近世文化书系和外国文化书系。但最后只出版了六辑600种，因为种种原因没有继续出版。

　　2005年11月11日，《新京报》之《书评周刊》出版特刊：《新世纪万有文库》十年回望。在对比了王云五的《万有文库》，也肯定了《新世纪万有文库》"带动了读书界又一次启蒙思潮，对中国的丛书出版模式也作出了有益的探索"的同时，也指出其"并不完全成功，这套书到现在也未能完成'十年千书'的承诺，基本处于停滞状态"。俞晓群甚至写下颇含悲壮意味的《新世纪万有文库十年祭》，引发大批读书人在网上讨论。

第四章／商务印书馆岁月（中）

一、出任商务印书馆总经理

1929 年 9 月，王云五辞去商务印书馆编译所所长职务获得商务董事会批准，转任不久前成立的国民政府中央研究院研究员，兼法制组主任。编译所所长由何炳松①接任。

何炳松

前面谈到，王云五在编译所的各项改革顺利推进，"四百万"事业做得风生水起，个人的声望已非八年前他初入编译所时所能相比，可以说是事业发展的全盛期，这个时候他怎么会辞去编译所所长的职务呢？

直接的原因，据当时申报披露："最近王氏因主编万有文库，用脑过度，神经衰弱，医嘱长期休养，王氏从之，遂向商务董事会辞去编译所所长职务。"②

当然还有其他原因。王云五做编译所所长已经 7 年多，正是职业生涯的所谓"七年之痒"，在他个人而言，已经是最长的工作履历了，在心理上已深感疲惫。编译所的改革成效显著，深得商务印书馆董事会的肯定，但其去旧迎新的种种做法也极大触动了编译所内教会派保守势力的利益，久而久之，颇累积了一些怨气。改革必然牵涉到人，王云五多用新人，少用旧人，多用外稿，减少编译所的自编自译稿，导致内部利益格局剧烈变动。改革越深

① 何炳松（字柏丞，1890—1946），1924 年入馆前是北京大学知名教授，也是王云五主政编译所时作为人才引进的干将，历任编译所史地部主任、国文部主任、副所长。1935 年 7 月离开商务印书馆，任暨南大学校长。

② 《王云五与商务印书馆》，《申报》"自由谈"，1929 年 8 月 12 日。

入，触及的利益越多，就越难以往前推进。特别是在员工的去留、
薪酬的分配等等事情上，作为编译所所长的王云五，上受制于董
事会制定通过的各项规章制度，下受制于编译所内强大的工会组
织。或许，导致王云五离开商务印书馆的深层原因，正是 20 世纪
20 年代令商务高层不堪忍受的迭起"工潮"。

王云五接任总经理时的商务印书馆

　　20 年代商务印书馆的劳资纠纷、罢工工潮，足以令研究者写
出一部《上海商务印书馆职工运动史》（中共党史出版社，1991
年）的学术专著。这里面，有"五四"以后"劳工神圣"的意识
形态背景，有几十万产业工人云集上海所聚集的巨大能量，有中
共因为政治斗争的需要而策动的一次次大规模的罢工。几股潮流
相互激荡，使拥有数千工人的商务印书馆成为上海工人运动的一
个重要策源地。

　　1925 年，中共委派徐梅坤到商务印书馆组成以沈德鸿（雁
冰）、杨贤江、王景云等 10 人为核心的临时党团支部（当时包括

商务印书馆支部在内，中共在上海仅有 3 个支部）。8 月，"中共中央决定将上海的总罢工转向局部的经济斗争，并把商务印书馆作为党发动罢工的重点之一"。①

9 月，商务印书馆正式成立工会组织"职工会"，陈云任第一届职工会执行委员会委员长。

商务印书馆发行所职工会成立合影（1925 年），陈云（前排左三）任执行委员会委员长

此后，商务印书馆的工潮更为频繁，劳资斗争更为激烈。1925年 8 月 22 日，商务印书馆职工会响应上海市总工会的号召，参加全市工人总罢工。印刷所、发行所和编译所全部卷入。职工会要求馆方承认工会和改善待遇，共提出 12 项复工条件。经过三轮谈判，"馆方鉴于学校开学在即，如继续罢工，恐损失巨大，被迫让步"。8 月 28 日，商务印书馆职工会宣布复工。12 月 12 日，由于商

---

① 《陈云年谱》，中央文献出版社 2000 年版，第 20 页。

务印书馆董事会作出解雇近百名工人（其中不少是工会组织成员和罢工的参与者）的决定，引发又一次罢工，在驻沪军阀孙传芳部队介入的情况下，职工会于 12 月 26 日宣布复工。

其时，国民革命军一路北伐，已逼近上海。为配合北伐军东进江浙作战，在周恩来同志的指挥下，上海工人于 1926 年 10 月、1927 年 2 月和 3 月在全市工人大罢工的基础上，连续发动三次武装起义。期间，商务印书馆发行所职工陈云，以 20 岁出头的年纪，在革命斗争中迅速成长。1926 年 7 月，陈云加入中国共产党，编入编译所、总务处和发行所联合支部；并在当年年底成立的中共商务印书馆总支部任总支部干事。在中共的策动和组织之下，商务印书馆的职工积极参加全市大罢工和三次武装起义。时任中共中央军事委员会委员、上海区委军委书记的周恩来亲临商务印书馆进行现场指导，东方图书馆成为第三次武装起义时上海总工会工人纠察队的总指挥部。商务印书馆职工在参加上海工人第三次武装起义中，共有 7 位壮烈牺牲。紧接着，蒋介石在上海发动"四一二"反革命政变，陈云、王景云、杨贤江等中共党员及一批进步职工被迫离开商务印书馆。陈云从此走上职业革命家的道路。

商务印书馆疗病房，上海工人第三次武装起义时，周恩来同志在这里指挥战斗

在频繁的工潮面前，在革命的大洪流中，商务印书馆作为一家私营企业为了在复杂的政治格局中自我生存而确立的尽可能不介入政治的办馆宗旨屡被打破。

商务印书馆是中共党员在上海最集中的一个地方。中共建党初期，在上海区党组织的四个小组中，第二组 13 人全部来自商务印书馆，其中 3 人来自编译所。据茅盾回忆，当时上海的中共党员共五十多人①。由此可见，在商务印书馆工作的中共党员占了上海党员总数大约四分之一。历次大的运动如"五卅"运动、上海工人三次武装起义等，商务印书馆职工都作为主力队伍参与。

商务印书馆董事会为了自身利益考虑，虽然有时比较强硬，但总体而言，在工潮面前却基本上尽量退让，馆方为此不但被迫承认工会合法存在和开展活动，而且支出大量资金，耗费大量精力。据高凤池在《本馆创业史》中回忆："本馆正于事业兴旺之时，民国十四年有工会的组织，五六年中，为了劳资纠纷，所费金钱总数要数百万，办事人精神极其痛苦。遇事掣肘，公司日见废堕。"② 王云五也说，由于"时时发生劳资纠纷，以致工作效率日退，公司盈余大减"。③

对于背景如此复杂的频繁工潮，商务印书馆高层一筹莫展，束手无策。一方面他们深知工潮背后的政治因素，一方面面对职工步步紧逼的诉求，也不可能不有所妥协。工潮频繁，商务印书馆损失惨重，又无力排解。高凤池已退为监理，不在一线。张元济已正式退休，虽然他担任商务印书馆董事长，但主要负责召集董事会会议，除了编书，极少介入具体事务。总经理兼印刷所所长鲍咸昌本来应该是处理工潮的当然人选，但其年事已高，又不

---

① 茅盾：《我走过的道路》（上），人民文学出版社 1997 年版，第 265－266 页。
② 高凤池：《本馆创业史》，载《商务印书馆九十五年》，第 10 页。
③ 《王云五文集》伍（上），江西教育出版社 2008 年版，第 626 页。

善言辞，董事会认为他也不适合出面处理。就是在这种情况下，
商务印书馆高层将王云五推了出来。或许他们认为，王云五在编
译所改革敢于"碰硬"，又年轻有为、能说会道，而且就工潮而
言，编译所相对较为平静，因此，由编译所所长王云五出面处理
劳资冲突，员工更好接受，董事会也有更好退路。

王云五对于商务印书馆频繁工潮背后的中共党团活动多少应
该了解一些情况。在国共合作期间，中共党团活动一度是公开的。
作为"政治中立"策略的忠实执行者，王云五对编译所内的进步
力量保持了一定程度的容忍。

郑振铎　　　　　　　　　杨贤江

商务印书馆编译所的中共党员

20 年代中期，商务印书馆编译所云集的人才各种背景都有，
胡愈之、沈雁冰、郑振铎、杨贤江、周建人等青年才俊聚集在编
译所主办的各类杂志旗下，他们为这些杂志注入了进步思潮和新
鲜血液，这正是王云五所希望看到的景象。同时，他们过激的办
刊思想和言论也使王云五感到政治风险在日益累积。他必须保持
一种微妙的平衡。1925 年 5 月"五卅"惨案发生之后，《东方杂
志》在 7 月初推出《"五卅事件"临时增刊》，王云五发表题为

《五卅事件之责任与善后》长文，
抨击英租界当局的镇压行为。租
界当局以"煽动华人，妨碍秩
序"的罪名对王云五提起刑事诉
讼，王云五聘了律师应诉，最
后，租界工部局会审公廨以判令
罚款200元，草草收场。郑振铎
等人创办《公理日报》（6月3
日创刊，出至24日停刊），王云
五也和张元济、高梦旦等人各捐
款100元予以支持。可是一旦涉
及工潮的具体诉求，商务印书馆
高层当然不会轻易妥协，作为资
方代表的王云五对工潮肯定也是
排斥的。

《东方杂志"五卅事件"临
时增刊》

事实上，与绝大多数中小企业相比，商务印书馆职工的待遇
相当不错。商务印书馆有比较健全的花红制度（所有职工年底均可

《公理日报》

参与分红）、退俸金制度（职工退休以服务年限领取一定的退俸金）、酬恤基金（以红利的 5% 作为职工生病、工伤、死亡的特别抚恤）等所构成的福利体系，其职工收入在上海各工商企业中也属较高。当工潮不断发生时，张元济主张劳资双方"互助合作""同存共利"，即不去激化矛盾，力争和平解决。王云五由于为人圆通灵活、办事果断干练，经常被张元济调派临危受命，居间调停劳资关系。但这是一项苦差事，董事会要维护股东的利益，职工有强大的工会支持，往往各不相让。更要命的是，当时是军阀专政，驻守上海的执政当局孙传芳，对于上海工人运动与国民革命军北伐内外呼应十分不满，一方面要商务印书馆尽量妥协，息事宁人；一方面坚决取缔工会活动，镇压工人罢工。

1925 年 8 月 26 日，正当商务印书馆内劳资双方谈判僵持不下之际，孙传芳派出的一名营长来到现场，要求资方出钱妥协，工人立即复工，且今后禁止罢工；如不执行，次日即派兵抓人。"这时候，王云五突然快步上前，拉住了营长，扑的跪在地下哀求道：请营长息怒，宽限一二天，我们自己解决，千万不要派兵来。营长不置可否就走了。王云五回身对大家痛哭道：我们双方都让步一点，免得外边人来干涉。"[1] 这是当时在谈判现场的茅盾的事后回忆，王云五的圆通和机智跃然纸上，同时，我们也能感受到被小心掩藏的屈辱，是一定深深地刺激了王云五的内心的。

即使在商务印书馆内部，处理劳资关系时，意见也并不一致。例如 1925 年 12 月因解雇职工问题商务印书馆职工会发动罢工四天，仍无缓解迹象，张元济力主和平解决，王显华（时任商务印书馆经理）却主张用强硬手段平息工潮。王云五处于这种利益、人事的犬牙交错之中，身心俱疲。如果说，他在编译所的工作干

---

① 茅盾：《我走过的道路》（上），人民文学出版社 1997 年版，第 315 页。

的得心应手的话，那么，相比之下，他在处理工潮事务中则显得相当的捉襟见肘。

不管怎么说，王云五没有辜负商务印书馆高层的期望，平息了一次又一次的工潮。可是，"此后，一遇劳资纠纷，资方都一致推我出马应付，竟使不应负责之我，转而负了全面的责任。这些消极的事，偶尔负担尚可勉为，若渐渐变为家常便饭，那就对于一位需用脑力以应付出版计划和学术研究的人，未免近乎残酷了"。①

这一切因素综合起来，终于使王云五萌生了去意，他"打算专从事于研究和写作"。② 中央研究院于 1927 年 11 月成立，是大学院的下属机构，蔡元培以大学院院长兼任中研院院长之职。"本院就名义言，既为全国最高学术研究机关，就职责言，又兼学术之研究、发表、奖励诸务，实综合先进国之中央研究院、国家学会及全国研究会议各种意义而成。"③ 中研院因南京的院址未定，各机构分设南京、上海和北平三个城市，社会科学研究所设于上海，研究所所长由蔡元培兼任。当时，负责具体院务的傅斯年正四处网罗人才，因此与王云五一拍即合，当即邀请其出任社会科学研究所研究员兼法制组主任。

王云五在中央研究院短期任职，与蔡元培（左）、杨杏佛（右）有密切关系

① 《王云五文集》陆（上），江西教育出版社 2011 年版，第 145 页。
② 《王云五文集》陆（上），江西教育出版社 2011 年版，第 145 页。
③ 高平叔编著：《蔡元培年谱长编》（第三册），人民教育出版社 1998 年版，第 398 页。

王云五这时已在商务印书馆编译所任所长 7 年多，对教育有一定的研究，发表了几篇学术论文，还出版了学术著作《中国古代的教育思潮》，又发明了四角号码检字法，创立中外图书统一分类法，在社会上和学术界有一定的声望，这应该是中研院聘请他为研究员的原因。

中研院全院研究人员，据 1929 年 12 月 24 日统计，共有 193人，其中专任研究员、技师、编辑员、常务委员等有 52 人。① 王云五是"专任研究员"。社会科学研究所设有民族、社会、经济和法制四个组，各组的研究员，除了王云五之外，尚有杨杏佛、陈翰笙、胡纪常、凌纯声、王际昌等。晚年王云五多次试图在台湾恢复创建综合性的社会科学研究机构，终因种种原因而无果，但还是组织出版了大型的《云五社会科学大辞典》，应与他早年这一短暂经历有关。

王云五在中研院社科所法制组确立的首个研究项目是"我国犯罪问题"。不过，这种学者生活只维持了不到半年，王云五的人生又发生了重大的变化。1929 年 11 月，商务印书馆总经理鲍咸昌去世。董事会经过讨论，力邀王云五重返商务印书馆就任总经理一职。

鲍咸昌

鲍咸昌（1864—1929），是商务印书馆的创业元老之一，1920 年任总经理。商务印书馆的前几任总经理分别是夏瑞芳（1897—1914）、印锡璋（1914—1916）和高凤池（1916—

---

① 高平叔编著：《蔡元培年谱长编》（第三册），人民教育出版社 1998 年版，第 397 页。

1920)，也都是商务印书馆的创业元老。当年张元济与高凤池矛盾
丛生，许多事情无法实现，即接受了商务印书馆另一位元老陈叔
通的建议，在编译所、印刷所和发行所之外另设一个总务处进行
统筹。董事会考虑到高、张之间矛盾无法调和，遂以总务处会议
为最高决策，即各项提议均由总务处召集编译所、印刷所和发行
所开会，集体决策，多数人赞成方可决定推行。鲍咸昌接任总经
理之后，以总务处会议为最高决策的"合议制"继续保留，张元
济和高凤池两位监理也参加总务处会议，但因为鲍咸昌比较依赖
张元济的能力，所以，张元济的许多想法在总务处会议的集体决
策中得以体现。1926 年，张元济正式退休后，被商务印书馆董事
会选为董事长，负责召集董事会。因此，在王云五任职编译所时
期直至董事会决定聘任他为商务印书馆的总经理，张元济都是商
务印书馆的灵魂，企业的实际掌舵人。

张元济任商务印书馆董事长之后，考虑到鲍咸昌年事已高、精
力不济，已开始物色新的总经理人选。据说时任清华大学校长的曹
云祥、北京大学知名教授丁文江都曾在考虑之列。同时，对于商务
印书馆创始人夏瑞芳之子夏小芳，鲍咸昌之子鲍庆麟（林），商务印
书馆也着力进行培养。

鲍咸昌突然去世，商
务印书馆董事会不得
不紧急物色总经理人
选。按常规来说，接
任者可由原来协助鲍
咸昌的两位经理李拔
可和夏小芳升任。年
轻有为的夏小芳尤其
最有资格。

夏瑞芳、鲍翠玉夫妇

夏小芳(1897—1976)，又名夏筱芳，或夏鹏。其父夏瑞芳，商务印书馆的创业元老，首任总经理。其母鲍翠玉，是商务印书馆另两位创业元老鲍咸恩、鲍咸昌的胞妹。夏小芳是夏家长子和独子，毕业于上海圣约翰大学，后赴美国宾夕法尼亚的沃顿商学院深造，获工商管理硕士学位。留美归国后，入商务印书馆任职。1925 年选为商务印书馆董事，1927 年 1 月，王显华辞职后，继任商务印书馆经理。

1923 年留美归国的夏小芳与八姐妹合影

商务印书馆为何没有选年轻有为且师出有名的夏小芳接任总经理？按王云五的说法，是因为夏小芳畏难，"不愿任艰巨"。① 不过，张元济对商务印书馆因沾亲带故而造成的各种复杂关系向有微辞，他"主张公司重要职员子弟不宜入公司，宜在外就事，养成资格"②。甚至警告说："满清之亡，亡于亲贵；公司之衰，亦必由于

① 《王云五全集》(18)，九州出版社 2013 年版，第 879 页。
② 张人凤编著：《张菊生先生年谱》，台湾商务印书馆 1995 年版，第 214 页。

亲贵"。① 因此，他对夏小芳、鲍庆林这样的创始人子弟，并非像对待"自己人"一样格外看重；而对王云五这样的"外人"也从不格外提防。张元济的作风，还是要看"办事能力"。

随着商务印书馆的快速发展，张元济早已意识到"公司组织亦不能不大加改革，改革之事恐非吾辈脑力之所能。窃谓欲保全公司，不能不改易旧制度，尤不能不进用新人才"。② 他迫切希望新的商务印书馆主政者一改"旧制度"的沉沉暮气，对其进行彻底的改革。

王云五在编译所的几年，对编译所的组织架构、制度管理、人事进用及考核等进行了全面改革，各项业绩有目共睹。张元济所期待的改革，至少在王云五主持工作的编译所，是实实在在的。董事会对此不会无动于衷。对于包括张元济在内的所有商务印书馆高层最为头疼的工潮问题，王云五以编译所所长之职，本非商务印书馆处理工潮的主要职责所在，在接到商务高层要他出面应对时，却勇于担责，而且处理过程体现出的果敢、决断的手腕和细致柔软身段，也给商务高层留下深刻印象。

其时在《东方杂志》主持编辑工作的胡愈之，就认为王云五出任商务印书馆总经理，与其在处理工潮时的表现有直接关系。"当时工会组织了几次经济罢工，经理高翰卿（凤池）自感年老，对职工运动感到难办，可是很赏识王云五的'才干'，认为王对付工人有一套办法，这样王云五就由编译所所长而兼任了总经理。"③（此处胡愈之回忆有误：高凤池时任商务印书馆监理，并非经理；王云五亦非由编译所所长而兼任商务印书馆的总经理。）

---

① 《张元济日记》（下），河北教育出版社 2001 年版，第 1144 页。
② 《1925 年 12 月 28 日张元济致董事会函》，载张树年、张人凤编：《张元济书札》（下），商务印书馆 1997 年版，第 1339 页。
③ 胡愈之：《我的回忆》，江苏人民出版社 1990 年版，第 139 页。

　　经张元济、高梦旦的劝导，尤其是夏小芳"几于隔日到我家或社会科学研究所一次"的劝说，王云五决定接受商务印书馆总经理一职。不过，他以惯有的精明，提了两个条件：一是他要改"合议制"为总经理负责制，他不要做有名无实的总经理；二是他上任后的前半年要出国考察并研究科学管理。这是以退为进的策略：如果董事会接受这两个条件，他在总经理任上可以大干一场，实现他的抱负；如果董事会不接受，他也有一个不赴任的理由。

1930 年接任商务印书馆总经理时的王云五

　　商务印书馆董事会既已决定聘请王云五任总经理，对于他这两个条件，也就完全接受了。1930 年 1 月 23 日，商务印书馆第 369 次董事会议决同意聘任王云五为总经理，"王允于 2 月 7 日就职"。[1]

二、出国考察

　　经过 30 多年的发展，到 1930 年前后，商务印书馆已发展成为一家资本额 500 万元、年营业额达 1200 多万元、年出版新书近 500 种的大型现代化出版企业，无论是规模、技术、设备，还是出书品种、创利水平、文化影响力等在中国出版界均首屈一指，在中国工商业最为集中、最为发达的上海，商务印书馆比之任何一家民族资本的企业，也毫不逊色。在规模方面，商务印书馆上海总部有一处（总务处）三所（印刷所、发行所和编译所）以及附属

①　张人凤编著：《张菊生先生年谱》，台湾商务印书馆 1995 年版，第 286 页。

机关东方图书馆、尚公小学、函授学校、上海国语师范学校等。各地及海外尚有 36 处分支馆、店，主要负责发行。印刷方面除上海有 5 家印刷厂外，北京设有京华印刷局，香港设有香港印刷局。总馆全体职工人数为 3604 人，各省及海外分支馆、店、局千余人，全馆职工近 5000 人。固定资产方面，总部在上海宝山路的基地有上百亩的厂屋，印刷所、编译所和东方图书馆位处其中；棋盘街建有发行所；南京、北京、天津、沈阳、长沙、广州等分馆均自建"新式水泥钢骨大屋"；拥有中国最先进的印刷机器 1200 余架，"凡外国印刷之能事，本馆皆优为之。如铅印、单色石印、五彩石印、三色版、珂罗版、雕刻铜版、照相锌版、凹凸版、影写版、影印版等，各种出品，无不精美异常"。①

王云五是商务印书馆的第五任总经理。前四任总经理分别是夏瑞芳、印锡璋、高凤池和鲍咸昌，均为商务印书馆的创业元老。对于如此规模和具影响力的文化企业，商务印书馆董事会选择"外人"王云五做总经理，而弃用"自己人"夏小芳，固然需要极大的勇气和气魄，王云五敢于接受这个挑战，当然也是需要极大的底气和勇气的。王云五以退为进，提出两项任职的前提条件，可以说是富有远见的精明之举。

1916 年高凤池接任总经理时，因为与张元济意见不合，经陈叔通提议，商务印书馆成立总务处，公司决策采用"总务处会议"的合议制，即以会议方式集体决策。1920 年鲍咸昌继任总经理，高凤池和张元济则改任监理，实际上是董事会为平衡高张矛盾而做的无奈安排。

鲍咸昌是印刷工人出身，商务印书馆创办之后长期负责印刷业务，印刷所成立后一直任所长。鲍氏兄弟（鲍咸恩和鲍咸昌）

---

① 《王云五文集》伍（上），江西教育出版社 2008 年版，第 339 页。

与夏瑞芳均是牧师范约翰（J. M. W. Farnham，美华印书馆的创始人）的教友，是上海教会学校的同学，一起在美华印书馆任职，夏瑞芳还娶了鲍咸昌的妹妹为妻。鲍咸昌长子鲍庆林娶高凤池之女为妻。这样，商务印书馆的几位创始人就既是出资方，又是儿女亲家；商务印书馆不可避免地带有浓厚的人情关系。

鲍咸昌身体较弱，魄力不足，他延续了"合议制"这一制度安排，会议决定事项则主要通过两位经理李拔可和夏小芳实施。这样一来，总经理有名无实，经理有实无名。以王云五作为一个"外人"观察，实际掌权的变成了总务处机要科科长陈叔通和副科长盛桐荪，因为主要是他们两人在负责权力之间的联络。"形成有权者不必有责，有责者却无权的状态"。[1] 这样的权力结构必然导致内部人事纷争和效率低下的弊病，遇到像工潮这样的突发事件，没有人愿意出面处理也就成为必然了。这是王云五坚决要求由"合议制"改成"独任制"的原因所在，他实在不想做一个有名无实的总经理。如果说，鲍咸昌因为资格老、资历深，通过"合议制"还可以勉强维持商务印书馆运作的话，王云五以"外人"介入，"合议制"肯定是非改不可的。

至于出国考察，而且一去就是半年，首先是因为有例可循。1910 年 2 月，张元济曾以商务印书馆编译所所长的身份出洋考察出版、印刷和教育，游历了荷兰、英国、比利时、德国、奥地利、匈牙利、瑞士、意大利、法国、美国和日本，12 月中旬回国。1920 年，新任经理王仙华（显华）也曾赴欧考察。商务印书馆更曾多次派出业务骨干赴欧美、日本学习印刷技术，考察和购买印刷机器设备。其次，王云五在"海归"云集的商务印书馆编译所，对内对外接触的人很多都有留学经历，这对从未走出国门的王云

---

① 《王云五文集》陆（上），江西教育出版社 2011 年版，第 146 页。

五无疑是"硬伤"。最重要的是，面对商务印书馆这样一家历史悠久的大型文化企业，王云五要想有所作为，必须拿出"新招"。

那么，为什么王云五会将出国考察的重点放在科学管理方面呢？从商务印书馆作为一家企业来看，在当时中国，其企业特性和管理方法已经领先于其他的工商企业。不过，商务印书馆的有识之士并不满足于现状。1921 年入馆的杨端六（1885—1966），毕业于英国伦敦政治经济学院（货币银行专业），他在与当年暑假前来商务印书馆考察的胡适交谈时，就曾直言不讳地指出商务"事权不统一，馆中无人懂得商业，无人能通盘筹算"等管理上的问题。杨端六在商务印书馆建立了新式的商务会计制度，一举改变了中国传统记账式的账簿制度，是为中国引入西方会计制度之始。杨端六也由此被誉为中国现代会计制度之父。

在商务印书馆的经营管理方面，张元济极富远见。早在 1923 年，他就提出："欲求稳妥，不能不采用科学的管理法……局面愈大，头绪愈繁，若管理不求改良，则损失恐愈过愈多矣。"[1] 1926 年，张元济主持商务印书馆董事会工作，思考最多的是如何改革商务印书馆的"旧制度"，同样指向"科学的管理"。"现在时势不同，思想解放，无论何事断不能墨守一二十年前陈腐之见解、简略之方法，以为因应之具。商店、工场规模较大如本公司者，元济愚见尤必须用科学的管理、诚心的结合，勿以喜怒为赏罚，勿以恩怨为进退。"[2]

肇始于 19 世纪后半叶的工厂"科学管理"和实（产）业"合理化"运动，对于美国的工业发展起了极大的推动作用，其影响波及欧洲和日本。1913 年，正在美国留学的上海浦东人穆藕初（1876—1943），在读到美国工程师泰勒（Frederick Winslow Taylor,

---

① 张树年、张人凤编：《张元济书札》（全三册），商务印书馆 1997 年版，第 948 页。
② 张树年、张人凤编：《张元济书札》（全三册），商务印书馆 1997 年版，第 1340 页。

1856—1915；王云五译为泰罗，为行文方便，以下统一译为泰罗）所著《科学管理法》及泰罗的学生吉尔培所著《标准动作》之后，大感兴趣，实地参观了实行泰罗制效果明显的美国工商企业，并拜见了泰罗本人。回国后，穆藕初将泰罗著作译成中文出版，引起工商界人士的极大关注。20 年代前后，"在中国工商界所谓'实业合理化'风靡一时，政界、实业界先后组织人员出国考察"①。中国的一些院校开始开设商科及工商管理课程。

　　显然，王云五不可能不注意到工商界的这一潮流。王云五到编译所任职后提出的改革方案《改进编译所意见书》就具有明显的"科学管理法"的影子。穆藕初的回忆录《藕初五十自述》由商务印书馆于 1926 年出版。穆藕初在上海创办的德大纱厂、豫丰纱厂等企业，亦因推行科学管理法而大获成功。穆藕初学而优则仕，于 1928 年出任国民政府工商部常务次长。

　　如前所述，商务印书馆已建立现代会计制度，但对于一个大公司，这样局部的改革是不够的。"我觉得光是有健全的会计制度还不够，必须用新的方法来管理人、财、物，后来当我受任总经理之初，就到欧美去研究科学管理了。"②

　　王云五希望通过出国考察，看看人家是怎么管理大型企业的，科学管理在国外是否真正解决了企业管理的具体问题。至少，王云五希望找到两个最为困惑的问题的解决方案：一是如何达成劳资双赢，使工潮消弥，而资方又有利可图；二是大规模企业组织如何架构、人事如何调整、职工积极性如何调动？才能最大限度地提高效率、降低成本，从而将企业发展得更好。

　　带着这些问题，1930 年 2 月，王云五正式就任。随即以商务

① 马伯煌主编：《中国近代经济思想史》，上海人民出版社 2014 年版，第 514－515 页。
② 林鹤：《王云五与工商管理》，《新商业月刊》第一卷第四期（1945 年 2 月），翰堂近代报刊数据库。

印书馆总经理的身份，于3月7日由上海搭乘邮轮，出国考察。至当年9月9日返抵上海，共在国外考察半年，先后游历和考察了日本、美国、英国、法国、瑞士、德国、比利时、荷兰、意大利等亚欧美9个经济发达国家。

这是一次真正的游学之旅。王云五没有带任何随从，他的英文足以应对任何问题，"法语、德语亦勉能酬应"。① 游学的主题是科学管理。半年时间，王云五"参观的公司工厂四十余，咨询专家五十余，通信接洽三十余处，访问团体与研究所约二十，加入研究所三，列席研究会议四次，在图书馆研究十余日，阅书三四百册，搜罗刊物千余种，草成笔记约四十万言"。②

王云五1930年出国考查重点行程一览表③

	产业界		学术界	新闻出版界以及图书馆等文化机构
	考察工厂/公司	访谈工商领袖		
日本	（1）大阪中山太阳堂工厂 （2）水力发电所 （3）王子制纸株式会社 （4）秀英社（日本最大的印刷厂）	（1）大阪商工会议所 （2）博文馆主人大桥氏 （3）日本实业界巨头山本桥太郎（曾任南满铁道株式会社总裁）	（1）大阪能率研究所 （2）大阪市立工业研究所 （3）日本产业能率研究所 （4）荒木能率研究所	（1）朝日新闻社（大阪、东京） （2）东京书籍株式会社 （3）日本书籍株式会社 （4）大阪书籍株式会社 （5）丸善株式会社 （6）东京帝国大学图书馆 （7）东洋文库 （8）东洋油墨制造株式会社

---

① 《王云五文集》陆（上），江西教育出版社2011年版，第148页。

② 《王云五文集》陆（上），江西教育出版社2011年版，第210页。

③ 本表由王云五的诸多回忆文章整理而成。为方便阅读，地名用今译规范，人名尽量保留外文。梵蒂冈在王云五访问前不久刚独立，他仍将其作为意大利罗马教廷所在。

续表

	产业界		学术界	新闻出版界以及图书馆等文化机构
	考察工厂/公司	访谈工商领袖		
美国	（1）旧金山Schmidt石印公司 （2）福特汽车公司	（1）旧金山工业协会 （2）丁尼逊制造公司总经理 H. S. Denison （3）法连百货公司董事长 Edward A. Filen （4）福特汽车公司创办人 Henry Ford （5）国际毕多公司总经理 R. B. Mudge	（1）西北大学工业管理系主任 Prof. Dutton （2）美国泰罗学会总干事 Dr. H. S. Person （3）哥伦比亚大学会计学教授 Prof. Kestr，劳工问题教授 Prof. H. R. Seager （4）美国人事行政专家 O. Tead （5）哈佛大学工业心理学教授 Prof. Mayo	（1）加利福尼亚油墨公司 （2）麦美伦图书公司 （3）国会图书馆 （4）联邦官书局
英国	牛津大学印刷厂	英美烟公司总经理 Sir. Hugo Cunliffe Owen	（1）英国国家工业心理学研究所所长 Dr. Myer （2）英国工会联合总会经济研究部主任 Milne Bailey （3）英国管理专家、曾任日内瓦国际管理研究所所长 Major L. Urwick （4）伦敦大学管理学教授 Prof. Robson	（1）麦美伦图书公司 （2）皇家国际事务所 （3）伦敦博物院 （4）霍里书店（Foyles，英国最大的古旧书店）
法国	—	—	法国科学管理大师费尧氏 Fayol 之及门弟子 Jean Milkhavd	凡尔赛宫（法国国家博物院） 巴黎国家图书馆

续表

	产业界		学术界	新闻出版界以及图书馆等文化机构
	考察工厂/公司	访谈工商领袖		
瑞士	以顾问名义参加在日内瓦举办的国际劳工会议			
德国	—	（1）全国经济委员会总干事 Otto Schaffe （2）中德协会（汉堡）	柏林高级工业学院教授 Prof. D. Moede	（1）莱比锡书业公会 （2）德国科学技术博物院（慕尼黑）
荷兰	—	—	—	（1）国际永久法院（海牙） （2）古版书籍及古物博物院
意大利	—	—	—	（1）梵蒂冈 （2）庞贝古城

　　这也是一次研究之旅。王云五在华盛顿的国会图书馆，用 11 天时间，"对于该馆所藏有关科学管理之书刊约九百种皆曾涉猎"。① 国会图书馆东方图书部主任恒慕义（Dr. Hummel）专门为王云五安排了一间研究室，使他可以每天以全天时间借书学习和研究。在考察途中，王云五就已逐日写下累计约四五万字的心得体会，一些他认为必须进一步详细考察的公司，他还选派了当地的中国留学生以商务印书馆研究员的身份去实习，继续向他报告，并承诺一等实习和考察结束，即聘用他们为商务印书馆的雇员。如，他派周自安在美国各印刷所、出版公司专题考察其成本会计的办法；派关锡麟专题研究英国公司的统计方法；派殷明禄到美国的米利印刷机器公司实习，专题研究该公司的工作标准和薪酬制度；等等。这几个人后来均成为王云五在商务印书馆推行科学

① 《王云五文集》陆（上），江西教育出版社 2011 年版，第 165 页。

管理法的重要骨干。

王云五对科学管理的鼻祖泰罗尤为赞赏，认为泰罗制是解决劳资纠纷、实现劳资共赢的灵丹妙药。美国工程师泰罗改造了资本主义社会企业的生产组织形式，将其生产工序标准化，将工人的薪酬标准计量化，用科学方法寻求成本最低、效率最高的工作模式，从而使大规模的现代化生产成为可能。这是泰罗制的核心。从美国的实践来看，泰罗制对资本主义生产贡献巨大，泰罗本人在资本主义社会也获得极高的评价，被誉为"管理之父"。

这还是一次新闻出版界同行的交流之旅。王云五以"远东最大出版家"的名望，参观考察了日本和欧美的出版机构、印刷公司，以及书店、书业公会等，与新闻出版界的同行进行了广泛的交流。

1930年6月1日，《纽约时报》以《为苦难的中国提供书本而非子弹》为题发表该报专访王云五的文章，对王云五和商务印书馆均做了详细介绍。该文的主旨思想深深地影响了王云五，复兴商务印书馆就是振奋民族精神，成为王云五在全面抗战时期四度复兴商务印书馆的强大动力。

王云五这次以科学管理为目的出国考察，对管理科学在中国发展，具有开创性的意义。中国工商管理学会是在1930年成立的，王云五是该学会首次年会上的演讲人，演讲主题就是科学管理。中国出版人走向世界舞台，王云五无疑也是前驱。研究和撰写《中国管理科学史》和《中国出版国际交流史》，不能忘了王云五作为前驱的历史及其贡献。

19世纪后期的美国工业浪潮催生了科学管理，科学管理又极大促进了美国的工业化进程。科学管理由此大行其道，由美国传至欧洲、日本等。在欧洲，工业领域的合理化运动为饱受工人运动困扰的资本家和各国政府所热烈欢迎。1921年5月召开的世界经济会议，正式将"合理化"定义为："合理化是求精力或材料的最低限度之消耗，而设的技术与组织的方法，包括劳工之科学的组织，材料与制品之标准化，工作程序之简单化，以及运输与交易之改善。"① 王云五当时在国外参观的都是设备、技术最先进的工厂和公司，访谈的都是国际上最具影响力的工商界领袖，尤其是在专题考察、学习和研究科学管理中，其所见所闻均是当时世界上最先进的观念、理论，最先进的管理制度和方式方法。

在日本，原南满铁道株式会社总裁、日本实业界巨子山本桥太郎"力劝商务书馆将股份每股百元改为二十元，而将职工应得之红奖扣存，俾各购一股以上，如此则职工皆成为股东，自能劳资合作，不致时起冲突"。② 日本产业能率研究所主任上野阳一认为，工资问题"非先定工作标准，绝无办法解决"。③ 在美国，福特汽车公司创办人福特一世告诉他，"福特汽车公司在出品上之成功，端赖标准化，始能达到大量生产，又因大量生产，始能达成廉价供应之目标"。④ 美国泰罗学会总干事柏尔森说，"人事纠纷，以能消患于未形为最上"。"大抵劳资问题最常发生者无过于待遇，如能依泰罗氏的科学管理原则，早日研究订定工作标准，则待遇自有标准可循。待遇有了标准，则大部分问题之发生，当不难获得合理的解决。"⑤ 哥伦比亚大学会计学教授凯士达告诉他，"预算制度为企业经营之根本"。⑥ 劳工问题教授赛格尔强调，"要使劳工纠纷消泯于无形，莫如采用合情合理的管理"。⑦ 在英国，曾任国际管理研究所所长的乌维克少校认为，"权力与责任二者必须相

① 《王云五文集》陆（上），江西教育出版社 2011 年版，第 195 页。
② 《王云五文集》陆（上），江西教育出版社 2011 年版，第 152 页。
③ 《王云五文集》陆（上），江西教育出版社 2011 年版，第 153 页。
④ 《王云五文集》陆（上），江西教育出版社 2011 年版，第 162 页。
⑤ 《王云五文集》陆（上），江西教育出版社 2011 年版，第 171 页。
⑥ 《王云五文集》陆（上），江西教育出版社 2011 年版，第 172 页。
⑦ 《王云五文集》陆（上），江西教育出版社 2011 年版，第 173 页。

称……凡授权于某一个人或团体，而不强制其对另一人或另一单位负责，则其人行使权力之成效定然不高"。① 在法国，管理大师费尧氏的及门弟子米尔豪总结并阐述了费尧氏的 14 项管理原则：分工、权力、纪律、命令统一、指挥统一、公众利益先于个人利益、报酬公平、集权、阶层次序、秩序、公正、员工任期安定、主动力、团体精神；以及 4 个管理要素：设计、组织、命令、配合。② 在德国，柏林高级工业学院穆特教授阐述了德国的"合理化方法"，强调劳工的工作环境、材料与制品的标准化以及工作程序的简单化，只有这样才能提高效率。③ 这些如今我们耳熟能详的理论、观念，在近一个世纪之前的王云五听来，有如天籁；而对已有相当管理经验、深知公司弊端的王云五而言，更是福音。

考察途中，王云五写了一首诗："壮游万里气如虹，历遍河山一觳觫；九国新猷供囊括，五洲名胜欢神工。奔波函日精神旺，回首故园烟雨濛；甫御征尘第一事，家人安好问邮筒。"④ 这次出国考察，既开启了商务印书馆的　个新时代，也开启了王云五人生的一个新时代，是他一生"壮游"的一个新起点。

这次考察，使王云五对在商务印书馆采行科学管理法充满了期待，对即将在商务印书馆开展的各项改革和业务发展充满了信心。

三、推行科学管理法

通过半年的出国考察，王云五得出一个结论："约言之，则本馆对于同人之待遇，虽尚有可增进，然在世界各国中实居上乘，而管理方法实居下下。因只知待遇，不知管理，结果必至待遇不

---

① 《王云五文集》陆（上），江西教育出版社 2011 年版，第 181 页。
② 《王云五文集》陆（上），江西教育出版社 2011 年版，第 183 页。
③ 《王云五文集》陆（上），江西教育出版社 2011 年版，第 195 页。
④ 王寿南编：《王云五先生年谱初稿》（一），台湾商务印书馆 1987 年版，第 180 页。

能持久，爱之适以害之。救济之道，舍从速采行科学管理方法，别无他途。"①

王云五热情讴歌科学管理法是对社会、雇主和被雇者"三方兼利之方法"，不但"已为欧美各国劳资两方公认，甚至过激如俄国，近亦积极采行"。② 这应该是王云五提倡"三利主义"的最早出处。所谓"三利主义"，即做企业，尤其是文化企业，必须对国家、社会有利，对资本家有利，对职工同人有利，三方兼顾，三者共赢。王云五认为，科学管理法是达成"三利主义"的最佳途径。

回国途中，王云五已拟就《采行科学管理计划》，并谋划参照先进国家大企业的做法，在商务印书馆成立研究所，对科学管理计划"就本馆各种资料，实地详悉研究，陆续改良补充，然后推行"。③

1930年9月11日，也就是王云五回国的第三天，他向董事会提交《采行科学管理计划》，要求在商务印书馆推行科学管理法。董事会经过讨论，很快批准了该计划，自1931年1月起施行。

9月13日，王云五召集商务印书馆的重要职员开会宣布"本馆采行科学管理法计划"。该计划有三大目标，四条纲领，十二个要点。三大目标是前述"三利主义"在商务印书馆的三个指向，即：（1）商务印书馆应该对社会有充分的贡献；（2）应使股东巩固资本、获取利润分红；（3）应使职工增加收入、保障福利、改善工作环境。四条纲领是指科学管理法的四项原则，即大量生产（扩大生产）、消除耗费（降低成本）、改良出品（提高质量）和大量分配（劳资双赢）。十二个要点是指通过科学管理法对商务印书馆进行十二个方面的改革：

（1）办理预算。将由全公司、各科各所、各部各股乃至个人

① 《王云五文集》陆（上），江西教育出版社2011年版，第210页。
② 《王云五文集》陆（上），江西教育出版社2011年版，第210-211页。
③ 《王云五文集》陆（上），江西教育出版社2011年版，第211页。

的收支情况进行周密预算，以预算约束支出，节约成本。

（2）办理成本会计。

（3）办理统计。

办理成本会计和办理统计这两项都是为了使办理预算更准确、更周密，使各项工作和营业标准化，便于管理，并使决策更加科学。

（4）改良设备。使工厂及设备的安装、布局更加合理，各个工序紧密衔接，以发挥最大的效能。

（5）分析工作。将工作分类，明定其职责，然后量才录用，按职给酬（有如今日企业改制所实行的"四定"，即定岗、定员、定职、定薪）。每项工作还要分析其基本动作、所需时间，以最大限度提高工作效率。

（6）改良工作方法。在分析工作的基础上，对每项动作进行研究，找出效率最高而不易疲劳的动作要领，以此培训工人。

（7）规定工作标准。根据工作性质不同，分别以计时或计件给酬，使每一项工作的动作、职责、薪酬标准化，以方便量化考核。

（8）标准化和简单化。在设备、原料、产品等方面实行标准化，各项流程则尽量简单，以最大限度节约成本。

（9）发展营业。即将上述原则贯彻到各项工作之中，以取得最佳效能。

（10）改善行政。对组织架构进行重组再造，适应企业的发展。

（11）改善劳资关系。以诚恳态度迅速解决劳资矛盾；与工会代表经常接触，争取实现劳资双方共赢。

（12）改良出品。通过科学管理法使产品内容和印刷质量缩小与发达国家的差距。

1930 年 10 月，王云五在馆内成立研究所，自兼所长，聘原工商实业部劳工司司长，并曾代表国民政府参加在瑞士日内瓦召开的国际劳工会议的朱懋澄（王云五在考察途中以顾问名义参加了该次会议）任副所长，具体负责研究所的工作。王云五在考察途中确定的 7 位欧美留学生被聘为研究员。商务印书馆总部由一处三所变为一处四所（总务处，编译所、印刷所、发行所和研究所）。

在科学管理计划将要实施的三个月准备时间内，王云五一面在馆内做各种沟通，一面部署研究所对相关方案进行细化，为实施科学管理法做准备。同时，他还频繁地发表演讲，宣传科学管理的观念。在中国工商管理学会首次年会上，他发表了《科学管理与我国工商业》的主题演讲；在上海特别市社会局发表题为《劳资问题》的演讲；为中国建设协会等五团体发表题为《工资问题》的演讲；在上海青年会发表题为《工作标准》和《工业标准化》的两场演讲；在康元制罐厂发表题为《我国实行科学管理法之先锋》的演讲；在复旦大学发表题为《科学管理法的作用与目的》的演讲。通过这些演讲，王云五试图普及科学管理的观念，并为更好地推进商务印书馆施行科学管理营造良好外部环境。

1930 年 11 月召开的全国工商会议，各界代表热议科学管理法，最后由会议审定形成"提倡科学管理法以期达到实业合理化案"提交国民政府，[①] 更是为王云五在商务印书馆实施科学管理法造足了舆论。

在内部的动员和外部的宣讲之后，王云五雄心勃勃地要开始改革了。他将改革的突破点选在了他最熟悉的编译所。

1930 年 12 月 18 日，王云五宣布《编译所改组计划》。随后，他亲自拟定了《编译所编译工作报酬标准施行章程》，确定半年为试行期，半年之后在全馆范围全面推行。该章程规定，编译工作

---

① 马伯煌主编：《中国近代经济思想史》，上海人民出版社 2014 年版，第 515 页。

分为著作、翻译、选辑、校改（校对）、审查（审稿）五种，各种工作分别以担任者之资格、工作之种类和品质之高下为评定报酬的标准，担任者之资格以资历、经验、能力分为三级，工作之种类以难易程度分为四级，品质之高下以质量水准分为三级。每个人所从事的工作均须报编译评议会根据以上标准评定等级，再给以相应报酬。

王云五为什么选择以编译所为改革的突破口？据说是"为企图容易见效起见，所以决定从智识程度比较高的编译所首先试行"。[①] 具体而言，一则编译所在商务印书馆处于核心地位，这里如能顺利推进，其他部门和机构不在话下；二则这里劳资纠纷向来较为平静，改革风险相对较少；三是这里是他的大本营，人脉广泛，如有问题他可以及时掌控和处理。

令王云五万万没有想到的是，这项雄心勃勃的计划在具体推进的过程中，一开始就遇到不少阻力，而反对最强烈的，恰恰是他的大本营、他曾经做过七年多所长的编译所。

在编译所，旨在将编译工作标准化并进行量化考核，以提高产能和效率的措施，有如在平静的水面掷下一颗炸弹，激起强烈反应。编译所职工群起反对，并于职工会之外另组特别委员会，与馆方进行交涉。随即，商务印书馆四个工会联合反对实施科学管理计划。1931 年 1 月 15 日，编译所职工会和特别委员会召集全体大会，对王云五在商务印书馆推行科学管理法进行全面声讨。直指"敝馆总经理王云五以六个月另二天之短促时间，匆匆经历九国，稗贩此种运动中之所谓'科学管理法'之皮毛，不问国情，不察实业界之环境，便欲以实施之于有三十余年历史之商务印书馆"，甚至痛斥王云五不独是"同人等之公敌，亦社会之公敌也！

---

① 刘涛天：《出版业经营家王云五传略》，载《教育与职业》第 161 期，1934 年，翰堂近代报刊数据库。

不独三民主义之罪人，亦中国产业界之罪人也！"① 1 月 19 日，编译所职工会遍请沪上各界人士，并发表宣言要求各界主持公道，将商务印书馆的内部纠纷推向社会。

这样既有内部的联合行动，又有外部力量介入的强烈反对，据王云五"密查"，系"有左倾分子在背后操纵"。同时，王云五也反思与自己"求治太急"有关："本来科学管理是对人、物、财各方面的，人原是最难应付的，因为我起初求治太急，想一下手便收效。"② 思虑再三，又经国民党上海市政府社会局出面调解，王云五顺水推舟，"主动撤回全案"。

应该说，王云五选择在回国之后立即全面实施科学管理法，并非完全出于新官上任三把火的冲动。从内部来说，商务印书馆存在的管理问题，冰冻三尺，根深蒂固，不是小修小补就可以解决的；从外部来说，在王云五出国考察前后，科学管理在中国的学术界和工商界已形成一定的热潮。1930 年 6 月，中国工商管理协会（简称"工商协会"）成立，工商部部长孔祥熙兼任理事长，就是一个标志；商务印书馆的夏小芳、史久芸、徐新六等管理骨干从一开始就是工商协会的活跃分子。王云五回国后加入工商协会，1931 年 9 月当选协会理事。

王云五实施科学管理法出师不利，原因是多方面的。首先，是王云五对科学管理法的优点宣传过多，而对其可能带来的问题则明显估计不足。王云五最为推崇的泰罗制，为西方主流意识形态所充分肯定，泰罗被誉为"管理之父"。他们认为，泰罗制虽有这样那样的不足，但正是像泰罗制这样的管理学、经济学理论的

① 《商务印书馆试行编译所工作报酬标准办法纠纷记》，载张静庐编：《中国近代出版史料》二编，中华书局 1957 年版，第 422 页。
② 林鹤：《王云五与工商管理》，《新商业月刊》第一卷第四期（1945 年 2 月），翰堂近代报刊数据库。

不断出现和发展，才使资本主义重新焕发出活力，帮助西方发达国家取得全球优势。但代表工会利益的左翼人士则指出泰罗制旨在提高生产效率、减少生产成本的所谓科学管理是以牺牲工人利益为前提的。卓别林的电影《摩登时代》就把泰罗制描绘成资本家为了不断提高产量，将工人变成机器。马克思列宁主义经典作家对泰罗制则采取既肯定又否定的一分为二的看法。列宁说，泰罗制"一方面是资产阶级剥削的最巧妙的残酷手段，另一方面是一系列的最丰富的科学成就"。[1] 当泰罗制进入中国，正是国共两党分别代表不同的阶级进行殊死斗争的历史时期，一方强调泰罗制有利于生产有利于消除劳资矛盾的一面，一方则更多地强调泰罗制有利于资本家不利于工人的另一面。即使在20世纪90年代出版的《中国大百科全书》，对泰罗制还是如此表述："泰勒制（Taylorism）是泰勒首创的一种旨在加强剥削的生产管理和工资制度。"[2]

王云五在商务印书馆这样具有工潮传统的地方，全面激进地推行科学管理法，被重视意识形态动员的"左倾分子"利用，也就成为必然了。这是王云五在商务印书馆推行科学管理法遭遇挫折的最主要的思想根源。

其次，科学管理法是资本主义的舶来品，在中国半殖民地半封建社会，自然有一些水土不服。一个重要表现就是中国是人情社会，商务印书馆作为老牌文化企业，各种人情关系尤其浓厚，而以泰罗制为核心的科学管理法却撕破了人情这层面纱，将所有工作进行量化和标准化，工作职级明确，员工等级分明，收入差距显著拉大，这是许多人难以忍受的。以编译所为例，编译工作属于脑力劳动，形成成果之前，搜集资料，考订异同，审查校对，"非原若机械然，可按时日而计酬"，所以过去的计酬标准向以一

① 《列宁选集》第三卷（下），人民出版社1972年版，第511页。
② 《中国大百科全书》第8卷，中国大百科全书出版社1998年版，第4708页。

书一文为衡。王云五打破成例，以一般工厂的量化标准进行考核，无异削足适履。

第三，如此全面重大的改革，王云五只是在内部作了少量的沟通，尤其是未向四个工会做解释，从策略上说显然操之过急，虽是对症下药，然而用药太猛，激起强烈反对，实在是情理之中的事。王云五新官上任，又甫从国外回来，对内并没有进行广泛的调查研究，仅凭自己的思考和几个聘用的留学生就匆匆出台与原有管理模式迥异的新法，这是操之过急。新法宣布之后，王云五忙于外部的宣讲，却疏于内部的动员，这是内外失衡。王云五以文人云集的编译所作为新法改革的突破口，然而编译工作相比一般工厂流程，更难量化和标准化，这是选错方向。总之，精明的王云五，这次显然有所失算。

不过，王云五认准的事是不会就这么轻言放弃的。事实上，全面撤回计划，只是王云五以退为进的策略。"王某不能做科学管理法的功臣，但是也不愿做科学管理法的罪人，所以决定急流勇退，保全科学管理法的真意义，等异日乘机再起。"①

受到挫折之后，王云五由全面实施新法，改为局部进行改革，并且采用先易后难的策略，即先由"实施对事物与对财务之管理"入手。② 在"对事物之管理"方面：一是将出品及原料标准化。如将书籍版式由四五十种减少至 9 种，使出版用纸由 200 余种标准纸张减至 60 余种。仅此一项，就可节约 100 多万元。二是尽量利用原有机器，提高机器使用效率，减少不必要的新购机器。三是合理调配各生产单位的力量，使之发生更大的效用。在"对财务之管理"方面，主要是盘活资金，特别是加速资金的流转。

---

① 刘涛天：《出版业经营家王云五传略》，载《教育与职业》杂志，第 161 期，1934年，翰堂近代报刊数据库。

② 《王云五文集》陆（上），江西教育出版社 2011 年版，第 213 页。

王云五改变策略，在不涉及人事、薪酬、组织架构等方面进行局部改革，为全面实施科学管理法积蓄力量。1932 年初商务印书馆突遭巨劫，却为王云五的全面改革提供了绝佳的机会。

四、劫难中的苦斗

1931 年 9 月 18 日，日本发动侵略中国的九一八事变，国民党军队全线退守，东北沦陷。1932 年 1 月 28 日，日本人在上海发动"一·二八"事变，国民政府驻沪十九路军奋起抵抗。商务印书馆猝不及防，遭到日军飞机大炮猛轰。

东方图书馆在"一·二八"事变中成为日军轰炸目标

"一·二八"事变当晚，王云五正在大陆报馆，回家之路即为炮火阻隔，他只好留宿报馆。次晨，有日本特务闯入他的寓所捕人，因他还未返家而得以幸免。29 日上午 10 点，日本战机出动空袭，向商务印书馆附近投掷六枚燃烧弹。2 月 1 日至 3 日，日军对商务印书馆的编译所、研究所和东方图书馆进行劫掠，并纵火焚烧。由于这些机构所藏的最主要的东西皆为各类资料、稿件和图书，极易燃烧，租界上空，火光冲天，数日不熄。

位于上海闸北宝山路中段的商务印书馆总部馆厂是1904年商务印书馆第一次快速发展时期置下的物业，占地80余亩（1亩＝666.67平方米），总务处、编译所和第一、二、三、四印刷工场等核心部门都在这里；20年代馆方又在宝山路对面买下数十亩地，建成东方图书馆等附属设施，总部馆厂占地扩大到100多亩。在近代工商业发达的上海，商务印书馆是全国最大的文化出版机构。日本人对商务印书馆下此毒手，根本不是战争的需要，而是意在摧毁中国文化，打击中国人的士气和信心。

被炸后的商务印书馆总部馆厂

据商务印书馆后来的清点，在"一·二八"事变中，商务印书馆总务处，第一、第二、第三、第四印刷工场及纸栈房（出版用纸仓库）、书栈房、存版房，还有附属机构尚公小学，均先后被毁。房屋、机器、设备，及各类资料、图版、稿本、书籍、字画等各项损失，总计1633万多元。而当时在全国首屈一指的东方图书馆藏书，全部烧毁，价值无法估算。东方图书馆所藏各种图书、报刊等 46 万多册。其中，中文图书 26.8 万册，日文图书 2.8 万册，西文图书 4.6 万册，中西杂志报章 4 万册；另有地图照片等数千张。仅善本书就有：经史子集四部各地本总计 3745 种，3.5083 万册，包括极为珍稀的宋版书 129 种；22 省方志 2641 种，2.5682 万册，其中有元本 2 种、明本 139 种，为国内公私藏书所罕见；15 世纪前印刷的西洋古籍，为王云五以总经理名义在外国考察时所搜购①；100 多年连续出版的德国《李比希化学杂志》初版全套，为远东唯一孤本。

经过几代商务人的苦心经营，"吾国各公众图书馆藏书之富，在当时殆以东方图书馆为首，国人推为我国东南图书馆巨擘，实非过誉"。②经此巨劫，除了之前寄存于金城银行保险库中的善本书 5300 余册幸免外③，东方图书馆全部藏书化为灰烬！

据统计，在"一·二八"淞沪抗战的 36 天时间，上海全市的损失是 15.6 亿元④，商务印书馆仅数日间的直接损失就已达到 1633 万元，占总损失超过 1%。大量珍贵图书被毁，更是中国文化无法估量的重大损失。一手创建东方图书馆并搜购了大量珍稀古籍的张元济极为痛心地对家人说："工厂、机器、设备都可以重修，惟独我数十年辛勤搜集的几十万册书籍，今日毁于敌人炮火，是无从复得，从此在地球上消失了。"⑤

① 《损失清册》，载《王云五文集》伍（上），江西教育出版社 2008 年版，第 366－369 页。
② 何炳松：《商务印书馆被毁纪略》，载《中国出版史料》（现代部分），第一卷（下册），山东教育出版社 2001 年版，第 48 页。
③ 1924 年，张元济考虑到"东方图书馆距沪宁铁道车站不半里，虑有不测，乃择其优者，移存故租界金城银行保管库中"。（《涵芬楼烬余书录·序》，转引自张人凤编著：《张菊生先生年谱》，台湾商务印书馆 1995 年版，第 230 页。）
④ 周武主编：《二战中的上海》，上海远东出版社 2015 年版，第 18 页。
⑤ 张人凤编著：《张菊生先生年谱》，台湾商务印书馆 1995 年版，第 360－361 页。

如此巨变之下，商务印书馆显然无法维持。何况，上海闸北宝山路一带，正是十九路军与日军交战激烈之前线地带。

商务印书馆董事会连日召开紧急会议，讨论善后办法。一是宣布上海总务处、编译所、印刷所、发行所、研究所以及虹口、西门两分店一律停业。二是停业期间每位职工发给临时救济金10元。三是设立特别委员会，以董事长张元济为委员长，王云五、李拔可、夏小芳和鲍庆林为常务委员，王云五为主任。在特别委员会下设善后办事处，处理一切善后事务。四是分支馆照常营业，但竭力紧缩，工资打折发放。

3月16日，根据王云五的提议，董事会发布公告，将总馆厂全体职工（"一·二八"事变后实际已停职）一律解雇。这一通告，却再次掀起轩然大波，而王云五作为总经理，又成为众矢之的。

应该说，商务印书馆作为一家著名的大型文化企业，工会力量强大，因此董事会在处理劳资矛盾时，对职工权益还是比较注意保护的。商务印书馆职工的待遇比较优厚，职工的流动性很低，有许多长期追随企业的老职工，职工中也有许多人沾亲带故。"一·二八"事变中，商务印书馆遭受如此重创，国民党上海市政府居然没有实施任何救助措施！相比当时缺乏来自政府和民间的救助，商务印书馆对职工的救助还是非常积极的。由于很多职工就住在宝山路附近，商务印书馆屋被炸之时，他们的住所也被波及。因此，商务印书馆当局与职工会在第一时间即成立了职工被难善后委员会，设立收容所，收容被难职工。除向每名职工发放10元临时救济金（当时一般职工月收入为二三十元）外，在董事会决定解雇全体职工后，又向每名职工再加发半个月工资；职工在馆内的储蓄（这是商务印书馆的传统）50元以内的全数发还，超过50元的，除发还50元之外，超过部分先筹发四分之一。考虑到商务印书馆总馆厂自身损失极为巨大，而职工总数多达3700余人，以及战争时期筹款艰难等因素，上述举措已属十分不易。更重要的是，王云五已着手商务印书馆复业事宜，首要的就是要恢复秋季开学的学校教科书供应。王云五的计划是，商务印书馆必须尽快复业，复业之后，职工就可以回来继续工作；反之，如果商务印书馆就此停业，或消亡，则不但是中国文化的重大损失，商务印书馆职工的利益也就无从谈起。筹备复业，需要进行资金、设备、材料等各项准备，在资金极其紧张的情况下，解雇职工实属无奈之举。

然而，对于长期追随商务印书馆的职工而言，从商务印书馆退出，在战事既启的上海，再就业根本无望；有些职工更是先失所（住所被战火所毁），再失业，前路茫茫，自然难以接受。

经过多轮谈判，劳资双方对因战事造成的困局表示理解，同意解雇职工。但劳方坚持要在解雇时拿回退俸金（总计有 120 余万元，按商务印书馆的酬恤章程，职工退休，或解雇职工，必须发放一定比例的退俸金）。5 月 9 日，资方同意派发退俸金 22.8 万余元，并向每位职工再多发半个月薪水；普通职工如以上两项相加仍达不到 50 元者，补足 50 元，学徒不足 25 元者补足 25 元；特别储蓄则全部发还，其中 200 元以下可全数提清，超过 200 元则准予四个月内分期发还。这个方案获得负责处理劳资纠纷的国民党上海市政府社会局核准同意。这一处理方案也获得大部分职工谅解，2900 多名职工按规定领取了酬恤金、退俸金等，有的另谋新职，有的回了乡下。但仍有一些职工不愿接受，甚至组织劝导团劝阻其他职工前往领取款项，又委托律师向法院提起诉讼。旋经沪上名人虞洽卿等出面调解，资方再作让步，出资 3 万余元，于 5 月 17 日与未领取款项的职工签订和解合同。因救济和解雇职工，商务印书馆各项支出，据王云五估算，总计达 150 余万元。

不料，在报上公布了馆方追加补偿再作让步的消息后，前已领取补偿款项的部分职工觉得吃了亏，遂联合署名并委托律师起诉商务印书馆。不过职工会与善后委员会对此已不再支持。7月29日，职工被难善后委员会在公布账目后宣布解散。

在这反反复复的交涉过程中，王云五始终处于漩涡的中心，"无时不受辱骂和威吓"，甚至还接到不少恐吓信，报界及社会舆论对他个人的攻击达到无以复加的地步。① 内外交困的王云五被迫无奈，在报上公开发表声明：一方面表白自己作为总经理，"一切秉承董事会或特别委员会之决议，此次总馆同人解雇事件，关系重大，当然由董事会主持"，并非自己个人独断专行，一定要与大家过不去。一方面强调自己一心为公，解雇职工并非出于私利，而是为了商务印书馆的尽快复兴和长远大计。"抚躬自问，实无愧对同人，较诸徒唱高调，表面图利于人，实转有害于同人者，谁是谁非，我同人多明达之士，无待云五详说。……知我罪我，所不计也。"②

正在这最困难的时候，4月8日，王云五80多岁的老父病逝。此时，王云五45岁，是全家老少的顶梁柱。家中兄弟姐妹，男丁只剩他一个，而子女众多，又未成年。外敌入侵，商务印书馆损失巨大，资方力压，职工不理解，数重打击之下，原本黑头发黑胡子的王云五，很快就变得"须发皆白，而仍不见谅于人！"③

劫难中苦斗的王云五，
须发皆白

这样的困局是王云五从未遇到过

① 《王云五文集》伍（上），江西教育出版社2008年版，第432页。
② 《王云五启事》，《申报》1932年5月9日。
③ 《王云五文集》陆（上），江西教育出版社2011年版，第221页。

的。他是资方的总代表，当然要照顾股东的利益，商务印书馆有难，职工自然也要一起承担；可是面对生活陷入困境的职工，他又不得不步步退让，不断追加补偿。当务之急，是商务印书馆尽快复业！如果商务印书馆就此关门大吉，则不但劳资双方的利益无从谈起，日本人借打击商务印书馆而使中国人丧失信心的险恶用心也将得逞。

危难之际，王云五显示出强大的斗志。他每天抖擞精神，周旋于劳资双方，同时更致力于商务印书馆尽快复业。在老父病逝的日子，他不惜短丧废礼，"于安葬之次日，忍痛任事"。① 在王云五看来，商务印书馆尽快复业，不仅仅是商务印书馆内部的事，更不是他个人的事。商务印书馆关系着中国文化的前途命运，因此绝不能让日本人破坏中国文化的阴谋得逞。

> 他一转念，敌人把我打倒，我不力图再起，这是一个怯弱者。他又念，一倒便不会翻身，适足以暴露民族的弱点，自命为文化事业的机构尚且如此，更足为民族之耻。此外，他又想起，这个机构 30 多年来对于文化教育的贡献不为不大；如果一旦消灭，而且继起者无人，将陷读书界于饥馑。凡此种种想念，都使他的决心益加巩固。他明知前途很危险，但是他被战场之血兴奋了，而不觉其危险。他明知前途很困难，但是他平昔认为应付困难便是最大的兴趣，解决困难也就是最优的奖励。②

商务印书馆遭遇巨劫，为王云五的才干提供了充分发挥的舞台。在积极筹划复业过程中，他着重做了这么几项准备：（1）尽

---

① 《王云五文集》伍（上），江西教育出版社 2008 年版，第 433 页。
② 《王云五文集》陆（上），江西教育出版社 2011 年版，第 217 页。

力维持各分馆的业务，以各分馆半年以来的营业收入，作为商务印书馆复兴所需款项的基础。因为在救助、补助职工和解雇职工过程中，商务印书馆账上资金已基本告罄。（2）在上海租界租赁房屋，临时设立一家小型印刷厂，逐渐恢复生产；同时通过科学管理，使香港和北平的两家印刷分厂大大提高生产规模，"使这两厂于增加极少的设备后，可有六七倍于向来的生产力"。（3）制订周密计划，并向香港和北平派驻骨干现场督阵，以便秋季如期供应学校教科书。

1932 年 7 月 11 日，商务印书馆成立新一届董事会，仍以王云五为总经理，李拔可、夏小芳为经理。王云五兼任生产部部长和编审委员会主任。

商务印书馆复业，最紧要的，就是要赶在秋季开学前印出足够供应学校使用的教科书。经过一系列的筹备运作，至 7 月初，小学用书已印出千余万册，中学用书百余万册，字典词典数十万册，其他参考用书亦陆续印出数百种。在这种情况下，董事会宣布商务印书馆总馆于 8 月 1 日复业。

此二图均选自 1932 年 10 月的《东方杂志》复刊号。左图为《商务印书馆总馆复业启事》，题有"为国难而牺牲，为文化而奋斗"标语。右图为"一·二八"事变劫难之后复业的商务印书馆呈现一派繁忙景象

最令王云五踌躇满志的是，他一度受阻的科学管理计划，在这突如其来的变故之后，竟有了重新实施的机会。一方面是全体职工解雇，为他重新选人用人提供了条件，前曾因利益冲突致改革中断的基础已完全不存在。另一方面是在短时间内要达到复业，特别是必须印出足够多的学校用书，各个部门和机构就必须保持极高的工作效率，而科学管理法的应用正好可以解决这个问题。

本来，王云五在回国之初立即实施科学管理法，受阻之后"撤回全案"，就是以退为进的缓兵之计。如前所述，方案虽然撤回，改革还在悄悄进行，只不过："对人的管理暂时搁置不动，而不动声色地从对财物各方面着手，经过了相当时期，物财的管理已收效，然后对人再慢慢地实施起来。因为对财物有了成绩，反对的人也就比较少了。"[1] 在这样一个非常时期，王云五围绕"人的管理"，着重从以下几个方面对商务印书馆进行了改革。

1. 强化总经理个人的权力

1932 年 7 月 20 日公布的《总管理处暂行章程》第二条规定"总经理主持总管理处一切事务。经理二人辅助之"。自此，商务印书馆的经营决策机制，正式明确由总经理独任制代替总务处会议合议制。此外，王云五还兼任生产部部长和编审委员会主任。而生产部和编审委员会是商务印书馆组织架构改组后最核心的部门。

2. 重组经营管理架构

根据《总管理处组织暂行章程》（1932 年 7 月）及《修改总管理处暂行章程条文》（1934 年 10 月），王云五对商务印书馆的组织架构进行了两次大的调整。与之前的架构相比，其重要的改变：一是将总务处改为总管理处，将原来的总务处和其他总馆各部门、

---

① 林鹤：《王云五与工商管理》，《新商业月刊》第一卷第四期（1945 年 2 月），翰堂近代报刊数据库。

各省分馆、各地分厂等所有商务印书馆系统的部门、职能全部归入总管理处，由总经理统管。二是撤销编译所、印刷所、发行所和研究所，而改设编审、生产、营业、供应、主计、审核六部，六部的业务统由总管理处管辖。三是增设秘书处、人事委员会和清理旧厂委员会，作为横向协调部门。架构重组，在减少管理层级的同时，管理职能更趋扁平化，部门独立性明显减弱，而协调性显著加强，从而更有利于组织生产、加强协调、提高效率。

特别要提到的是，编译所从一开始改革就被撤销，业务归入生产部下新设立的编审委员会，地位大为下降。在第二次调整中，王云五又撤销了编审委员会，而在总管理处下增设编审部，即由原来的五部增加为六部。六部之中，编审部居首。"编审部掌出版物之编译审查计划及其相关之事"。编辑业务再次回到组织架构的核心。

为了进行比较，这里将"一·二八"事变前与改革之后的商务印书馆的组织架构列表比较如下：

"一·二八"事变前商务印书馆组织架构表①

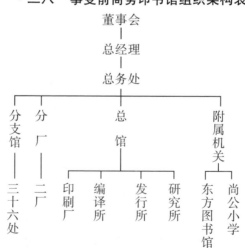

---

① 《王云五文集》伍（上），江西教育出版社 2008 年版，第 341 页。

"一·二八"事变后经改革重组的商务印书馆组织架构表①

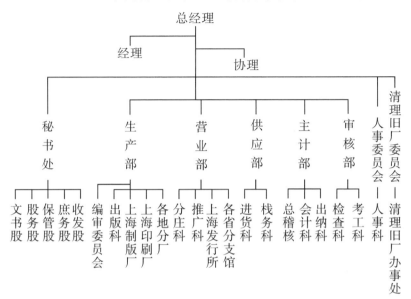

3. 人事制度改革

前曾述及，王云五实施科学管理计划出师不利，其直接的原因是触动了一部分职工的利益，而利益背后则是商务印书馆错综复杂的人事关系。"一·二八"事变后王云五为处理善后和准备复兴殚精竭虑，心力交瘁，也是因为商务印书馆向来紧张的劳资关系，背后则是因为有强大的工会力量在制衡。商务印书馆劳资纠纷频繁，是王云五最为头痛的事，原因虽然复杂，但王云五认为，"公司方面用人不当与赏罚不明，实亦不能辞一部分的责"。② 王云五原想用科学管理法解决劳资纠纷，但恰恰是馆内复杂的人事关系，使得科学管理法受到全面抵制。

"一·二八"事变后，王云五宁可支付 150 余万元的巨额补偿

---

① 《王云五文集》伍（上），江西教育出版社 2008 年版，第 373 页。
② 《王云五文集》伍（上），江西教育出版社 2008 年版，第 436 页。

款，也要坚持将全体职工先行解雇。当时还处在战争期间，员工流离失所、生活困难之际，还要遭受失业之痛，因此激起强烈反对是预料之中的。胡愈之就认为，商务印书馆"虽遭损失，但马上恢复也是可以的"，当然更无必要解雇员工；王云五解雇员工是"趁火打劫，趁机把'商务'的工会组织搞垮"。[1] 也有学者认为王云五此举"不可思议"，因为这笔赔付员工的巨款"如用于恢复业务，既可使许多职工免于解雇，也可使商务的复业计划尽快实现"。[2]

但是王云五的盘算，却将此时视为他进行人事制度改革的最佳时机。一张白纸可以画最美的图画。解雇全体职工之后，可以按照业务需求重新进用员工，可以大量减少职工人数，可以极大改善员工的年龄、性别、学历等结构，可以建立全新的各项人事管理和薪酬分配制度。至于他厌恶的工会组织，虽不明说，肯定也是在他的改革计划之内的。这笔账，精于算计的王云五肯定是认真算过的。显然，王云五算的不是眼前支出的小账，而是商务印书馆复兴和未来发展的大账！王云五自嘲，他这是"以'菩萨心肠'作'魔王姿态'"。[3] 虽然更多是站在资方立场，却不无一定道理。事实上，解雇全体职工这么重大的事项，王云五个人也是没有决定权的，这是由王云五提议，经商务印书馆董事会做出的决定。

商务印书馆董事会做出先行解雇全体职工，等复业后再争取返雇职工的决策，为王云五进行人事制度改革，进而推进科学管理法创造了良好条件。

王云五在人事制度方面的改革涉及多个方面，其中最主要的是两条：一是设立人事委员会。人事委员会由跨部门和跨管理层级的7人组成，除主任和人事科长公开之外，其余委员均不公开。

① 胡愈之：《我的回忆》，江苏人民出版社1990年版，第20页。
② 周武主编：《二战中的上海》，上海远东出版社2015年版，第345页。
③ 《王云五文集》陆（上），江西教育出版社2011年版，第221页。

所有复业后新录用的职工，副科长及编译员以上均由总经理直接决定是否聘用，其他则提交人事委员会核议。改变原来各由有关主管人员自由录用的办法。二是建立回避制度。直系亲属只能录用一人，一方面可使更多家庭受益，另一方面则可避免近亲繁殖，同时也可大量减少低学历的女职工。三是对商务印书馆旧职工中的工会积极分子，在复职时须书面保证不再参加工潮。

为了顺利推进人事制度改革，王云五向董事会承诺，在商务印书馆的复业过程中，优先录用遭解雇的原商务印书馆职工。商务印书馆原在上海的职工有 3700 余人，在复业三个月后雇用的 1378 人中，只有 69 人不是商务印书馆的旧职工。通过人事制度改革，商务印书馆的人员极为精干，结构更趋合理，为实施科学管理，大幅提高绩效打下了良好基础。

4. 转变观念

王云五称之为"同人心理的改革"。王云五认为，过去商务印书馆对职工照顾不可谓不优厚，而工潮迭起，效率低下，原因是赏罚不分明，使能干者得不到应得的报酬，不能干者却得到超过其能力以外的报酬。因此才产生种种不平的怨气，心理发生扭曲，效率自然低下。通过建立合理的制度，贯彻赏罚分明的观念，"同人心理"发生逆转，效率就能提高。

5. 企业制度改革

王云五十分重视制度建设，在对组织架构调整的同时，总管理处及各部（处）、各委员会，都建立了新的管理制定，内容涉及工作流程、工作职责、薪酬标准、待遇发放等等。"所有规则依据科学管理原则而订定"。[①] 重要制度计有：

1932 年 7 月发布《总管理处暂行章程》《总管理处处理重要事

---

① 《王云五文集》陆（上），江西教育出版社 2011 年版，第 223 页。

务暂行规则》，生产、营业、供应、主计、审核五部及编审委员会、人事委员会、清理旧厂委员会、秘书处等各部门的《暂行办事规则》。1933 年 4 月发布《同人奖励金分配暂行章程》《总馆特别奖励金派发暂行规则》《分支馆特别奖励金派发暂行规则》。1934 年 10 月发布新修订的《总管理处暂行章程》和《编审部暂行办事规则》。

　　据 1934 年 9 月辑印的《商务印书馆规则汇编》，各项规章制度累计 72 份。"这些规章，大到公司章程，小到按打钟片办法，涉及到商务印书馆同人生产生活的多个方面，包括了出版活动中编辑、生产、营业、销售、招考、培训的各个环节。"[1] 王云五还对商务印书馆的"分红制"进行改革："规定公司每年结账如有盈余，先提十分之一为公积金，及股息常年八厘外，其余平均分为甲乙两部：甲部之半数作为股东红利，其他半数作为甲种特别公积；乙部之半数，作为同人奖励金，其他半数作为乙种特别公积。"[2] 甲种特别公积专为恢复原有股份之用，乙种特别公积供公益之用。这项改革使得原来的公积少了些福利色彩，而多了些激励的成分；同时也有利于商务印书馆加快复兴进程。

　　商务印书馆对各地分支馆向来管理松散，造成各地盈亏极不平衡。为此，1934 年 12 月，商务印书馆发布《总分馆各别结算盈余办法》，充分授权，调动积极性。1936 年 2 月，改订《商务印书馆分馆章程》，强调总馆对各分馆的统辖和协调。同年 5 月，商务印书馆发布《分派分馆特别奖励金比较标准暂行简则》，对盈余大的分馆除按常规进行分红之外，进行特别奖励。

　　"一·二八"事变之后，经过王云五的努力和实施科学管理改革，商务印书馆在遭受巨劫后半年就复业开工，一半以上职工陆续复职，"职工在心理上焕然一新，工作效率很好"[3]。以印刷为

---

① 参见吴永贵：《民国出版史》，福建人民出版社 2011 年版，第 393 页。
② 《王云五文集》陆（上），江西教育出版社 2011 年版，第 245 页。
③ 林鹤：《王云五与工商管理》，《新商业月刊》第一卷第四期（1945 年 2 月），翰堂近代报刊数据库。

例，"现在机器设备不及从前六分之一，而印刷能力已较前增百分之六十，排字能力较前加倍。可为科学管理法之明证"。① 应该说，自"一·二八"事变至 8 月 1 日，遭到重创的商务印书馆能够在短短半年时间之内复业，王云五个人的才干和他以科学管理法对商务印书馆进行全面改革，是一个十分重要的原因。

王云五在商务印书馆进行科学管理的改革无疑是成功的。商务印书馆在全面抗日战争的 14 年间，三次遭劫（1932 年的"一·二八"事变，1937 年的"八一三"事变，1941 年的太平洋战争），四度复兴，始终屹立不倒！出版品种、市场占有率均超过全国一半，创造了出版企业世界前五、亚洲第一的辉煌业绩。"王氏很坦白地承认，每次复兴，都是灵活地运用了'工商管理'的方法才平安地度过了难关。"②

王云五用科学管理法复兴商务印书馆，其造成的影响，远远超出了出版界和工商界，王云五在重庆大后方应邀演讲，邀请单位"指定以工商管理为题目的不下十次"，其中两次是对"党政军人事管理人员训练班"及"社会部社会工作人员训练班"。③ 王云五将演讲整理成书《工商管理一瞥》，于 1943 年 6 月由商务印书馆出版，受到普遍欢迎，三年间再版印行四次。杨端六于 1944 年 7 月由商务印书馆出版的《工商组织与管理》，对王云五梳理的 16 种奖金制度进行了专门介绍，并全文附录了商务印书馆施行的《同人奖励金分配暂行章程》《同人普遍奖励金派发暂行规则》《总馆特别奖励金派发暂行规则》，对王云五自诩"一套复杂而公平的奖励制度"④ 给予充分肯定。⑤ 当代学人马伯煌在其主编的学

① 《王云五书信三十六通》，影印件，载耿云志主编：《胡适遗稿及秘藏书信》（第二十四册），1932 年 11 月 25 日，黄山书社。
② 林鹤：《王云五与工商管理》，《新商业月刊》第一卷第四期（1945 年 2 月），翰堂近代报刊数据库。
③ 王云五：《工商管理一瞥》序，商务印书馆 1943 年 6 月重庆初版。
④ 《王云五全集》（12），九州出版社 2013 年版，第 153 页。
⑤ 杨端六：《工商组织与管理》，商务印书馆 1944 年 7 月重庆初版，第 195 页。

术名著《中国近代经济思想史》中，则高度评价王云五在商务印书馆人事制度改革中创建的"回避制度"。①

20世纪二三十年代，由民族资本企业发动，并经国家层面推动的科学管理和实业合理化运动，在全国的工商界（主要是上海）颇有影响。王云五在商务印书馆主导的改革，并非孤例。"当时不少民族资本企业，相继进行管理体制的改革，引进科学管理的制度和方法，或者有选择地吸收外国企业管理经验，在不废除旧有管理体制的基础上进行一些局部改良；或者中外杂糅、新旧结合，形成一种混合型的企业管理体制。"② 这与王云五自己的总结所见略同。他说："我对于欧美，尤其是美国盛行的工商管理，虽甚赞同其原则，却不愿整个接受其方法。一因一国有一国的工商背景，一国亦有一国的社会特点。善学者当师其精神，不必拘于形式。我在商务印书馆施行的管理方法，即本此旨。"③

借助实施科学管理法的前驱地位和在商务印书馆的成功实践，王云五的声望逐渐积累，由商界走向政坛。

五、文化复兴大业

商务印书馆在"一·二八"事变中虽然遭受巨大损失，但却激起了强烈的民族奋斗精神。而十九路军的英勇作战也激励着商务印书馆全体职工强烈的文化复兴斗志。

日军以商务印书馆为目标进行轰炸，意在打击中国人的文化信心，摧毁中国人的精神，用心极其险恶！为了彻底焚毁东方图书馆，日军使用的竟是燃烧弹而非炸弹；唯恐烧不干净，又指使日本浪人纵火，简直无所不用其极！

---

① 马伯煌主编：《中国近代经济思想史》，上海人民出版社2014年版，第520页。
② 马伯煌主编：《中国近代经济思想史》，上海人民出版社2014年版，第515页。
③ 王云五：《工商管理一瞥》序，商务印书馆1943年6月重庆初版。

蔡元培联合文化界知名人士致电国际联合会（简称"国联"），强烈谴责日军"故意摧毁文化机关"的暴行。各文化团体、教育机关如中央研究院、中央大学、中央政治学校等也纷纷发表通电，谴责日军轰炸商务印书馆和焚毁东方图书馆是"破坏文化事业及人类进步的残暴行为"。①

已经退休、主要时间都在整理和点校古籍的商务印书馆董事长张元济第一时间赶回办公室，主持召开董事会紧急会议，商议对策。他以（商务印书馆）"设竟从此澌灭，未免太为日本人所轻"② 激励同人。连续数天，他都全天在馆中服务，表示只要"一息尚存，仍当力图恢复"。

王云五也从这一突变中，看到了商务印书馆作为文化重镇在国家民族危难之际所能发挥的巨大作用。他说："'一·二八'事变爆发后，商务印书馆的牺牲是很大的。我认为商务印书馆为能抵抗外侮的十九路军而牺牲，虽然损失极大，毕竟还算值得。……商务印书馆因此而牺牲，比之出千万部书以贡献教育文化，其效力尤大。"③

董事会的全力支持，商务印书馆职工的普遍理解，王云五的"苦斗"，使巨劫之后的商务印书馆很快获得重生，商务印书馆的第一次复兴大业帷幕徐徐拉开。

1932 年 8 月 1 日，商务印书馆总管理处，上海发行所和租界内新设工厂，同时复（开）业。"为国难而牺牲，为文化而奋斗"的大幅标语高悬在发行所大楼外墙，"同人与顾客见者无不动容"。④ 为了表示对日本侵略中国、妄图毁灭中国文化的愤慨，表达中国人复兴文化的坚强意志，商务印书馆在重印书的版权页上

---

① 转引自周武主编：《二战中的上海》，上海远东出版社 2015 年版，第 343 页。
② 《张元济全集》第 2 卷，商务印书馆 2007 年版，第 549 页。
③ 王云五：《一·二八》（在国耻周的演讲），《申报》1933 年 5 月 20 日。
④ 《王云五文集》陆（上），江西教育出版社 2011 年版，第 223 页。

加署"国难后第一版"字样，又出版《复兴教科书》《复兴丛书》作为纪念。

"一·二八"劫难之后复业的商务印书馆发行所内景，墙上悬挂横幅标语：为国难而牺牲，为文化而奋斗

　　10月6日，《东方杂志》复刊，王云五在复刊的《卷头语》上说："我所以不顾艰苦，不避嫌怨，力排万难把商务印书馆恢复，并没有什么高远的目的，只是为我们中国人争一点点的气。"[1]再次表明他复兴商务印书馆是对日本文化侵略的反击。11月1日，王云五宣布商务印书馆在教科书之外，日出新书一种。"出版'每日新书'的意思是，叫社会上人士经常得到新鲜的食粮，扩大知识领域。"[2] 其后，各种新书陆续推出，新出版物品种逐年增加，1933年就超过了"一·二八"之前的水平，其后数年更是迭创新高。商务印书馆"'一·二八'劫后复兴五年间之新出版物，种数约当'一·二八'以前三十五年全部出版物百分之八十五"。每年新出版物数量占全国一半以上。[3] 这一时期竟成为商务印书馆自成

① 载《东方杂志》第二十九卷第四号。
② 《王云五谈老板主义》，载《中央周刊》第4卷第18号，1941年12月，翰堂近代报刊数据库。
③ 《王云五文集》伍（下），江西教育出版社2008年版，第683页。

立至 1949 年前新书出版最为鼎盛的时期。

　　在此后的出版实践中，无论大陆的商务印书馆，还是台湾商务印书馆，"日出新书一种"成为两岸商务共同的文化传统。1982年，主持商务印书馆工作的陈原，面对"书荒"，每星期一在《光明日报》刊登商务印书馆"日出一书"的广告①，以这种方式向商务印书馆的先贤致敬。

　　1933 年 4 月，东方图书馆复兴委员会及东方图书馆复兴基金成立。张元济为复兴委员会主席，委员包括胡适、蔡元培、陈光甫、王云五、盖乐（美国）、欧特曼（德国）、张雪楼（英国）、李荣（法国）等人。② 商务印书馆董事会决议每年从公司盈余的公益金中拨出三分之一充入基金，直至东方图书馆恢复对外开放。1933—1934 年，商务印书馆连续两年共拨出 9 万元，张元济个人捐出 1 万元，充入东方图书馆复兴基金。王云五在国内外组织了 9 个赞助委员会，接受各项捐赠。1934年 10 月，德国捐赠大宗名贵德文图书3000 余种。1935 年 6月，上海法租界公益慈善会捐赠法文名著1500 余种。仅仅两年多时间，东方图书馆复兴基金已累积至

1934 年 10 月 8 日，东方图书馆复兴委员会接受德国赠书，图为赠受代表合影。左起：常务委员王云五，主席张元济，委员嘉璧罗博士、德国驻沪总领事克里拜

① 《商务印书馆 110 年大事记》（1982 年），商务印书馆 2007 年版。
② 张人凤编著：《张菊生先生年谱》，台湾商务印书馆 1995 年版，第 313 页。

约 20 万元，各类图书已累积至近 15 万册，其中王云五重点搜购的
各省通志和各类年谱均已达到相当规模。

商务印书馆的营业额虽然直到 1940 年才恢复到"一·二八"
巨劫之前的水平，但盈余数则很快就在 1933 年超过了劫前的水平。
尤为难能可贵的是，这项业绩是在商务印书馆的资本额由劫前的
500 万元减少至 300 万元，可运用资金几乎减半的情况下取得的。
随着盈余数逐年增加，商务印书馆的资本额也逐年增加，1936 年
重新恢复到"一·二八"事变之前的 500 万元。"一·二八"事变
前后商务印书馆经营情况对比，详见下表：

1929—1936 年商务印书馆的出书及营业情况统计表①

年份	出书情况 （种、册）		营业额 （万元）	盈余 （万元）	资本额 （万元）	可运用资金 （万元）
1929	—	1040	1166.80	—	—	785
1930	200	957	1205.55	—	—	798
1931	—	787	1438.09	—	—	768
1932	52	61	550	87.18	300	359
1933	847	1430	857	96.63	350	422
1934	1283	2793	980	129.6	400	—
1935	1689	4304	1036.33	104	450	—
1936	1015	4695	1035.74	—	500	—

---

① 本表根据王云五《八十自述》《商务印书馆与新教育年谱》及汪家熔《商务印书馆史及其他——汪家熔出版史研究文集》相关数据整理而成。各书数据多有出入，笔者参考董事会会议或股东会议记录，对部分数据进行了订正。需要说明的是，出书情况只统计了初版新书，未统计重版书、重印书，未统计教科书和"大部书"（大型丛书、文库）；但 1933 年的数据则包括了中小学教科书和"大部书"。可运用资金为资本额加各种资本公积和同人储蓄（资本公积和同人储蓄是商务印书馆为节省资金成本，避免向银行借贷，同时又使职工可以分享发展成果而定的一项制度）。

这一时期，王云五在出书方向上进行了两个调整：一是将教科书由中小学扩充到大学；二是由主要依赖教科书出版赢利向教科书与一般新书、重版重印书并重。王云五将这一时期的出版方针概括为"普及教育"与"学术独立"①，前者指中小学教科书及学生课外辅助读物、青少年普及读物，后者指各类学术著作、古籍整理图书和工具书、参考用书等，也包括大学教材。

当时，各出版机构出版的教科书，全部仅限于中小学。大学所用课本，大都或采用西文原版著作，或由教授自编讲义。编译所时期，王云五已零星为大学和学术团体出版学术著作，并已计划编辑出版《大学丛书》，约请专家批量推出，将零星出版扩大规模，以教科书方式规模经营。1932 年 8 月 1 日商务印书馆复业后，王云五第一个着手的重大出版项目就是编辑出版《大学丛书》。

大规模推出新书，在经营上以教科书与一般用书并重，则是因为王云五深感教科书竞争极其激烈，且国民政府还在筹划以教育部"部定教科书"变革教科书市场，因此，必须未雨绸缪，及时应变。但一般用书的出版极其艰难，"因历年出版的书籍八千余种悉数被毁，母版保存的也不及十分之一"。即使如此，王云五还是坚持不断推出新书。这是他的出版理念、文化理想。"我以为出版家的职责当不断地以新著作贡献于读书界，如果我们复业后的二三年专印重版的书，无异成为'一·二八'以前商务印书馆的贩卖所或印刷所，至少在这二三年内不能认为出版家。"② 为了推动新书的出版，王云五甚至别出心裁地在报上征求出版计划，凡采用者一概给予现金奖励，最高奖励 1000 元。③

据统计，商务印书馆自成立至"一·二八"事变前的 35 年

---

① 《王云五文集》伍（上），江西教育出版社 2008 年版，第 328 页。
② 《王云五文集》伍（上），江西教育出版社 2008 年版，第 442 页。
③ 《王云五文集》伍（上），江西教育出版社 2008 版，第 462 – 463 页。

间，出版新书 8000 余种，而复业之后的四年内，"新出版的书已有
三千六百余种"。[①] 1935 年，从营业额上统计，图书经营占 75%，
文具仪器印件及外版图书经营占 25%；图书经营中，中小学教科
书占 35%，一般用书和杂志占 45%。一般用书和杂志经营已超过
中小学教科书了。[②]

　　下面分别就这一时期商务印书馆的重点出版物作介绍。

（一）教科书方面

1.《复兴中小学教科书》

　　1931 年底，教育部颁布新课程标准。为了赶在 1932 年秋季开
学前送审通过和使用，刚刚复业的商务印书馆快马加鞭，编辑出
版全套《复兴中小学教科书》（初级小学、高级小学、初级中学），
并有配套的教学法、教本同时出版。"复兴"两字喻指商务印书馆
遭受日本侵略者之巨劫而顽强奋起之意，也有民族振兴、发奋图
强之意。王云五对这套特殊时期编印出版的教科书给予高度评价，
称其"在商务书馆历次所编教科书中堪称佳作"。[③]

2.《大学丛书》

　　1931 年 4 月 27 日，蔡元培在上海大东书局新厦落成的开幕仪
式上，发表《国化教科书》讲话，提出我国各学校（特别是高中
以上）都应采用中文教材（当时大学教材多数采用英语课本）。[④]
王云五随后在当年 9 月撰文呼应："国内各大学之不能不采用外国
文图书者，自以本国文无适当图书可用，而其弊凡任高等教育者

---

①　《王云五文集》伍（上），江西教育出版社 2008 年版，第 604 页。
②　《王云五文集》伍（上），江西教育出版社 2008 年版，第 605 页。
③　《王云五文集》陆（上），江西教育出版社 2011 年版，第 230 页。
④　宋原放主编：《中国出版史料（现代部分）》第一卷（下册），山东教育出版社
　　2001 年版，第 59 页。

皆能言之。"表示"愿为前驱，与国内各学术机关各学者合作，从事于高深著作之译撰，期次第贡献于国人"。① 学界与出版界的联动，使《大学丛书》计划很快就进入到实际的操作。

1932年10月，商务印书馆复业未久，王云五就牵头组织一个以学界领袖蔡元培领衔的阵容强大的55人"大学丛书委员会"，旨在确保学术质量。委员会成员有：丁燮林、王世杰、任鸿隽、朱家骅、李四光、李书田、李建勋、李书华、李权时、马君武、胡适、姜立夫、翁文灏、马寅初、傅斯年、程天放、蒋梦麟、罗家伦、顾颉刚等学界代表人物，以及王云五、李圣五、何炳松、竺可桢、陶孟和、郑振铎等商务印书馆的新老编译骨干。这些委员均为各学科的一流专家学者，可谓一时之选。委员会的职责为审定目录、征集稿件和举荐作者。所有稿件，须经一名以上委员审定同意方可出版。丛书出版时，封面内页载有全体委员的姓名，以示权威，并供各界监督。

《大学丛书》拟分五年出版，计划出版700余种。其重要著作及译著，哲学类有范奇著《哲学概论》，陈正谟译《西洋哲学史》，胡适著《中国哲学史大纲》，冯友兰著《新理学》，陈德荣著《行为主义》，金岳霖著《逻辑》，汪奠基著《现代逻辑》等；心理学方面有傅统先译《心理学》《格式心理学原理》，左学礼著《发展心理学》，庄泽宣译《应用心理学》，张绳祖、朱定钧译《心理学之科学观》，高觉敷译《儿童心理学新论》，赵演译《社会心理学》；历史学方面有邓之诚著《中华二千年史》，夏曾佑著《中国古代史》，陈恭禄著《中国近代史》，萧一山著《清代通史》，王绳祖著《欧洲近代史》，何炳松著《中古欧洲史》等；社会学方面有孙本文著《社会学原理》《现代中国社会问题》，陶孟和著《社会与教育》等；经济学方面有吴世瑞著《经济学原理》，巫宝三、杜

---

① 《王云五文集》伍（上），江西教育出版社2008年版，第389页。

俊东编译《经济学概论》，马寅初著《经济学概论》《中国经济改造》，胡泽译《数理经济学大纲》，唐庆增著《中国经济思想史》，陈清华译《经济学说史》，胡泽、许炳汉译《经济学史》，伍纯武著《现代世界经济史纲要》，马乘风著《中国经济史》，罗仲言著《中国国民经济史》，潘源来译《国际经济政策》等；财税方面有李超英著《比较财政制度》，尹文敬著《财政学》，许炳汉译《财政学新论》，刘秉麟译《财政学大纲》，胡善恒著《赋税论》，许炳汉译《租税转嫁与归宿》，胡善恒著《公债论》等；法律方面有王书林译《法律心理学》，陈顾远著《中国法制史》，程树德著《九朝律考》，崔书琴著《国际法》，周鲠生著《国际法大纲》，刘达人、袁国钦著《国际法发展史》，李圣五著《国际公法论》，吴昆吾著《条约论》，唐纪翔著《中国国际私法论》，雷宾南译《英宪精义》，胡长清著《中国民法总论》《中国民法亲属论》《中国民法继承论》，曹杰著《中国民法物权论》，范扬著《继承法要义》，刘泉著《中国商事法》，熊锡晋著《公司法通诠》，陈允、应时著《罗马法》，陈朝璧著《罗马法原理》等。

从上述列举的书目可以看出，《大学丛书》中的许多著作在经过了近一个世纪的时间洗礼之后，绝大部分要么成为所在学科的奠基之作，要么是作者的成名作、代表作。其研究视野开阔，且具有相当的深度，即使以今天的学术眼光，亦不能不令人佩服。

至1937年抗战全面爆发，《大学丛书》已印行超过400种，完成计划过半。其后，"虽出版数量远不如战前，但每年新出版者，平均亦达十余种，重版重印者约倍之"。①

《大学丛书》引起教育界和学术界的强烈反响。各大学和学术团体纷纷加入这套丛书的出版行列。根据《商务印书馆印行大学丛书章程》，除个别经大学丛书委员会审定列入《大学丛书》出版

---

① 《王云五文集》伍（上），江西教育出版社2008年版，第392页。

计划外，绝大部分著译则以某大学或学术团体丛书名义，由商务印书馆另行出版。如国立中央大学丛书、光华大学丛书、国立清华大学丛书、国立武汉大学丛书、国立复旦大学丛书、中华学艺社学艺丛书等。之后，国民政府教育部制订《部定大学丛书》计划，1942 年陆续出版，交各大书局印行，商务印书馆也参与了该计划。

可以说，《大学丛书》开辟了大学出版和学术出版的新纪元，中国的人文学术在 20 世纪 30 年代发展到一个高峰，《大学丛书》功不可没。

（二）学术著作方面

1. 《中国文化史丛书》

《中国文化史丛书》是王云五的编辑出版思想由普及为主向普及与提高并重，由编译为主向编译与原创并重，由教科书为主向教科书与学术著作并重转变的标志性大型出版项目。在王云五主持商务印书馆工作后，这种转变是一个渐变的过程，而 1937 年《中国文化史丛书》的出版，则标志着这种转变顺利完成。

《中国文化史丛书》也是王云五策划出版学术图书的一个成功范例。在当时人文学术界一片繁荣的景象之下，在中国学术最为发达的史学领域，王云五以出版家的眼光深刻地洞察到，中国的历史研究重通史而轻专史，而在为数不多的专史中，则重政治史而轻文化史。19 世纪末 20 世纪初，新史学勃兴，经过 30 余年发展之后，一批学贯中西的史学名家实际已具备研究专门的文化史的能力，只不过各自为战，只要加以组织，完全可以编纂出版一大批文化史专著，以填补传统史学的一项空白。1937 年 1 月，王云五发表《编纂中国文化史之研究》一文，对上述观点进行了学理上的阐述，并进一步比较了中外学界在文化史研究上的重大差别，"顾以视我国现有之出版物，犹觉彼胜于此，此我国之耻也。

窃不自揣，欲有以弥此憾而雪斯耻"。① 从而将这套丛书的出版立意上升到一个新的高度。

事实上，王云五在策划出版《中国文化史丛书》的过程中，在体例和写法上直接参照了法国人巴里主编的《人类演进史丛书》和英国人奥登主编的《文化史丛书》。他根据大英百科全书的分科体例，将中国文化史的范围列成 80 个科目，每科一书，规划出版丛书共 80 种。

《中国文化史丛书》计划分四辑出版，每辑 20 种，每种 10 多万字。1937 年和 1938 年分别出版第一、第二辑，共 40 种著作。因全面抗战爆发，1939 年仅推出第三辑两种。其后因战乱未再继续出下去。42 种书目如下：

蔡元培著：《中国伦理学史》

贾丰臻著：《中国理学史》

黄忏华著：《中国佛教史》

傅勤家著：《中国道教史》

杨幼炯著：《中国政治思想史》

马宗霍著：《中国经学史》

杨幼炯著：《中国政党史》

任时先著：《中国教育思想史》

吴兆莘著：《中国税制史》

王孝通著：《中国商业史》

陈登原著：《中国田赋史》

曾仰丰著：《中国盐政史》

杨鸿烈著：《中国法律思想史》

陈东原著：《中国妇女生活史》

---

① 《王云五全集》（10），九州出版社 2013 年版，第 382 页。

李俨著：《中国算学史》

林惠祥著：《中国民俗史》

陈邦贤著：《中国医学史》

卫聚贤著：《中国考古学史》

陈顾远著：《中国婚姻史》

吴承洛著：《中国度量衡史》

邓云特（拓）著：《中国救荒史》

俞剑华著：《中国绘画史》

郑振铎著：《中国俗文学史》

刘麟生著：《中国骈文史》

陈柱著：《中国散文史》

王鹤仪著：《中国韵文史》

郑肇经著：《中国水利史》

胡朴安著：《中国文字学史》

李士豪、屈若搴著：《中国渔业史》

胡朴安著：《中国训诂学史》

王庸著：《中国地理学史》

张世禄著：《中国音韵学史》

顾颉刚著：《中国疆域沿革史》

陈清泉著：《中国音乐史》

白寿彝著：《中国交通史》

陈清泉著：《中国建筑史》

冯承钧著：《中国南洋交通史》

吴仁敬、辛安潮著：《中国陶瓷史》

王辑五著：《中国日本交通史》

姚名达著：《中国目录学史》

李长傅著：《中国殖民史》

郭箴一著：《中国小说史》

从这一份《中国文化史丛书》书目里，我们可以看出，经过商务印书馆的推动，文化史研究最权威的学者、最权威的著作全部汇聚到商务印书馆旗下，成为当时一道亮丽的文化风景。商务印书馆不愧为中国学术重镇，这套丛书所达到的高度，不但在当时是一个前无古人的高峰，就一项专题而言，也是一个后人不易超越的里程碑。其中的许多著作已成为所在领域的权威专著，不断修订再版或重印，直到今天，也是相关研究者的入门书、必读书。20世纪80年代上海书店出版社影印出版这套丛书，依然引起广泛关注。1991年，商务印书馆出版《中国文化史知识丛书》28种，1998年，又一次性出版100种。这也是对《中国文化史丛书》的历史传承。1998年商务印书馆再版重印了《中国文化史丛书》35种。一套原创的学术著作，历经半个多世纪依然独具魅力，对今天的出版人，深具启发。

2.《汉译世界名著》系列

王云五在主持编译所工作时，已陆续出版《汉译世界名著丛书》。其编辑出版思路是"广选各国各科名著，分约专家汉译"，定位为名著名译。丛书出版以后，各书又收入多种文库，如《万有文库》一集收入100种，二集收入150种，《万有文库荟要》收入90种。

1932年11月，《汉译世界名著》在重新补充和修订之后，继续不断推出，至1950年，共出版了235种。[①]

（三）古籍整理方面

1.《四库全书珍本初集》

《四库全书》是清代乾隆中叶仿明代编纂《永乐大典》的做

---

① 转引自汪家熔：《商务印书馆史及其他——汪家熔出版史研究文集》，中国书籍出版社1998年版，第162页。

法，集中全国图书加以筛选编纂，以成一套包罗万千的图书总成。成书时为 3470 种，36275 册；共成书 7 部，分藏全国 7 个地方。由于清代大兴文字狱，编纂《四库全书》时，很多图书或毁或删，在《四库全书》仅存书目及提要。

　　历经 200 多年，《四库全书》仅存文津阁本、文渊阁本、文溯阁本和半部文澜阁本。商务印书馆自 1924 年开始筹划，拟以文津阁本为底本，影印《四库全书》，然一则有人阻挠，再则受时局影响，两度功败垂成。① 1933 年，为避战火，故宫博物院将《四库全书》从文渊阁移出南迁。而张元济也考虑到"现此书仅存三部，近岁战争之事层见叠出，若不及早印行，设有意外，岂不可惜？"② 国民政府教育部遂与商务印书馆商议全部影印出版事宜。

1933 年 11 月，王云五主持影印《四库全书》开工（左 8 为王云五）

---

① 《重印四库全书珍本初集序》，载《王云五全集》（19），九州出版社 2013 年版，第 364 页。
② 张元济：《就影印四库全书珍本答记者问》，转引自《中国出版史料（现代部分）》，第一卷（下册），山东教育出版社 2001 年版，第 483 页。

《四库全书珍本初集》

由于《四库全书》中许多单行本已经刊行，有的还流传甚广，因此，"为节省经费，易于实现起见，拟将其中向未付印或已绝版之珍本约八九百种，先行付印"。[①] 王云五遂将出版计划改为影印《四库全书珍本》。1933 年 6 月，教育部委托中央图书馆筹备处主任蒋复璁与商务印书馆签订《影印四库全书未刊珍本合同》。1934年商务印书馆由文澜阁本影印刊行《四库全书珍本初集》231 种，分装 1960 册，共印 1000 套，其中 100 套按出版协议赠给中央图书馆，中央图书馆再以此与国外图书馆交换图书。蒋复璁将此事视为中央图书馆成立的"一个最好的纪念性事件"，同时，"我也用这部书奠定了初期中央图书馆西文参考书的基础"。[②]

商务印书馆在艰难复兴之际，花去巨额资金筹划出版《四库全书珍本初集》，其意义显然超出了出版价值，而体现出更高的文化追求。"窃以典章文物，尽在图书，其存与亡，民族安危所系；守先待后，匹夫匹妇亦与有责，此敝馆被难之余，所为不揣棉薄，必欲成斯巨制也。"[③]

---

① 《附影印四库全书珍本初集缘起》，载《王云五全集》（19），九州出版社 2013 年版，第 367 页。

② 蒋复璁：《我所认识的王云五先生》，载王寿南主编：《我所认识的王云五先生》，台湾商务印书馆 1975 年版，第 12 页。

③ 《影印四库全书珍本初集缘起》，载《中国出版史料（现代部分）》，第一卷（下册），山东教育出版社 2001 年版，第 478 页。

2. 《丛书集成初集》

1935年3月，商务印书馆推出《丛书集成初集》，整套书精选历代丛书100部，按中外图书统一分类法，依其内容性质分编为541类。

在做这套书之前，王云五研究了"丛书"的历史。"我国丛书之名，始见于唐代。但唐代的一部称为《笠泽丛书》的，实际是一部笔记，虽有丛书之名，而无丛书之实。真的丛书是从宋朝开始，最初的名《儒学警悟》，其次是《百川学海》，但却是有丛书之实，而无丛书之名。至明朝的《汉魏丛书》才是名实相符的丛书。至清朝，丛书愈刻愈多。张之洞为当时士子所写的书目答问，影响了数十年的读书界颇大。其中有关于丛书的主张，他说：'人自问功德著作不足以传世，则莫如刊刻丛书以垂不朽。'"① 正是因为历代丛书太多，读者不易辨识，且购藏不易，张元济建议王云五整理和编辑出版《丛书集成》。商务印书馆的古籍整理与出版一向以张元济为主导，然《丛书集成》虽由张元济发起在先，而具体从事及完成，则由王云五主其事也。王云五撰有《辑印〈丛书集成〉（附丛书百部提要）序》叙述其编辑出版经过。其选书标准

《丛书集成初集》

---

① 《王云五全集》（17），九州出版社2013年版，第235页。

是"以实用与罕见二者为标准，而以各类具备为范围"，计有普通丛书 80 部，专科丛书 12 部，地方丛书 8 部，全套合计 4000 册。"是书之出，将使向所不能致或不易致之古籍，尽人得而致之，且得以原值二分之一之价致之。"①

3. 六省通志

六省通志

20 世纪 30 年代初，商务印书馆与中华书局在各方面都存在激烈竞争，古籍整理与出版方面，商务与中华均拟影印出版各省通志和《古今图书集成》。经王云五从中协调，双方商定，商务印书馆出各省通志，中华书局出《古今图书集成》，避免了重复出版的浪费和两败俱伤的结局。

商务印书馆所属的东方图书馆原藏各省方志 4000 余部，冠绝全国，"一·二八"事变中尽毁。后经全力搜购，又累积至 1500 余部。王云五以四角号码加编了详尽的索引，1935 年出版《湖南通志》《浙江通志》《广东通志》《畿辅通志》《湖北通志》《山东通志》。本拟继续不断推出其他各省通志，因抗战全面爆发而终止。

（四）面向大众，尤其是青少年和中小学生的普及类丛书、文库

普及类的丛书、文库在编译所时期就是王云五的出书重点。这一时期，除继续出版《万有文库》二集（700 种，2000 册）、《万有文库简编》（500 种，1200 册）、《国学基本丛书》二集

---

① 《王云五文集》伍（上），江西教育出版社 2008 年版，第 527－528 页。

（300 种，1200 册）之外，又出版了《自然科学小丛书初集》（200种，300 册），《现代问题丛书初集》（50 种），《幼童文库》（200册）《小学生文库》（500 册）等。这里重点介绍《幼童文库》和《小学生文库》。

两套文库于 1934 年 2 月同时推出，其编辑宗旨与《万有文库》相同，即系统地为小学生提供课外读物，重点面向小学校图书馆推销。其中《小学生文库》的选书"以人类全知识的雏形为范围"，包括 45 个门类，每类一种封面，表示其门类特质，读者可借以养成科学分类的观念。"凡以本文库成立的小学校图书馆，尽可由小学生轮流管理，无须有专员主持。"①

在注重数量的同时，两套文库都特别注意保证图书品质，尤其是体现了王云五关于儿童读物的出版理念。"因为小时候所读的书最足以影响一生的志向和行为。儿童有求知的渴望，而无辨别的能力，多读好书，便生良好的观念；多读无益的书便受恶影响。小时候读书所养成的观念，后来是很难改变的。"②

需要指出的是，2012 年俞晓群领导的海豚出版社对《小学生文库》进行了新的梳理，选出 41 个门类 395 种图书，编为 160 册，以《小学生文库》同名推出。循此思路，他还策划出版了《幼童文库》。这两套丛书的出版为海豚出版社重新确定了出版方向，也成为新世纪民国图书及课本出版热潮中的浓重一笔，受到教育界、出版界和学术界的关注。③ 从辽宁教育出版社策划出版《新世纪万有文库》，到海豚出版社策划出版《小学生文库》《幼童文库》，俞晓群以这样的方式向民国时期的出版先贤致敬，体现了一个当代

---

① 《王云五文集》伍（上），江西教育出版社 2008 年版，第 448 – 449 页。

② 《王云五全集》（19），九州出版社 2013 年版，第 31 – 32 页。

③ 《新千年以来再版民国教科书书目汇要》，载《中国教育出版蓝皮书 2015》，高等教育出版社 2015 年版，第 430 页。

出版人的文化传承和文化担当。

（五）辞书、工具书

这个时期出版了《日用百科全书》和《化学工业大全》。其中，《化学工业大全》从日本新光社未刊稿编译，1935 年 11 月推出，全书约 600 万字，分为 15 册出版。

另外，王云五还拟将所搜集整理的各类年谱 1300 余种，以四角号码检字法编成索引，出版一部年谱类的索引工具书，因抗战全面爆发，未能完成。

中国文化和学术在 20 世纪 30 年代出现的前所未有的繁荣局面，至今令人怀念！这种繁荣，得益于政治、经济、文化等一系列综合因素的作用，与商务印书馆为代表的近现代中国出版业的推波助澜和互动激荡，也有十分密切的关系。

这个阶段，商务印书馆的出书品种、经营规模、管理水平和社会影响力都达到历史新高。王云五认为，"其原因有三：一则有严密的管理规则；二则有相当的人才；三则各同人能够爱护公司"。① 应该说这是比较中肯的评价。王云五作为商务印书馆的总经理，无疑起到了关键且重要的作用。

商务印书馆的股东们对王云五的工作十分认可，对他在商务印书馆复兴过程中的"苦斗"精神尤其深为感动。1933 年、1934 年的股东会，王云五均以最高票当选董事。② 商务印书馆董事会对王云五也极为信任，董事长张元济"不仅在公务上无事不尊重余意，力为支持；即私交上亦无话不说"。③

---

① 《王云五文集》伍（上），江西教育出版社 2008 年版，第 626 页。
② 《王云五文集》伍（上），江西教育出版社 2008 年版，第 399 页、460 页。
③ 《王云五文集》伍（下），江西教育出版社 2008 年版，第 669－670 页。

第五章／商务印书馆岁月（下）

　　当 1936 年商务印书馆的事业发展到一个高峰的时候，对王云五有着知遇之情和救命之恩的高梦旦突然去世。王云五伤痛之余产生了急流勇退的想法。表面的原因，是希望全力以赴编纂《中山大辞典》，实现他的百科全书梦想；更深层的原因，一方面，是因为王云五在商务印书馆任总经理的四五年间心力交瘁，颇感力不从心，特别是在日本全面侵华野心毕露、国内局势风声鹤唳、前途未卜的情况下，这种感觉尤为明显；另一方面，这时的王云五因为商务印书馆这块金字招牌，已积累了相当的政治资本，他想在政治上另有所为。

　　在张元济出面劝留后，王云五暂时收回了请辞总经理一职的意思。

高梦旦下葬时。右一张元济，左一王云五

　　1937 年 7 月 7 日，抗日战争全面爆发，中国的国土不断沦陷。王云五在极度困难的情况下，领导商务印书馆在战乱中求生存，坚守出版战线。商务印书馆被迫化整为零，王云五先后由上海转去香港，再由香港转到重庆，尽最大可能维持和经营着出版业务，坚持出版新书，艰难地守护着中国文化的这一点命脉。与此同时，上海沦陷之后，以张元济为首的商务印书馆留守上海租界的人员则尽最大可能维护了公司利益，表现了民族气节。下面分别以香港、重庆和上海为线索，叙述王云五与商务印书馆在全面抗战时期的出版史实。

一、以香港为大本营的战时出版（1937 年 10 月至 1941 年 12 月）

1937 年 7 月 16 日，蒋介石在庐山召集全国各界名流，举行国是谈话会。王云五应邀出席，并在 17 日，也就是蒋介石发表全面抗战宣言的同一天，代表文化出版界发了言。1938 年 6 月 16 日，国民党公布第一届国民参政会参政员名单，王云五以无党派社会贤达名义入选。其后，王云五连续四届当选参政会参政员。参政员虽非官职，但作为国民党的议政机构，王云五的一只脚已踏入政界。当然，从商务印书馆这方面来说，王云五以总经理的身份加入国民参政会，对公司在战乱之中的诸多运筹，是大有便利的。

蒋介石在庐山谈话中明确了中国全面抗战的态度。大战来临，王云五深感山雨欲来风满楼的危险局势，因此提前下山，在返沪的路上就已发出指示要各地分馆做好应变准备。抵沪后，王云五随即与商务印书馆董事长张元济商议对策。

事实上，虽说远离政治，但时刻关心时局并对政治高度敏感的张元济，早在 1936 年上半年，就在高梦旦、李拔可的陪同下作"四川之游"。这并不是一次平常的山水之旅，而是因应日本侵华战争的浓密战云，为商务印书馆做长远之谋。当年 10 月，商务印书馆董事会做出投保兵险、在长沙购地建印刷厂和疏散上海存书的三项决定。

　　1937 年 7 月 19 日，王云五（前排右三）参加庐山谈话会后返沪途中经过商务印书馆南昌分馆与同人合影

　　1936 年 6 月，张元济（中）、高梦旦（右）、李拔可（左）入川，为商务印书馆谋求战时准备

张元济在全面抗战之前一年多的"四川之游"，以及王云五接近政治核心的政策先知，使商务印书馆可以预作诸多安排。

1937年10月初，王云五赶赴香港，部署香港的物资调度和生产扩充。留港十余日后，又赴汉口、长沙部署工作。从10月初到12月底的三个月间，王云五马不停蹄地在各地奔走，其实是与步步进逼的日本侵略者进行时间赛跑。

围绕着即使战火纷飞，商务印书馆也可以尽量保证教科书供应和出版新书，王云五着重做了以下安排：

一是将上海总部的资产、物资、设备等尽量向相对较为安全的租界中区（属英美管辖）和长沙、香港转移。这是吸取了"一·二八"事变商务印书馆巨劫的教训，避免造成更大损失。

二是尽快落实商务印书馆董事会在长沙购地筹设印刷厂的决议。同时拟在重庆、昆明、桂林、赣县、西安各设工厂，分区印刷供应教科书。这样可以冲破战争造成的交通阻隔。

三是成立总管理处驻沪办事处和驻港办事处。此时，上海仍是商务印书馆的主要资产和生产所在地。"一·二八"遭劫后，商务印书馆总管理处移至租界东区的杨树浦（原发行所所在地），闸北被毁厂房也已部分恢复。驻沪、驻港办事处是战时机构，一旦上海沦陷，办事处可以发挥总部职能，指挥协调各地的生产。

从1937年"八一三"事变爆发，到11月26日国民党军队撤出上海，三个多月的淞沪会战是全面抗战以来国民党军队与日军在正面战场的首次大规模激战。蒋介石出于政治考虑，不断投入精锐部队与日军展开厮杀，国军伤亡25万余人，日军伤亡4万余人。商务印书馆布有厂房门店的闸北、虹口等地，均是激战战场。

由于事先做了一定准备，商务印书馆在整个淞沪会战中所受损失虽无确切数字，但比之"一·二八"事变，已大为减轻。这一点，从日本情报机关编辑的《中国文化情报》可以得到印证：

（商务印书馆）"从先前轰炸的经验教训和其他的劳工风潮中学会
了不少东西。……它的领导层组织严谨。香港的工厂得到扩充，
在上海各地又建立起了一批分散的小印刷厂。因此，在最近的危
机中所受损失，比起 1932 年上海事件来却要小得多。"①

商务印书馆香港分馆（又称香港商务印书馆）内景

　　淞沪会战激战正酣，大部分中小书商被迫歇业。商务印书馆 8
月 26 日在报纸上打出广告，将存书以"战时临时读物五十种"的
名义，特价发售。10 月 1 日，商务印书馆宣布恢复出版新书，并
且在报上刊登"启事"，向读者保证"每日暂出版新书一种"。②
《东方杂志》《教育杂志》《儿童世界》《英语周刊》，以及《少年
画报》《儿童画报》也在 10—11 月间复刊。

---

① 转引自周武：《二战中的上海》，上海远东出版社 2015 年版，第 347 页。
② 《王云五文集》伍（上），江西教育出版社 2008 年版，第 697 页。

"八一三"事变后，商务印书馆并没有像出版界的其他同行一样，立即将职工解雇遣散，而是"一律暂给半薪，以维持生计"，继续留在租界工作及各地分馆厂人员，则"分别减折发薪"。① 这一点，也与"一·二八"事变之后商务印书馆首先将全体职工一律解雇的做法完全不同。

1937 年 12 月 10 日，商务印书馆董事会决定将总管理处暂迁长沙。

"一·二八"事变后，国民政府已在考虑将上海等东部沿海地区的工厂往中西部内迁，专门成立了国防设计委员会规划其事。1935 年，国防设计委员会与兵工署资源司合并成立资源委员会，制订《重工业五年建设计划》，长沙成为这个计划的重点经营所在。因此，当"八一三"之后，国民政府鼓励上海的工商业内迁，长沙也成为当时文化教育机构和团体的主要转移目的地。

1937 年，王云五在商务印书馆办公室

---

① 《王云五文集》伍（上），江西教育出版社 2008 年版，第 697 页。

早在 8 月 10 日，国民政府教育部曾动议各重要出版社由上海迁至武昌，但国民政府首先考虑的当然是与军工生产有关的企业，对内迁的相关工厂进行一定补助。为此，王云五与荣宗敬、刘鸿生等 32 人联名上书行政院，要求国民政府扩大补助内迁企业的范围。之后，国民政府资助内迁范围扩大至化工和印刷两个行业。商务印书馆将上海的印刷设备、机器及其他相关物资等紧急调往长沙，希望以最短时间在长沙筹设新的印刷厂。然而物资调动相对容易，人员内迁却困难重重，长沙的建厂速度缓慢，直到国民党军队实行焦土抗战，长沙烧成火海，印刷厂也没有建成。王云五认为这是当初没有及时解雇职工留下的后遗症，造成既无法在当地招募职工，又难以协调各地的生产，同时还大大地增加了运营成本。"我在战时苦斗中最感困难者以此，商务资产损失较多者以此，而我的措施中自认为失败者亦以此。"①

上海已经沦陷，长沙建厂又如此困难，总管理处是否迁往长沙就成了疑问。商务印书馆董事会做出将总管理处迁至长沙，而在上海、香港各设办事处的决定，出自因人在香港而未出席这次董事会的王云五的信函建议。这颇让人困惑，以至汪家熔先生将其解释成是王云五与董事会，甚至与张元济个人之间存在矛盾，想要借此机会摆脱董事会的控制。② 信是王云五写给张元济的。12 月 10 日商务印书馆董事会会议记录有如下陈述：

> 总经理王云五先生自港来信，略谓现在上海实际上已与他处隔离，既不能印书，运输又不便。本公司生产大部分均在香港，营业亦靠分馆，长沙亦另设分厂；各分馆与上海通

---

① 《王云五文集》伍（上），江西教育出版社 2008 年版，第 690 页。
② 转引自汪家熔：《商务印书馆史及其他——汪家熔出版史研究文集》，中国书籍出版社 1998 年版，第 136–138 页。

信已有阻滞，总管理处在上海事实上不能运用得宜；而香港
为英国属地，迁港亦不可能。拟总管理处迁至长沙，在上海、
香港各设办事处，以期指挥得宜，适应现在之环境，俾得尽
力维持，勉渡难关。①

上海沦陷后，商务印书馆总馆厂的主要业务由于都在租界，
虽然大受影响，但并未停顿。王云五人在香港，商务印书馆"生
产大部分均在香港"，却以"香港为英国属地"的理由，得出"迁
港亦不可能"的结论，显然是自相矛盾的。恰恰相反，正是因为
香港由英国管治，而日本与英国又并非交战国，大量在上海的文
化机构和文化人才在上海沦陷后避居香港，当时上海的另一个大
型出版机构中华书局的总部就已迁到香港。王云五提出商务印书
馆总管理处不迁香港而迁长沙，可能的一种解释是，他并不愿意
总管理处的机构连同人马一起迁至香港。至于为什么不愿意？也
许是因为人员调动太困难，也许是成本费用太高，也许想借此机
会摆脱人事上的纠葛。

然而，商务印书馆总管理处内迁长沙终于未成，因为长沙很
快也沦陷了。就这样，香港事实上成为了王云五经营商务印书馆
的大本营。至于总管理处，名义上仍在上海，但人员星散（有的
调往外地，有的避居乡下），留守人员上无总经理就近指挥，下无
业务可以调度，因此，王云五认为，他在哪里，哪里就是总管理
处。"自抗战以来，我把商务的总管理处，作为流动性质，随总经
理之驻在地而定，另于主要地点分设总管理处办事处，分别统辖

---

① 转引自汪家熔：《商务印书馆史及其他——汪家熔出版史研究文集》，中国书籍出
　　版社1998年版，第135页。此信内容在张人凤编著《张菊生先生年谱》（台湾商
　　务印书馆1995年版）第368页也有引述，内容稍有出入。张元济"得信之后，复
　　与李、夏二经理一再磋商，金认为处此环境之下，只可如此。"说明他完全赞成王
　　云五信中所言。

各该区的馆厂。"① 自 1937 年 10 月离沪至 1941 年 12 月的近四年时间，王云五"除了因出席国民参政会每年入内地一二次外，余时都在香港"。② 上海沦陷后，"所有新出版物，除了很少数系在长沙工厂印刷外，其余皆在香港刊印"。并且各地分馆解款"几乎悉数汇集香港，以资应付"。③ 从以上几点看，王云五的说法是符合实际的。商务印书馆总馆一处六部的管理体制已然名存实亡，驻沪办事处与驻港办事处表面看各自独立，并分别承续了原来总馆的管理职能，但实际上总馆的管理职能基本转至驻港办事处，驻沪办事处主要是做一些留守善后的工作。这或许就是汪家熔所说沪港两地人事矛盾的体制根源，也可能是两地职工调动困难的一个体制原因。

商务印书馆在香港的地盘于 1922 年购入，初以印刷为主，1934 年正式成立商务印书馆香港分馆（对外挂"香港商务印书馆"的牌子）。商务印书馆驻港办事处设立后，香港分馆由小变大，在管理职能上类似过去的上海总馆。我们试比较一下同时成立的驻沪办事处和驻港办事处的职能设置（见下表），就可以看出，商务印书馆

商务印书馆香港分馆，对外挂"香港商务印书馆"的牌子

① 《王云五文集》伍（下），江西教育出版社 2008 年版，第 808 页。
② 《王云五文集》伍（下），江西教育出版社 2008 年版，第 688 页。
③ 《王云五文集》伍（下），江西教育出版社 2008 年版，第 807 页。

的战时管理体制实际上一分为二（上海、香港），而原来上海总馆的一处六部的集中管理体制则名存实亡了。

商务印书馆战时管理体制一览表

驻沪办事处		驻港办事处	
一组	掌原属编审部、生产部、营业部及秘书处之事	一组	掌生产部及不属二、三组之事
二组	掌原属供应部之事	二组	掌营业及审核之事
三组	掌原属主计部及审核部之事	三组	掌供应及主计之事
四组	掌原人事科之事	四组	由长沙编审部撤回香港后组建。掌编审之事
统辖沦陷区馆厂		统辖大后方馆厂	

此后，直到1941年12月太平洋战争爆发，香港沦陷，王云五除短期赴重庆参加国民参政会外，大部分时间均以总经理身份坐镇香港，指挥商务印书馆的业务。在此期间，以商务印书馆名义出版的大量出版物自香港源源不断地输送到内地。

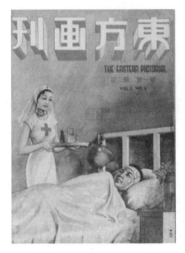

王云五赴港主持商务印书馆工作后创办的两份杂志：《东方画刊》和《健与力》

以香港为商务印书馆经营的大本营，是被迫无奈的选择，但却是这个时期的最优选择。对商务印书馆而言，这样做，至少有几个好处：一是香港作为大后方、自由港，在战时物资极其缺乏的情形下，相对来说筹集各项物资较为容易，商务印书馆在这个时期能够基本保证正常出书，与此大有关联。二是由于战争，各地交通大都阻隔，图书发行极为困难，香港则海路和空中交通均还畅通，船运经广州湾（湛江）及其他未陷落敌手的沿海城市，可发往内地；经安南（越南）可发往西南三省。三是可以避免图书审查，因此大量的抗战读物得以出版；反观上海，由于日本人极为严酷的图书审查，绝大部分图书根本没有可能出版。

1937 年 12 月，王云五与商务印书馆香港分馆同人在一起

战时出版，物资匮乏、运输困难，比之平时，不知艰难几倍。即使像商务印书馆这样在全国拥有 36 处分馆，在上海、北平、香港等地建有印刷分厂，随着战事愈演愈烈，各处分馆不断沦陷敌手，所需物资从何处来，所印图书如何送达，这些都成了大问题。

"八一三"事变之后，王云五预感到这些困难，因此在重庆、昆明、桂林、西安、赣县（江西）等地筹建印刷厂，目的在于分散印刷、降低风险。昆明、桂林、西安分厂终未建成，但重庆、赣县两厂则在大后方出版事业中发挥了极为重要的作用。

为解决物资匮乏问题，商务印书馆驻港办事处和驻沪办事处分别成立节约委员会，着手各方面如何节约应对。王云五专门针对出版用纸，提出实施"战时的节约版式"，解决纸张紧缺的问题。"战时版式"的原理是，"尽量减少空白地位，并增加行数字数"，通过这样一加一减，由过去每面排版 500 字，增加至 1000 字，可节约纸张一半。同时，又尽量减少印量，适当增加印次，"不使因多印而滞存过久"。这两项办法，使出版用纸可减少至原来的 40%。① 从 1938 年 6 月开始，王云五通令所有商务印书馆的出版物采行"战时版式"。王云五还大量采用四川出产的土制手工纸，以节省纸张及运输成本。这也是 1936 年张元济等人"四川之游"的一个成果，当时他们就"对四川手工纸的质量、价格、产量和提高质量、产量的可能性作了详细的调查"。②

为了解决因交通阻隔而造成的发行及运输困难。王云五以"轻磅纸张"代替普通用纸。所谓"轻磅纸张"其实就是矾纸，由于重量比一般出版用纸轻一半，过去只用于纸盒里层，裱糊于硬纸板之上，从未有人将其作为出版用纸。王云五经过反复试验和不断改进，认为可行。这样，"可节省运量与运费过半，且价格亦较普通报纸（案指出版用纸）大廉"。③ 各地印书所用纸型，过去走陆路交通，但随着越来越多的陆路中断，只能考虑通过空邮，

---

① 《王云五文集》伍（下），江西教育出版社 2008 年版，第 771 页。
② 汪家熔：《大变动时代的建设者——张元济传》，四川人民出版社 1985 年版，第 253 页。
③ 《王云五文集》伍（下），江西教育出版社 2008 年版，第 771 页。

但香港空邮规定不收寄货物。"纸型"是货物，因而不能走空邮。稿件不是货物，可以走空邮。王云五想办法将"纸型"改造成"稿件"，以达到空邮的要求：原来"纸型"系以薄型纸多张连同硬纸板组合而成；改造之后，薄型纸张数尽量减少，所衬之硬纸板则尽量改薄减轻，"使其厚薄与较厚之稿纸相等"。[①] 这就是所谓"航空纸型"。为有备无患，王云五下令大量制备"航空纸型"，寄往重庆和赣县印刷厂，在抗战时期发挥了重要作用。

经过这一系列适应战争年代的各种体制、机制、人员调整，并克服种种困难，商务印书馆在这一时期（1937—1941）仍取得相当成绩，为发展抗战时期中国的文化教育事业作出极大贡献。

首先，商务印书馆优先保证中小学教科书的供应。前已述及，全面抗战之前，商务印书馆一般用书的出版品种和经营规模已超过教科书；全面抗战开始之后，各项资源紧缺，一般图书的供应暂时以库存图书为主，新书出版大量减少，出版方针"回复到以教科书为主的地位"。[②]"八一三"淞沪会战时正值中小学校教科书供应，国民政府教育部紧急将开学时间延迟至 9 月 20 日，商务印书馆基本保证了教科书供应。除正常教材之外，1938 年 8 月，商务印书馆推出本馆创编的《中小学战时补充教材》，包括中小学社会、自然和战时常识 3 科，其中社会科包括公民、历史、地理三编，取材注重精神训练、国际形势、中日关系、战时经济、民众组织与训练等。自然科包括卫生、化学、物理三编，取材注重战地救护、医药常识、防空、防毒、兵器火药，及战地工程等。"战时补充教材"结合实际，实践性强，着重对学生进行抗战教育，因而"极为各校所欢迎"。[③]

---

① 《王云五文集》伍（下），江西教育出版社 2008 年版，第 771 页。
② 《王云五文集》伍（下），江西教育出版社 2008 年版，第 695 页。
③ 《王云五文集》伍（下），江西教育出版社 2008 年版，第 695 页。

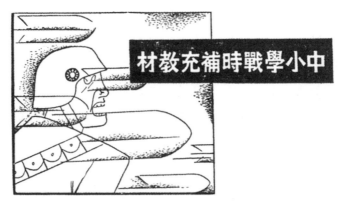

《东方杂志》刊登的《中小学战时补充教材》广告

　　其次，大量出版适应战时形势，为读者所迫切需要的抗战图书，为全民抗战宣传、呐喊。1937 年 9 月 1 日，商务印书馆在沪上报纸刊发广告宣传推广"战时读物百种"，汇集一百多种有关国际关系、日本状况、战时知识的图书。如有关日本的图书《日本国势概况》《日本政府》《日本与法西斯》《日本经济论》《日本经济地理》《日本对华商业》《日本对沪投资》《中日外交史》《中日战争》《中日纠纷与国联》等；有关战时知识的图书有《战时国际法》《战时统制经济论》《战时经济学》等。虽然全是旧书，但非常及时地满足了当时读者的迫切需要，因而受到读者热烈欢迎。随后，《战时常识丛书》（15 种）、《抗战丛书》《抗战丛刊》《抗战小丛书》（26 种）、《战时经济丛书》等陆续推出。"以供给战时民众的精神食粮为主旨"。① 其中不少是新编的图书。如《战时手册》，内容包括党政概要、外交常识、军事常识、战时法规、防护知识、医药卫生、地理图表、交通要览、民众组织及后援工作、国歌及军歌，共十个部分。这本书极为战时所需和应急所用，甚

① 《王云五文集》陆（上），江西教育出版社 2011 年版，第 272 页。

至被"用作前线将士慰劳品，亦极合宜"。① 《民众基本丛书》第一集 160 种，以"推进民众读书运动，供给民众系统读物"为宗旨，"以极廉价，使仅受平民识字教育者皆能进修"。② 《时代知识》册页，专门针对识字仅千字左右的民众而编，每册一题，三至四千字，"为节省纸张计，各册皆取消封面，每册一律八面"，定价仅一分半。③

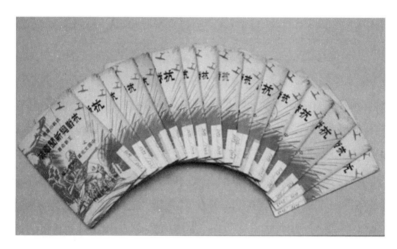

部分战时读物

此外，"八一三"事变之前"业已发售预约"（案指商务印书馆图书经营的一种方式，即在出书之前，先预约发售，以优惠价预收订购者书款，图书出版后按事先约定寄书给订购者）的一些大型丛书、文库，虽然物资筹措极其困难，商务印书馆也不愿失信于读者，继续印行了《万有文库》第二集、《丛书集成初集》、《四部丛刊》续编及三编、《大学丛书》等。

这一时期新出的值得一提的大型图书，是 1938 年 11 月出版的

---

① 《王云五文集》伍（下），江西教育出版社 2008 年版，第 735 页。
② 《王云五文集》伍（下），江西教育出版社 2008 年版，第 727 页。
③ 《王云五文集》陆（上），江西教育出版社 2011 年版，第 272 页。

《中山大辞典一字长编》。"一字长编"是王云五任总编纂的《中山大辞典》的第一册，共收词语 5474 条，100 多万字。该书出版之后，王云五曾送蔡元培审阅，蔡元培评价"搜罗甚富"。[①]

王云五在编译所任职时就已着手筹编此书，原拟书名《中国大辞典》，后来接受孙科领导的中山文化教育馆资助，因此改名为《中山大辞典》。《中山大辞典》参照著名的《牛津大辞典》的体例，规划词语条数为《辞源》的 10 倍，字数则为《辞源》的 20 倍，预计总字数约 5000 万字，分 40 册出版。

《中山大辞典》是王云五在工具书方面投入最大、最为重视的一部大型辞书。为专心编纂事务，他还曾向张元济提出过辞去商务印书馆总经理的请求。王云五的目标是将这部大书编成中国版的大百科全书。不过，由于此前大量资料损毁，加之王云五战后转向政坛发展，"一字长编"出版之后，这个项目就再无进展。直到王云五去世，这个项目也没有最终完成。

二、以重庆为大后方的战时出版（1941 年 12 月至 1946 年 4 月）

1941 年 12 月 8 日，日本偷袭美国珍珠港，太平洋战争爆发。日军随即进攻香港。王云五 11 月 13 日从香港赴重庆参加国民参政会会议，在往成都看望在那里读书的两个儿子之后，本已预订 12 月 8 日的返港机票。消息传来，香港已回不去，在港家人的安全因通信中断也无从得知。"乃决定以全副精神应付艰危"，使商务印书馆第四度复兴。

当日，王云五即亲拟电报稿，拍发到商务印书馆的所有分馆，宣布即日起在重庆成立总管理处；与此同时，撤销了商务印书馆

---

① 高平叔编著：《蔡元培年谱长编》（第四册），人民教育出版社 1999 年版，第 412 页。

驻港办事处，而在原驻渝编审处的基础上成立驻渝办事处，"承总管理处之命，统辖所有后方馆厂"。① 商务印书馆重新恢复到总管理处统辖一切的战前体制，不同之处是战前是总管理处以六部统辖，这时改为总管理处以驻渝办事处统辖。

总管理处与驻渝办事处共有 30 多人，"大部分是从香港撤退或从上海调来的"②，负责人是从上海总馆来渝的协理史久芸。其下设二组：第一组主管生产营业及其他，史久芸兼主任；第二组主管编审，以原负责驻渝编审处的张天泽为主任。又从成都分馆调入多人充实。

地处重庆下城白象街的商务印书馆重庆分馆，之前被日机炸毁，重建不久，连电灯都还未装，总管理处和驻渝办事处成立之后，就在这里开启了商务印书馆第四次复兴的重大历史使命。为节省费用，王云五搬离旅馆，在商务印书馆的图书仓库（书栈房）中用木板隔了一间很小的办公室，起居、会客都在这里进行。因房间狭小仅丈余，王云五以"方丈"自嘲。自此，重庆成为继上海、香港之后商务印书馆的大本营，直到抗战胜利，才陆续回迁上海。

太平洋战争爆发后，香港、上海的商务印书馆再次遭受重大损失。香港方面，商务印书馆驻港办事处、工厂厂房全被日军占用，仓库被封，生产完全停顿。等抗战胜利后派人清理，"所见到的是残损的机器、炸毁的楼房、大门洞开又空无一物的仓库"，120 余台印刷机器被劫运到九龙火车站、广州等处，也已全部损坏。上海方面，原已避入租界的留守人员已无法继续工作，存书和印刷机器大都被日军席卷而去。由此可见，王云五在太平洋战争爆发后在重庆作出的一系列应变措施，是多么及时！

---

① 《王云五文集》伍（下），江西教育出版社 2008 年版，第 808 页。
② 张毓黎：《商务印书馆总管理处迁渝时期的工作概况》，载《中国出版史料（现代部分）》，第一卷（下册），山东教育出版社 2001 年版，第 60 页。

　　随后，上海、香港的一部分职工陆陆续续辗转来到重庆。王云五又一次以饱满的热情投入到商务印书馆的复兴之中。"在重庆街头，时常看到他握着一柄洋伞健步如飞。"① 商务印书馆由此开启了以重庆为大后方的战时出版时代。

家人安抵重庆后合影。蹲者右起：王学政、王学善；立者右起：王学农、王学艺、王云五、王学理、徐馥圃、王学武、王鹤仪、徐净圃、王学哲

　　复兴商务，首在财政。王云五可以运用的现款，只有原商务印书馆重庆分馆的 13 万元法币。一方面，他要尽快在重庆恢复出版业务；另一方面，香港沦陷之后，原驻港办事处及香港分厂的职工近千人还需设法救济和安置。两方面都需要钱，财政困顿显而易见。蒋介石了解到商务印书馆的财政困顿，指派国民参政会秘书长王世杰、他本人的秘书陈布雷（在王云五主政编译所时期，曾在编译所任编译工作）到商务印书馆表示慰问，并承诺向商务印书馆提供 300 万元贷款，作为商务印书馆复兴之急用。财政部部长孔祥熙还破例同意此贷款不需担保品或由原上级主管机关（教

---

① 卜少夫：《文化巨人王云五》，载《新工商》杂志，第 2 卷第 7 期，1944 年，翰堂近代报刊数据库。

育部）担保，而改由王云五以个人信用担保，贷款利息是最优惠的按月七厘（其后逐步上浮至三四分）。商务印书馆的传统是不向银行贷款的，况且蒋介石这个人情多少带有政治的意味，综合考虑之下，王云五接受了贷款，但表示贷款只作为额度，以三年为期，有需要时可随时支取，无需要则不支取，就当是有人免费为商务印书馆提供了一份保险。这样安排，既心领了蒋介石的好意，又不违背商务印书馆"政治中立"的惯例。在王云五的精心安排下，商务印书馆在复兴过程中始终没有动用到这笔贷款。

王云五对于蒋介石在商务印书馆财政最困难时伸出的橄榄枝保持警惕，除了商务印书馆历来与政治保持一定距离这个因素，还有着更深一层的考虑。因为这时国民党官办的正中书局借着官办的背景和"国定本教科书"政策的先天优势，已成为商务印书馆强劲的市场竞争对手。商务印书馆如果陷入危机，正中书局借机并吞，并非没有可能。当时，"正中的总经理吴大钧访问了王云五，表示了慰问之意，并示意正中书局可以协助商务并愿投资。"①

王云五只能自力更生。这一次，他之所以能够顺利渡过财政危机，最重要的是实施了"生产营业与调剂货物的联合政策"（以下简称"联合政策"）。"联合政策"的核心是施行《商务印书馆分馆营业解款考成奖励办法》及"规定渝厂工作标准，并订定奖励办法"。前者针对各地分馆，后者针对重庆的印刷厂。在经过严密的工作计划，并制定严格的工作标准和建立有效的奖励机制之后，各地回款加速，生产效率极大提升。这一套做法仍是王云五屡试不爽的科学管理法。也表明，越是在战时的特殊时期，科学管理法越是行之有效。王云五于1943年底随参政会代表团访问英国时，发现在战时的英国，其所实施的科学管理与他在商务印书

---

① 汪家熔：《商务印书馆史及其他——汪家熔出版史研究文集》，中国书籍出版社1998年版，第166页。

馆的许多做法殊途同归，如出一辙。他在重庆频繁演讲，其中一个最重要的主题就是科学管理，也与他用科学管理法使商务印书馆在极其困难的情况下艰难复兴，有着密切关系。

为了提高效率，在物质条件极其艰苦的情况下，王云五"土法上马"，利用"化学翻印办法"，翻印《辞源》合订本、《综合英汉辞典》《大学丛书》等，解决了存书不足，上机印刷又成本高昂的问题。他还组织人力改进了中文排字，使排字效率大为提高，并节省大量人力物力。1943 年 8 月，王云五发表《中文排字改革之报告》，宣布"发明"了中文排字新字架。他将不合理的排字房的组织，加以改革，新排字架采用四角号码排列，一些罕见字被撤去。新排字架被称为"云五式中文排字架"。王云五称"中文排字改革"为"发明"，且郑重其事地宣布放弃其"发明权益"以使中文出版业获益，但从实际情况看，称为"发明"多少有些勉强，因为核心的东西还是四角号码检字法在中文排字上的应用，然后在技术上对排字架做了一些改进。需要肯定的是，这项改进对提高排字效率帮助甚大，尤其在抗战时期的艰苦条件下，可以"省字又省铅，省地位（按指排字架的摆放空间），省人工，省检字时间，省训练时间"。过去排字工人需经三年训练才能熟练操作，改进之后只需两个月；过去排字架每人所需铅料 820 余磅（1 磅 = 0.4536 千克），改进之后仅需 350 磅。[1]

王云五的"联合政策"成效显著，重庆的商务印书馆业务"由艰苦的应变，而进至小康"，甚至成为"后方私人企业中财政状况最佳者"。[2]"其工作效率经过全市的工作竞赛结果，名列最前。"[3]

在财政稍为缓解之后，王云五还打出了"东方图书馆重庆分

---

① 《王云五文集》伍（下），江西教育出版社 2008 年版，第 815 页。

② 《王云五文集》伍（下），江西教育出版社 2008 年版，第 812 页。

③ 《王云五文集》伍（下），江西教育出版社 2008 年版，第 841 页。

馆"的旗号，实际上是在商务印书馆重庆分馆所在空地，"加建数间房屋，设一小规模之图书馆"。每日前来读书的人，竟然有二三百人之多。①

1942 年 3 月 1 日起，商务印书馆恢复日出新书 1 种，意味着商务印书馆已经全面复兴。从此时至抗战胜利前，重庆商务印书馆出版新书和重印图书共 1000 多种，日出新书 0.39 种，虽然与"一·二八"事变之后复兴的上海时期和"八一三"事变之后复兴的香港时期相比（见下表），在出版物的数量与印刷质量上仍有巨大差距，但在物资极其匮乏、运输条件极其艰苦、日军飞机不断空袭的情况下，这样的成绩已殊为不易。商务印书馆"较诸在后方已有良好基础之出版业，无论在量的方面，或质的方面，仍然有过之而无不及，始终占着出版界的领导地位"。②

商务印书馆四次复兴出书品种比较表③

年份	出版新书		平均每年	日出新书 （按 305 天/年计）
1932.8—1933.7	292 种	327 册	—	1.07 种
1937—1941	2352 种	3695 册	470.4 种，739 册	1.54 种
1942—1945	475 种	502 册	118.8 种，125.5 册	0.39 种

商务印书馆复兴，首要任务仍然是确保教科书的出版供应。王云五从上海调来李伯嘉，代表商务印书馆担任国定本中小学教

---

① 《王云五文集》伍（下），江西教育出版社 2008 年版，第 816 页。

② 《王云五文集》伍（下），江西教育出版社 2008 年版，第 815 页。

③ 表中，1932.8—1933.7 数据根据王云五《复兴一年来出版新书统计表》，载《王云五文集》伍（上），江西教育出版社 2008 年版，第 424 页。1937—1941 年和 1942—1945 年数据根据汪家熔《商务印书馆史及其他——汪家熔出版史研究文集》，中国书籍出版社 1998 年版，第 157 - 158 页。所有数据均不含教科书及大部丛书。

科书七家联营（商务印书馆、中华书局、正中书局、世界书局、大东书局、开明书店和文通书局）办事处（简称"七联处"）主任，统筹教科书事务。

1943年4月，教育部实施国定本教科书制度，即由各出版机构自行编辑改为统一由教育部组织编定，原拟由官办的正中书局一家承印，在原教科书出版机构相继迁来重庆之后，改为七家联营，其中商务印书馆、中华书局和正中书局三家占最大市场份额。王云五虽然对此颇有微词，但战时情况特殊，"我为着赞助政府之政策，遂允加入，并力助其成，但迭经声明，一俟抗战结束，应仍恢复自由编印供应办法，以促进步"。①

为便利大量收购纸张和缩短运输路程，王云五将教科书的印刷放在重庆、成都（运输方便）及邵阳、赣县（纸张便宜）。

在一般用书方面，最重要的是1943年2月推出的《中学生文库》400种。《中学生文库》延续了《幼童文库》《小学生文库》的做法，重点向中学图书馆供应；收入了《万有文库》第一、第二集适合中学生阅读的参考书，抗战以来出版的适合中学生阅读的其他书籍，尤其是有关抗战和国际形势的书籍。《中学生文库》共售出4000套，是这一时期最大、最成功的出版项目。虽然，《中学生文库》与王云五过去所做的大项目在规模和出版速度上不能相比，但如此艰苦的条件仍可操作这样的大项目仍然令人十分钦佩！

1943年3月，商务印书馆的名刊《东方杂志》第三次复刊（在"一·二八"事变、"八一三"事变和太平洋战争爆发时三次停刊），王云五亲撰《复刊词》，并兼杂志社社长。

由于商务印书馆的特殊地位，其在大后方重庆艰难而迅速地复兴，成为一件振奋人心的大事。"文化界与出版界殆无不赞扬商

① 《王云五文集》伍（下），江西教育出版社2008年版，第843页。

务复兴之速。"① 这为王云五积累了巨大的声望。与此同时，他以国民参政会为平台，介入政治愈来愈为密切，逐渐成为由文化界走向政坛的一颗耀眼新星。在这种情况下，王云五把更多时间和精力投入国民参政会的政治活动，到各地演讲等社会活动，以及研究撰著等私人事务之中，他与商务印书馆的关系开始渐行渐远。1943 年以后，"我只须主持大体和计划，其他琐事，均可不必躬亲主持，于是便有余暇，可为国家从旁协助"。②

三、上海沦陷之后的艰难留守（1937 年 11 月至 1946 年 9 月）

1937 年 11 月，上海沦陷；随后，国民政府迁都重庆。商务印书馆的出版业务相继在香港与重庆展开。但商务印书馆的总管理处、董事会仍在上海，董事长张元济，经理夏小芳、李拔可、鲍庆林，发行所所长曹冰严，以及相当一部分职员也留在上海。

1937 年 "八一三" 战后的上海

---

① 《王云五文集》伍（下），江西教育出版社 2008 年版，第 841 页。
② 《王云五文集》伍（下），江西教育出版社 2008 年版，第 841 页。

从表面看，商务印书馆的决策、管理还在上海；实际上，如前所述，商务印书馆的决策和管理，则随着王云五在香港和重庆而"应变"。这是商务印书馆在抗战时期为维持出版业务并振奋民族精神而不得不采取的灵活的"战时出版体制"。

"八一三"事变后，王云五位于上海北四川路的房子周围成为淞沪会战的战区，全家被迫迁入公共租界威海卫路 688 号租住。上海沦陷之后，再次举家迁居香港。

王云五留居香港，既要统筹商务印书馆的通盘业务，又要协调上海总馆留守人员的各种关系。这段时间，留守上海的张元济与迁居香港的王云五书信往来频繁，张元济多次派李伯嘉、史久芸等高管人员到香港沟通，两人通过这种方式，共商馆务，共渡难关。有关战时的管理制度，往往由王云五在香港拟好后，经张元济与留守上海的李拔可、鲍庆林等共同商议，然后实施。重大事项，如确定节约委员会名单及章程、制定记功给奖暂行办法、工人要求提高薪折（"八一三"事变之后职工薪折减半）、股东要求股息分红升折，等等，张元济一定写信征求王云五的意见；甚至一些像员工在办公室吸烟这样的小事，张元济也写信问王云五"能否发一通告，直捷禁止，若仅仅劝告，终归无益也。"①

事实上，留守上海的张元济常感孤立无援。1938 年 9 月，由于夏小芳请长假赴美，鲍庆林代理经理一职；1940 年 7 月，鲍庆林因身体病况，辞去代理经理职务；1941 年 7 月，李拔可又辞去经理职务，鲍庆林不得不抱病再出，继任经理。张元济把李伯嘉提为代理经理。此时，张元济身边可以一起商量和做事的，只有李伯嘉一人而已。每当他要找人商量商务印书馆的事情，他就开

①　王学哲编：《艰苦奋斗的岁月（1936—1948）：张元济致王云五的信札》，台湾商务印书馆有限公司 2009 年版，第 63 页。

始想念王云五。"公不在此，弟思之不禁傍徨无计。"①

商务印书馆素有工潮传统，工会力量虽在"一·二八"后经王云五暗中做手脚，有所削弱；但在"八一三"后商务印书馆做出不裁员工，薪酬减折的决定之后，不满情绪逐渐酝酿；再加上出版业务主要转去香港，在上海的工人生活更加困难，情绪开始激化。上海沦陷后，张元济就不断受到"同人闹事"的困扰。虽然张元济"力主从严"，但甚多阻力。② 1939 年 1 月 23 日，史久芸等人正在商务印书馆驻沪办事处吃饭，"忽有旧工人，当场掷粪，污及八人"。③

客观地说，商务印书馆对沪处留守的员工颇为优待，商务印书馆只是减薪，而中华书局则裁掉了 2000 多员工，并直接将总部迁到了香港。

坐镇香港的王云五就在这样内外交困的处境下，艰难地进行着商务印书馆的复兴事业。对于这段时间的"苦"，王云五曾在致胡适的信中谈及：

> 我这两年的苦真非'一·二八'时所能比拟，那时候痛定便可复兴，这时期则一面破坏一面复兴，一面复兴又是一面破坏，加以疆土日缩，营业日艰，成本日重，运输日难，而生活困难程度日高，同人之欲望亦日大，而'八一三'以来我的作风正和'一·二八'后相反，全体同人不使一人失所，全部事业不尝一日停顿，因此苦中加苦，不知从何说起。

① 王学哲编：《艰苦奋斗的岁月（1936—1948）：张元济致王云五信札》，台湾商务印书馆有限公司 2009 年版，第 67 页。
② 王学哲编：《艰苦奋斗的岁月（1936—1948）：张元济致王云五的信札》，台湾商务印书馆有限公司 2009 年版，第 77 页。
③ 王学哲编：《艰苦奋斗的岁月（1936—1948）：张元济致王云五的信札》，台湾商务印书馆有限公司 2009 年版，第 65 页。

所幸身体尚能支持，'一·二八'后几年内黑胡子变成了白胡子，'八一三'两年内身体减重三十磅，精神上却还如常。①

上海沦陷之后，商务印书馆在上海非常有限的出版活动只能退入相对还安全的公共租界和法租界，开始艰难的"孤岛"时期的留守出版。

"孤岛"时期，商务印书馆在上海的出版业务由临时成立的驻沪办事处经办。一方面，上海物价飞涨，人心惶惶；另一方面，租界当局害怕日军滋事；因此，商务印书馆驻沪办事处主要经营库存图书，并"在上海租界工部局随时警告之下，印刷一些

上海沦陷后蛰居租界的张元济

古籍及纯学术的书。"② 新书出版则基本停止。张元济想办法补印了战前已预售收款的《景印元明善本丛书》和《续古逸丛书》中的数种珍贵图书。经理李拔可、夏小芳带领小部分编辑人员主要从事《辞源》增订和《清代人名大辞典》编纂工作。

面对危机，张元济积极倡言并身体力行节约办事。表示"欲维持公司之生命，开源非易，惟节流而已"，要求停止供热、停止雇用汽车，减少员工津贴。"盖此后情形全国人民及本公司均非穷干苦干不可。"③

---

① 《王云五书信三十六通》（1938 年 10 月 30 日），影印件，载耿云志主编：《胡适遗稿及秘藏书信》（第二十四册），黄山书社。

② 张人凤编著：《张元济年谱》，台湾商务印书馆 1995 年版，第 458 页。

③ 张树年、张人凤编：《张元济书札》（中），商务印书馆 1997 年版，第 543 页。

1940 年 5 月，已经 74 岁的张元济只身赴港，与王云五会面。这次会面可能与留守上海的商务印书馆职工因为生活困难酝酿工潮有关。过去在一线处理这些事的都是王云五，这时，由于王云五留港指挥业务，年老体弱、留居上海的张元济不得不出面应付这些事。王云五建议，一旦发生工潮，"怠工期内薪水照扣，如有被迫无法工作者，向指定律师处声明，照给半薪"。[①] 半年之后的1941 年初，商务印书馆在上海的职工因裁员、薪酬、津贴等问题，组织了延续半年之久的工潮。[②] 工潮令商务印书馆在上海的经营雪上加霜。

太平洋战争爆发后，日军立即进驻上海公共租界和法租界，查封了商务印书馆位于租界内的发行所、工厂和仓库，抄去书籍 460万册、排版用的铅字 50 余吨。商务印书馆在上海的出版事业由此基本停顿。繁荣兴盛的上海出版业，"沦陷之后，却由报社和杂志充任了图书出版的主角。盛衰之判然，令时人有不胜今昔之感"。[③] 曾经是远东最大出版中心的上海书业在抗战期间遭受前所未有的重创和摧残，元气大伤，再未恢复，"书业黄金时代"由此终结。[④]

日本占领当局一度下令关停上海主要的 8 家出版机构。1942年 3 月，又提出将商务印书馆、中华书局、世界书局、大东书局和开明书局五大书局合并，成立所谓"中国出版配给会社"，试图参照日本国内在战时组建的"日本出版配给会社"，对中国出版业进行统制。日本占领当局要求"中国出版配给会社"的资本构成，除包括前述上海的五大书局和其他中资机构外，还要包括日本的东京三省堂、东京弘文堂等日资机构，以及汪伪政府的"中央书

---

① 转引自汪家熔：《商务印书馆史及其他——汪家熔出版史研究文集》，中国书籍出版社 1998 年版，第 173 页。
② 转引自周武：《二战中的上海》，上海远东出版社 2015 年版，第 323 页。
③ 《中国出版通史》第 8 卷，中国书籍出版社 2008 年版，第 145 页。
④ 周武：《二战中的上海》，上海远东出版社 2015 年版，第 307 页。

报社"等，其目的在于将出版业纳入日本文化侵略的统治政策下，妄图泯灭中国人的精神。但五大书局一致抵制，"以拖为拒，筹而不办"，使得"中国出版配给会社"胎死腹中。与此同时，日本人将上海书业公会改组，成立上海市书业联合会，以商务印书馆发行所

1943 年 6 月 2 日，《申报》关于中国联合出版公司成立的报道

经理曹冰严为主席，要求接受其指导。但书业联合会仍是原来书业公会的职能，在这个特殊时期则主要为会员单位的人和财产做"保释"。1943 年 6 月，为了应付不断纠缠的日本人，五大书局联合其他一些书局书店，合资成立"中国联合出版公司"（简称"五联"）。其职能主要是出版发行汪伪政府审定的伪"国定本"教科书，也少量地出过一些学术性的书和杂志。

"中国联合出版公司"在抗战胜利之后被人诟病，其资产也被国民党所接收。王云五是商务印书馆的总经理，虽然其本人一直在大后方重庆，不在上海，但仍被当时舆论所攻讦。王云五竭力撇清，并在抗战胜利后，张元济催促多次的情况下，一直拖到1946 年 4 月——那时，"中国联合出版公司"已作为"敌伪资产"被国民党的"中国文化服务社"接收了，才"复员"东下，重返上海。对于意在向政坛发展的王云五，在这样敏感的问题上保持"政治正确"，是可以理解的；但是王云五在后来写的回忆录中，

认为这一插曲"在商务书馆对于抗战的光荣中却不免构成一个污点"①，有意将商务印书馆在重庆大后方的抗战贡献与在上海沦陷区的无奈之举作对照，则未免对艰难留守的张元济等商务印书馆同人，缺乏"同情的理解"了。

淞沪抗战时，国民党政府推出"救国捐"，稍后又发行"救国公债"，上海书业积极捐献，认购 34 万余元，总额在各行业中排名第五，仅次于银行、钱庄、保险和棉布业。商务印书馆和中华书局各认购 15 万元，接近书业认购总额的九成。② 为解决职工生活困难，商务印书馆没有大规模解雇职工，更没有以歇业为名遣散职工。即使工潮爆发，也尽可能满足职工要求。

日军进驻"孤岛"之后，王云五曾派商务印书馆西安分馆经理借探亲机会赴上海拜访张元济、鲍庆林等，行前要他带话"无论如何，必须坚守国家立场，力拒与敌伪合作。第一不可参入敌伪资本，第二不可以任何方式与敌伪合作。""万万不可有违反国策之出版物"。③ 这与张元济的想法完全一致。当然，商务印书馆在上海留守，比之王云五在大后方碰到的情形，不知艰难几倍。物质的困顿，可以想办法克服；而精神的坚守，却需要更为刚强的意志。尤其是，张元济要在日军的残暴烈焰和汪伪的威逼利诱下，一方面保持民族气节，一方面还要维护商务印书馆的火种。这就需要刚柔并济的策略和能屈能伸的身段。

面对日伪势力的步步紧逼，以张元济为首的商务印书馆董事会，在迫不得已的情况下，参与组建"中国联合出版公司"，实在是委曲求全的非常之策。

在大多数出版业同行变更资本，向汪伪政权注册登记的情况

---

① 《王云五文集》伍（下），江西教育出版社 2008 年版，第 820 页。
② 参见周武：《二战中的上海》，上海远东出版社 2015 年版，第 308 页。
③ 《王云五文集》伍（下），江西教育出版社 2008 年版，第 819 页。

下，商务印书馆始终洁身自好，绝不随波逐流。为了避免外来资本（日资和汪伪资本）侵入，张元济煞费苦心，在沦陷时期，商务印书馆不开董事会、股东会，资本构成始终未曾改变。

1946 年 4 月中旬，王云五自重庆飞返阔别 8 年多的上海，次日即向张元济提出辞去商务印书馆总经理的职务。一周之后，商务印书馆董事会批准王云五辞职，但留任董事一职。王云五推荐时任教育部常务次长的朱经农，继任商务印书馆总经理，并兼编审部部长。

1946 年 9 月 29 日，商务印书馆董事会召开抗战全面爆发以来的第一次股东大会，王云五以董事身份参加了这一次会议，并报告了 1937—1945 年间商务印书馆的各种情况。在这一次股东大会上，王云五对于上海沦陷之后坚守租界维护商务印书馆火种的董事会给予高度评价：

> 上海沦陷后公司备受敌伪胁迫、危害，但在菊生先生暨各位董事主持下坚决抗拒，始终不屈，不开股东会，不改选董事、监察人，不更改组织，甚至连公司的股本都未增加。我们实在可以自豪！诸位看看处在当时恶势力下工商机构改组的有多少，但本公司始终没有改组，增资的有多少，但本公司始终没有增资。这不能不归功于菊生先生和其他几位董事。①

上述评价显然更接近事实，其与前述王云五晚年写的回忆录着墨点明显不同，或许与读者对象不同、时间地点有别有关，又或者是受到意识形态的影响。这是我们在研读史料时需要注意的。

---

① 商务印书馆董事会记录，转引自汪家熔：《商务印书馆史及其他——汪家熔出版史研究文集》，中国书籍出版社 1998 年版，第 171 页。

　　全面抗战爆发以来，商务印书馆不管是避居香港、内迁重庆，还是留守上海，始终坚守出版业务，保持民族气节，为民众提供精神食粮。在香港和重庆都出版了大量鼓舞抗战、激昂士气的抗战读物，在极为艰苦的条件下为中小学出版和发行教科书及各类补充读物，为抗战胜利做出了出版界应有的贡献。

　　王云五曾将战时中国的出版与英国战时出版进行比较，以战时的1943年为时点，中国出书品种是战前（1936年）的47%，英国则是战前（1938年）的42%。战时中国杂志出版的品种数甚至远远超过战前。① 从经营上看，1937—1945年间，商务印书馆的现金收支顺差逐年增加，详见下表：

1937—1945年商务印书馆现金剩余表②

（单位：元）

年度	收入金额	支出总额	剩余总额	剩余占收入%
1937	8907483	3732306	5175177	58.09
1938	6935505	3728645	3256860	46.62
1939	10020986	5375927	4645059	46.35
1940	14581955	8574685	6007267	41.20
1941	19176885	15775281	3401604	17.74
1942	33255976	11253595	22002381	66.16
1943	64373799	28095575	36278224	56.36
1944	190673183	67399828	123273355	64.65
1945	717968682	329437408	388531454	54.12

---

① 《王云五文集》伍（下），江西教育出版社2008年版，第878－879页。
② 转引自汪家熔：《商务印书馆史及其他——汪家熔出版史研究文集》，中国书籍出版社1998年版，第156页。

虽说顺差不代表公司盈余，但战时条件下，这也是一项了不起的经营业绩！这样的业绩，固然是民族危机之下商务印书馆同人共同奋斗的结果，但与王云五的"苦斗"精神及他实施的各项战时出版举措同样密不可分。

抗战期间，商务印书馆的资产被大量损毁和掠夺。据汪家熔的估算，扣除急速飞涨的通货膨胀因素，直到1947年，商务印书馆的实有资产仅及其股本500万元的三分之一，而股票行市也仅及原值的三分之一。①

在极为困难的情况下，张元济、王云五带领商务印书馆在"一·二八""八一三"和日军突袭香港的三次巨劫后，由上海至香港，由香港至重庆，四度复兴商务印书馆。在战争突临这样的大灾大难面前，商务印书馆表现出的英勇不屈，无愧于中国读书界的重镇和中国人精神象征的荣誉。

商务印书馆在抗战期间取得的巨大成就和王云五的卓越表现，为他塑造了临危不惧、善于处理复杂多变局势和擅长企业经营管理的形象，赢得了"为国难而牺牲，为文化而奋斗"的声誉。显然，王云五已积累了足够多的政治资本，他可以跳出商界、文化界，转向政坛发展了。

---

① 转引自汪家熔：《商务印书馆史及其他——汪家熔出版史研究文集》，中国书籍出版社1998年版，第171页。

第六章／走向政坛

1975 年 4 月 5 日，蒋介石在台北逝世。王云五备极恩宠，是蒋介石大殓典礼中覆盖"国旗"四人中之一人。他在接受台湾报纸采访时"追怀领袖五十年的知遇"①；向刚刚当选国民党主席的"行政院院长"蒋经国发去贺函；撰写长文《我怎样受知于故"总统"蒋公》，公开发表于当年 5 月 1 日出版的《东方杂志》，回忆与"蒋公"近半个世纪的交往。

这段时间，他有些恍惚，常常回想个人从政的往事。如果没有从政，自己会有一个什么样的人生？抗战时期在陪都重庆，就有记者断言说："假如王云五不从政，又假如中国局面安定无波，王云五以出版事业终其身，则他的成就，将无可比拟。"② 可是，如果缺了这十几年的从政经历，他的人生还能算是一趟"壮游"吗？人生真的存在那么多的"如果"，那还是真实的人生吗？

学而优则仕。每一位中国文人都有一个"政治梦"，这是他们"入世"报国的最好方式。可是他们往往以失败告终。

1948 年 11 月 10 日，王云五因币制改革失败从财政部引咎辞职。三天之后的 11 月 13 日，王云五在编译所时的旧同事、国民党的"文胆"陈布雷"殉道"自杀。

陈布雷（1890—1948），1911 年曾在上海《天铎报》以"布雷"为笔名撰写时评，是报界才子。1920—

陈布雷

① 《王云五全集》(18)，九州出版社 2013 年版，第 699 页。
② 《王云五的相格》，转引自王寿南编：《王云五先生年谱初稿》（二），台湾商务印书馆 1987 年版，第 803 页。

1926 年在商务印书馆工作。加上之前《天铎报》的经历，陈布雷与王云五有过六七年时间的工作交集。1927 年陈布雷加入国民党，深受蒋介石信任和重用，逐渐成为蒋介石最重要的工作助手。蒋介石称其是"当代完人"，但他书生之志不改，认为"政治生活实缈乎不足道"。

王云五与陈布雷，两人都是从商务印书馆离职从政，从政之前两人都在各自领域成就斐然。陈布雷在这个时间点上弃世而去，对于在政坛上屡战屡败的王云五产生了什么影响，不得而知。

对于王云五而言，政治要复杂得多。王云五曾经总结自己人生经历："以出版为主，教学次之，公务政务殆如客串"。① 既然是"客串"，就不是主动的，不是"主角"。果真如此吗？从政之前，或许他有着中国传统读书人学而优则仕的"入世"梦想；可是当他在政治上失败，将政坛视作"地狱"之后，他有许多机会从政坛脱身，回归他喜爱的出版事业，或他感兴趣的教学和研究工作，他脱身了吗？一旦机会来了，还不是照样上位？或者进一步说，暂时的脱身，是在等待下一个机会吧？

一、初任公务

1911 年 12 月 31 日，从国外流亡归来的孙中山抵达上海。

这位候任民国临时大总统在上海受到旅沪香山同乡的热烈欢迎。王云五时年 24 岁，在留美预备学堂任教务长，兼上海《天铎报》主笔，在香山同乡中是学有所成的青年才俊，因而被选为欢迎宴会的主持并致欢迎辞。爱才惜才的孙中山注意到这位小同乡的老成练达，宴会开始后两人坐在一起又进一步交谈。原来孙中山的故乡翠亨村，与王云五的故乡泖沙村，相距才十几华里（1 华

---

① 《王云五文集》陆（下），江西教育出版社 2011 年版，第 1338 页。

里＝0.5千米）。王云五小时候就对表兄陆皓东跟着孙中山闹革命的故事耳熟能详；他家许多亲戚在美国的檀香山，孙中山在檀香山成立兴中会"振兴中华"的故事，也在家里和亲戚之间流传。他关注孙中山的消息，对孙中山十分崇拜。这一次活动，王云五还认识了孙中山的大公子孙科（哲生）。孙科对王云五后来从事出版事业给予了极大支持，两人的友谊维系一生。

就在这次宴会上，孙中山当面邀请王云五随他到南京，做他的秘书。民国初立，百废待兴，迫切需要各种各样的人才。会讲国语、英语、广东话和上海话，为人精干的王云五做临时大总统府的秘书再合适不过。孙中山指派王云五主持总统府接待处的工作，每天接待来访的宾客，然后根据情况做出安排。王云五因此有机会每天与孙中山见面，聆听教导。这时，总统府收发处主持工作的秘书由王云五在中国公学的一个学生杨铨（杏佛）担任，两人过从甚密。

这样的工作持续了不到半个月，一天，王云五突然接到从上海家里转来的一封信，是时任民国政府教育总长的蔡元培先生亲笔写给他的，信中邀请他"往教育部相助为理"。原来，王云五在到南京临时大总统府任职之前，根据自己从事教育工作六七年的心得，把对民国政府的教育政策的意见写成建议书寄给蔡元培先生。蔡元培对王云五的建议书甚为赞许，因此邀请素未谋面的王云五到教育部任职。王云五对此跃跃欲试，便持蔡元培的信，以初生牛犊不怕虎的勇气，向孙中山请示。孙中山给出一个两全之策，即半天在总统府做秘书，半天到教育部相助。

在给蔡元培的信中，王云五提出三点建议：一是废止各省所设高等学堂，改为在大学设预科；这样，一方面可以提高中等学校程度，一方面预科毕业成绩优异者，可升入大学。二是大学不限于国立，应准私立；国立大学也不仅限于京师大学堂。三是设专门学校，为不能升入大学者提供实用的专门教育。这三点建议颇合蔡元培的教育理念。王云五在教育部工作期间，其中一些建议被他付诸实施。

蔡元培执掌教育部，主张精简，反对冗员，"连缮员在内，不过三十余人"。① 内设承政厅（相当于现在的办公厅）、普通教育司、专门教育司和社会教育司。王云五所在的专门教育司，"掌管：大学、专门学校、博士院、历象监、国史馆、国语统一会、学术会，以及授予学位，派遣留学生等"。②

这时，经由已在教育部工作的许寿裳的推荐，蔡元培邀请周树人（鲁迅）到教育部任职。这样，鲁迅与王云五，以几乎同样的方式先后到教育部任职。鲁迅入职新成立的社会教育司，司长是夏曾佑；而许寿裳则在普通教育司。

1912 年 3 月，王云五随民国临时政府迁到北京，继续在教育部任职。同年 8 月，教育部公布修正后的官制，周树人、王之瑞（王云五）、许寿裳等改任科长。③ 王云五任专门教育司第一科科长，主管大学及留学生事务。据王云五自己的回忆，他在专门教育司最大的作为是起草了《大学令》，且把自己关于大学教育的一些设想也写了进去。④ 不过，蔡元培曾在审阅高平叔送呈的《孑民文存》时向他提到，《大学令》是他亲自起草的。⑤ 或许，作为主管大学事务的科长王云五起草了最初的《大学令》文稿，再经作为教育总长的蔡元培修改补充定稿；又或者，蔡元培另外起草了一个《大学令》，也未可知。1912 年 10 月 24 日，《大学令》经临时教育会议审议通过，以教育部第 17 号部令公布施行。《大学令》

---

① 高平叔编著：《蔡元培年谱长编》第一卷，人民教育出版社 1999 年版，第 424 页。
② 高平叔编著：《蔡元培年谱长编》第一卷，人民教育出版社 1999 年版，第 428 页。
③ 高平叔编著：《蔡元培年谱长编》第一卷，人民教育出版社 1999 年版，第 444 页。
④ 《王云五全集》（15），九州出版社 2013 年版，第 59 – 60 页。
⑤ 高平叔编著：《蔡元培年谱长编》第一卷，人民教育出版社 1999 年版，第 495 页。

对前清的大学管理政策多有突破，其中一些内容确实出自王云五当初向蔡元培提出的建议，如"私人或私法人亦得设立大学"。这一条政策，对民国初期大学的快速发展起到了一定的促进作用。

另外，在将京师大学堂改组为北京大学的过程中，王云五居中协调，使得原京师大学堂监督严复与教育部选定出掌北京大学的何燏时顺利交接，其本人与严复还成了忘年之交。①

在教育部一班同僚中，王云五资历最浅，年纪也最轻，但主管专门教育司的司长林少旭评价其工作"不仅处理公务有如老吏，对于公文的起草修正，也无不适合分际"。②王云五后来勇于挑战新职，游走于政、学、商各界，与这一时期打下的基础有一定关系。

1912年6月，民国政府首任总理、也是王云五另一位香山同乡唐绍仪（少川）不满袁世凯专权，辞去总理职务，蔡元培为表示声援，也辞去教育总长职务，改由次长范源濂任总长。1913年3月，陈振先以农林总长兼教育总长。陈振先是广东人，而教育部中主事的几位高级官员都是江浙人；陈振先对王云五较为倚重，王云五以专门教育司第一科科长之职兼陈振先的主任秘书，并列席部务会议；这使教育部内部出现了中国官场惯见的派系之争。王云五自然坚决地站在陈振先一边，一度还以主任秘书代理了专门教育司司长之职，可谓红极一时。但好景不长，在陈振先辞职后，王云五无法在教育部立足，随后也辞职。

王云五无意之中卷入派系之间的人事纷争，同在教育部任职的鲁迅，是否因此对王云五有了负面的看法，我们并不知道。我们所知道的是，十多年后，鲁迅对王云五确实没有丝毫的好感，两人住在同一条街上，却老死不相往来，同为文化界名人，却没

① 《王云五文集》陆（下），江西教育出版社2011年版，第65页。
② 《王云五文集》陆（下），江西教育出版社2011年版，第63页。

有任何工作和私人的交集。

其后，王云五继续留在北京，一面在大学任教职，一面为报纸撰写社论，日子倒也过得逍遥。1916 年 7 月，王云五由北京重返上海，任苏、粤、赣三省禁烟特派员。这是一个公认的肥缺，因为当时时局混乱，政府职能不全，所谓特派员权力极大。也正因为这样，有人说，王云五在不到两年的特派员工作中捞了许多油水。王云五因而也受到报界的一些攻击，感到"心力交瘁"。①

结束禁烟特派员工作前后，报界传闻王云五拟"入京另谋位置"，甚至绘声绘色地说他"颇注意山东省长"的职位。② 然而民国初年在教育部和禁烟特派员任上的三年时间，已让王云五阅尽官场百态，对人事的斗争，政治的莫测，有着在他这个年纪（24—27岁）难得的体会。有人欣赏他的才干，他也曾经有继任教育部专门司司长和北京大学预科学长的机会，因为人事的复杂而不得。在禁烟特派员任上，"无端陷入是非之场与两年间勾心斗角之生活"，甚至卷入军阀间的政治斗争。无怪乎他要遁出官场，转入"韬晦与研究"了。③

青年时期的这一段公务经历虽然时间不长，而且断断续续，但为王云五后来进入政界积累了经验，尤其是行政工作的经验。他与孙中山、蔡元培等人的交往，成为他中年之后走向政坛的政治资本。

二、参政议政

1938 年 4 月，王云五以无党无派的社会贤达，作为文化界的代表，被选为第一届国民参政会参政员。

---

① 《王云五文集》陆（下），江西教育出版社 2011 年版，第 88 页。
② 《王云五之官梦》，《民国日报》1917 年 4 月 6 日。
③ 《王云五文集》陆（下），江西教育出版社 2011 年版，第 82 页。

国民参政会是为抗战服务的民意机构，由各方民意代表组成，但又不像国会那样拥有立法权。其职责由国民党颁布的《抗战建国纲领》所规定，王云五将其总结为："团结全国力量，集中全国之思虑及识见，以利国策之决定与实行。"[①] 参政员通过国民参政会这一政治组织，讨论国家大事，建言献策，参政议政。第一届国民参政会中，中共方面也有毛泽东、董必武等7人参加。

王云五被国民党选入参政会，应是自然而然的事。

1921年进入商务印书馆之后，王云五藏起了他民国初年"初任公务"时的锋芒，专注于编译所的改革计划和出书事宜。这是他的商人本性使然，更是商务印书馆"政治中立"的商业需要。他游刃于编译所内复杂的人际关系，小心翼翼地平衡着青年编译人员的激进和老派守旧人士的保守、馆外如火如荼的革命热潮和馆内若隐若现的党团活动，以及劳资双方复杂背景下的利益诉求等关系。编译所的改革成效显著，受到学界和读书界的赞誉；商务印书馆管理高层对他的能力由初时的试用观望，到逐渐认可，直至1925年之后，把他推向令管理高层最为头痛的处理劳资关系的第一线，并于1930年做了商务印书馆的总经理。

商务印书馆编译所所长的职位，为王云五罩上了他未能料想到的光环，使他一举登上20世纪20年代中国政治、经济中心的上海政经大舞台，逐渐成为大上海的明星级人物。感谢数字技术的突破性发展，通过检索民国时期上海主流日报《申报》数据库关键词"王云五"，检索结果多达3757条，其中1921年王云五进编译所前仅寥寥数条，而在1921年之后骤然增多，1925年前后呈现出爆发式增长。出现这种类似"曝得大名"的状况，除了由于编译所自身的社会知名度和社会关注度之外，还与王云五充分利用

① 《王云五文集》陆（上），江西教育出版社2011年版，第278页。

编译所这个平台，积极而广泛地参加各种社会活动密切相关。如果按其见报的频率建立一个坐标，画一条曲线，应该是一件非常有意思的事。

编译所之外，王云五一方面广泛参与各种社会活动，特别是教育界与学术界的活动，以维持着他所需要的曝光率与知名度；另一方面，他也小心谨慎地避免介入政治纷争，以"不谈政治"塑造他的"社会贤达"形象。

商务印书馆作为一家大企业，是有"政治中立"传统的，这使它在复杂多变的政治局势下能够左右逢源，并快速发展；同时，也使它错过了一些发展良机和重要著作的出版，如共和教科书的策动、新文学的崛起、《孙文学说》的出版，等等。王云五身处编译所这样一个背景复杂的知识分子群体，避免激进思想，"不谈政治"，既是商务印书馆的传统惯性，也是王云五的精明个性使然。在发现沈德鸿（雁冰）主编的《小说月报》激进苗头之后，王云五不惜违背当初"不干涉编辑方针"的约定，"对《小说月报》发排的稿子，实行检查"[1]；又通过发行《小说世界》，试图取而代之。

1927年南京国民政府建立后，以制度和法规加强了对进步书刊的查禁和限制。1928年，国民政府颁布《著作权法》；1929年，国民党中央党部发布《宣传品审查条例》；1930年，国民政府颁布《出版法》；1931年，颁布《出版法施行细则》。《出版法》"对于报刊、书籍及其他出版物的限制，多达44条"[2]。王云五在这样的时代背景下出任商务印书馆的总经理，除了继续秉持"政治中立"的办馆宗旨，在日常的管理中变得更加小心谨慎。"一·二八"巨

[1] 茅盾：《我走过的道路》（上），人民文学出版社1997年版，第212页。
[2] 宋原放主编：《中国出版史料（现代部分）》第一卷（下册），山东教育出版社2001年版，第285页。

劫后首先复刊的《东方杂志》，王云五原本承诺作为主编的胡愈之可以全权发稿，但仅过半年就因其内容"颇多不合国策"而不惜毁约，胡愈之愤而辞职。此后，王云五"乃切实执行发行人的职权，在付印以前，辄取排校稿遍阅一过，以作万一的矫正"。① 不料，继任的李圣五刊发为汪精卫投降日本辩护的文章，在全民抗日的舆论浪潮中极不和谐，当然属于"违反国策的言论"。李圣五是王云五引入商务印书馆的"人才"，为此王云五不得不与其划清界线，令其去职，改任馆外编辑，从事于纯学术著作之译述。

对于这段时间王云五的谨小慎微，鲁迅曾经进行辛辣的讽刺：

王公胆怯，不特可哂，且亦可怜。忆自去秋以来，众论哗然，而商务馆刊物，不敢有抗日字样，关于此事之文章，《东方杂志》只作一附录，不订入书中，使成若即若离之状。②

20 世纪 30 年代前后，王云五住在上海北四川路 183 号③，鲁迅住在北四川路 194 号 A 一栋公寓楼的三楼四号，均位于电车终点站附近。但这两位过去的旧同事、如今的沪上名人没有任何往来，鲁迅的书大多交给上海的一些中小书局如北新书局、天马书局、青光书局、光华书局、春潮书局，以及良友图书公司、文化

① 《王云五全集》（10），九州出版社 2012 年版，第 542 页。
② 《鲁迅全集》第 12 卷，人民文学出版社 1996 年版，第 99－100 页。
③ 王云五在上海北四川路 183 号的房子，系自己买地筑建，在他到商务印书馆编译所工作之前已经建成。1928 年 1 月 10 日张元济致蔡元培的信中曾有谈及："……其寓在北四川路一八三号，在电车末站之旁，狄思威路斜对面一横路之尾，殊不易寻觅也。"（高平叔编著：《蔡元培年谱长编》第三卷，人民教育出版社 1999 年版，第 141 页）"一·二八"劫难，及"八一三"事变之后，王云五及家人大部分时间不住在这里，而是在租界租住。抗战期间，房子被日军占用并改造。王云五到南京做官后，将房子"出典"给教会。上海解放后，房子收归人民政府，商务印书馆编辑部一度搬入办公。

生活书店等出版，这段时间商务印书馆没有出过一本鲁迅的著作。显然，鲁迅对于王云五及商务印书馆并无好感。他称王云五是"四角号码王公"，暗含讥讽。民国初年，蔡元培首任教育总长时，王云五和鲁迅曾在教育部共过事，应该是早就认识的。与王云五不同的是，鲁迅在教育部一直供职至20年代，历经蔡元培、范源濂、傅增湘、章士钊等多位教育部长，1925年离职时是"佥事"，显然未受到重用；而王云五虽早早离开了教育部，但却一直与教育界保持着良好的互动。

20世纪30年代前期，国民党大搞白色恐怖，特务政治横行。1933年6月18日，王云五在民国初年南京临时大总统府、商务印书馆编译所和中央研究院时期均曾一起共过事的朋友杨杏佛（1893—1933）就在上海被国民党特务暗杀。1934年11月13日，著名报人、上海《申报》的老板史量才也被国民党特务暗杀。作为文化界知名人士的王云五在政治上更加小心谨慎，既是商务印书馆的经营所需，也与严峻的时局密切相关。鲁迅与胡愈之、茅盾等中共地下党员，以及与杨杏佛（被暗杀时任中国民权保障同盟总干事，该同盟由宋庆龄、蔡元培等发起，鲁迅、胡愈之也在其中）等进步力量均联系密切，对王云五"不谈政治"的政治倾向和小心处事的圆滑个性应该也是清楚的。加上鲁迅疾恶如仇的个性，对王云五没有好感甚至厌恶，应在情理之中。

商务印书馆在"一·二八"劫难后，全体职工一律解雇，鲁迅的胞弟周建人当然也在其中。鲁迅曾托许寿裳转请蔡元培向王云五说情，以便周建人回馆复职。1932年3月22日鲁迅致信许寿裳："乔峰（案指周建人）事经蔡先生面商，甚为感谢，再使乔峰自去，大约王云五所答，当未必能更加切实"云云。① 以后鲁迅为

① 《鲁迅全集》第12卷，人民文学出版社1996年版，第76页。

此事还多次致信许寿裳催问，均无果。

王云五之所以答复"未必能更加切实"，大约是因为商务印书馆尚未复业。那时他的主要精力放在中小学教材的印刷筹划上，编译所的事估计还顾不上。

1932 年 8 月 1 日鲁迅致信许寿裳，说商务印书馆和王云五虽然处处小心，"但日本不察，盖仍以商务馆为排日之大本营，馆屋早遭炸焚，王公之邸宅，亦沦为妓馆，迄今门首尚有红灯赫耀，每于夜间散步过之，辄为之慨焉兴叹。倘有三闾大夫欤，必将大作《离骚》，而王公则豪兴而小心如故。此一节，仍亦甚可佩服也。"① 鲁迅批评商务印书馆政治冷漠，无视日本人的步步进逼和中国人的抗日情绪，不想得罪日本人，却仍遭日本人炸毁，这话有些刺耳，但大体还是事实；但对于住处在同一条马路且"每于夜间散步过之"的王云五住宅，说成是"一·二八"之后"沦为妓馆"，则为臆测，或是道听途说，无非是借题发挥其对"王公"的厌恶之情。事实上，"一·二八"劫难之后，王云五生活困难，将北四川路 183 号的房子出租，以增加收入；全家则搬入租界威海卫路 160 号租住。1932 年 2 月 18 日王云五致胡适的信中，要求将预付译费"从六月份起每月底汇寄敝寓威海卫路 160 号"。② 鲁迅所见房子虽是王云五所属，住在里面的却不是王云五一家人。

就在鲁迅攻击王云五宅第"沦为妓馆"的十天之后，也就是1932 年 8 月 11 日，许寿裳回复鲁迅，周建人回商务印书馆复职一事已落实；次日，鲁迅与周建人还专程赴蔡元培家，意在面谢，但蔡外出了，专门留了字条让他们去取商务印书馆给周建人的聘约。③

---

① 《鲁迅全集》第 12 卷，人民文学出版社 1996 年版，第 99 – 100 页。

② 《王云五信三十六通》，影印件，载耿云志主编：《胡适遗稿及秘藏书信》（第二十四册），黄山书社，第 345 页。

③ 《鲁迅全集》第 12 卷，人民文学出版社 1996 年版，第 101 页。

与20世纪20年代中前期商务印书馆编译所容纳了胡愈之、茅盾、郑振铎、周建人、叶圣陶等中共党员及进步人士相比，30年代王云五主政的商务印书馆，在作者选择和出书内容上尽可能"符合国策"，即合乎国民党的要求；在社会交往上则尽可能避免与"过激"的政治敏感人士往来，这对王云五及商务印书馆而言，或许是商业理性的必然选择。王云五这样"积极配合"的表现，当然更合乎国民党当局对"社会贤达"的期许。

1932年4月，国民政府在洛阳召开由各界代表参加的国难会议，王云五就接到过参会邀请，但因种种原因，没有成行。七七事变后，蒋介石在庐山召开国是会议，邀请各界代表上山商讨抗战建国大计，并发表了著名的庐山谈话。宣称："如果战端一开，那就是地无分南北，人无分老幼，无论何人，皆有守土抗战之责，皆应抱定牺牲一切之决心。"中国进入全面抗战的历史新阶段。王云五应邀与会，深受鼓舞之余，对他及早部署战时商务印书馆的应对之策起到很大作用。事实上，"出席这次谈话会的人，后来便构成国民参政会的中坚"。[1]

在200人组成的第一届国民参政会参政员中，商务印书馆新旧同人参加者计有杨端六、陈辉德、陶希圣、周览、任鸿隽、李圣五、颜任元和王云五参加[2]，共8个人，足显商务印书馆在中国的文化重镇地位。

根据国民参政会组织条例，文化界和工商界人士当选参政员须符合"曾在各重要文化团体或经济团体服务三年以上，著有信望，或努力国事信望久著之人员"作为基本条件。[3] 因此，参政员所对应的，不但是一种政治参与，同时也是一种社会地位。在当

---

[1] 《王云五全集》(14)，九州出版社2013年版，第8页。
[2] 《王云五文集》陆（上），江西教育出版社2011年版，第283页。
[3] 《王云五文集》陆（上），江西教育出版社2011年版，第278页。

选参政员之后，王云五表明心迹说："国家到了这个严重时期，全国人的智能资力和生命，都有随时受国家征发的义务。我这次被选任参政员，正如一个壮丁被征入伍。新入伍的壮丁只能说：'我当努力尽职。'"①

当选参政员，是王云五以社会贤达作为民意代表参政议政的起点。之后，他不仅在整个抗战时期连续四届当选参政员；抗战胜利后，其民意代表身份又延续至政治协商会议，以及接着召开的制宪国民大会、行宪国民大会，并以国大代表身份在台湾国民党当局召开的历次国民大会会议中担任重要角色，直至 20 世纪 70 年代国民大会无疾而终，前后历时 30 多年。这一点，在中国现代史上并不多见。王云五关于国民参政会、政治协商会议和国民大会的回忆录颇为详尽，且多附有相关文献，对于研究国民党历史以及台湾的民主化进程，有着相当重要的参考价值。

1942 年 10 月，王云五在重庆召开的国民参政会三届一次大会上当选为 25 位驻会委员之一。驻会委员在闭会期间，也经常开会讨论有关事项，因而比之一般的参政员地位更为重要。1945 年 7 月，在重庆召开的国民参政会四届一次大会上，王云五在国民参政会的地位再进一步，当选为参政会主席团成员。

对于如何在参政会"努力尽职"，王云五给自己确定了三条要求："其一，对于各种议案或提案，必须详加思考然后发言或提出，勿徒为个人出风头的议论。其二，对于任何建议或主张，必须谋有益于国计民生。其三，对于他人或他方面的议论或措施，纵加批评或反对，必须持尊重的态度，俾藉此达到团结，不要因此会转致分裂。"②

---

① 《王云五先生意见——任何建议主张应慎重，必须有益于国计民生》，《新华日报》1938 年 7 月 11 日第二版。
② 《王云五先生意见——任何建议主张应慎重，必须有益于国计民生》，《新华日报》1938 年 7 月 11 日第二版。

王云五关于参政员的当选感想和自我要求，由刚刚创办不久的中共报纸《新华日报》刊出，颇具历史的寓意。

王云五时常标榜："我是一个无党派之人，而且不以参政为目的而参政；因此，我的立场向来是不偏不倚的。"① 可是，在处理与中共有关的提案，以及与中共参政员的关系上，他的表现又似乎比其他参政员更有倾向性，也更有针对性。这一点，连国民党籍的参政员都自叹不如。

1938 年 7 月在汉口召开的国民参政会一届一次会议上，王云五在讨论提案时提出，应于"战争期内严格禁止资方关厂，劳方罢工或怠工"。企图以"战时特殊"的名义消除"工潮"隐患。对此提案，中共参政员陈绍禹（王明）一针见血地指出："如只以禁止资方关厂，作为禁止劳方罢工怠工的交换条件，实际上可以被一切不关厂而继续工作的资方利用，作为对劳方无限制的剥削压迫的借口，结果徒增劳资纠纷，而违反战时生产的目的。"②

1938 年 7 月，在汉口召开的国民参政会一届一次会议参政员合影

① 《王云五全集》（14），九州出版社 2013 年版，第 16 页。
② 《王云五文集》陆（上），江西教育出版社 2011 年版，第 282 页。

　　1941 年 3 月在重庆召开的国民参政会二届一次大会上，因两个月前国民党发动震惊中外的皖南事变，造成新四军重大损失，中共决定要借参政会这个平台与国民党进行抗争。中共参政员提出若干参会条件，限期要求国民政府答复，否则拒绝出席会议。王云五先是在会上表示："本会参政员出席与否，除病假事假外，不应有其他理由，更不应提出条件。"在获悉蒋介石对此事的态度之后，动议并连署其他几十名参政员，临时向会议提交提案。提案内容，一是重申"本会为国民参政机关，于法于理，自不对任何参政员接受出席条件，或要求政府接受其出席条件，以为本会造成不良之先例"。二是提出"一切问题，除有关军令军纪者外，在遵守抗战建国纲领之原则下，当无不可提付本会讨论，并依本会决议，以促政府之实行"。[①] 在皖南事变这样事关国共两党核心利益的大是大非面前，无党无派的王云五为国民党充当马前卒的意图显露无遗。

　　1944 年 9 月，在重庆召开的国民参政会三届三次大会上，王云五仍然在国共关系上大做文章，竭力为国民党制造军事磨擦辩护。会前王云五即致函大会主席团，请求将国民党与中共正在进行的商谈情况向大会报告。大会开幕之后，由林祖涵（伯渠）代表中共、张治中代表国民党分别作两党关于政治军事问题商谈的报告。王云五做了即席发言，认为中共要求的政权公开，国民政府已在着手宪政的筹备，抗战胜利之后必会还政于民，实行宪政；国民党要求的军令统一，是中共承诺过的，也是抗战胜利所必须的；两党在这两个关键问题上虽然存在分歧，但只要双方有诚意，本着精诚团结的精神和抗战建国的愿望，是完全可以解决的。

　　抗战胜利后，国民参政会完成历史使命，但抗战建国的任务

---

① 《王云五文集》陆（上），江西教育出版社 2011 年版，第 296 – 298 页。

没有完成，各界期待国共消除分歧，建立联合政府，完成统一建国的历史重任。国民参政会遂过渡为政治协商会议。1946 年 1 月10—31 日，政协会议在重庆召开。38 名代表由五方面人员组成，分别为：国民党 8 人，中共 7 人，民主同盟 9 人，青年党 5 人，社会贤达 9 人。38 人中，22 人为原国民参政会参政员。王云五以社会贤达当选。

政协会议讨论的重点，也是国共分歧的焦点所在，这就是所谓"军队国家化问题"。王云五在这个议题上插不上嘴。他的兴奋点在"国民大会问题"。

国民大会是国民党按照孙文学说中的"权能分治"理论设计出来的一个政治机构。孙中山认为：人民有选举、罢免、创制、复决四项政权（"权"），而政府有行政、立法、司法、监察、考试五项治权（"能"）；"权"和"能"要分开，这样才可以既保障人民的权利，又保证政府的效能。1936 年国民政府已着手筹备召开国民大会，1200 名代表已选举产生。因全面抗战爆发，国民党继续"训政"，国民大会迟迟没有召开。抗战胜利之后，王云五希望尽快召开国民大会，因为这意味着他所向往的"宪政"就要到来。但是在国民大会旧代表是否有效的问题上，各方分歧较大。中共与民盟主张应重新选举，因为原有代表选出多年，不能代表各党派新的政治主张，不能代表新的民意。王云五却"独持异议"。他认为代表一经选出，法律上就不能更改。"国大之主要职权在制定宪法。制宪为法治之基，倘以政治方式变更制宪代表的法律地位，不仅此例不可开，且原有代表倘以护法为名自行集会，岂不是徒滋纷扰？"他提出的折衷办法是将政府与国民党所能支配的 700 名代表进行重新分配，而另外 500 名旧代表依然有效。这一折衷方案为会议所接受，遂将 700 名代表重新分配为：国民党 230 名，中共

200 名，民盟及青年党 100 名，社会贤达 70 名。①

在讨论扩大政府组织时，各方在国民政府委员 40 人如何分配上又产生了严重分歧。提交讨论的方案是：国民党以第一大党占一半即 20 名，其余四方面（中共、民盟、青年党和无党派）合计 20 名。中共对国民党占一半名额无异议，但要求与民盟合计须占有 14 名，以便可以按规定在决定事项时行使否决权。王云五提出的折衷方案是："先将国府委员名额之半数，即二十名，由四方面平均分配，则每方面五人，然后由其他三方面各以一名转让于中共，如此则中共实占八名，民盟、青年党及无党派各占四名。"这样，对中共固然做了让步，中共与民盟合计为 12 名，并无否决权；国民党要通过任何决定，只须再联合其他三方面，获得合计超过三分之二委员赞同，即可通过。②

不过，由于国共双方在军事上的分歧过大，同时会场外面双方军事冲突不断，王云五暗助国民党的"良苦用心"并不能发生任何实质的作用。随后召开的制宪国民大会、行宪国民大会，中共与民盟都予以抵制。组成政协的五个方面变成了国民党、青年党和无党派人士三方面，后来发布《国民政府施政方针》时，又拉了民社党；中共与民盟则早早就退出了这个"局"。

梳理王云五在历届国民参政会和政治协商会议上的活动，特别是涉及中共问题的表现，可以看出：

国共能否真正合作，关系抗战前途根本，然而国民党对共产党处处防范，其表面合作下的暗潮涌动，明眼人都能看出来。参政会、政治协商会议这样的平台，并无法解决国共双方的重大分歧。王云五在不涉及双方根本利益的前提下，尽可能促成双方各有退让，互相妥协。即使无法消除分歧，也不至于撕破脸皮。王

① 《王云五文集》陆（上），江西教育出版社 2011 年版，第 407–408 页。
② 《王云五文集》陆（上），江西教育出版社 2011 年版，第 411–413 页。

云五充分利用参政会这个平台在国共两党之间进行斡旋，比之那些唱高调的大部分国民党籍参政员，更易减缓矛盾而不是像后者一样激化矛盾扩大分歧。例如，在皖南事变之后国共关系最为紧张的时候，1941年3月召开的国民参政会二届一次会议，中共坚决抵制参会，王云五联署提案，一方面坚决反对中共抵制参会，另一方面坚持将缺席会议的中共参政员董必武选为驻会委员。会后，董必武出席了参政会驻会委员召集的会议。① "拟借参政会的努力而解决中共对政府的纠纷，是我盱衡当时局势，认为假使有解决可能的话，这或者是唯一的可能。"②

又如，在重庆发生捣毁新华日报社事件，王云五明知是国民党特务所为，他还是公开表示这是"政府保护不力"，"应从速予以赔偿"。③ 在国共两党矛盾冲突过程中，王云五利用无党派社会贤达的身份，借助参政会和政治协商会议的平台，在各党派，尤其是国共两党之间"常为缓冲"④，使参政会、政治协商会议发挥了缓和双方关系的作用，有利于两党合作，一致抗日，也有利于战后的国家建设。

可是国共两党的矛盾是不可调和的，王云五苦心孤诣地斡旋能起多大作用呢？多数情况下，王云五只是在程序上动动脑筋，在无关紧要的地方做些协调的工作，并不能改变事情的走向。

在国共矛盾不可调和的情况下，王云五选择站边。在他看来，"党派一律平等"是建立在"军令只有一个，政权只有一个"的基础之上的，军令和政权当然只能掌握在蒋介石为首的国民党手中。

王云五以无党无派而选边站队，大部分时候做得甚为巧妙，

① 《王云五全集》（14），九州出版社2013年版，第19页。
② 《王云五全集》（14），九州出版社2013年版，第277页。
③ 《王云五全集》（14），九州出版社2013年版，第31页。
④ 《王云五文集》陆（上），江西教育出版社2011年版，第383页。

对此，除了少数唱高调却无助于解决问题的国民党籍参政员外，大部分国民党高层和政府层面的人是明白的。蒋介石就对王云五在国民参政会上的表现十分赞赏，乃至邀请他在战后转去政府任职。有人甚至将他在参政会上的表现，誉为是"国民党之'前哨'"，因为其"所主张或与国民党的主张暗合"[1]。另一方面，中共对王云五表面公允实际偏袒的做派，当然也是清楚的。对此，王云五还颇为自得："无论我的说话如何冠冕堂皇，事实上乃从侧面协助政府以打击中共，较诸简单责备中共者手段实更厉害。"[2]

三、钦点入阁

1927 年，蒋介石在南京建立国民政府。国共两党因国民革命的共同目标而合作，因政治理念的不同而决裂，在势不两立的残酷斗争中，江浙财阀（主要集中在上海）选择站在国民党一边，力助蒋介石站稳脚跟。蒋介石在南京建立国民党政权之后，仍视上海为他的政治后院，极力笼络关键时刻站在他一边、给他以极大支持的上海工商界，经常定期邀约上海工商界的头面人物（有时也包括文化界教育界知名人士）前往南京官邸晤谈，每次十数人不等。以 1931 年的一次邀约为例，上海赴京的商界领袖就有虞洽卿、王晓籁、李观森、刘鸿生、郭标、穆藕初和王云五[3]，除了商界大佬的身份，这些人大都热心公益，有相当的社会知名度。蒋介石对活动安排极为重视，专列接送，亲切会谈，共进午餐或晚餐。突然进入这么高级别的圈子，王云五颇有些受宠若惊，他后来回忆："蒋公有所垂问，我知无不言，颇受赏识。"[4]

---

① 《王云五全集》（14），九州出版社 2013 年版，第 274 页。
② 《王云五全集》（14），九州出版社 2013 年版，第 276 页。
③ 《各界领袖谒蒋后返沪》，《申报》1931 年 11 月 10 日。
④ 《王云五全集》（18），九州出版社 2013 年版，第 708 页。

1931 年九一八事变之后，国民党拟在洛阳召开国难会议，请各界知名人士参加，共商国是。王云五也在参会名单之列。不过，在一份公开通电之中，包括王云五在内的 66 名沪籍代表拒绝参会，其理由是在国难当头之际，国民党竟然继续秉持一党专政，对参会人员"限制讨论范围"，显示其毫无诚意。[①] 1937 年七七事变之后蒋介石在庐山召开国是谈话会，终于下了全面抗战的决心，应邀与会的王云五深受鼓舞，提前下山部署商务印书馆的战时应急措施。

经过上述历练，1938 年 4 月，王云五当选第一届国民参政会参政员，应该是水到渠成的事。

在历届国民参政会和政治协商会议上，只要涉及中共问题，王云五必定积极发言，表面两边"劝架"，似乎不偏不倚，实际上多站在国民党方面说话，与国民党主张"暗合"，深得蒋介石赏识。国民党政府视他在参政会的作用为"国民党的'前哨'"，他则自诩是"首先与共产党籍参政员冲突之第一人"。[②]

王云五的表现得到了极好的回报。他在国民参政会由一般参政员，到驻会委员，再到主席团成员，步步高升。1942 年 5 月，国民党聘王云五任三民主义青年团中央干事会文化事业设计委员会委员。1943 年 11 月，国民政府以 4 名参政员（王世杰、胡霖、杭立武和王云五）及立法委员温源宁、秘书李维果共 6 人组成访英团，对英国进行为期一个半月的访问。

1944 年 9 月，国民参政会三届三次会议提出决议，由冷御秋、胡霖、王云五、傅斯年、陶孟和 5 位参政员组成延安访问团，赴延安访问，旨在向国民政府提出统一团结之建议。[③]

---

① 《国难会议沪会员不赴洛，电陈不到会理由》，《申报》1932 年 4 月 6 日。
② 《王云五全集》(18)，九州出版社 2013 年版，第 708 页。
③ 《王云五文集》陆（上），江西教育出版社 2011 年版，第 313－314 页。

1944 年 1 月 25 日，国民政府访英团到访伦敦唐宁街 10 号首相府。前
排左起：王云五、驻英大使顾维钧、英国首相邱吉尔、王世杰、胡霖

　　王云五被选入延安访问团，在国民党方面，或是对他在历届
参政会上在中共问题上多有表现的"奖赏"；对于王云五个人，则
似乎是给他出了一个难题。按他一贯"好奇"与好研究的个性，
赴延安访问这样千载难逢的机会，他是一定不会放过的，何况，
这是参政会派的任务，责无旁贷。他作为连任多届的元老级参政
员、驻会委员、主席团成员，在这样的紧要关头，怎能不去？

　　可是，国共的矛盾与冲突，以他多年的深入观察与研究，很
难消除。此时的中共，已迅速发展壮大，成为中国政治舞台一支
不容忽视的重要力量。虽然各界对于两党合作共同建国抱有期待，
但从不断发生的军事冲突来看，情形不容乐观。在这个时候去延
安，是福是祸，可不好说。

　　经过反复考虑，王云五以身体不适为由退出了代表团。对于为
何退出，晚年王云五有一段追述："当时不便反对，事后详加考虑，
以共党擅长欺诈，一经前往，难免不被作为宣传之对象，尤以商务
印书馆旧职工中，在延安占要职者颇不乏人，我若前往，处境更属

微妙，因临时托病不去，此为我生平托病极少次数中之一次。"①

王云五一向以身体康健为人称道，几年前对中共参政员不出席参政会议横加指责，这一次他自己却公然托病拒绝履行国民参政会指派的任务。显然，他已考虑周全，准备完全倒向国民党，加入"党国"事业了。所谓商务印书馆旧职工中在延安占要职者颇不乏人，指的是茅盾、胡愈之、郑振铎、叶圣陶等王云五在编译所的旧部属。国民参政会要王云五参团去延安访问，当时考量的可能正是这一层关系，而王云五为个人的政治前途考虑，偏偏要避这个讳。

王云五决定不去延安，但一直秘而不宣。1945 年 6 月 2 日，延安访问团 7 位成员联名致电毛泽东、周恩来，力促中共继续和谈。从联名情况看，延安访问团成员已做出较大调整，人数由 5 人增加至 7 人，抽掉了胡霖、陶孟和，增加了诸辅成、黄炎培、左舜生、章伯钧，而王云五仍在其中。② 毛泽东、周恩来复电表示欢迎访问团早日赴延安，共商和谈大计。

参政会延安访问团飞抵延安时，毛泽东与黄炎培在机场交谈

① 王寿南编：《王云五先生年谱初稿》（一），台湾商务印书馆 1987 年版，第 444 页。
② 王寿南编：《王云五先生年谱初稿》（一），台湾商务印书馆 1987 年版，第 461 页。

　　参政会延安访问团于 1945 年 7 月 2—5 日访问了延安。由于王云五"托病"临时退出，访问团再变为 6 名成员，上年 9 月参政会确定的名单中只剩冷御秋和傅斯年两人。访问团"备受共党热烈款待。该代表团此行，……希望共党于七月七日在渝所举行之参政会时派员出席，结果以主张相左，不能妥协，故各代表此行可谓毫无收获。"① 不过，后来的历史演进表明，这是一次深刻影响了中国现代史的考察活动，黄炎培、章伯钧等人在与中共领导人几番长谈后，开始倾向中国共产党。黄炎培在与毛泽东的谈话中提出，中国历史王朝更替，治乱兴衰，"其兴也勃焉，其亡也忽焉"，中共有可能跳出这种"历史周期律"吗？毛泽东气势磅礴地回答：能，只要我们实现民主，人民真正当家作主，我们就能。1945 年 8 月，毛泽东率中共代表团赴重庆与国民党进行谈判，可以看作是对这一次延安访问团的一个回应。

　　王云五有意错过了这次历史性的考察，他把赌注完全押在了国民党身上，决心与国民党共存亡。1945 年 7 月 7 日，王云五在第四届国民参政会第一次会议上首次当选为主席团成员，7 位主席团成员中，只有王云五是新一届当选，其余 6 人均为上届连任。中共的 8 名参政员集体缺席这一届参政会。国共的分野愈为分明。而王云五的"忠诚"，则再次在政治上获得了丰厚的回报。

　　这一段时间，张元济多次催促王云五尽快到上海主持商务印书馆的工作。王云五以重庆事务未了为借口，一拖再拖，实际上是在考虑，是继续留在商务印书馆工作，还是转而从政。当然，这需要时间，也必须等待时机。

　　在国民参政会和政治协商会议期间，王云五就意识到，"最高当局迭经示意，想把我罗致于政府之中"。② 他只是在等待一个合

① 《黄炎培等访延安返渝》，《申报》1945 年 7 月 11 日。
② 《王云五全集》(14)，九州出版社 2013 年版，第 32 页。

适的时机。

1946年5月，王云五由重庆飞抵上海，立即向商务印书馆董事会提出辞职，遂后便赴南京等待消息。对于即将开启的政坛生活，他有些激动："一个人假使自信能替国家负一点责任，不必自鸣清高。在二十年来，我已经把国家和个人或私人事业的密切关系看得太清楚了：譬如一棵大树动摇，断不容小鸟安居于其上之巢内。"①为表明从政决心和自翊清廉，他甚至把上海北四川路的房子也"出典"，租给上海某教会了。"得款以半数供几年从政的贴补，半数在南京购置一所住宅，下野以后，不致有迁居的困难。"②

蒋介石对王云五的到来，也特别款待，他在官邸招待晚餐，席间只有蒋介石宋美龄夫妇和王云五三个人，使王云五倍感恩宠。"饭前饭后，蒋先生均重申在重庆时的旧约，坚邀我出掌经济部。他说，他具有公开政权的最大决心，并随时实行全面改组政府；无如中共还未肯加入，致迟迟不克实现。他认为继续协商目前尚难进行，在全面扩大政府基础以前，此时至少须有若干党外人士加入政府，以资提倡。他强调我是最适于首先加入之人。"③

就这样，王云五正式钦点入阁，出任国民政府经济部部长。1946年6月，兼任最高经济委员会委员（主任委员由行政院院长宋子文兼任）。无党派人士入阁的，除了王云五，还有交通部部长俞大维。报界评论，这是"国民党秉政以来破天荒之举，其意盖在扩大政府，俾能容纳干才"。④

王云五以一个自学成才的商界名流跻身一向讲究学历出身的

① 《王云五全集》（14），九州出版社2013年版，第33页。
② 《王云五文集》陆（上），江西教育出版社2011年版，第545页。
③ 《王云五全集》（14），九州出版社2013年版，第34页。
④ 《申报》1946年5月16日，翰堂近代报刊数据库。

国民党高官行列；以无党无派的在野之身出任一向以"党国"相标榜的国民政府经济部长，在政、学、商界引起不小的轰动。舆论界一方面欢呼这是中国政治的进步，"中国的政治要进步，必须要在这几近僵化的肌体上注入新血液。中国需要民主，但中国不需要买空卖空专门喊口号、玩政治把戏的'马路政客'"；一方面对于王云五入阁将要带来的政治风气抱有期待："我们希望王云五先生把他从事事业的精神带到政治里去，希望这位在事业上成功的战士，能打破政治上一切因循的积习，在政治民主化道路上，作为一个老而弥坚的开路先锋。"①

这样的"轰动"效应，正是国民党政治"民主秀"所需要的；也是蒋介石"公开政权"，拉拢王云五入阁的目的所在。

对国民党而言，在各党派团体和人民的民主呼声日渐高涨的形势下，为了巩固统治，政治改革势在必行。由抗战时期的国民参政会到抗战胜利后的政治协商会议，以及随后召开国民大会，颁布《中华民国宪法》等等，即是其扩大民主和政治改革的尝试。王云五从参加国民参政会、政治协商会议、国民大会，进而加入政府，由参政议政进而入阁为官，不过是这一表面的民主化进程中的一个小小插曲罢了。对蒋介石来说，王云五几次重要关头的"出色"表现，足以表明其对"党国"和对他本人的忠诚。以扩大政府基础、吸收"党外"人士加入政府为名，邀请王云五入阁，一方面奖赏王云五的"忠诚"，一方面做政治民主的"秀"，可收一举两得之功效，何乐而不为？

这一年，王云五已经59岁了，夕阳无限好，毕竟已黄昏。历尽千辛万苦挤入国民党官场的王云五十分希望做些事，特别是在他较为擅长的管理方面做些事，可是他投身的是政治上日薄西山

---

① 特约记者赵浩生：《朝野一致推崇的社会贤达经济部长王云五》，《申报》1946年5月22日。

的国民党政权、官场上腐败成风的恶劣环境，他能够有所作为吗？

新官上任，王云五"提出'不苟且''不疏忽''不耽搁'三原则，为处理公事之准绳"。① 试图为官场带来些许清新的空气。又以"事在人为"作为他今后施政的方针。② 希望通过自己的实干能够切实解决一些实际问题。上任之后，他一切从头学起，遍访工商界人士，请教经济学家。

经过 14 年艰苦抗战，国家千疮百孔，百废待兴，因此王云五认为，经济部当务之急是做好"复员"工作，即恢复生产和建设。他提出"复员不是复原，而是在战后发动一个新时代的起点"，这个新时代的主要特征就是由战争的破坏转为和平的建设。

王云五对国民党的官场腐败和拖延推诿风气并不陌生，因此从上任第一天起，就希望在经济部尽可能营造清廉高效的工作氛围。可是官场风气这东西，在这时候的国民党政府多半已经病入膏肓。经济部的腐败作风并不比其他地方少，他所能做的也只是尽量洁身自好罢了。当时，各部接收敌伪资产，可以截留用作高官和部门同人之用，甚至分配作为奖金，是不成文的规定。经济部因为资源委员会独立出去，并无多少油水，但直属两家单位：中纺公司（中国纺织建设公司）和上海区燃料管理委员会是有收入的。王云五照例截留，原意是增加部属员工收入，且通过调节分配调动员工工作积极性；他本以为这种做法既是惯例，且自己又不参与分配，应该没有问题，哪想到这件事竟被报章大肆渲染，酿成"福利金事件"，差点被人弹劾。直到蒋介石出面表示"兄清风亮节，一介不苟，不惟中所深知，抑亦社会所共信。决非一二报章不负责任之攻讦所能混淆"③，事件才告平息。报章的攻讦是表

---

① 《新任经济部长王云五》，《申报》1946 年 5 月 22 日。
② 《迎王云五部长》，《申报》"生产建设特辑"，1946 年 5 月 22 日。
③ 《王云五全集》（14），九州出版社 2013 年版，第 52 页。

象，王云五认为背后有人在进行政治操弄，才是事件的根本原因。

王云五出长经济部的半年多时间，办成两件实事，在这里值得一提。一是他看到大部分工商业者，并没有像商务印书馆一样建立规范的会计制度，深感政府有出台法律强制执行的必要，因此部署起草《商业会计法》，后来经立法院审查通过，在全国实行。二是他首创设立工商辅导处，"以技术和有关工商业的种种资料，无条件供应于工商界"。① 为了提高效率，工商辅导处设在上海、广州、汉口、天津和重庆五个工商业最发达的大城市，就近服务。工商辅导处编制 30 人，而高级技术人员占了半数以上。王云五离任后，立法院砍掉了工商辅导处的预算，"而上海工业协会于请求维持该处未能照准后，竟以该会经费留聘全体人员，俾维持其原有工作。此种不常见之事，实是证明该处之存在确有利于工商界也"。②

更多的时候，王云五感到无奈，对人事背后的政治运作更是感到心灰意冷。半年多时间里，他三次向行政院院长宋子文请辞经济部部长的职务，还托陈布雷向蒋介石诉苦。

1947 年初，经济形势急转直下，王云五主持制定《经济紧急措施方案》，以国民政府名义颁发。其主要内容：一是紧缩支出，平衡预算；二是取缔投机，禁止黄金买卖及外汇流通；三是调整外汇汇率，改良出口品质；四是严格管制物价；五是供应民生必需品。

经济紧急措施对于那些"有办法的人"毫发无损，而对关系民生的所有问题，却拿不出任何有效的办法，所谓"紧急措施"就成了一堆空喊的口号。限制进口纸张的做法，对文化界影响尤其大。王云五"关于限制用纸一事，英国已有先例"的解释，犹

---

① 《王云五全集》(14)，九州出版社 2013 年版，第 43 页。
② 《王云五全集》(14)，九州出版社 2013 年版，第 43－44 页。

如火上浇油。"王部长是曾访英一员，而且归来著有专书的，那么王部长为什么不引英国政府对贫苦学童及孕妇免费供给牛奶的'先例'？人家严禁黑市，绝对不许以外币交易的'先例'？人家巴力门（即议会）政治的'先例'？人家尊重人民身体自由的'先例'？如果凡人家便利政府的措施便是'先例'，凡人家俾益人民的举动便'不合国情'，这种单行交通的英国化，将把中国政治引到什么天地去呢？"① 舆论界由起初欢呼王云五上任，转而进行冷嘲热讽了。因为对扭转经济形势毫无办法，王云五多了一个"贤而不达"的外号，还有人直接戏称他为"王贤达"。

1947年3月，行政院院长宋子文挂冠而去，王云五以西方责任内阁惯例，院长既辞，部长亦应照辞为由，总算从政治的纠纷中解脱。对于这段经历，王云五总结："我在经济部一年，由于环境的关系，虽然尽心尽力，毕竟无何成就。"② 这种满怀激情却无从施展的处境，与他在商务印书馆得心应手、大刀阔斧推进改革，形成鲜明对比。当时在南京与国民党进行谈判的中共代表周恩来在最后一次会谈中，痛诋国民党对合作毫无诚意，政治民主只是做做样子，就举了王云五的例子。他直接对在场的王云五说："像王云五先生的参加政府，我深信他现在的内心也感着不好过。"真可谓一语中的！多少年以后，王云五在回忆这一场面时还说："这句话，无论是善意的忠告，或是恶意的讽刺，总使我内心大为感动。本来有许多想说的话，至此却默默无语。"③

可惜的是，周恩来的一句话让王云五记了几十年，却并没有一语点醒梦中人。王云五的官场梦还要继续做下去。

---

① 萧乾：《论行政措施与"先例"——读王云五部长"白报纸"谈话》，《大公报》（上海版），1947年2月16日。
② 《王云五全集》（14），九州出版社2013年版，第51页。
③ 《王云五全集》（14），九州出版社2013年版，第55页。

四、币改失败

国共和谈破裂后，政治协商会议的使命宣告结束。但国民党自恃武力强大，足以号令天下，因此政治民主的"秀"还在不断上演。1946 年 11 月召开的制宪国民大会，王云五当选为主席团成员。主席团成员共 55 人，王云五以 520 票高调当选。

蒋介石召开制宪国民大会，意在兑现原定 1936 年召开国民大会实行"宪政"的政治承诺，"还政于民"，实现从"训政"到"宪政"的转变。"宪政"之后，蒋介石最想拉拢的，是在知识界和舆论场极有声望的胡适。

全面抗战爆发之后，胡适大部分时间都在欧美（1937 年 8 月—1946 年 7 月），但依然当选了第一届国民参政会的参政员（1938 年 4 月）和国民大会代表（1946 年 3 月），期间还有四年担任国民政府驻美大使（1938—1942）。制宪国民大会，胡适与王云五同为主席团成员。

为了拉拢胡适，蒋介石先后两次通过傅斯年（胡适在北大任教时的学生）转达"拟请胡适出任国府委员兼考试院长"的意思，又要外交部长王世杰专程北上，当面向胡适转达此意。胡适表示："若做了国府委员，或做了一院院长，或做了一部部长……结果是毁了我三十年养成的独立地位，而完全不能有所作为。""请政府为国家留一两个独立说话的人。"[1] 蒋介石仍不死心，又是亲自写信，又是连续两次召见，一再表示，国府委员属于咨询性质，与参政员类似，只是虚衔，并非实职。

胡适本就对抗战胜利之后国民党的"宪政"建国抱有期待，听蒋介石这么一说，有所心动。但傅斯年告诉胡适，国府委员会

---

[1] 耿云志：《胡适年谱》（增订本），福建教育出版社 2012 年版，第 282 页。

是法定的"最高决策机关"，国府委员决非虚衔；蒋介石此时借重胡适有其政治目的，是"往大粪堆上插一朵花"。① 胡适还是婉拒了蒋介石伸出的橄榄枝，转而出任北京大学校长。

蒋介石拉拢胡适入伙不成，退而求其次，再一次向王云五抛出绣球，"拟以我为国府委员并兼任行政院一个部的长官"。② 1947年4月18日，《国民政府施政纲领》发布，纲领由四方面的代表共同签署。代表国民党签署的是蒋介石，代表民社党签署的是张君劢，代表青年党签署的是曾琦，代表无党派方面签署的是莫德惠和王云五。国民政府委员会同时宣布成立，王云五成为23位国府委员之一。具有讽刺意味的是，与此同时，他又与莫德惠等人提出反共的《关于动员戡乱临时条款案》，以"动员戡乱"实施宪政，不知熟读西方民主理论的王云五对这种自相矛盾作何解释。实施"宪政"，固然是投国民党所好，"动员戡乱"，同样是投国民党所好；对于国民党不断上演的"民主秀"，王云五入戏太深，是信以为真，还是政治投机？

4月23日，国府委员会举行会议，宣布行政院改组后组成人员和部会首长名单，张群任行政院院长，王云五任行政院副院长。

这时的王云五，却是别有一番滋味在心头。从参政会到政协会议，再到国民大会，各界为了一个名义的"宪政"吵闹不休。府院之内，要么争权夺利，尔虞我诈，要么互相推诿，无人负责；府院之外，炮声隆隆，国共冲突不断升级，经济形势急转直下。在这种情况下，王云五知道做不了什么事。国民政府委员会名义上是最高的国务机关，按照施政纲领，行政院应依国府委员会之决策，负执行之全责。可是，在现实中，这些根本行不通。在行政院，他只是不停地召集会议，不停地与各部长官周旋，"每星期

① 耿云志：《胡适年谱》（增订本），福建教育出版社2012年版，第283页。
② 《王云五全集》（14），九州出版社2013年版，第37页。

我所参加和主持的会议和小组会，平均总有六七次，最多者竟达十余次"。① 结果什么事也办不成。因为讲话直率，办事认真，把工商界、劳工界、教育界、公务界、军界等等都给得罪了。"所有根本计划，纵然多半获得张院长的赞同，却没有能够实行，一来因为张内阁根本不是责任内阁，二来因为中国政府的实权，固然不能操自行政院。"② 各方面彼此牵制，理想政治的美好和现实政治的残酷使他陷入"图脱的挣扎"。③ 可笑的是，掌握最高权力的蒋介石，认为行政院才是实权部门，竟然"觉得在现行宪法之下，总统无可作为，想任行政院长，而请胡适出任总统候选人"。④

1948 年 5 月，行政院在国民党统治区经济濒临崩溃的局势下，全体政务委员总辞职，张（群）内阁无疾而终。无党派人士翁文灏出任行政院院长，翁内阁粉墨登场。王云五获任翁内阁财政部部长，颇有临危受命的意味。

翁文灏（1889—1971），浙江鄞县人，在比利时鲁汶大学读地质学，获理学博士学位，是中国现代地质学的开创者之一，曾任清华大学地质学系主任。翁文灏虽然在 20 世纪 30 年代已被国民政府延揽从政，但多与其专业有关，蒋介石在这个时候将他推出来任行政院院长这么一个极其重要的职务，除了政治"民

翁文灏

---

① 《王云五全集》（14），九州出版社 2013 年版，第 61 页。
② 《王云五全集》（14），九州出版社 2013 年版，第 88 页。
③ 《王云五全集》（14），九州出版社 2013 年版，第 89 页。
④ 耿云志：《胡适年谱》（增订本），福建教育出版社 2012 年版，第 299 页。

主秀"的需要，也是看中翁文灏忠厚老实，容易操纵。翁文灏当然明白蒋介石的意图，极力推托，但碍于老蒋曾多次有恩于他，他只能勉强答应。与前任张群在国民党内和国民政府的深厚资历和人脉相比，翁文灏更像一个文弱书生。翁内阁注定是一个难有作为的内阁。

以王云五的精明，当然也不想在这个非常时候接手财政部这样一个烫手山芋。在经济部，他看透了官场腐败；在行政院，他深感自己无处着力。局势每天都在变坏，逃离实为最好的选择。从事研究与写作，不是自己一直都在规划的"退食"计划吗？人们对他从政，多以追名逐利看待，可是，他则辩解说："为名则我尝备位国府，协揆政院，转任部长，做官而论，等于左迁，何况在我留渝尚未从政之时，薄部长而不就，已不止一次，此时饱经世故，屡次出力不讨好，我又不是呆子，何竟贪此虚名？为利则我之做官，原已准备赔钱……如果我真的为利，还是趁此摆脱政府职务，专心著作，版税收入何止十倍于官俸？"①

翁文灏本来就不愿出来组阁，这个时候组阁尤其困难。如果不能尽快组阁，政府将陷于流产，国家经济濒于崩溃，局势必将变得更加不可收拾。王云五实在不愿意成为翁内阁的牺牲品。

为了打消王云五的疑虑，蒋介石亲自召见王云五，"力言财部一席迟迟未决，实因责任最重，人选最难。欲得其人，非以公忠干练及与财阀无任何关系者不可"。② 蒋介石这么说，看来还是摸准了王云五的脾性，你不是最爱解决难题吗？你不是从不推卸责任吗？现在政府有困难，国家需要你出来尽你的责任。另外，国民党党内，以资历、才干，当然不乏财长人选，但"与财阀无任何关系者"则并不好找。几方兼顾，王云五确乎是这个时候的最

① 《王云五全集》（14），九州出版社2013年版，第90页。
② 《王云五全集》（18），九州出版社2013年版，第899页。

佳人选！而蒋介石之所以在这个时候要求财政部部长人选要"与财阀无任何关系者"，是因为国家财政已到了非进行币制改革不可的地步，而实行币改，则必然会触动财阀的既得利益。

在蒋介石的坚持下，王云五怀着复杂心情，于1948年5月正式入阁，出任财政部部长。这时的经济形势已经十分不堪，为了维持岌岌可危的经济秩序，早在之前三个月，国民政府就颁布了《经济紧急措施令》，将物价工资等一律冻结。可是，根本控制不了局势，物价仍以几何级数上涨，国家财政"在半年间实际不敷之数达到几千万亿元之巨，而以乞灵于印刷机器为唯一的弥补办法"。①

与两年前初次入阁出任经济部部长，外界多表欢迎的态度截然不同，这一次，官场内外和社会各界对王云五出任财长并不看好。报界对其出任如此需要专业背景的职位，极尽攻击嘲笑之能事。② 就连王云五在就职仪式的致辞中说了一句"为学习而来"的客套话，也被拿来大做文章。③

其实，根本的原因是王云五出任财长犯了大忌。财政部"自北伐成功以来，20年当中，永远是由孔祥熙宋子文轮流主宰。不是孔宋的人，想做财政部内一小官亦不可能，何况部长？……当局支持王氏出台，王氏是一书生，无财无人，既可以免除孔宋独占，又可以免除张（群）吴（鼎昌）争夺"。④ 蒋介石请出王云五，看中的正是王云五"是一书生，无财无人"，就像他要翁文灏出任行政院院长这一要职一样，无非是政治斗争的需要。在这种情况下，王云五当然很难有所作为，上任一个月就两次请辞。蒋

---

① 《王云五全集》（14），九州出版社2013年版，第91页。
② 《王云五全集》（14），九州出版社2013年版，第95页。
③ 兰石：《王云五败兴而回》，《群言》杂志第16期，1948年，翰堂近代报刊数据库。
④ 《透视王云五出国》，载《新闻杂志》第1卷第10期，1948年，翰堂近代报刊数据库。

介石均以"军事好转与美援发生效力"为由，劝慰他要沉住气、继续干。

1948年7月，稍稍稳定下来的王云五确立了三项改革目标，即增加税收、裁并机构和改革币制。增加税收是为了解决国家财政高昂的赤字。王云五对四个主要税种关税、盐税、直接税和货物税都进行了一定改革，又把到期的关税税则进行了修订。相比旧则，新的关税税则实施之后，可增加税收25%。他还将若干奢侈品如烟、酒及化妆品等的货物税税率酌为增加。为了确保立法院支持改革，王云五化去大量时间和精力，做游说疏通工作。以上两项税务改革均经行政院移送立法院，通过后颁布实施。

税收改革虽然在立法院的冷言冷语下艰难获得通过，但实施起来颇为困难，因为触动了财阀们的巨大利益。在《经济紧急措施令》颁发后，利益受损的上海工商界对王云五本已大为不满，对税收改革更为抵制，上海金融业工商界策动"倒王运动"，上海市长吴国桢公开痛骂王云五。[1]

裁并机构是为了提高效率，同时通过裁汰冗员，增进在职者的待遇。王云五首先从财政部改起，"整顿税务机关"。这项改革，砸了一部分人的饭碗，致使各地税务机关纠纷迭起。"为了人事的关系，税务行政工作无形中停顿了一个多月，商人就此机会逃了不少的税，国家的税收损失颇大。再则被遣散的人员又得发一笔遣散费。结果是得不偿失，税务机关虽经整理，可是税收并没有增加，税务人员仍旧得不到保障。"[2] 显然，这项改革也失败了，失败的原因恰恰是王云五在实施科学管理法上一再强调的"因地制宜与因时制宜"。他在商务印书馆还因为人事问题未经理顺就全

---

[1] 《王云五"搭"不上》，载《新闻杂志》第1卷第6期，1948年。《吴国桢痛骂王云五》，载《秘闻丛刊》，1948年第2期，翰堂近代报刊数据库。

[2] 《王云五辞职侧闻》，载《新闻杂志》第2卷第1期，1948年，翰堂近代报刊数据库。

面改革而失败，何况在财政部匆忙推行这样重大的改革？

以上两项改革，或许在个别方面有所改善，然而对于当前的财政，只是修修补补，治标不治本。由于几乎每时每刻都在飞速上涨的货币（法币）随时可能崩溃，如不尽快进行币制改革，将带来整个经济和社会稳定的崩盘。这是王云五担任财长的主要任务，也是蒋介石寄希望于王云五要完成的使命！他必须与时间赛跑。

王云五不愧是"快车手"。鉴于币制改革的紧迫性，上任才一个多月，就在 7 月 7 日草拟了一个改革币制平抑物价平衡国内及国际收支的联合方案（以下简称"原案"）。其主要内容：一是实行金本位制，并于最短期内发行金圆券；二是金圆券与美元联系，兑换比率为 1∶0.33 元；三是金圆券发行后，所有法币、东北流通券及台币于三个月内全部由金圆券收兑，金圆券兑法币比率为 1∶120 万元；四是黄金、外币收归国有，限期收购；五是发行金圆券限额 9亿元；六是配套进行相关财经改革措施，外汇管理、公务员薪资、所得税等等改革同步进行。以后数次修改及最后出台方案均为此基础上修订增补而成。

蒋介石指示，由行政院院长翁文灏、中央银行总裁俞鸿钧、财政部政务次长徐柏园、中央银行副总裁刘攻芸、美援运用委员会委员严家淦和王云五共 6 人，在"原案"基础上，草拟实施办法。因涉及外汇管理和有关法律问题颇多，又加入外交部部长王世杰，成立币改 7 人小组，直接向蒋介石报告。

原拟定于 8 月 15 日发行金圆券，但因涉及面广，尤其程序上非经实际掌握政权的国民党中央政治会议通过不可，几经周折，未能按原定时间颁行新币。8 月 19 日下午，国民党中央政治会议通过币改方案，当天晚上以总统令颁布《财政经济紧急处分令》，并由行政院授权，交中央社全文播发。8 月 20 日，金圆券面世。

急速贬值的金圆券

《财政经济紧急处分令》包括《金圆券发行办法》《人民所有金银外币处理办法》《中华民国人民存放国外外汇资产登记管理办法》《整理财政及加强管制经济办法》。8月22日，王云五又提出《财政补充办法》，主要针对《整理财政及加强管制经济办法》第二条关于切实增进各种税收规定，对调整税率、变更稽征方式等作出新规，目的在于在短期内增加税收，降低币改的风险。

在这一个多月，又发生了许多变化，其中最大变化是法币继续急剧贬值，另外，中央银行所掌控的美元储备也不像原来预想的那么多。因此与"原案"相比，正式公布的《财政经济紧急处分令》有以下几个重大改变：一是金圆券发行后保留台币，只限期收兑法币和东北流通券；二是金圆券与法币比率为1∶300万元；三是金圆券的发行总额为20亿元；四是金圆券兑美元的比率为

1∶0.25。保留台币一是为国民党迁台做准备，二是台湾由日治移接，经济体系相对独立，又属岛屿，易于管理。法币大幅贬值，挂钩的美元储备却大幅减少，当然导致金圆券发行额度的大幅攀升和金圆券兑美元汇率的大幅贬值，这对币改是十分不利的。

尽管如此，王云五对币制改革仍然充满期待。"我对财政部长之职，在固辞不获之后，唯一诱惑使我勉允担任此席，就是对于改革币制的憧憬"。[①]《财政经济紧急处分令》发布的同时，王云五关于币制改革的谈话同时公开发表，他说，币改"系经最深切之考虑，以最大之决心，从事于财政经济之重大改革"。币改的主旨是"以改革币制为出发点，以稳定物价、安定民生为目的，而以控制金银外汇，平衡国家岁出入预算及平衡国际收支为主要措施"。[②]

币制改革是一个系统工程，这从《财政经济紧急处分令》所包括的四个配套"办法"可以很清楚地看出来。而最关键的是"必须与控制金银外汇，整理财政和管制经济三者密切配合"。[③]为此，由行政院设立经济管制委员会，委员会由俞鸿钧、王世杰、陈启天、蒋经国、严家淦和王云五6人组成。由该会在沪津穗汉等重要都市设经济管制督导员。督导员由国民党大员亲自担任。上海以央行行长俞鸿钧兼督导员，蒋经国协同督导。天津以张厉生为督导员，广州以宋子文为督导员。

币制改革之初，各方高度关注，在对改革的勇气和举措表示赞扬的同时，大都认为在局势如此严峻的形势下，如不在政治、军事方面加以配合，改革难以成功。如英国的《经济学人》杂志就"怀疑中国在这种大变乱的政治社会状态下，怎样能够实行这些改革而且收效"。[④]英国《金融时报》认为，"其成功与否之答

---

① 《王云五全集》（14），九州出版社2013年版，第90页。
② 《王云五全集》（14），九州出版社2013年版，第141页。
③ 《王云五全集》（14），九州出版社2013年版，第145页。
④ 《王云五全集》（14），九州出版社2013年版，第157页。

案，现时仍一如往日，须视中国政府是否准备出以与言辞相符之行动也……经济改革，似应与政治改革并行，始可收效。"① 上海《大美晚报》断言，"良好的新币制或新的经济命令，若不能立即得到充分的军事改革方案的支持，将不能成功"。② 一些财经界的专家学者在经过认真分析之后，大都持相同或类似的观点。如钟光琳教授认为：币改成功与否，决定于三个先决条件：一是充足的生产；二是财政收支平衡；三是人民相信新币。③ 周作仁教授认为，"最重要的关键就是新币的发行数额须能维持二十亿圆，不得任意增多"，"又除却经济的因素足以影响收支平衡外，还有非经济因素，如政治因素，军事因素，在在都可以影响新币制的成败"。④ 更有专家一针见血地指出，目前币制改革尚非其时，币改的前提条件，一是得到相当外援，二是"运用政治力量，促使经济改革成功。运用政治力量，就是对豪门用威……与对人民立信"。⑤

币制改革从一开始就颇为不顺。

8月下旬，上海《大公报》揭露有人在币改之前得到消息，在上海大量抛售股票获利。经查明，竟是长期追随工云五（从商务印书馆到经济部，再到财政部）的主任秘书徐百齐，以及由他引荐的秘书陶启明泄露改币机密。徐陶案发，一时掀起轩然大波。"舆论界一致攻击，立法院提出质词，监察院也提出了纠举"。⑥ 王云五陷入漩涡，狼狈不堪。

蒋介石不得不出手相助。在9月6日的国民党中央党部会议上，蒋介石说："这次币制改革，我们最足自慰的就是行政院长与

① 《王云五全集》(14)，九州出版社2013年版，第158页。
② 《王云五全集》(14)，九州出版社2013年版，第158页。
③ 《王云五全集》(14)，九州出版社2013年版，第165页。
④ 《王云五全集》(14)，九州出版社2013年版，第165-166页。
⑤ 《王云五全集》(14)，九州出版社2013年版，第166-167页。
⑥ 《兰石：王云五败兴而回》，载《群言》杂志第16期，1948年，翰堂近代报刊数据库。

财政及金融当局擘划周密，勇于负责。而且财政当局事先各种文稿，都是亲自抄缮，不致假手于部属，其精勤奉公，更为难得。不幸发布命令之前夕，关于停止交易所等营业的命令盖印，不得不经其秘书之手，因之泄漏秘密。……这件事情，实已水落石出，对于财政部长毫无关系。我们不能以其用人不慎的微疵，而加以重大的责难，反来妨碍政府经济政策的实施。"①

改革开始的一个月，各项措施基本还都在按照预定轨道进行。在收兑金银外币、平抑物价、吸收外汇存款、增进侨汇、抑平利率等五个方面都取得不同程度的效果。但增进国库收入和控制国库支出这两项至关重要的改革目标却几乎没有产生什么效果。原因在于，在收入方面，税制改革涉及面广，改革措施延缓滞后；在支出方面，受制于体制，财政部只管收入，而支出则由各部会提出，交行政院主计部审核，财政部与主计部平行，难以协调。当然，更重要的原因是军费增加惊人而无从审核，军事长官滥用职权等等，导致国库支出恶化，金圆券不断超发。

币制改革如此重要，难度又是如此之高，在金圆券发行一个月不到的关键时候，王云五竟然出国去了！

王云五是应邀赴美国参加国际货币基金及国际银行第三届联合会议。前两届会议分别于 1946 年在英国、1947 年在美国召开，本届会议原定在中国举办，因中国正在打仗，临时改为在美国华盛顿召开，但中国仍作为主办国。大会主席循惯例由主办国的财政部部长担任。王云五经与翁文灏商量并向蒋介石请示，认为仍有必要前往，这样才既不失中国作为主办国的面子，还可借此机会争取英美等国对中国币改支持。尽管如此，王云五的几个知交，如王世杰、傅斯年均劝他这时不宜出国赴会，除非有把握争取到

---

① 《王云五全集》（14），九州出版社 2013 年版，第 178 页。

美国援助，且可确保美援用于币制改革。①

王云五赴美参加国际货币基金与国际银行大会登机之前留影（以前的出版物都说这是王云五1930年首次出国考察出发前留影，但那次出国考察王云五是从上海乘船出发，且其时并无白发）

1948年9月，王云五以主席身份在国际货币基金与国际银行大会致辞

更加令人不可思议的是，9月27日至10月1日召开的会议，王云五竟然前后去了24天（9月18日至10月10日）。在美国，除了开会，王云五还在旧金山、纽约、檀香山逗留，到处演说，不亦乐乎，享受着会议主席的荣耀和华侨们的盛情。这期间，根据总统令相关办法，应该于9月底停止收兑金银却未停止，应该于10月1日开始实施的调整物价薪资及税收也毫无动作，即使这样，王云五也没及时回国。随后，解放军攻占济南，直指南京。10月4日开始，抢购风潮在各大城市蔓延。

———————

① 《王云五全集》（14），九州出版社2013年版，第183页。

　　这真是山中方七日，世上已千年。等到王云五回到国内，局势已然不可收拾。尽管事后看来，即使王云五提前回国，甚至放弃赴美参会，币改失败还是会有一样的结局。但以王云五对币改心血投入之大，期待之高，以及币改成功与否事关中国经济前途、事关国民党统治根基的极度重要性而言，王云五关键时刻的离场，还是足以令人扼腕叹息。

　　事实上，王云五在美国的这段时间，除了出尽风头之外，在最为关键的出访任务——向美国借"稳定币值贷款"问题上，可以说颗粒无收。倒不是王云五不够努力，而是美国已对国民党政权失望透顶，准备放弃了！

　　10 月 13、14 日，心急火燎的王云五连续草拟《调整物价工资及公务员待遇办法》和《预结外汇维持币信办法》，前者希望在 20 日实施，以稳定物价，后者则试图通过外汇预结办法为已然失信的金圆券挽回信誉。可是这两项措施打击了太多既得利益者，尤其是屯积了大量金银和外汇的资本家、财阀们；而政府方面，在前期用金圆券收兑了大量金银外汇，如今金圆券大幅贬值，美元对金圆券的比值已由发行之初的 1∶4 急速下滑至 1∶20，又大量超发，事到如今，怎肯后退半步，以牺牲既得利益换取人民信心？王云五所拟办法就这样在各方推诿中，本期望 20 日施行的办法，直到 26 日才由经济管制委员会开会讨论，而讨论的结果竟然是完全取消限价和议价，粮食亦完全恢复自由市场。经济管制既已终结，物价飞涨有如决堤洪水，金圆券彻底崩溃的命运，已无可避免了。

　　对于币制改革的失败，王云五自己的总结是"一因未能照原案切实执行，再因军事突趋恶化，而最后挽救之策亦未能实现"。[①]我却以为，军事恶化固然是直接的原因，因为无法控制国库支出，

---

① 《王云五全集》(14)，九州出版社 2013 年版，第 200 页。

只有开动机器多印钞票；根本原因则是国民党统治已近瓦解，大厦将倾，树倒猢狲散，哪里还有人负责去切实执行那些即使在平时也难以严格执行的措施？官员、财阀、资本家趁着时局的混乱、政府的失序和管制的漏洞，以币改为大发横财之良机，谁还顾得上那些平日挂在嘴上的国家利益、政府利益、人民利益？王云五在一个错误的时间（国民党兵败如山倒的时候）、错误的地点（时局最为混乱的中国国统区）、用一个错误的方式（大量金银外汇从普通民众流向国民党政府、官员、财阀、资本家等），怎能不以惨败收场？

不管王云五当初的动机如何，通过币制改革，在不到两个月时间，国民党政府从民众手中榨取了 2 亿美元的金、银和外汇，而由于金圆券并未能收到预期的稳定货币和物价的作用，当然也未能挽救国统区经济继续走向崩溃，持有金圆券的普通百姓遂成为币制改革的牺牲品。可以说，币制改革的失败实际上加速了国民党的溃败。

币改的失败，在王云五决定入主财政部的那一天起，就早已注定！"这次财经改革失败，国民党左右两派打击他，立法院进行倒阁运动，借王开刀，公教人员停教怠工，工商界要通电中央撤职查办他。在此四面楚歌中，王云五没有办法不三上辞呈。"① 可以说，如果不是蒋介石力挺，王云五早甩手不干了。

王云五的唯一收获是蒋介石对他的"优宠有加"。有好事者统计：自 8 月 18 日币改开始前一天起至 8 月底的不到半个月时间，王云五被蒋介石召见和径往晋谒的次数共计 19 次之多，这是任何亲信和大员都没有超过的纪录。"王贤达正被总统如此地宠信，以

---

① 《王云五辞职侧闻》，载《新闻杂志》第 2 卷第 1 期，1948 年，翰堂近代报刊数据库。

至连国民党内的许多'中坚'分子也吃起醋来。"①

毫无疑问，蒋介石力挺的，不是王云五这一个人，而是他寄希望可以挽救经济形势的币制改革。为了贯彻《财政经济紧急处分令》，蒋经国甚至在上海成立了"打虎队"，誓言要向孔宋等财阀开刀。可是雷声大雨点小。"当蒋经国以上海区督导员的身份，在上海雷厉风行的时候，的确随着荣鸿元、杜维屏的被捕，上海的物价一度静如止水。这使一般天真的善良的人民，幻想着经济改革已经成功。……然而不多几时，这些天真的想法，都被残酷现实摧残了，蒋经国的打虎，仅仅打到扬子公司就住了手，孔令侃动不了。而上海的地方势力，在吃了蒋经国的苦头之后，更大事报复，而且还拉拢了有相互利害关系的陈氏 CC 财团，集中力量，先打青年团，更迁怒于政学系。"② 财阀的基础如此雄厚，国民党的腐败已经深入骨髓，蒋介石想通过一个"外人"去撼动财阀，通过一揽子的币改方案而扭转乾坤，显然是病急乱投医了。

可笑的是，王云五依然嘴硬："金圆券政策虽失败，尚幸能挽救政府迁台之初二年也。"③ 币制改革为国民党聚敛了大约 2 亿美金，这笔财富成为国民党政权盘踞台湾的基础。就这样，王云五把赤裸裸的财富掠夺，巧妙地转化为自己的一项政绩。这与王云五在辞去财长职务时的说辞："币制改革之初，各项虽尚能依计划进行，然十月以后，不幸失败。眼看人民深受经济狂潮之痛苦，内心歉疚万分，故而引咎辞职。"④ 倒是形成了鲜明对比！蒋介石看中的"书生"，经过国民党政治的反复锤炼，真是越来越具有政客的成色了。

---

① 何盈：《王云五——走红的算盘》，载《群言》杂志第 15 期，1948 年，翰堂近代报刊数据库。

② 《王云五跨台前后》，载《新闻杂志》第 2 卷第 1 期，1948 年，翰堂近代报刊数据库。

③ 《王云五全集》(18)，九州出版社 2013 年版，第 712 页。

④ 《王云五办移交致词惜别》，《大公报》1948 年 11 月 16 日。

11 月 10 日，王云五引咎辞职，他"有生以来第一艰苦的任务，得以解除"。① 王云五任财长仅仅半年，是第一个退出翁内阁的阁员。财政部常务次长徐柏园继任财长职务。王云五黯然神伤，不久就一路南下，先到广州，再到香港，最后定居台北。

---

① 《王云五文集》陆（上），江西教育出版社 2011 年版，第 632－633 页。

第七章／台湾政坛『大宝』

王云五总结自己"两年半的从政"（1946 年 5 月至 1948 年 11 月），始于"一念之误"入掌经济部①，而终于"重入地狱"财政部的币制改革。② 似乎充满了无奈与悲情，与他从政之前的满怀期待和兴奋之情形成鲜明对比。

金圆券的大败局，使王云五声名扫地。唯有蒋介石，对于他在币改中不计较个人得失，既甘当"花瓶"又勇于担责的"忠诚"表现，念念不忘。当台湾当局立足稍稳，蒋介石就又开始重用王云五了。

一、"国大之宝"

在王云五离开南京的财政部大楼时，国民党政权已呈风雨飘摇的态势。下一步，何去何从？已经 61 岁的王云五本该安度晚年，这时却不得不陷入深深的思索。

往南走？似乎别无选择。因为，长江以北的大半个中国，国民党军队已被解放军分割成几个孤岛，京、津已成兵临城下之势。一旦京津失守，宁（南京）沪（上海）必然危在旦夕。上海是他的大本营，可是他选定的接班人朱经农已借赴美出席国际科教会之机辞任不归，商务印书馆政治色彩渐浓，大有亲共之嫌。③ 看来，上海他是回不去了，还是继续南迁吧。

1948 年 11 月 29 日，即他的辞职请求获准半个月后，王云五携眷自南京飞抵广州，以专心著述为名，静以待变。不久，解放军攻到广州，王云五再次南迁，避居香港。

1950 年底，王云五在香港寓所遭遇暗杀，子弹未命中，幸运躲过。1951 年 3 月，王云五自港飞台，定居台北。

① 《王云五全集》(14)，九州出版社 2013 年版，第 33 页。
② 《王云五全集》(14)，九州出版社 2013 年版，第 93 页。
③ 《王云五文集》伍（下），江西教育出版社 2008 年版，第 909 页。

王云五到台北定居不久，国民党"行政院院长"陈诚就聘任他为"行政院设计委员会设计委员"。蒋介石的"总统府"又聘任他为"国策顾问"。两个职务都是闲职，多半可以看作是对像王云五这样的国民党前高官初到台湾后政治生活、社会地位和经济收入的一种照顾。因为是闲职，所以直到1954年"国民大会"一届二次会议召开，王云五的主要精力都放在写作和教学、研究方面。

国民大会是国民党"还政于民"的产物。1946年11月制宪国民大会召开，王云五被选入主席团成员，这次会议制定了《中华民国宪法》，1947年1月公布，12月25日施行。宪法正式施行之后，国民党政府名义上就由训政过渡到宪政了。

根据《中华民国宪法》，国民大会"代表全国国民行使政权"，是国家的最高权力机构。1947年3月，国民大会一届一次会议在南京召开，这是行宪后的第一次会议，王云五再次被选入主席团成员。这次会议选出了总统（蒋介石）、副总统（李宗仁）。由于1949年在大陆的军事失败，蒋介石被迫下野，李宗仁出国流亡，国民党政权败退台湾。

1954年初，"国民大会"一届二次会议在台北召开。也许是期待以久，又或许在政治大学研究相关法律问题的缘故，会议开幕前的数月，王云五就"国民大会"上将要讨论的议题，公开发表文章表明自己的态度，计有：《关于动员勘乱时期临时条款的存废问题》（《真理世界》月刊），《行将召集之"国民大会"的任务》（《民力》月刊），《"总统""副总统"选举罢免法中一个不成问题的问题》（台北《新生报》）。会议开幕后，王云五当选为主席团成员。会议选举蒋介石为"总统"（连任）、陈诚为"副总统"。会议关于"总统"选举、罢免前"副总统"李宗仁（弃职出国违法失职案）和临时条款的三个主要议题，王云五在前述三篇文章全部涉及，而且据他说，"我的主张与判断无不谈言微中，与大会讨论之结果若合符节。"有关法律的分析与大法官的解释和"立法院"的修正，均不谋而合。① 因为有所准备，又有研究基础，所以在各次会上讨论或主持会议时，王云五发言积极，言简意赅，击中要害，由此博得"主席团发言人"和"说明专家"的封号。②

这次会上还有一个小插曲：国民党当局为表示尊重民主体制，极盼其他党派有人报名参选"总统""副总统"，但因为明知是陪衬，青年党和民社党并不积极。经国民党再三游说，莫德惠、王云五同意参选"总统""副总统"，经报章公开后，两人又申明放弃竞选，既给足了国民党面子，又维持了自己体面。

1960 年 3 月，"国民大会"一届三次会议召开。这次会议主要解决如何在现有法律框架下，使得蒋介石可以继续连任"总统"。因为"宪法"规定"总统"只能连任一次，蒋介石已在 1954 年"连任"一次，现有"宪法"框架下不能再任"总统"。但为"连任"而修宪，做得太过明显，蒋介石颇不愿意。王云五见机提出，可以"别辟一个不修改'宪法'或临时条款之途径，使蒋先生适法连选连任"。③ 为此，王云五绞尽脑汁寻找一个不必"修宪"就可以让蒋介石连任"总统"的变通办法。他首先阐明，"宪法"由二三千名"国民大会"代表表决通过，现在台湾偏居一隅，大陆尚未"光复"，一部分代表还在大陆"沦陷区"，如由十余年前选出之一部分代表来从事于"宪法"的修订，于理于法甚为不合。他提出的办法是，参照 1948 年制定的《动员勘乱时期临时条款》，制定一个《反共抗俄时期临时条款》作为"宪法"相关条款的补充，规定"在反共抗俄时期，'总统'之连任次数，得不受'宪

① 《王云五全集》(14)，九州出版社 2013 年版，第 416 页。
② 《王云五全集》(14)，九州出版社 2013 年版，第 420 页。
③ 《王云五全集》(14)，九州出版社 2013 年版，第 439 页。

法'第四十七条之限制"。^①这样，只要还在"反共抗俄时期"，只要大陆还没有"光复"，蒋介石的"总统"就一直可以连选连任。"国民大会"最后通过的"临时条款"仍沿用旧名，即《动员勘乱时期临时条款》，但其相关内容则多出自王云五所拟定的《反共抗俄时期临时条款》。

王云五在"国民大会"一届三次会议上可谓出尽风头。他兴奋地表示，"国大"代表"有些说我是这次大会的首功，还有些称我为'国大'的最佳说明人，甚至还有称我为'国大之宝'的"。^② 1966 年 2 月召开的"国民大会"临时会议与一届四次会议，"国大"代表和媒体人又接连加封王云五为"最佳主席"^③、"风度最佳代表"^④。年近 80 的王云五一时风头无俩。

1966 年 2 月，王云五主持了"国民大会"一届四次会议的开幕式，又以"主席"身份宣布蒋介石当选"中华民国"第四任"总统"。他甚至放出豪言说："这次大会是在台湾举行的最后一次'国民大会'，六年后的会议，一定要在'中华民国'的首都南京召开，以共商重建国家的大计。"^⑤不能不说是被各种赞誉冲昏了头脑。

"国民大会"名为台湾当局的最高权力机关，实已沦为蒋介石大搞独裁的玩物，直到国民党结束威权统治，"国民大会"也还是"一届"；永不落幕的一届 N 次会议，除了选出蒋介石连任"总统"，也没有任何其他有实质意义的事。王云五熟读西方民主宪政理论，且不时发表相关文章，演讲时还会引经据典；可是，在"国民大会"这样一个号称"民主"的政治平台上，他却甘当国民党威权政治和蒋介石独裁统治的吹鼓手！

---

① 《王云五全集》(14)，九州出版社 2013 年版，第 447 页。
② 《王云五全集》(14)，九州出版社 2013 年版，第 468 页。
③ 《王云五全集》(14)，九州出版社 2013 年版，第 495 页。
④ 《王云五全集》(14)，九州出版社 2013 年版，第 511 页。
⑤ 《王云五全集》(14)，九州出版社 2013 年版，第 514 页。

当然，仅仅是充当吹鼓手，王云五是不甘心的。他希望有更大的政治舞台。

二、"博士之父"

蒋介石喜欢坐轿，王云五热衷抬轿，如此"积极配合"，自然深得蒋介石的欢心。"国民大会"一届二次会议开完仅仅半年之后，1954 年 8 月，王云五获任"考试院副院长"，"院长"是他的老搭档莫德惠。据王云五说，"蒋公最初本属意余任'考试院长'，嗣以五院中任院长者已有俞鸿钧、王宠惠二人，均属粤籍，及余而三，未免过分偏重粤省。因思莫柳老夙与余合作无间，且长于我多岁，遂易为莫正王副。"①

"考试院"系按孙中山的五权宪法理念，根据 1947 年 1 月颁行的《中华民国宪法》而组建。民国宪法规定，国民政府由行政院、立法院、司法院、考试院和监察院组成。考试院的"职权着重于公务人员及专业人员之考试"。②

在"考试院副院长"任内，王云五除编订计划和主持各种各类考试这样的日常事务之外，有两件事值得一提。一是关于职位分类。他在"考试院"设了职位分类"计划委员会"，并在他兼任教职的政治大学研究所组织学生对此问题进行专题研究，同时还借鉴了科学管理法的一些原则，及他素有研究成果的图书分类法。其制定的职位分类，为台湾公务员制度的确立奠定了基础。尤为可贵的是，他试图通过现代职位分类，打破中国顽固的"充满了阶级的气味"的官员等级思想，期待"官位都变为职位，官等亦可打破。服公务者之自视与人民对于服公务者的观念将大有改变"。③

---

① 《王云五全集》(18)，九州出版社 2013 年版，第 713 页。
② 《王云五文集》陆（上），江西教育出版社 2011 年版，第 428 页。
③ 《王云五文集》陆（下），江西教育出版社 2011 年版，第 802 - 803 页。

二是施行博士制度。大约自1956年起，为了研讨博士学位授予问题，王云五在"考试院"内组织了一个审查小组，自兼召集人。从纵向的历史文化和横向的各国通例进行两个维度的研究。他把研究成果撰成《我国博士学位授予的研究》（1957年4月《新生报》），《博士考》（1957年8月《中国学术史论集》）两篇论文公开发表。

王云五获韩国建国大学
名誉博士及大学章后的留影

他着重在两个方面进行了博士制度的改革。

一是立即施行博士学位授予。国民政府在1936年就颁行了《学位授予法》，但只落实了学士、硕士学位的授予，而博士学位的授予，则一直没有施行，原因在于存在争议。王云五认为，此举"实属过于谨慎"，不能因为有争议就不做，应立即施行。

二是博士学位授予应进行严格限定。他认为应参照西方国家做法，"博士必须由研究所出身，经过相当时期的研究，然后提出论文，在论文提出后有口试，而在论文提出前往往尚须经过所谓适合资格的考试。"[1] 现行《学位授予法》第六条规定，符合以下两个条件也可以授予博士学位："一、在学术上有特殊之著作或发明者。二、曾任公立或立案之私立大学或独立学院教授三年以上者。"王云五认为中国是人情社会，如果开了"特殊"这个口子，就会助长"奔竞之风"。况且，"表彰学问不一定靠博士学位，然博士学位之获得则必须代表相当的研究过程也"。[2] 他要求对"有

---

① 《王云五文集》伍（下），江西教育出版社2011年版，第946－947页。
② 《王云五全集》（13），九州出版社2013年版，第289页。

特殊著作或发明者"，仅授予"名誉博士"称号，以区别于那些"代表相当的研究过程"的"博士学位"。

在时任台湾"教育部部长"张晓峰（其昀）的支持下，王云五在"考试院"主持起草了"博士评定委员会规则"，经"教育部"审议后送"立法院"通过。"教育部"在修订《学位授予法》时也采纳了王云五的建议。1956 年，张晓峰在法定程序完成之后，旋即决定由台湾的政治大学政治研究所、台湾师范大学国文研究所，与台湾大学历史研究所率先办理。"除台大稍缓办理外，政大师大均立即开办。"王云五的学生周道济成为新的博士学位授予制度下，台湾获得博士学位的第一人。①

有感于王云五对台湾建立博士制度的前驱贡献，在王云五 80 岁寿诞的时候，张晓峰题赠"博士之父"匾额送给他。② 从此，王云五就多了一个"博士之父"的头衔。1969 年 10 月，韩国建国大学赠授王云五"名誉法学博士学位"。"博士之父"总算有了"博士"的头衔。只不过，按王云五自己当年的设计，此"博士"只是荣誉称号，不是真实"学位"；所谓"名誉法学博士学位"，也只是增加了王云五追名逐利道路上的一个虚衔罢了。

三、行政改革

1958 年 7 月，王云五再度出任"行政院副院长"一职。与十年前他首度任这一职务时的左支右绌不同，这时候他的声望如日中天，且"院长"由"副总统"陈诚兼任，王云五实际主持"行政院"日常工作。"行政院政务委员"有王世杰、薛岳、余井塘、蔡培火、蒋经国。许多都是国民党内极具资历的"党国"元老。

---

① 《王云五文集》伍（下），江西教育出版社 2008 年版，第 960－961 页。
② 徐有守：《出版家王云五》，台湾商务印书馆 2004 年版，第 158 页。

因此职位虽同，但属于高配。

更为重要的是，这一次蒋介石寄希望于他的，是对整个国民党政府行政系统进行全面改革，以根除国民党在大陆时期的各种官场弊端。

早在两年前的1955年春，王云五因屡屡受各机关邀请发表关于行政效率的演讲，又对科学管理法素有研究，实践研究院遂邀请他组织一个科学管理组，利用科学管理法，改进行政效率。王云五在最后形成的报告中提出两点建议：一是成立一个行政效率调查委员会（参照美国的胡佛委员会）；二是该委员会超然于"五院"之外，直接对"总统"负责。这份报告经蒋介石审阅后，指示"行政院"成立权责研讨委员会。委员会在1957年10月提出"中央行政改革建议案"，主要针对"中央"行政机关。

1957年9月，联合国第十二届大会在美国举行，蒋介石指派王云五和胡适"出席"联大会议。行前蒋介石向王云五面授机宜，要他在联大会议结束后继续留在美国，对胡佛委员会的行政改革计划及实施情况做专题调研。

1957年9月，王云五（前排右五）赴美"出席"联合国会议时合影

　　王云五在留美的四个月间，"以可能之最大时力，从事资料之搜集、阅览，及关系人与机构之访问。参以云五个人平素研究科学管理与行政效率之浅薄心得，就千余万言之资料中，写成撮要约八万言"。在此专题报告基础上，他以《对于胡佛委员会报告之研究简述》为题，在"总统府"月会上做报告。"'总统'破例登讲台，力言所报告事项之重要性。"① 随后，又根据蒋介石指示，成立"总统府"临时行政改革委员会（以下简称"行改会"），由王云五任"主任委员"，以半年（1958 年 3 月 10 日至 9 月 10 日）为期，以上述报告为参照，对台湾行政系统提出全面改革方案。"行改会"的主要任务有六项：一是调整机关组织，二是调整各级机关权责，三是改善行政制度，四是简化行政手续，五是节约开支移缓就急，六是其他有关行政效率事项。②

　　王云五组织了一个三四十人的队伍，分为行政、"国防"、财政金融、经济、文教、预算、总务、公营企业、司法、考铨 10 个研究小组。"而研究的范围涉及行政司法考试三院，并从'中央政府'建广至各级地方政府"。③ 各小组经过半年调查研究和平均每月数十次会议详加讨论，共向"总统府"提出包括 14 个方面的 88 条建议案（以下简称"88 案"）。

　　蒋介石对王云五关于胡佛委员会的研究报告和领衔调研之后提出的"88 案"高度评价，认为"行政院"推进行政改革事关重大。他要王云五出任"行政院副院长"一职，重点衔接行政改革由政策建议到落实施行的进程。④

　　1958 年 8 月，王云五上任。12 月，蒋介石致电陈诚，告以

---

① 《王云五文集》陆（下），江西教育出版社 2011 年版，第 841 页。
② 《王云五文集》陆（下），江西教育出版社 2011 年版，第 949 页。
③ 《王云五文集》陆（下），江西教育出版社 2011 年版，第 949 页。
④ 《王云五全集》（18），九州出版社 2013 年版，第 715 页。

"88 案"除"统一三军阶级及现行薪给案"应暂从缓议外,其他各案均已交各相关部门处理。① 1962 年,王云五在"行政院"设立"行政改革建议案检讨小组",用一年时间,对"88 案"逐案办理和实际施行的效果进行检查,并设计评分系统进行考核。以全部采行者得 100 分,大部采行者得 75 分,半数采行者得 50 分,局部采行者得 25 分,未采行者得零分,最后统计平均分为 54.7 分。与美国胡佛委员会之成绩相比,差异不大。②

四、无党无派?

梳理王云五数十年政坛沉浮,无论是大陆时期的国民党政坛,还是台湾国民党当局,"无党无派"或许是一个关键词。

王云五从政的基础是无党无派,他也从来都以无党无派相标榜。他的逻辑是:因为无党无派,所以可以本着良心,不偏不倚,居中斡旋;因为无党无派,就可以无所顾忌,畅言无阻。无党无派的身份,让他一次又一次地获得政坛良机,也一再赢得国民党和蒋介石的信任。可是,他真的是"无党无派"吗?

事实上,王云五在民国初年(1912 年 9 月)就正式加入了国民党,并曾有一段时间为国民党设在北京的机关报《民主报》撰写社论。这个时间点,距离中国国民党在北京虎坊桥湖广会馆成立(1912 年 8 月 25 日)仅仅一个月左右。如此算来,王云五的国民党党籍,是极其资深的。

1913 年 11 月,已经大权大握的袁世凯下令解散国民党,国民党被迫转入地下活动。随后,在蔡锷等人在北京策划反对帝制的讨袁运动前后,王云五与相关的国民党代表有"极密切的联系"③。

---

① 《王云五文集》陆(下),江西教育出版社 2011 年版,第 1006 页。
② 《王云五文集》陆(下),江西教育出版社 2011 年版,第 1024–1025 页。
③ 《王云五文集》陆(上),江西教育出版社 2011 年版,第 74 页。

　　1919 年 10 月 10 日，孙中山在中华革命党的基础上，重组国民党，并公布规约。但在军阀割据统治的中国，国民党并无合法地位。王云五在商务印书馆工作时，"因上海在军阀统治下，国民党未能公开活动，我借着商务印书馆的掩护，时为各地国民党员尽秘密联系之责"。① 可是，从组织关系来说，王云五的国民党党籍却早已不存。1927 年，国民党在南京建立政权，随之在全国开展公开登记国民党党籍。据说，朱经农在前往国民党上海市党部办理登记时，"受到主办人员之挖苦，先生闻悉此事，遂放弃登记。自此，先生成为无党无派人士"。②

　　已经功成名就的王云五，不愿恢复国民党党籍，而是选择做一个无党无派的文化名流，原因当然不仅仅是害怕别人挖苦，应该是他打过算盘，"盘算"过一番的。

　　商务印书馆作为一家在当时来说最为市场化的工商企业，历来的宗旨就是保持政治中立。"业务向来避免和政治接触"。③

　　商务印书馆由教会人士发起，在远离政治中心的上海从事文化企业活动，确立"在商言商"的企业战略非常重要。商务印书馆的几位掌舵人夏瑞芳、张元济、高凤池、鲍咸昌，尽管性格各异，在这一点上却一脉相传。远离政治和在商言商，是商务印书馆为求企业生存与发展的必然选择。1919 年孙中山的《孙文学说》在上海写成，他首先想到的是交给商务印书馆出版，但张元济"告以政府横暴，言论出版太不自由，敝处难与抗，只可从缓"，婉言谢绝了。以至孙中山向海外同志说，商务印书馆被保皇派掌握。④ 在五

① 《王云五文集》陆（上），江西教育出版社 2011 年版，第 74 页。
② 王寿南：《王云五先生年谱初稿》（一），台湾商务印书馆 1987 年版，第 141 页。
③ 《商务印书馆 1950 年股东会报告》，转引自汪家熔：《张元济》，上海辞书出版社 2012 年版，第 326 页。
④ 参见汪家熔：《商务印书馆史及其他——汪家熔出版史研究文集》，中国书籍出版社 1998 年版，第 46－47 页。

四新文化运动中,上海相当平静,商务印书馆作为中国最大和最著名的出版机构,并未掀起什么波澜,其中的原因固然有不少,但远离政治和在商言商的经营思想则是其根源。

自创立以来,商务印书馆历任主事者,都坚守着这个传统。张元济早年曾深度介入政治,参与过清末的维新运动和东南互保等,但加入商务印书馆之后,"以扶助教育为己任",不再参与任何政治活动;甚至在夏瑞芳遇刺身亡后,商务印书馆董事会推举他接任总经理,为了避免"名不入公门"(不与政府打交道),他也予以拒绝。[①]

王云五进入商务印书馆以后,深受这样的经营思想和企业文化的影响,也一直坚守"在商言商"的经营理念,在政治立场上尽量不偏不倚,保持中立。这一点,无论对于 20 世纪二三十年代工潮迭起、进步力量云集,甚至还成立了多个党团组织的商务印书馆,还是作为领导这家著名文化企业的王云五个人,并不容易。

在王云五任编译所所长前后,胡愈之(1914 年入馆)、沈德鸿(沈雁冰,1916 年入馆)、陈云(1919 年入馆)、周建人(1921 年入馆)、杨贤江(1921 年入馆)、郑振铎(1922 年入馆)、叶圣陶(1923 年入馆)等进步人士相继进入商务印书馆工作,多数还是编译所的重要业务骨干,是编译所在五四新文化运动后力谋变革的新兴力量。

在王云五任商务印书馆编译所所长前不久,中国共产党在上海创建,中央机关也设在上海,党团活动随之展开。沈德鸿、杨贤江是早期的中共党员。1923 年 6 月,在广州召开的中共第三次代表大会通过《关于国民运动及国民党问题的决议案》,决定国共两党合作,共产党员以个人身份加入国民党。会后在上海成立了

---

① 汪家熔:《张元济》,上海辞书出版社 2012 年版,第 194 页。

中共上海区党组织，徐梅坤任委员长；又设立国民运动委员会，沈德鸿（时任商务印书馆《小说月报》主编）为委员长，杨贤江（时任商务印书馆《学生杂志》主编）任委员。在中共上海区党组织的四个小组中，第二组13人全部来自商务印书馆，其中3人来自编译所。据茅盾回忆，当时上海的中共党员共五十多人。① 由此可见，在商务印书馆工作的中共党员占了上海党员总数大约四分之一。

1924年1月，国共第一次合作。1925年孙中山创建中国国民党陆军军官学校，组建革命军。1926年在苏联支援下，国共两党组建国民革命军，开始北伐。中共上海的党团组织为配合形势，活动更加频繁。1925年，中共在商务印书馆成立了以徐梅坤为书记的临时党团支部，并直接策动和领导了商务印书馆的罢工运动（工潮）。

1925年5月30日，上海发生震惊中外的"五卅"惨案。英租界的巡捕开枪打死聚集在上海南京路老闸巡捕房门首的爱国学生及抗议群众13人，重伤数十人，逮捕150余人，激起上海市民极大愤慨，以罢工、罢课、罢市为主要斗争手段的反帝爱国运动——"五卅"运动随即展开。商务印书馆职工以极大的热情，积极参加运动。郑振铎等人在"五卅"运动中热血沸腾，表现英勇，创办《公理日报》，向上海市民散发。在这一事件中，王云五表现出爱国主义情怀。他不但默许了编译所内郑振铎等人的爱国行为，还撰写英文文章在《大陆报》发表，声讨帝国主义暴行。胡愈之在《东方杂志》紧急编辑"五卅"事件临时特刊出版，王云五在该特刊发表长文《"五卅"事件之责任与善后》，"切责英日人应负道德、法律及国际法等多方面责任"，探讨事件背后的深层原因，甚至不惜与租界当局对簿公堂！

---

① 茅盾：《我走过的道路》（上），人民文学出版社1997年版，第265－266页。

对这一政治事件，商务印书馆当局既表现了民族大义的激情，同时又维持着"在商言商"的企业经营理性。据茅盾回忆："《公理日报》之创刊，商务印书馆当权者曾暗中给予经济上之支持，此是动用公司的公款的。此外，张菊生、高梦旦、王云五每人亦各捐一百元。"① 之所以是"暗中"，正是为了企业生存的考虑；同时，也是因为这个原因，《公理日报》并不是由商务印书馆所属印刷厂印刷，而是另找小厂印刷，直到"找不到承印的工厂"而停刊。② 换句话说，即使在"五卅"运动这样的大风大浪来临，即使那么多的商务印书馆职工卷入其中，作为企业的商务印书馆仍在小心翼翼地维护着政治与商业的平衡，尽一切可能维系着"政治中立"的经营传统。

编译所内的骨干思想激进，王云五应该是知道的，这些人在外面活动频繁，他应该也有所耳闻。商务印书馆的传统是尽可能不介入政治，可是在工潮斗争最激烈的时候，商务印书馆的劳资对立两方竟然不得不面对面地坐在谈判桌前。"资方出席者为张菊生、鲍咸昌、高翰卿、高梦旦、王显华、王云五，劳方出席者之代表，发行所为章郁庵、徐新之、孙琨瑜，印刷所为王景云、陈醒华、乌家良、胡允甫，总务处为冯一先、乐诗友、黄雅生，编译所为郑振铎、丁晓先、沈雁冰，共十三人。"③

在政治深度介入之后，平常的管理者与被管理者、同事之间的友情甚至亲情（商务印书馆职工很多沾亲带故，代表资方的高梦旦与代表劳方的郑振铎就是翁婿关系），一变而为带有强烈政治意味的对立着的劳资双方。面对这些咄咄逼人的年轻人，王云五

---

① 茅盾：《我走过的道路》（上），人民文学出版社1997年版，第304页。
② 汪家熔：《商务印书馆史及其他——汪家熔出版史研究文集》，中国书籍出版社1998年版，第48页。
③ 茅盾：《我走过的道路》（上），人民文学出版社1997年版，第314页。

不得不迁就，除了上述政治上的考虑，就编译所内部而言，王云五还须依靠这些富有才华与激情的年轻人。这些青年编译骨干，对于推进他的编译所改革计划，不可或缺。这样，虽然有过思想斗争，他还是尽量容忍他们的"过激"，《小说月报》连续三任主编（沈雁冰、郑振铎、叶圣陶）都掌握在进步人士的手中。《东方杂志》实际由胡愈之编辑（主编是钱智修），《学生杂志》则由杨贤江主编。

更为重要的原因是，20世纪20年代的上半叶，各种势力角逐，政治局面纷乱，王云五作为一个商人，管理着一个思想多元、背景复杂，同时还交杂着错综复杂的人事关系的两百多人的编译所团队，相对的"超然"姿态无疑是最优选择。在国共合作的大背景和反帝的共同目标之下，王云五在"五卅"运动中的表现，也可以说是在寻求一种政治上的平衡。

1927年，蒋介石发动"四一二"反革命政变，国共分流，商务印书馆编译所的激进分子或走上职业革命的道路（如沈雁冰、杨贤江），或避走国外（如郑振铎、胡愈之）。在这场腥风血雨之中，同样地，王云五也面临选择。前已述及，在进商务印书馆以前，王云五曾经加入国民党；1927年国共分流，国民党取得统治地位，这个时候，如果他愿意，他完全可以恢复其国民党党籍。可是，他没有。没有恢复国民党党籍，当然并不意味着他在心里没有选择，而更可能是出于他在商务印书馆的现实需要。

在革命的大洪流中，以"政治中立"为宗旨的商务印书馆，其职工却深深地介入了"政治"，许多人的命运由此发生转折。王云五在编译所的任上，既不得不出面解决激烈而频繁的工潮，又要承受改革无法推进、人才不断流失等等之痛，作为个人，无疑是政治洪流的"受伤者"。这可能是他在事业鼎盛之时激流勇退，辞去编译所所长而转入中央研究院做"专任研究员"的一个深层原因。

在各种政治力量角力，内忧外患不断的 20 世纪二三十年代，商务印书馆在经营上获得巨大成功，与其"在商言商"的经营策略密切相关。王云五深知这一点。他无党无派的身份对他在商务印书馆主持工作无疑是非常有利的。反过来，商务印书馆经营上的巨大成功，及其所发挥的巨大文化教育作用，既为王云五赢得文化名人、社会名流的声望，也为他积聚了一定的政治资本，同时进一步膨胀了他的政治野心。

1940 年在重庆召开的国民参政会一届五次会议参政员合影。前排中立着军装者为蒋介石，前排左起第六人为王云五

当然，他是断然忘不了他曾经的国民党员身份的。他投身政治，既是为了追随孙中山的三民主义理想，也是为了报答蒋介石的知遇之恩。同时，在他越来越接近政治的时候，他的政治倾向也将决定商务印书馆的命运。为了践行他"虽因未重新登记而丧失党籍，仍将永为党的友人"的诺言，他在参政会以及后来的政

治协商会议、国民大会上，"以无党之身为党相助"① 的表现极为明显。有人借用李健吾的一个剧作"一个未登记的同志"来戏称王云五②，可谓精妙之极！中共方面，指称王云五为国民党独裁统治的"政治花瓶"，并未冤枉他；国民党方面，因为王云五这个"政治花瓶"既可增添光彩，又可发挥其笼络人心的作用，何乐而不为？而在王云五个人，走向政坛这样的人生壮游，"社会贤达"这样的声名美誉，他是无论如何都不会错过的。

王云五利用"无党无派"身份，他的政治倾向在参政会期间即已表露无遗，在去台之后更是赤膊上阵，为蒋介石搞独裁站台粉饰。王云五自作聪明，但他的表现最终激怒了曾经在政治思想上若即若离的自由主义知识分子朋友圈，酿成晚年与雷震的笔墨官司。

1949 年 11 月，《自由中国》半月刊创刊，以时在美国的胡适为发行人，参与者有王世杰、雷震、毛子水、傅斯年等。王云五名列《自由中国》社论委员会委员和常务编纂。《自由中国》的办刊宗旨，一是反共，二是反独裁。1950 年，王云五联合著名报人成舍我，在香港创办《自由人》三日刊。"《自由人》本系超党派立场。只知民主、自由、反共，不知其他。"③ 其骨干成员除王云五之外，还有程沧波、黄雪村、王新衡、楼桐孙、吴俊升、陈石孚、陶百川、雷震、阮毅成等人。《自由人》三日刊的办刊宗旨与《自由中国》大同小异。两刊成员互有交集，互为对方供稿。《自

---

① 《王云五文集》陆（上），江西教育出版社 2011 年版，第 74 页。
② 何盈：《王云五：走红的算盘》，载《群言》杂志第 15 期（1948 年），翰堂近代报刊数据库。
③ 王寿南编：《王云五先生年谱初稿》（第二册），台湾商务印书馆 1987 年版，第 768 页。

由人》三日刊经常刊登胡适、雷震等自由主义知识分子的文章，王云五也经常为《自由中国》写稿。

在1950年前后和移居台湾初期，政治失意、前途未卜的王云五以出版为主业，操笔墨为生，大量发表反共和有关国际关系的文章，偶尔也会批评国民党，但大多不痛不痒。很明显，王云五是在给自己日后重返台湾政坛留后路。

有两个因素直接促成了王云五逐渐远离自由主义知识分子朋友圈：一是1950年底的暗杀事件，事件中王云五并未受伤，但他怀疑是中共派人对他下手，实际上毫无根据，倒是有借机将自己塑造成为中共"眼中钉"形象的嫌疑。二是在王云五"流落"香港期间和定居台北之后，蒋介石对王云五的生活多有关照，使得本已心灰意冷的他颇有枯木逢春之感。

这一推一拉的两种力量，加快了王云五进入台湾政坛和退出自由主义知识分子朋友圈的速度。

与此同时，随着国民党假民主、真独裁的面目逐渐暴露，雷震主持下的《自由中国》杂志对国民党的揭露和批评越来越不留情面。1951年6月1日，《自由中国》发表社论《政府不可诱民入罪》，得罪国民党军方，自此国民党下令禁止军中订阅，并派特务破坏。在雷震宣称要组建反对党（中国民主党）以制衡国民党之后，1960年10月，台湾当局以"明知为匪谍而不告密检举"和"进行有利于叛徒之宣传"两项罪名将雷震判刑入狱10年。

雷震（1896—1979）比王云五年轻8岁，政治资历却比王云五要深。他在20世纪20年代就加入国民政府，先后出任法制局编审、编译局编纂、教育部总务司司长等职。全面抗战爆发后，雷震与王云五在国民参政会、政治协商会议、国民大会以及行宪后的政院组阁，多有交集。1938年参政会一届一次会议时，雷震任议事组主任；1940 年，参政会成立宪政期成会，雷震任秘书长；
1946 年任政治协商会议秘书长；1947 年，参加国民大会，并加入
张群内阁任政务委员。

胡适（中）与雷震夫妇合影

　　两人的不同之处在于：雷震是胡适的信徒，信奉自由主义。
王云五与胡适亦师亦友，两人交往主要限于工作与生活，思想上
并无太多共通之处；王云五虽然也时不时地将自由、民主、宪政
挂在嘴上，但他实际信奉的是实用主义，追求个人利益的最大化。
在中国自由主义还在幼苗的 1921 年，王云五就曾加入胡适在北京
创办的努力会，但他并未实际参与活动；其后胡适创办《努力周
报》，王云五还力为劝阻，商务印书馆也不曾为其办刊提供任何方
便。同样的，《自由中国》创办时，王云五是社论委员会委员和常
务编纂，但也很快退出。[①] 国民党败退台湾初期，表示要进行政治

---

① 《自由中国》社论委员会名单和常务编纂名单，载《胡适雷震来往书信选集》，南
京大学出版社 2014 年版，第 17 页。

改革，对创办《自由中国》一度持支持鼓励态度，当然也有借助其进行反共宣传的目的。可是很快，雷震就接过了胡适在大陆时期高举的自由主义旗帜，将批判矛头对准国民党的独裁统治。与此同时，王云五则成了蒋介石的座上宾，国民党的"国大之宝"，竭力为国民党的威权政治和蒋介石连选连任"总统"做吹鼓手。雷震因反体制而与国民党格格不入，最终入狱；王云五因做体制的吹鼓手而"壮游"，在政学商各界名利双收。

王云五自始至终都不是自由主义阵营的一员，充其量是其自由主义知识分子朋友圈中的一个政治投机者。

1970年，雷震刑期服满，国民党深恐其出来后重操旧业，除要求雷震承诺"出狱之后，不得有不利于政府之言论和行动，并不得与不利于政府之人士往来"之外，还要王云五（无党派）、陈启天（时任"青年党主席"）、谷正纲（时任"国民党中央常委"）、于斌（时任"天主教枢机主教"）签字担保。[1]

坐牢10年，雷震的"反骨"早已名动中外，其本人也成了台湾"民主化"运动和"独立"运动的标志性人物。王云五出面担保，对于"极好面子"的他来说，在给足国民党面子的同时，很可能在他自由主义知识分子朋友圈面前反而丢了面子。可是王云五似乎顾不上了，对于临阵退缩没有来签字担保的于斌，王云五还一直讽刺说："洋和尚怕事，洋和尚靠不住"。[2]

雷震出狱后，曾起草《救亡图存献议》万言书，秘密送交蒋介石等五位国民党高层。"万言书"一如既往对当局进行严厉批

---

[1] 《雷震特稿：与王云五的笔墨官司》，载《雷震全集》（28），台湾桂冠图书股份有限公司1990年版，第22页。

[2] 《雷震特稿：与王云五的笔墨官司》，载《雷震全集》（28），台湾桂冠图书股份有限公司1990年版，第24页。

评。不知何故，此"万言书"竟被主张台独的彭明敏获得，并在纽约所办刊物《台湾青年》全文发表。此事被炒得沸沸扬扬，王云五怀疑是雷震故意泄露，遂于 1975 年 4 月 5 日向雷震送来"绝交信"。两位耄耋老人就此展开了一场笔墨官司。

王云五认为如果不将你保出来，你还要在监狱里待下去，因此视雷震为"忘恩负义之徒"。雷震则说，王云五以"行政院副院长"之位，对"雷案"这样明显的冤案不过问，不作为，暗示其落井下石。雷震还进一步发挥，所谓"担保"并非他所提出，更属违反法律，因为十年刑满，理应释放，所谓"担保"，法理何在？"担保"之时，给他看的是"不得有不利于'国

《雷震全集》（28）完整收入《与王云五的笔墨官司》系列文章，王云五的回忆录则对此完全避而不谈

家'之言论和行动，并不得与不利于'国家'之人士往来"，正式签署时却玩"掉包计"，"国家"二字替换成了"政府"，使一个奉行自由主义的独立知识分子竟不能公开批评政府！王云五辩解说司法独立，他在"行政院"管不了"国防部"，"雷案"涉军法，是秘密审判。雷震对王云五以"司法独立"解释他的审判入

狱极为愤怒，明明是政治陷害，却以"司法独立"相标谤，你这不是明显在推卸责任吗？雷震一口咬定"'行政院'对于'雷案'之不依法审判，自应负有监察之责任，则毋待深论矣"。[①]

两位耄耋老人的笔墨官司，王云五为自己的好心得不到好报而抱怨；雷震为自己所受冤屈而抗争。王云五自认的"好心"，在雷震看来纯属狗咬耗子多管闲事；王云五一如既往地被国民党利用，为国民党效忠，并非是真心在帮他。王云五以"司法独立"为武器为自己在"雷案"中的不作为辩护，显然是搬起石头砸自己的脚。

王云五既没有清晰的政治思想，更没有坚定的政治信仰，他的那些标签式的西方政治理念，是为不断变化的现实利益服务的：当身处政坛之外，他可以与胡适等人时相往来，讨论政治，谈论主义；当身处商界之中，他与政治保持相当距离，言论谨慎；当其进入政坛，他会尽量避开胡适这样的以批评政府为能事的自由主义者，却又尽力为当政者抬轿子唱颂歌。王云五始终与国民党站在一边，"拥护政府"，无论这个政府是如何腐败无能、专制独裁。这才是他的政治立场！也是他与自由主义者忽而走近忽又疏远的原因所在。

一直以来，王云五在文化界、政界和学界"壮游"无阻，其政治为现实服务的手法运用圆熟，以成功人士自居。在迈入耄耋之年时，却在他视为老友的雷震这儿碰了壁。雷震的自由主义所要反抗的，正是王云五乐在其中的国民党独裁体制，而王云五用以自辩的武器却是自由主义所要捍卫的"司法独立"，这使王云五

---

① 《雷震：与王云五的笔墨官司》，载《雷震全集》（28），台湾桂冠图书股份有限公司1990年版，第135页。

显得更为可笑。雷震宁可坐牢也要坚守信仰，王云五在体制内外游走自如名利双收。两条路线，两种选择，以王云五的聪明和精明，各自的结局早在他的意料之中。这就难怪王云五在其《最后十年自述》100多万字的回忆录中，对这一段笔墨官司只字不提；而雷震却大肆宣扬，最后还编成了一本书。

出来混，总是要还的。谁是谁非，历史会做出回答。

这场笔墨官司也是一个隐寓，它寓示着雷震的"真"自由主义与王云五的"假"自由主义这两条路线的发展路径。政治的分野，更多的时候并不是看你说了什么，而是看你做了什么；个人的命运与主义的依归往往不是相向而行，而是跌荡交集的。政治，对王云五而言，不是主义的安身立命，而是个人生活的一个日常选择罢了。如此而已。

1963年，76岁的王云五自认"再留不值半文钱"①，再度向蒋介石和"行政院"请辞，随即获准辞去所有公职，只象征性地被聘为"总统府资政"的虚衔。

王云五从政，以在上海缘识孙中山开始，以蒋介石的知遇贯穿其近半个世纪的人生。纵观王云五的从政历史，看不出他有清晰的政治理念和政治追求，更多地是传统知识分子求取功名的心理在推动着他的从政之路。与他朋友圈中的蔡元培、胡适、傅斯年等自由主义知识分子相比，他缺乏自由主义的独立思想，喜好追求现实利益。其"爱算计"的天性与长期在商界"苦斗"而养成的商人习性，使得他可以从政坛获取各种资源和利益，以服务于他的事业和生活。他的从政经历对他的出版事业和教学生涯、学术著述是有益的助力，却也使他错过了一些具有重大历史影响

---

① 《挂冠再答客问》，载《王云五全集》(20)，九州出版社2013年版，第478页。

的著作的出版机会，如《鲁迅全集》①、陈独秀的未刊遗著《文字学注释》② 等，正如他在商务印书馆的前辈张元济当年错过《孙文学说》一样。表面上看，他在政界、学界、教育界和出版界游刃有余的"壮游"，创造了某种奇迹；但人生苦短，时间、精力都有限，这样的"壮游"肯定是会错过许多精彩的风景的。

20 世纪 70 年代，随着中华人民共和国恢复联合国席位，以及中美关系的好转，台湾在国际政治的生存空间严重受到挤压，台湾当局深感被美国抛弃的恐惧，蒋介石提出以"庄敬自强，处变不惊"应对。这样的情绪也深深地影响了王云五。身体健康每况愈下，加上政治局势严重"恶化"，使得王云五的最后时日颇为悲苦，曾有"处此世局，有心无力，与其偷生，曷若早逝"之慨。③ 1976 年 11 月，卡特就任第 39 任美国总统，王云五在半年时间内连续发表《贺卡特先生就总统职并贡谠言》《致美国总统卡特的一封公开信》《读美国卡特总统就职演词感言》《卡特先生失言矣》4 篇文章④，对美国新当选总统卡特由开始时寄予厚望，到后来满怀怨言。老迈的王云五，就连"强自庄敬，处惊不变"（台湾人民讽刺蒋介石的话）都无法做到了。

算上早年的公务生涯和晚年的宦海沉浮，王云五立足国民党官场数十年，除了当时和身后留下的无数骂名，就历史的演进而

① 鲁迅去世后，许广平立即着手筹备出版《鲁迅全集》。鲁迅生前"本不满意于商务"（周海婴编《鲁迅、许广平所藏书信选》，湖南文艺出版社 1987 年版，第 293 页），不过考虑到投资巨大、印刷要求高等原因，许广平还是与商务印书馆签了出版合同。尽管有蔡元培、胡适、茅盾等人从中斡旋，但是王云五对此态度消极。（参见金炳亮：《鲁迅与王云五关系考辨》，载《书屋》2018 年第 9 期）1938 年 8 月，《鲁迅全集》由上海复社出版发行。复社是胡愈之、郑振铎等人发起成立的一家小出版社，之前出版过畅销书《西行漫记》。
② 茅盾：《我走过的道路》（上），人民文学出版社 1997 年版，第 400 页。
③ 《王云五全集》（18），九州出版社 2013 年版，第 771 页。
④ 4 篇文章分别参见《王云五全集》（18），九州出版社 2013 年版，第 855 页，第 862 页，第 884 页，第 919 页。

言，他连"失败者"都谈不上。对于政治，他从未"入流"，他只是国民党政权的一个点缀，一个远去的背影。王云五留下历史名声的，还是四角号码检字法，还是《万有文库》，以及抗战时期他对复兴商务印书馆的艰苦努力和巨大贡献。

一直以来，都有王云五走向政坛是误入歧途的说法。"假如王云五不走入宦途，则其在中国文化界的贡献，将远比目前为大，而其在国际上的声誉，恐亦远比目前为高。故无论从哪一方面讲，这都是中国文化教育界的损失。"① 他是错位从政吗？未必。政治虽然不是他的信仰追求，却是他的利益所在。尽管其本人一再声称他之从政并非为了个人利益，但从政带给他的利益又岂止是区区几个金钱所能衡量？他的人生"壮游"，又怎能缺少了政治这个重要环节？

正因如此，在蒋介石去世之后，王云五称其为"第一知己"。② 蒋介石对这位无党无派却对国民党忠心耿耿的文化名人、"社会贤达"，也确实自始至终关怀备至，不断委以重任，直到王云五完全离开政坛，也并未忘怀。1967年7月7日，蒋介石亲自到王云五寓所为其80岁祝寿，并致送一幅"弘文益寿"的寿屏。"第一知己"的说法，虽有自抬身价的嫌疑，但王云五以其"忠心"换得蒋介石的"知遇"，应该也在他精确的算计之中吧。

1978年3月25日，老迈的王云五代表"国民大会"向蒋经国致送"总统"当选证书，为他的政治生涯画上了看似圆满的句号。以"无党无派"之身，为蒋氏父子的国民党专制背书，王云五的从政，为中国政治史的书写，肯定是会添上些许色彩的。

---

① 高公：《王云五与张伯苓》，载《中国新闻》杂志，第1卷第6期，1947年10月，翰堂近代报刊数据库。
② 《王云五全集》(18)，九州出版社2013年版，第709页。

王云五向蒋介石（上图）、蒋经国（下图）致送"总统"当选证书

第八章／重振台湾商务印书馆

一、回归出版

1963 年底，从香港传出张元济已经作古的消息。当时，王云五无官一身轻，正考虑退休以后是多做些研究和著述的工作，还是再为台湾商务印书馆做些事。张元济去世的消息，促使王云五下了最后的决心：重振台湾商务印书馆。

事实上，早在 1959 年的 8 月 14 日张元济就去世了，可是因为两岸信息阻隔，直到 1963 年底王云五才得知张元济去世的消息。[①]王云五写了《张菊生与商务印书馆》一文，追忆往事，自认在商务印书馆的历史当中，够得上做张元济朋友的只有三个人，就是高梦旦、陈叔通和他。

很难想象，几乎没有什么学术背景和出版经验的王云五，如果不是张元济和高梦旦态度坚决，力排众议，他怎么可以在商务印书馆这样一家全国最大的出版机构出任编译所所长这样的要职；如果不是张元济以元老的身份，在王云五对编译所进行改革的几次关键时候，对他力挺，他怎么可以在编译所进行如此大刀阔斧的改革，并取得成效；在商务印书馆总经理一职出现空缺时，如果不是张元济力主请回王云五，并以董事长名义拍板定调，他怎么可能顺利出任商务印书馆的总经理；如果不是张元济毫无私心、以身垂范、鼎力支持，他又怎么可能在全面抗战的 14 年间，四次复兴商务印书馆！

张元济重用王云五，当然不是出自私谊，而是因为王云五的才干。在"一·二八"事变之后商务印书馆复兴最艰难的日子，"菊老知我益深，不仅在公务上无事不尊重余意，力为支持；即私

---

① 《王云五文集》伍（下），江西教育出版社 2008 年版，第 973 页。

交上亦无话不说，取代了梦旦先生对余之关系地位。"① 可以肯定的是，王云五对张元济，内心是充满了感激的。

在张元济为商务印书馆打造的精神气质中，王云五自认是当之无愧的继承者。商务印书馆的精神气质，在出书层面，是整理国故与传播新知并重；在企业管理层面，是严谨和规范的科学管理；在文化理念上，是追求学术独立，为读者供给优良读物，倡导健康向上的阅读。这几条，是张元济为商务印书馆规划设计和倡导践行的，也是王云五所努力追求的；无论王云五在编译所和全馆系统怎么改革，张元济作为舵手，牢牢把住了这几条；而王云五的一系列改革，则事实上强化了这几条。

1947 年 9 月，曾经在编译所的改革中充分发挥，同时在教育界有深厚关系的朱经农继任商务印书馆的总经理兼编审部部长。在朱经农主持商务印书馆工作的几年中，外部时局动荡，内部工潮不断，职工越来越多地卷入政治，商务印书馆事实上已经难以维持"政治中立"。朱经农原本就厌倦政治，此时对商务印书馆的经营困局毫无办法，转而把更多的时间与精力放在了光华大学的教学和研究上。

这一时期，商务印书馆只是利用原有的版权资源，陆续出了一些诸如《新中学文库》《新小学文库》《新儿童世界》这样旧瓶装新酒的书，勉强供应市场。

1948 年底，朱经农以南京国民政府首席代表身份出席在巴黎召开的国际文教联合会（今译联合国教科文组织）会议，会后访美，并滞留不归。

在王云五因币制改革失败辞去财长职务，南下避居广州之时，商务印书馆在上海召开股东年会。王云五接获张元济来函，称

---

① 《王云五文集》伍（下），江西教育出版社 2008 年版，第 669－670 页。

"与同人相酌，谓公此时已宜韬晦，不敢复以董事相溷"①。在人生最低潮的时候，本来以为还有一个可以作为后方的商务印书馆，然而他在商务印书馆的最后一个职务，也没了。

不久，他再接张元济函告，商务印书馆编审部已迁入他在上海四川北路的旧居。事到如今，他只是商务印书馆的一个股东，与其他数千个股东一样！商务印书馆，他是再也回不去了。

岂止商务印书馆回不去，大陆，恐怕他也呆不住了。国军节节败退，报上每天都是坏消息，政府已作迁台的准备。中共方面通过新华社公布了第一批国民党甲级战犯，王云五名列国民党甲级战犯的第十五位。出走，是唯一的选择。

王云五加入了往香港逃难的大军。对王云五而言，香港算是一个福地，七七事变之后，他避到了香港，现在他又避到了香港。可是上一回，他带着复兴商务印书馆的任务，香港很快就成了复兴商务印书馆的大本营，直到太平洋战争爆发。这一回，他一无所有，无官无职，既无任务，更无使命。幸好，他是一个文化人。他还可以卖文为生。不久，曾在战时参加访英团时认识的一个朋友介绍他以剑桥大学汉学特别讲座的名义去英国访学半年，他毫不犹豫地答应了。

访英团友、外交部部长王世杰得知他避居香港无所事事，并拟赴英访学，遂报告了蒋介石。蒋介石随即邀请王云五赴台晤谈。这时，蒋介石因军事失败已辞去"总统"职务，正筹谋在台湾如何东山再起。他要王云五别去英国，因为英国要承认中共。言下之意，一个国民党甲级战犯去到一个承认中共地位的国家，不但事关国体，于他个人"亦当遭遇不少困难"②。蒋介石听说他有重返出版岗位之意，极表赞同。于是建议他留居香港或台湾，一面

---

① 《王云五文集》伍（下），江西教育出版社 2008 年版，第 909 页。
② 《王云五全集》（18），九州出版社 2013 年版，第 713 页。

写作，一面可办个出版机构。为了表示支持，还赠给他 15 万元作为开办出版机构的资本。

有了蒋介石的支持，王云五再通过出售字画又筹得 5000 美元，1949 年 12 月 25 日，华国出版社在港台两地同时开业。华国出版社注册地在台北市和平路一段 180 巷 6 号，在香港以"香港书店"对外营业。王云五在香港主持华国出版社的经营活动。为了表达对蒋介石"反共复国"的支持，王云五"知恩图报"，将华国出版社的出版方针确定为"以译印西文反共书籍为主"①，与他主持商务印书馆时尽量保持政治中立形成鲜明对照。

华国出版社这样的出书定位，表明该社不可能在学术出版与文化贡献上传承商务印书馆的血脉。这样的定位，如果说它在哪一点上体现了王云五的出版理念的话，那就是他对图书市场的准确把握。在这样的政治乱局、读书人的乱世，什么书籍最受读者欢迎？一个初创的出版社出什么书可以赚钱并创立市场品牌？当时的国际形势错综复杂，读者对于政治读物，尤其是对共产主义的兴起和社会主义国家的崛起具有浓厚的兴趣。相关的西文图书大量涌现，正可翻译出版。由于"彼时台湾出版业鲜能从事于此，让华国独占先着"。②

仅在 1950 年，王云五就自己翻译了《在铁幕之后》《工业心理学》《波兰怎样变为苏联卫星国》《现代武器与自由人》《俄人眼中的俄国》《史达林与狄托之交恶》（今译斯大林与铁托）、《文化在考验中》《莫斯科的使命》《共产主义在中国》等西文图书，署笔名龙倦飞，在华国出版社出版。这些图书不但市场销售不错，在港的美国新闻处还大量采购，发给相关人员作为参考用书或当作宣传品散发。

---

① 《王云五全集》（18），九州出版社 2013 年版，第 713 页。
② 《王云五文集》陆（下），江西教育出版社 2011 年版，第 675 页。

华国出版社还致力于出版工具书和教科书。这曾是商务印书馆盈利最好的两类书，王云五试图复制其经验，可惜华国出版社既无资金实力，又乏人才支持，这两类属于资金密集型和人才密集型的图书类别，王云五是有心无力了。据他自己说，工具书方面，他自己重编了一本《王云五综合词典》，教科书方面也只出了一部高中国文教科书，销路还行，也赚了一些钱。当时，有媒体称华国出版社为"第二商务印书馆"①，原因可能在于此，但显然言过其实了。

华国出版社的经营并不理想，随着王云五由香港迁居台北并逐渐转入政坛，业务更趋萎缩。② 不过，华国出版社一直还在经营，直到王云五去世后才结业。③

华国出版社的一大"功绩"是为王云五解决了生活困难；同时，因为集中出版了一批"反共译印书籍"，在无意中为研究者留下了许多珍贵的史料。有学者研究发现，乔治·奥威尔的《一九八四》最早的中文译本就是华国出版社在 1950 年 5 月出版的，译者王鹤仪（王云五的小女儿），列入"汉译今世名著菁华"第五十二种出版。④

二、老树开新枝

与此同时，台湾商务印书馆的发展却几乎停顿。

1948 年初在台北开业的商务印书馆台湾分馆，最初只是商务印书馆 30 多个海内外分支馆店中的一个，不料时局剧变，中华人民共

---

① 王寿南：《王云五先生年谱初稿》（二），台湾商务印书馆 1987 年版，第 745 页。

② 参见徐有守：《出版家王云五》，台湾商务印书馆 2004 年版，第 204 页。

③ 参见徐有守：《出版家王云五》，台湾商务印书馆 2004 年版，第 98 页。

④ 胡洪侠：《台湾的〈一九八四〉》，载《读书》杂志，2015 年第 4 期，三联书店，第 91 页。

和国成立之后，孤悬海外的商务印书馆分支机构已不可能再像从前一样由上海的总馆统一经营和管理。1950 年 10 月，商务印书馆台湾分馆改称台湾商务印书馆，在岛内独立经营。由总馆选派、从筹设分馆开始就担任经理的赵叔诚会计出身，老成持重，对独立经营一家出版机构缺乏经验。台湾商务印书馆"来台以还，物力式微，出版事业，有如停顿"。① 王云五直指其原因在于赵叔诚之无所作为，"多年来经理人无所秉承，对于出版业务遂未能发展"②。

王云五在 1951 年初自香港移居台湾之后，一方面忙于政事，一方面醉心于政治大学的教学和研究，华国出版社的业务也还在不紧不慢地经营着。王云五各种事务缠身，可是他的眼睛却一直在盯着台湾商务印书馆。由于他与商务印书馆的密切关系和巨大的社会影响力，赵叔诚也不时地向他"请益"。③ 1953 年初，台湾商务印书馆成立设计委员会，聘请王云五为主任委员。这是效法政府部门弄的一个咨询顾问机构，仅属"从旁赞襄性质"④，并不能发生任何实际的作用。次年 9 月王云五就辞去了这个虚衔。

当王云五下定决心要重振台湾商务印书馆时，他入主台湾商务印书馆最大的障碍已经不存。由于台湾商务印书馆九成以上股权为原来在大陆的商务总馆所持有，根据相关法令，这部分股权由台湾"内政部"指派其"出版管理处处长"代持，在这种情况下，台湾商务印书馆一直难以召开股东会，自然也就无法形成任何股东决定。赵叔诚的经理职位师出有名，无法免除。1964 年 4 月，之前由王云五在"行政院"授意"经济部"制定的《非常时期沦陷地区公司行使股权条例》（以下简称"条例"），经"立法

① 《王云五全集》（19），九州出版社 2013 年版，第 257 页。
② 《王云五文集》伍（下），江西教育出版社 2008 年版，第 993 页。
③ 《王云五文集》伍（下），江西教育出版社 2008 年版，第 911 页。
④ 《王云五文集》陆（下），江西教育出版社 2011 年版，第 1238 页。

院"审查通过。根据"条例"规定：在台少数之真正股东，如有
三分之二以上同意，那么，经股东会投票选出的董事、监事，即
为有效。由于这类公司很多，"条例"并规定所涉公司应于一个月
内召集临时股东会，进行股权变更和公司改造。王云五随即经台
湾商务印书馆召集的临时股东会选为董事，又在随后召开的董监
会上被推选为董事长。

1970 年，王云五主持台湾商务印书馆股东常会

　　难以判定王云五在任"行政院副院长"时授意"经济部"制
定"条例"是否带有私心，是否在为自己入主台湾商务印书馆进
行铺路。但是，以传承商务印书馆精神为己任的王云五，在看到
台湾商务印书馆的发展如此平淡，完全无法跟他在大陆时期主持
商务印书馆的情况相比，他的内心肯定是充满伤感的。在王云五
看来，即使为了商务印书馆的"道统"，他也必须复出；就像全面
抗战的 14 年间他 4 次力挽狂澜，救商务印书馆于危亡一样，他必
须重出江湖，重振台湾商务印书馆！

王云五之重返商务，从他这方面说，首先是他对出版业，尤其是商务印书馆，怀有极深的感情。尽管他办了华国出版社，也一直在正常经营着，但怎么能与商务印书馆这样的老字号金字招牌相比呢？更何况，民国时期的商务印书馆，他从 34 岁做到 59 岁，这是干事业最好的年华；从编译所所长做到总经理，这是出版企业中最重要的两个职位；在商务印书馆，这样的经历，除了张元济，就是他王云五了。在他看来，菊老已然仙逝，大陆的商务印书馆前途未卜，台湾商务印书馆乏善可陈，这正是他重返商务、重振台湾商务印书馆的最佳时机！

对台湾商务印书馆来说，一方面这时候企业在经营上毫无起色，甚至危机重重；另一方面做了 17 年经理的赵叔诚年届退休，对经营出版业颇生倦意；这个时候，请"云老"出山，颇有借重其政治地位和出版才干的用意。双方可以说一拍即合。

这里有一点要声明的是，所谓"重返商务"，只是从王云五个人的感情上说，在实际的意义上，此"商务"已非彼"商务"——1949 年中华人民共和国成立后，总馆设在上海，而在北京、重庆、香港、台北等地设有 36 处分支馆店的商务印书馆一分为三，即北京的商务印书馆、香港商务印书馆和台湾商务印书馆。

中华人民共和国成立之后，商务印书馆在中国大陆的各分支馆店陆续关闭，上海总馆迁至北京，1954 年 4 月实行公私合营，改组为高等教育出版社。在周恩来总理和陈云副总理过问之后，文化部党组进行了专题调研，提出还是要"更多地用商务、中华名义组织学术性质的书稿和工具书的出版，使得商务、中华在出版界发挥更大的作用"，并建议恢复商务印书馆和中华书局的牌子。[1] 1958 年 4 月，经中央批准，商务印书馆和中华书局成为文化

---

① 《中国出版通史》第 9 卷，中国书籍出版社 2008 年版，第 63 页。

部直属的两家出版社，其中商务印书馆以出版学术著作（含译著）和工具书为主要方向，中华书局以古籍整理出版和学术著作出版为主要方向。

由于新中国与台湾的国民党政权仍处于敌对关系，文化部党组在报告中提到商务、中华在香港和南洋都有庞大的出版发行阵地，应予重视并发挥作用时，并未将台湾包括在内。

在王云五看来，台湾商务印书馆几乎没有任何理由赚不到钱，更没有理由不能大规模出书，出版高质量的学术图书。这是因为，20 世纪五六十年代的台湾经济建设发展迅速，人民生活水平迅速改善，图书消费市场广阔，而商务印书馆又是一块金字招牌，有巨大的市场号召力。可现实情况是，台湾商务印书馆几乎没有什么盈利，股本增资完全由房产地价升值而来。为了应付中高层的高额薪水，所有馆屋地产皆已向银行抵押以获取贷款，同时还须收受同人与外人的存款，这些全要支付巨额利息。这些做法，完全违背商务印书馆尽可能不对外借贷的经营传统。"此时财政，实已陷于不可收拾之地步。"[1] 台湾商务印书馆手捧金饭碗讨饭吃，一方面固然是缺乏开拓进取的精神，一方面也与经营管理不善有密切关系。经营困难，出书就少；出书愈少，经营更加困难；唯有薪水涨了上来，再也减不下去。这样恶性循环，根本难以为继。

对于四度复兴商务印书馆的王云五来说，台湾商务印书馆眼前的困难根本算不了什么。他开出的药方是开源节流，首先必须将中高层管理人员的高额薪酬减下来。他说，现在不减薪水就无法扩大生产，甚至无法维持营业；他承诺，一年以后，多年未发过的同人奖金因为盈余增加，定可发放，到时工资奖金合计，薪水一定有增无减。"从事于开源方面，以余对于编纂与出版之多年

---

[1] 《王云五文集》伍（下），江西教育出版社 2008 年版，第 983 页。

经验，何书可以畅销而获利，自信尚非他人所及。"①经营上最节省成本、同时也最容易见效的办法，就是重印一些原本就是商务印书馆出版的旧畅销书。当然，如何选用，又如何修订、重编、改造，以适应新的时代新的形势读者的需求，这正是王云五作为一个大出版家的强项所在。

王云五的出版计划，一是立即启动旧书重印工作，先从零星的单本书开始，如《英汉双解英文成语大全》等，辅以不必重编再选的丛书，如《中国文化史丛书》40种等，全套特价发售，期以最快速度销售和回款。二是重新编选大陆时期已然畅销并获良好口碑和品牌效应的大型丛书。首先当然是《万有文库》，大陆时期出了一、二集共2000多种4000多册，王云五经过筛选，保留主要的分类架构，选取仍具重要参考价值的1200册书，以《万有文库荟要》之名，印制600套，于1964年底推向市场。由于采取预约发售方式，当年即有不下两百套书实现收款。三是广泛预约新稿，大约两年前后可出新书。四是进行人事调整。由于赵叔诚年届退休，并表示不愿再续，当务之急是聘请新的总经理和总编辑。通过以上计划，王云五"期于短期内，为该馆重建出版体系"。②

77岁的王云五每天如常到馆视事，周一必将上周营业和出书情况逐一汇总、分析，并安排一星期的工作。他实现了对员工的承诺，台湾商务印书馆在他任董事长的当年（1964年）就实现了盈余，员工分到了"同人奖金"，看到了希望。更重要的是，在王云五入主台湾商务印书馆的半年时间，人们看到了他的拼搏精神，馆内同人的精神面貌有了根本改观。

为了安定馆务，对于担任台湾商务印书馆经理近18年的赵叔诚，王云五考虑其在过渡时期"苦撑危局，纵无显著成绩，不无微劳可

---

① 《王云五文集》陆（下），江西教育出版社2011年版，第1239页。
② 《王云五文集》伍（下），江西教育出版社2008年版，第987页。

念"，也作了妥善安排，不但赠以特别退职金，还聘为顾问一年。

　　1965 年 2 月，王云五聘其在政治大学研究所任教时的学生徐有守为台湾商务印书馆总编辑，后又聘其兼任总经理。

王云五与新聘总编辑徐有守在一起

　　台湾商务印书馆在出版方针、出书方向和经营管理上，具有显著的民国时期商务印书馆的特点，台湾商务印书馆的精神脉络，无疑是对民国时期商务印书馆的传承和回归。①

　　王云五入主台湾商务印书馆之后，出书规模迅速扩大，经济效益随即好转。台湾商务印书馆迅速走上快速发展轨道。以王云五入主台湾商务印书馆近 9 年的 1972 年，与赵叔诚主持工作的最

_____

① 　参见金炳亮：《晚年王云五对商务印书馆的精神传承与创新》，载《出版科学》2017 年第 6 期。

后一年 1963 年比较，十年间，台湾商务印书馆的资本额增长 10 倍，营业额增长 9.34 倍，利润（盈余数）增长 36.28 倍，每股红利增长 8.39 倍。详见下表：

1963—1972 年十年间台湾商务印书馆的主要财务数据一览表[①]

单位：元（新台币）

	资本额	营业额	盈余数	股东分红（每股红利）
1963	100 万	2287228	153529	7.5
1964	—	2953319	442721	8.31
1965	—	10552398	3301835	41.73
1966	250 万	10559626	3456727	46.09
1967	—	21957521	4090955	48.59
1968	400 万	16751742	4104370	46.94
1969	—	15198739	3723026	54.48
1970	—	18131530	3835234	58.03
1971	1000 万	22800718	5852054	62.50
1972	—	23656961	5723591	70.45
1972 年与 1963 年相比增长倍数	10	9.34	36.28	8.39

王云五在台湾商务印书馆的出版方针，仍是他一贯主张和坚持的，即为读者提供大量优质和价廉的图书。关于出版图书品种，据他 1972 年底的统计：在他入主台湾商务印书馆的 8 年半时间，与之前赵叔诚任经理的 17 年半时间比较，相差竟达 44 倍；台湾商

---

① 表中数据由王云五所著《商务印书馆与新教育年谱》和《最后十年自述》相关年份的数据综合而成。根据台湾当局规定，台湾商务印书馆的股东分红只对在台股东。

务印书馆大部分年份出书都在上千种，最多的 1965 年达 2896 种。民国时期，王云五多次以"日出新书一种"为目标，这时已远远超过。详见下表：

王云五与赵叔诚主政时期台湾商务印书馆出版品种对比表①

单位：种

	出版新书 （含初版书及台一版）	平均每年	平均每月	平均每日
王云五任董事长的 8 年半时间 1964.7—1972.12	15241	1798	149 多	5 不到
赵叔诚任经理的 17 年半时间 1948.1—1964.6	718	41	3.4	0.11 多

台湾商务印书馆的出书规模能够远超民国时期的商务印书馆，以台湾狭小的图书市场，是相当惊人的。这其中有两个重要原因，一是王云五大量重印商务印书馆的旧版图书，也就是他在版权页上标注为"台一版""台二版"……的图书，特别是那些大型丛书、文库；二是王云五紧紧抓住了台湾经济起飞、图书消费快速增长的时机，以大量优质价廉的图书满足市场需求。

有了出书规模，出书成本才能大幅下降，这是最基本的道理。然而出书多了，容易造成积压和库存，又对经营造成不利。这是一个出版人必须解决的矛盾，解决好了就是一个好的出版人，否则是无法长久做下去的。所谓出书规模是建立在图书优质、读者喜爱的基础上的。这个时期，王云五除了将民国时期商务印书馆的优质出版物修订或重编、增补再推出之外，还另外重新策划了一系列的大型丛书、文库，其中修订、增补或重编的旧有品牌图书主要有：《万有文库荟要》《丛书集成简编》《四部丛刊初编》

---

① 《王云五文集》伍（下），江西教育出版社 2008 年版，第 1181 页。

《汉译世界名著》《小学生文库》《国学基本丛书》《四库全书珍本初集》《百衲本廿四史》等，几乎囊括了民国时期商务印书馆出版的各类大型品牌图书。全新策划推出的大型丛书、文库和工具书主要有：《各科研究小丛书》《人人文库》《新科学文库》《古籍今注今译》《云五社会科学大辞典》《中正科技大辞典》等。另外，还影印出版了一批重要古籍、书画和杂志汇刊。其中珍稀古籍有：《韵史》《宋蜀本太平御览》《汇刊涵芬楼秘笈》《补校百衲本廿四史》等；名人书画、书札主要有：《历代书画珍品》《乾嘉名人手札》《道咸同光名人手札》《明代名人手札》《岫庐已故知交百家书札》等；汇刊杂志有：《国粹学报旧刊全集》《教育杂志旧刊全部》等。

特别需要指出的是王云五对廉价图书的不懈追求。一般而言，价廉物美，是任何商品制造与销售的成功之道。但是因为图书是定价销售，只能将各种成本摊进定价之中。图书定价在图书进入市场之前已然确定，一经上市，不能变动。定高了，不好卖；定低了，不赚钱。因此图书定价在出版界从来都是一门高深的学问。王云五采取低价策略，首先是基于他对图书价值的判断，并与市场感觉结合。有的图书篇幅过多，成本过重，如按常规定价高昂，将不易推销。"于是不避冒险，宁牺牲部分成本而为之。例如《资治通鉴今注》十五巨册，字数在千五百万以上，在他家或不敢尝试，余认为此书甚有价值，即不惜牺牲数十万元，亦不惮为之。然其结果不仅无所牺牲，转略有盈余，则非始料所及也。"[①] 另外，低价策略还与当时台湾图书市场盗版盗印盛行有一定关系。在当时情况下，只有低价才可与盗版盗印竞争，否则，劣币驱逐良币，正版书反而没了市场。当然，要把正版书降到比盗版书还低的价

---

① 《王云五文集》陆（下），江西教育出版社 2011 年版，第 1249 页。

格，也是需要极好的经营管理水平才能做到的。他重印发售《宋元明善本丛书》的广告语就是"百部精华，咸萃于是，而售价之低廉不及侵权版二分之一"。①

王云五能够将图书定价大幅降低，一方面与他大规模出书有关，规模扩大则边际成本降低；另一方面也与他精于企业的经营管理有关，经营有道、管理到位，成本自然下降。

为了将图书定价尽量降低，王云五想了许多办法。一是尽量选用无需支付版税的旧版书重印，如《万有文库荟要》《丛书集成简编》等。二是采用缩印本影印古籍。如《四部丛刊》缩印本等，内容不变但改小字体，同时改用较为廉价的洋纸印刷。三是同时出版精装本和平装本，满足不同的消费需求。四是一些成套销售的丛书、文库或定价较高的影印古籍，多采取预约发售方式，出书之前预订往往可以获得优惠折扣，有的甚至新书推出初期就实行优惠折扣销售，如《韵史》《汇刊涵芬楼秘笈》就在出书后的两个月内分别以七五折和七折的特价发售。②

可以说，正是王云五确定的为读者大量供应廉价优质图书的出版方针，为台湾商务印书馆带来了良好的经济效益。

王云五入主台湾商务印书馆以后新策划出版的重要出版物很多，今略作介绍如下：

1.《人人文库》

《人人文库》缘起于王云五少年时期自修英文时看过的英国出版的《人人丛书》。据茅盾回忆，商务印书馆编译所的涵芬楼"藏有全套的有名的《人人丛书》（*Everyman's Library*），里面收罗很多西方资产阶级的政治、经济、哲学、文学名著，以及英国以外的文史哲名著的英译本，从希腊、罗马到易卜生、比昂逊等。另有一套美国出版的叫《新时代丛书》（*Modern Library*），性质与《人人丛书》同"。① 有意思的是，晚年与王云五在台湾过从甚密的孙科，也多次提到这套丛书对他人生成长的影响。喜爱读书的孙中山先生在流亡英国期间，经常给在檀香山读书的孙科寄书，督促他多读书，寄得最多的就是这套丛书。

此外，王云五还十分喜爱另一套类似的丛书《家庭大学丛书》（*Home University Library*），这套书与《人人丛书》主旨相同，即提供廉价的各科入门之作与古今名著，特点是内容浅显，定价低廉，各成系列，连续出版。

不管怎么说，以"Library"命名的上述几套英美出版的老品牌丛书，对王云五产生了深刻的影响。据王云五考证，古籍中"文库"一词最早出自《宋史·艺文志》："金耀门内，有文库。"其意原指图书馆而言。"然在西洋方面，Library 一名，早具有图书馆和丛书两意义。我从前把文库一名从宋代原作为图书馆的意义，推广而兼为丛书之用，那实在是受了欧美的影响，而不是由于日本的影响。"② 他将 library 译作"文库"，原因就在于此。

《人人文库》将上述几套英美的 Library 与王云五早年出版的文库的优点相结合，市场定位为青少年常备的必读经典，"以供青年学子零星购读，廉价发售为主旨"。③ 全书版式一律，开本为 40 开，以新五号字排印。每种图书视其厚薄，15 万字以下定价 8 元；超过 16 万字定价 12 元。

此外，王云五还借鉴了杂志定期出版的做法，每月出版 20 册。

---

① 茅盾：《我走过的道路》（上），人民文学出版社 1997 年版，第 145—146 页。
② 《王云五全集》（17），九州出版社 2013 年版，第 234 页。
③ 《精选人人文库甲乙辑序》，载《王云五全集》（19），九州出版社 2013 年版，第 491 页。

文库所有图书封面都有编号，定价 8 元为单号，12 元为双号。后来有的书篇幅更厚，定价 20 元，编为特号。中国大陆 20 世纪 90 年代兴起的"杂志书"延续了这些做法。如张立宪就做了许多年的《读库》。

《人人文库》自 1966 年 7 月 1 日开始发行，至 1973 年秋已出版图书 1500 余种，"其种数之多，定价之廉，冠于全国"。① 又于 1973 年专门针对中学购书需要，精选 800 种，推出《人人文库》甲辑；针对中产家庭藏书需要，精选 400 种，推出《人人文库》乙辑。

1973 年秋后，因纸价连续奇涨且不易得，其他工料包括人工等都大幅上涨，《人人文库》被迫停刊。1974 年 5 月，王云五考虑再三，以薄利多销、让利读者理念将《人人文库》复刊，定价调高为单号每册 12 元，双号每册 18 元，特号每册 30 元，定价涨幅 50%。由于纸价及工料涨幅均达数倍，因此这样的定价仍符合廉价发售的宗旨。他甚至颇具野心地期待将《人人文库》"递增至数千种，乃至万种，使青年学子得以廉价尽读有用之书"。②

为了推广《人人文库》，台湾商务印书馆在销售上采取灵活的策略。首先是直接让利给读者，"一改我国零售图书向例，概不折扣。惟为鼓励多购多读，凡一次购满五单册者加赠一单册，购满十单册者，加赠二单册或一复册，悉听购者自选。"③ 考虑到《人人文库》甲辑、乙辑多以团购为对象，如成套购买，则全部八折发售。

2.《各科研究小丛书》

王云五在主持商务印书馆编译所工作后，就提出创编各科小丛书，以深入浅出之方法，分请专家执笔，2 万字一册。随后陆续

① 《复刊人人文库序》，载《王云五全集》(19)，九州出版社 2013 年版，第 527 页。
② 《王云五全集》(19)，九州出版社 2013 年版，第 527 页。
③ 《编印人人文库序》，载《王云五文集》陆（下），九州出版社 2013 年版，第 1252 页。

推出《百科小丛书》《国学小丛书》《新时代史地丛书》《农学小丛书》《工业小丛书》《商业小丛书》《师范小丛书》《算学小丛书》《医学小丛书》《体育小丛书》等等。

台湾商务印书馆出版的《各科研究小丛书》是上述丛书的升级版。每种图书均按学科分类编写，篇幅大约 5 万字，全书结构分为概论、小史及研究方法三部分，由专家以深入浅出的方法写成。"期引导青年学子对现代世界学术获一鸟瞰的印象，并略知研究之途径，俾进而激发其专精纵深之探讨。"① 1966 年下半年后陆续出版。

3.《新科学文库》

《新科学文库》1969 年底开始陆续推出。前身是 20 世纪 30 年代商务印书馆出版的《自然小丛书》。考虑到第二次世界大战以后自然科学和应用科学发展迅速，而台湾经济发展迅猛，并逐渐融入世界格局，各界对新兴的科学技术需求旺盛，遂成立《新科学文库》编纂委员会，广求欧美新刊的自然科学和科技名著，以通俗浅显为原则，相继译印，陆续出版。"其原入《自然小丛书》诸书，具有恒久价值者，经详加校订后，亦得加入。""期于二三年内使《新科学文库》达成二百种之数，则于新自然科学与应用科学各重要论题，大体具备矣。"②

4.《汉译世界名著》

《汉译世界名著》是商务印书馆的招牌系列图书，自 20 世纪 20 年代至 1950 年共推出 235 种各学科的名著名译。

20 世纪 50 年代初王云五创办华国出版社后，试图恢复这套书的出版。不过因为华国出版社的定位是出版反共及国际问题书籍，

---

① 《王云五文集》伍（下），江西教育出版社 2008 年版，第 1024 页。
② 《辑印〈汉译世界名著甲编〉序》，载《王云五全集》（19），九州出版社 2013 年版，第 268 页。

多为编译作品，许多既非名著，翻译也相当粗糙，王云五没好意思用《汉译世界名著》的招牌，改丛书名为"汉译今世名著菁华"，其编辑思路"以节约人力物力及读者精力为原则"。① 虽然出了数十种，但没什么影响。

1966 年 2 月，王云五从 1932 年商务印书馆原刊《汉译世界名著》《汉译文学名著》《大学丛书》《史地丛刊》等，精选 200 种，汇刊为《汉译世界名著甲编》出版；又将《万有文库荟要》中的汉译世界名著 90 种，及《自然科学小丛书》中的汉译名著 10 种，汇刊为《汉译世界名著乙编》出版。此外，他还计划"精选新刊世界名著，分约专家汉译印行，初时月出一二种，稍后逐渐加速，积四五年之时力，当可汇刊《汉译世界名著丙编》百种"。②

海峡对岸，北京的商务印书馆同样十分重视这个品牌系列图书的出版工作。1982 年，商务印书馆规划出版《汉译世界学术名著丛书》，其后分辑陆续推出，至 2003 年已出至第 10 辑，共推出三百多种学术名著③，成为中华人民共和国成立以来介绍国外学术名著规模最大的系列品牌图书，深刻影响了当代中国的学术界和读书界。

"学术原无国界。东西文化之交流有赖于译事，以为沟通，必先经尽量搜集可贵资料之过程，始有助于学术之推进与独立。东邻日本百年维新，对世界名著无不尽量译印为日文，致有今日之成就。我国译书甚早，惟时作时辍，且往往有所侧重，未能窥世界学术之全貌。汉译世界名著之选材，对此特加注意，并能集全国人才从事译述，至少足以保证译文之信达。"④ 这是 1966 年 2 月王云五为台湾商务印书馆重刊《汉译世界名著》写下的话。

① 《王云五文集》陆（下），江西教育出版社 2011 年版，第 664 页。
② 《王云五全集》(19)，九州出版社 2013 年版，第 268 页。
③ 参见《商务印书馆 110 年大事记》(1982—2003 年)，商务印书馆 2007 年版。
④ 《王云五全集》(19)，九州出版社 2013 年版，第 268 页。

　　"放在我面前的是69册《汉译世界学术名著丛书》。这套书的封面装帧庄严简洁，朴实无华，而内容精湛，耐人寻味。通过这些著作，人们有可能接触到迄今为止人类已经达到过的精神世界。这许多书的作者都是一个时代、一个民族、一个阶级、一种思潮的先驱者、代表者；他们踏着前人的脚印，开拓着新的道路；他们积累了时代文明的精华（当然有时亦不免带有偏见和渣滓），留给后人去涉猎，去检验，去审查，去汲取营养。"① 这是1982年2月陈原为商务印书馆刊行《汉译世界学术名著丛书》写下的话。

　　《汉译世界名著》在不同历史时期，不同地域环境和不同时代背景下，几代出版人本着相同的出版理念，不忘初心，共同努力，成就了一段中国现当代出版史的佳话。

　　5. 《古籍今注今译》

　　先是台湾"国立编译馆"编纂出版《今注资治通鉴》15册，交台湾商务印书馆出版。王云五认为，仅有今注，虽已可补20世纪20年代他在编译所时期做的《学生国学丛书》之不足（资治通鉴为全本今注，国学丛书为节选加注），但对青年人来说仍太艰涩，不易消化。"今注以外，能有今译，则相互为用；今注可明个别意义，今译更有助于通达全体，宁非更进一步欤？"为此，王云五决定编纂《古籍今注今译》。1967年推出经部第一集共10种：《诗经》《尚书》《周易》《礼记》《春秋左氏传》《大学》《中庸》《论语》《孟子》。为便于理解，"除对单字词语详加注释外，地名必注今名，年份兼注公元；衣冠文物莫不详释，必要时并附古今比较地图与衣冠文物图案"。

　　为更好地推动这项工作，王云五利用其担任台湾"中华文化复兴运动推行委员会"（简称"文复会"）副主任委员的有利条件，

---

① 《商务印书馆110年大事记》（1982年），商务印书馆2007年版。

将今注今译的范围扩大至全部经典古籍，由"文复会"学术研究出版促进委员会组织编纂并资助出版经费，书稿完成后交给包括台湾商务印书馆在内的各家出版社出版。"深盼群起共鸣，一集告成，二集继之，则于复兴中华文化，定有相当贡献。"①

6.《云五社会科学大辞典》

王云五一生都有百科全书的情结。进入商务印书馆编译所之后，他充分利用编译所资料丰富、人力充裕的特点，组织"百科全书编译委员会"，决心参照世界上著名的百科全书体例，创编《中国百科全书》。在成稿已达 5000 余万言，约占全书一半之时，书稿毁于"一·二八"战火。其后，王云五又利用自己收集的资料，拟依据英国的《牛津大辞典》体例，编纂《中山大辞典》，但仅编成《中山大辞典一字长编》出版。

民国时期王云五的百科全书梦遂"曾有两度尝试，而无一非功败垂成"②。1956 年，当他获悉台湾"教育部"正着手编纂《中华大辞典》时，曾以自己经验与主持编纂事宜的张晓峰"商榷"，认为"其编纂方式固以综合性为原则，然亦未尝不可分科编纂，分科出版"。③ 又发愿"他日如有重掌大规模出版事业之机会，为了生平之愿，将从事于第三次之《中国大辞典》之编印，而其方式则断然由合而分，将全部大辞典分编为专科辞典二三十种，分约专家各主编一种，陆续出版"。④

---

① 《编纂古籍今注今译序》，载《王云五全集》（19），九州出版社 2013 年版，第 377－378 页。
② 《云五社会科学大辞典序》，载《王云五全集》（19），九州出版社 2013 年版，第 420 页。
③ 《为编纂中华大辞典与张晓峰部长商榷书》，载《王云五全集》（10），九州出版社 2013 年版，第 430 页。
④ 《为编纂中华大辞典与张晓峰部长商榷书》，载《王云五全集》（10），九州出版社 2013 年版，第 430 页。

王云五入主台湾商务印书馆之后，先是重印了《中山大辞典一字长编》，继则按上述思路为他编纂百科全书做准备。

1967 年在他 80 大寿时，政治大学校长刘季洪发起，并得到嘉新水泥公司赞助 100 万元，嘉新文化基金会加捐 25 万元，筹划用此经费资助编纂和出版《云五社会科学大辞典》，为王云五圆梦。1970 年底起，《云五社会科学大辞典》各册陆续出版。该书包括社会学、统计学、政治学、国际关系、经济学、法律学、行政学、教育学、心理学、人类学、地理学、历史学，按上述学科分册，共 12 册，七百余万字。参加该书撰述的专家学者近两百位。"分条撰述，每条各署其撰人姓名，以明责任。"①

该书出版后，王云五非常兴奋，宣称其作为百科全书"在我国为第一部，在全世界殆为第四部矣"②。读者反映也非常好，两年之内，精装本与普及本各 1000 套全部售罄，并很快增订再版。此后，他再接再厉，在中山学术文化基金会的资助下，筹划编纂《中山自然科学大辞典》10 册，约 1000 万字，1973 年开始陆续出版；《中止科技大辞典》12 册，1979 年后陆续出版。

《云五社会科学大辞典》和《中正自然科学大辞典》《中正科技大辞典》均由王云五任总编纂，合计 34 册，近 3000 万字。三书出版，可以看作台湾版的"中国大百科全书"，代表着当时条件下的中文出版最高水平。对王云五个人而言，他的百科全书之梦，在他生命燃尽之前，总算实现，足以心慰！

7. 《四库全书珍本》

《四库全书珍本初集》刊成于日本侵略中国和中华民族危亡之时，实肩负着文化救亡的使命，并寄托了中国人的文化传承梦想。

---

① 《王云五全集》（17），九州出版社 2013 年版，第 354 页。
② 《云五社会科学大辞典序》，载《王云五全集》（19），九州出版社 2013 年版，第 424 页。

王云五的心中始终怀着这个梦想。1969 年，当台湾商务印书馆的业务走向正轨后，王云五立即着手接续这项重大文化工程，并且发愿加速进行这项工作，先由重印《四库全书珍本初集》开始，一集一集地出下去，力争在有生之年将四库全书的主体部分全部影印出版。

台湾商务印书馆影印出版《四库全书珍本》一览表①

	出版时间（年）	收书数量（种）	成书册数（册）	备注
初集（台一版）	1969	231	1960	初版于 1934 年，由商务印书馆影印 1000 套。"台一版"为台湾商务印书馆的重印版本。
二集（初版）	1971	140	1529	
三集（初版）	1972	215	1531	
四集（初版）	1973	216	1531	
五集（初版）	1974	158	1432	
别辑	1975	215	986	根据《四库全书提要》，辑自《永乐大典》诸佚书
六集（初版）	1976	114	1224	自六集开始，每集全部各书的精装本预约售价均定为 4 万元（新台币）。
七集（初版）	1977	77	1073	
八集（初版）	1977	77	1075	
九集（初版）	1978	125	953	
十集合计	1934—1978	1568	13276	

① 本表根据《王云五全集》（19）相关数据整理而成，九州出版社 2013 年版。

　　王云五从一开始就对全本影印《四库全书》持反对态度，原因是许多书已单独出过，有的还颇为流行；全本影印，既增出版成本，又增读者支出，同时推广时又因定价高、重复出版等更增难度。因此，商务印书馆从初集开始就采取专家精选和缩印出版的方式。这样，"在出版者方面，以同等投资，而能流传更多之珍本。在购读者方面，亦得以同等书款，购置较多罕传之本。"①

　　王云五从1924年开始参与筹划影印《四库全书》，1934年出版《四库全书珍本初集》，到1978年出版《四库全书珍本九集》，前后历经半个多世纪。按《四库全书》文津阁本成书3470种，36275册统计，《四库全书珍本》十集共印行1568种，13276册，所收图书占《四库全书》的比例分别达到45.19%和36.6%。此外，王云五还影印刊行了《四库全书总目提要》，编辑出版了《续修四库全书提要》和《四库未收书目禁毁书目》。三者合计18册，以统一开本、格式印行，"咫尺之地，而我国数千年来流传至今之古籍，几于网罗无遗"。②其中，《续修四库全书提要》，由日本东方文化事业委员会组织编纂，1925年着于进行，旨在将《四库全书》编成之后有价值的各家著作做一概述；参与提要撰写的多为当时中国的知名学者；完成之后，稿本藏于日本京都大学人文科学研究所。原书稿本达四万多页，为减轻成本，方便读者，王云五将其改成铅字排版，"约得八千面，分订十二册"。1971年1月起，每月出版一册，到年底全部出齐。③

　　王云五去世之后，继任的台湾商务印书馆董事长刘发克（1979—2002）与台北故宫博物院合作，影印出版了该院所藏《文

---

① 《景印四库全书珍本第七集序》，载《王云五全集》（19），九州出版社2013年版，第602页。
② 合印四库全书总目提要及四库未收书目禁毁书目序》，载《王云五全集》（19），九州出版社2013年版，第448页。
③ 《续修四库全书提要序》，载《王云五全集》（19），九州出版社2013年版，第438页。

渊阁四库全书》，全书共 240 万页，分装 1500 册。

2003 年，北京的商务印书馆启动影印文津阁本《四库全书》出版工程。国家图书馆所藏的文津阁本是目前"保存最为完整并且至今仍是原架、原函、原书一体存放保管的唯一一部，也是普遍认为学术价值最高的一部"《四库全书》抄本。① 历史仿佛又轮回到了 1924 年。不同的是，这一次中国国力强盛，这项出版工程经国家批准，由财政部拨出专款资助出版。商务印书馆使用最新的数字印刷技术，且设计了包括原大仿制等多种版本，以适应不同的市场需求。经过数字化技术处理，《四库全书》不但有利于永久保存，也有利于研究和利用，甚至可以做到按需印刷。

经过海峡两岸几代商务印书馆同人的共同努力，全本影印《四库全书》这项浩大的文化工程终于告成。

8.《四部丛刊》

《四部丛刊初编》最早于 1919 年由商务印书馆出版，"完全由张菊生先生一手主持"②。《四部丛刊》《续古逸丛书》和《百衲本廿四史》是张元济着力最多，也是公认出版价值最高的古籍刊本。

1934 年王云五主持商务印书馆时推出《四部丛刊二编》，其后又出版《四部丛刊三编》。又重印初编两版，数逾五千，颇受欢迎。1936 年，王云五"为谋以更廉之价供应，因决改三版为缩本（32 开本），每面容纳原刊四面，并采用洋纸刷印"③，称为《缩本四部丛刊初编》，分订为精装平装两种，精装布面本 110 册，平装纸面本 440 册。由于"在检阅上既较原刊线装本为便，定价亦较廉，读书界咸称善"。④

---

① 《商务印书馆 110 年大事记》（2005 年），商务印书馆 2007 年版。
② 《王云五全集》（17），九州出版社 2013 年版，第 313 页。
③ 《四部丛刊初编缩本序》，载《王云五全集》（19），九州出版社 2013 年版，第 243 页。
④ 《四部丛刊初编缩本序》，载《王云五全集》（19），九州出版社 2013 年版，第 243 页。

《四部丛刊初编》共收经史子集 321 种，8571 卷，总字数达八千余万字。所收版本以商务印书馆涵芬楼自藏为主（144 种），其他来自海内外各公私藏家，"真可谓集海内外善本之大成矣"。①
1965 年后，王云五两次重印《缩本四部丛刊初编》（24 开本）共800 部，1975 年第三次重印（"台三版"）。又将自己编的《四部丛刊》二编、三编，合为《四部丛刊》续编，以同样的 24 开本印行。

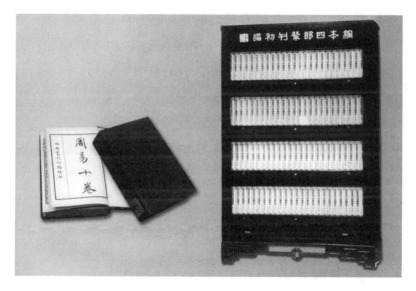

《缩本四部丛刊初编》

1971 年，王云五精选《四部丛刊》中经史子集各四种，"以原式复印……全书用特制绵纸印刷，每种各装布套，以保存善本古籍之风度"②，冠以《四部善本丛刊》书名陆续刊印。

从 1919 年初版至 1975 年"台三版"，《四部丛刊》先后推出多种版本，重印至少 6 次以上，可见此书对于商务印书馆及王云五

---

① 《四部丛刊初编缩本序》，载《王云五全集》（19），九州出版社 2013 年版，第 244 页。
② 《景印四部善本丛刊第一辑序》，载《王云五全集》（19），九州出版社 2013 年版，第 451 页。

个人的意义。2016 年 4 月，中国大陆的高等教育出版社——一家
与商务印书馆颇有渊源的出版机构，再版《四部丛刊》初编、续
编和三编，共 656 卷，为这套古籍整理名著续写传奇。

9.《东方杂志》第五次复刊

《东方杂志》创刊于 1904 年，前身是由张元济主编的《外交
报》，为商务印书馆最早出版的期刊。《东方杂志》也是晚清和民
国时期出刊时间最长、影响最大的一种综合性杂志。辛亥革命时
曾停刊数月。抗战时期，商务印书馆三度遭劫，《东方杂志》也三
次停刊（1932 年 1 月，1937 年 8 月和 1941 年 12 月），但王云五领
导商务印书馆同人三次复业，《东方杂志》也三次复刊。1949 年国
民党败退台湾后，《东方杂志》第五次停刊。

王云五多次担任《东方杂志》的发行人，他对这份杂志也有
个人的偏爱。据统计，王云五在《东方杂志》发表文章累计 51
篇①，许多重要文章如《四角号码检字法》《两年中的苦斗》《编
纂中国文化史之研究》《出版与国势》等都是首先在《东方杂志》
发表的。

中华人民共和国成立以后，在陈原主持商务印书馆期间曾试
图复刊《东方杂志》，但并未成功。

正是基于《东方杂志》之于商务印书馆的历史渊源和独特意
义，王云五在入主台湾商务印书馆之后，于 1967 年 7 月将《东方
杂志》第五次复刊，并指定其政治大学的学生金耀基担任主编。
王云五将《东方杂志》誉为是中国版的《经济学人》和《当代评
论》，并说这几家杂志"流行均不甚广，而隐握领导舆论之权"。
"此次复刊，自仍本此作风，保持传统，苟能发挥其应有之作用，

---

① 参见俞晓群：《中国出版家王云五》，人民出版社 2018 年版，第 152 页。

则负担经济责任之商务书馆，亏损纵多，所不惜也。"① 复刊后的《东方杂志》发行人一直都是王云五，金耀基之后，傅宗懋、曹伯一、阮毅成相继担任《东方杂志》主编，其中傅宗懋和曹伯一也是王云五的门生。

然而，不管王云五对《东方杂志》有着怎样的"情怀"，五度复刊后的《东方杂志》，直至 1990 年停刊，不论是内容还是气质，与民国时期的《东方杂志》已有本质不同。

民国时期的《东方杂志》"所包罗之新知旧学与当时国事，在半世纪以上，亦堪称最广博之现代史料集成矣"②。有鉴于此，王云五于 1971 年集齐全部《东方杂志》旧刊（含专刊和特刊），合 50 卷影印出版。由于《东方杂志》旧刊内容多涉时政，部分内容与台湾当局政策有所抵牾，为使杂志免遭查禁，并及时印出、送达预约订户手中，已经 84 岁高龄的王云五"每日以十六七个小时，而且持续半个月之久，赶工从事，逐页检阅，终得把全套《东方杂志》印出，如斯送达所有预约户之手"。据亲身经历其事的台湾商务印书馆总编辑徐有守回忆，完成这项艰巨任务之后，王云五的"精神与健康均已判若两人，整个人已形同瘫痪状态，疲惫不堪，以至常卧床不起者经旬。自此以后八年，其身体即从未恢复元气"③。

三、旧梦未了

1968 年 6 月，位于台北重庆南路一段 37 号的台湾商务印书馆新楼落成，原本两层的小楼，变成了一栋四层楼高的大楼。按照股东大会的决议，大楼命名为"云五大楼"，以此致敬王云五为重

---

① 《东方杂志复刊卷头语》，载《王云五全集》(19)，九州出版社 2013 年版，第 302 页。
② 《重印东方杂志全部旧刊五十卷序》，载《王云五全集》(19)，九州出版社 2013 年版，第 458 页。
③ 徐有守：《出版家王云五》，台湾商务印书馆 2004 年版，第 113 页。

振台湾商务印书馆所做出的贡献。

云五大楼总投资 800 万元，它的落成，标志着王云五重振台湾商务印书馆的成功。1969 年，台湾商务印书馆的年营业额由王云五主政前的二三十万元，增长至一千多万元，"五年间增加了七八十倍之巨"；盈余达到四百多万元，"比五年前增加了三十多倍"。①出书则达到了商务印书馆出书最多的 1936 年的水平，而那时的商务印书馆名家云集，分支馆店遍布海内外，出书品种占全国总数的一半以上，是世界三大著名出版机构之一。考虑到当时台湾仅有 2000 多万人口，以及台湾商务印书馆单薄的家底，王云五重振台湾商务印书馆是一个了不起的成就。如果再考虑到王云五入主台湾商务印书馆时已是一个 77 岁的耄耋老人，这样的成就更是让人惊叹不已！

台北云五大楼

在入主台湾商务印书馆之初，王云五每日上下午均到馆视事，与一个勤勉的 CEO 无异，就像他在任编译所所长和商务印书馆总

---

① 《王云五全集》（17），九州出版社 2013 年版，第 157 页。

经理的时候一样。可是，那个时候，上面有张元济坐镇，全力支持他的工作，下面也有一批优秀的专家队伍、管理骨干。从出版团队的角度看，台湾商务印书馆与当年的商务印书馆完全不能相比，在这种情况下，王云五作为出版家的眼光、气度和个人的人格魅力就显得尤为重要。

　　由于王云五的编辑出版计划层出不穷，又是一旦制订计划就要贯彻到底的个性，因此他在台湾商务印书馆的工作量可想而知是十分之大的。他的学生徐有守任总编辑和总经理之后，"在董事长云五先生督导下综负全馆经营与编务之总责"，竟因疲劳过甚和精神焦虑，"几至百病丛生"，1967 年不得已辞去台湾商务印书馆的职务。① 王云五便又不得不身兼三职（董事长、总经理、总编辑），全日在馆主持馆务。

台北云五大楼启用，台湾商务印书馆全体同人合影

　　1968 年，王云五延聘他的另一个学生，时任台北文化学院教务长兼政治系主任的周道济到馆任总编辑，次年兼任总经理

① 《王云五全集》(18)，九州出版社 2013 年版，第 567 – 568 页。

（1969 年 5 月—1973 年 1 月）。王云五转而集中时间撰述《中国政治思想史》和《中国教学思想史》。然而，每周一他还是要到馆听取情况，研判形势，布置工作；每月必开例会，或分析研判问题，或进行员工培训。

在周道济兼任总经理之后，王云五在公司宣布实行新制度。除了新的公司章程，还有《总管理处暂行章程》和《总管理处督导主持及分工负责暂行办法》。王云五恢复了商务印书馆以总管理处统管内部业务流程和一切营业事务的做法，也就是对作为总经理的周道济充分授权。有意思的是，在公司层面他又设了一个横向的编审委员会，他以董事长身份兼任主任委员；而总管理处所统的业务中，"营业、检核两处连同会计处的小部分任务仍由我督导"。① 也就是说，销售和质量由他直接负责。这样的设计，一方面体现了他以制度管人管事，对总经理充分授权，同时又牢牢把控方向和公司命脉的科学管理思想，在实践中十分行之有效。

1971 年夏，一向身体硬朗、工作效率奇高的王云五开始患上心脏疾病，渐感言语和行动不便。这使他不得不减少工作时间和各种活动，以减轻心脏负累。毕竟，他已经是 84 岁的老人了。风烛残年，时日可期。其他工作他可以暂时放下，比如他所热衷的著述，以及在基金会、台北故宫博物院的兼职等，但台湾商务印书馆的工作，他是放不下的。在给友人的信中，他这样表露心迹："云五衰病经年，医者力劝摆脱一切，或尚可苟延岁月。除商务书馆经云五主持数十年，四度挽回其命运，非俟得人接替，不便径行舍弃。"新制度已颁行，他也是把周道济作为接班人培养的，但其"尚需历练稍熟"。② 虽扶上马还须送上一程才放心。

这样，尽管病累不堪，他还是隔日就去公司看一看。

---

① 《王云五全集》（17），九州出版社 2013 年版，第 248 页。
② 《王云五全集》（18），九州出版社 2013 年版，第 518 页。

与王云五病痛相伴随的，是出版业经营日渐困难。从 1972 年起，纸价工价逐年大涨。"纸张奇缺，纸商投机取巧，故意不供应，直到我们急迫需要时提高纸价，订有合约简直不算数"。到 1974 年，"所得税由百分之廿五提高到百分之卅五，工价平均较一年来增加七八成，纸张加一倍以上。本版书价虽已酌加调整，但尚不能弥补提高的成本，并且书籍不像粮食，价格提高即影响销路。"① 这样并非因为战争等不可抗因素而对出版业造成的"重大威胁"，是王云五从事出版业数十年所从未遇到过的，年近九十的他痛斥"社会变为金钱世界，毫无道义可言"②。

恰在这个时候，周道济请辞，理由是他对教学与研究兴趣更浓，希望"专事教授与研究"。在董事会尚未批准的情况下，他已先行请假六个月。种种情况，迫得王云五几乎独自苦撑，"不得已扶病逐日到馆主持应变工作"。③ 他的身心疲累与病痛交加，真非常人所能忍受。

王云五早已将台湾商务印书馆视作自己生命的 部分，他豪情万丈地表示："我有责任维系商务印书馆的存在，我不能眼睁睁地看着这个经由我七十八年以来以辛勤与心血培植茁长的事业毁于一旦。"④

1974 年 1 月 31 日，杨树人正式接替周道济任台湾商务印书馆总编辑，原任经理张连生，任代理总经理。

通过节俭开支、调整书价等应变措施，台湾商务印书馆克服了重重困难，营业额、盈余和存款又连年创出历史新高。其 1976 年的营业额为 3856 万元，盈余为 810 万元，银行定期存款截至年

---

① 《王云五全集》（18），九州出版社 2013 年版，第 606、607 页。
② 《王云五全集》（10），九州出版社 2013 年版，第 602 页。
③ 《王云五全集》（18），九州出版社 2013 年版，第 611 页。
④ 《王云五全集》（18），九州出版社 2013 年版，第 616 页。

底高达 1900 万元。与曾经创出历史新高的 1971—1972 年相比，营业额增长 63%，盈余增长 38.5%。须知，这是在原来已经是发展高位的基础上，同时成本连年大幅上涨的情况下取得的，实在是一个奇迹！

可是，才进入 1976 年，总编辑杨树人就提出辞职，不久赴美省亲大半年，"返台后仍以健康欠佳，坚辞总编辑职务，固留不得"。由于新聘总编辑蒲薛凤要到 1977 年夏才能到位，王云五自述"其间一年以上总编辑任务，均由本人独力兼办。本人以衰老多病，仍不得不扶病为之，其苦与忙远过重主本馆之十余年来情况。"①

1978 年 4 月，王云五主持台湾商务印书馆股东常会。右坐者为蒲薛凤，左坐者为阮毅成。

1978 年 11 月，任职不到一年的蒲薛凤又以"彼此性格与作风有异"②的理由请辞总编辑职务，随即赴美不归。王云五原拟由蒲薛凤接任总经理，将台湾商务印书馆全权交予他接班，没想到蒲

---

① 《王云五全集》（18），九州出版社 2013 年版，第 880 页。
② 王寿南编：《王云五先生年谱初稿》（四），台湾商务印书馆 1987 年版，第 1823 页。

薛凤连总编辑都不愿意续
任，为此他甚至呜咽流泪，
无论如何要求浦薛凤"考虑
改计"①。但浦薛凤还是走
了。台湾商务印书馆总编辑
一职由马启华接任。

很难想象，一个年届90
的衰病老人，需要多么强大
的精神才能支持他继续从事
这项工作！15年时间，五位
总编辑（徐有守、周道济、
杨树人、浦薛凤、马启华）
相继离职，而大多数时候，

晚年王云五

他还要兼任总经理，每天到馆主持工作。他对台湾商务印书馆的
奋斗，已经不能仅仅用感情、事业心等等来形容。也许，这就是
一种文化传承的使命感吧？可是，在他身后，台湾商务印书馆怎
么办？他将这份事业托付给谁？王云五不得不考虑，他经常夜半
不眠，乃至叹息。"顾虑最深为商馆，不审长能维持否？"②

王云五感到还有无数的计划在等着他去做，无数的稿件在等
着他去审核，无数的馆外专家等着他去接洽。可是他又能做多少
事？他只能拣最要紧的事做，希望能为未来台湾商务印书馆的发
展奠定更好的基础。

经过梳理，他列出了下列重要事项：（1）许多畅销多年的图
书已失去著作版权，同业纷纷翻印，必须尽量续约，或约请专家
修订，以延长版权期限。（2）《辞源》是商务印书馆的镇馆之宝，

① 王寿南编：《王云五先生年谱初稿》（四），台湾商务印书馆1987年版，第1823页。
② 《王云五全集》（18），九州出版社2013年版，第915页。

已约请政治大学王梦鸥教授主持增订和修改，预计一年内可以完成。（或许他已知道，大陆自20世纪50年代开始就对商务印书馆的《辞源》进行大规模的修订，并于1964年出版了《辞源》修订版的第一分册。①）（3）《大学丛书》是他在商务印书馆首创的品牌图书，先后出版多至数百种，"惟因历时已久，原为佳作者多失时效，不得不将已失时效者分约馆外专家重撰"，另有上百种，或在与作者接洽之中，或仍在寻找合适的作者，总计规划三年内要推出300余册。（4）中正科技大辞典，系与中山基金会合作的大型项目，已约定几十位专家分别执笔。（5）百科全书。自进入出版界以来，编制一部百科全书就是他的梦想。入主台湾商务印书馆以来，"亦由本人计划，就十进分类法，十大类下区分为百科，亦约定馆外专家主持其事，现已完成，约得二千余万言，可印成三十巨册。"②

　　与商务印书馆超过半个世纪的因缘际会，常使王云五亦梦亦幻。梦醒时分，无数未了计划涌上心头；合上双眼，无数往事如过眼云烟。时时涌上他心头的，是"谁能继吾志？馨香靡涯涘"。③

　　王云五在迈入90岁时写了《追怀商务印书馆半世纪二十韵》，深情回忆自己与商务印书馆半个多世纪的情缘：

　　　　半纪谈往事，首度冠群英；自知学历浅，妄敢主书城。
　　　　古籍新标点，先进最心价；继起"四""百""万"，一一使人惊。
　　　　沪滨外力盛，挺身抱不平；中西抒傥论，豪气更扬名。
　　　　创举方奏效，衷心决转轮；研几甫安定，重任又临身。
　　　　固辞不获已，迅速动征尘；嘉猷勤借镜，归来径革新。

① 《中国出版通史》第9卷，中国书籍出版社2008年版，第73页。
② 《王云五全集》（18），九州出版社2013年版，第881页。
③ 《王云五全集》（18），九州出版社2013年版，第607页。

无何遭国难，两年半苦辛；外患长煎迫，国难馆难频。

播迁到西蜀，三度策复兴；受命参大政，发言堪自矜。

复员东下日，无法拒召征；从政十八载，初服吁频仍。

不图自作茧，馆务又重肩；转瞬逾十载，事事着祖鞭。

四度复兴后，衰老难久延；何时得卸责，优游渡余年。①

　　王云五去世之后，继任台湾商务印书馆董事长的分别是：刘发克（1979—2002），王学哲（2002—2011），施嘉明（2011—2014），王春申（2014—现在）。其中，施嘉明是王云五在台湾政治大学的学生，2003 年后相继任台湾商务印书馆总编辑、总经理、副董事长；王学哲是王云五的第五个公子，王春申是王云五的长孙。王云五的出版事业后继有人，一门三代与商务印书馆结缘将近一个世纪；他的未了梦，至此有了一个圆满的结局。

---

① 《王云五全集》（18），九州出版社 2013 年，第 878 页。

第九章／教学、研究及著述

1969 年，在王云五正式辞去台湾政治大学教职，专注于撰述《中国政治思想史》的时候，韩国建国大学授予他名誉法学博士。10 月 15 日，已经 82 岁高龄的王云五只身飞到汉城（今译首尔），参加授予仪式。建国大学校长在仪式上称颂王云五对"学术及政治之贡献"①。稍后，韩国的庆熙大学向王云五颁授了"大学章"。

王云五在"考试院副院长"任上对台湾的博士制度进行了重新设计。新制度强调要严格区分博士学位与名誉博士。"对于教授及有特殊著作或发明者，如认为值得授予博士学位，可改授名誉博士"。② 没有任何正式学历、亦未经过学位攻读的王云五获颁"名誉法学博士"。既是对这项新制度的最好注脚，也是对他作为台湾"博士之父"的最好奖赏。

王云五一生"以出版为主，教学次之，公务政务殆如客串"③。教学时间断断续续，合计长达 22 年。研究与著述，是王云五终其一生的兴趣所在。其职业生涯的大部分时间，不论在职还是业余，他都笔耕不辍，出版各类著作近百种。

一、黄金十年（1905—1915 年）

从事教学时间 22 年，是王云五自己的计算。应该指出的是，自 1905 年他在益智书室担任专职教师开始，至 1911 年，期间为 7 年；自 1954 年任教台湾政治大学，到 1969 年辞去该大学教职，期间为 15 年；二者合计 22 年。据他自己回忆，1912 年至 1916 年，"除短期从事于教育行政，旁及报社撰述外，无时不兼任教席"。④ 如果加上这 5 年，王云五的教学时间则更是长达 27 年。

---

① 《王云五全集》（17），九州出版社 2013 年，第 265 页。
② 《王云五全集》（13），九州出版社 2013 年版，第 290 页。
③ 《王云五文集》陆（下），江西教育出版社 2011 年版，第 1338 页。
④ 《王云五文集》伍（下），江西教育出版社 2008 年版，第 997 页。

在担任专职教师之前，王云五已有数次所谓"教生"（monitor）的经历，即一边读书，一边帮老师做兼课的助教。1904年夏，17岁的王云五已在半工半读，一边帮父亲打理洋行仓库的生意，一边在同文馆修读英文。他希望继续在同文馆修读，又不愿向家里要钱，所以当有人推荐他去一家名为"公文翻译社"的英文夜校当助教时，他是相当高兴的。教也是学，学了又去教，教学相长，这对王云五的英文学习促进很大。

1905年春，因为在同文馆学业猛进，校长布茂林安排王云五填补了原任教师走后留下的空缺，让王云五一边在同文馆学习，一边辅助他兼任某些课的老师。自此，除无需缴付学费外，王云五每月还额外有24元收入，并可随时向布茂林先生请教。

王云五在同文馆任"教生"10个月，中英文俱有大的进步，应该说与这种教学相长的环境，布茂林有如导师一般随时指导，以及他如饥似渴地大量阅读有密切关系。

1905年底，王云五转入英文专修学校益智书室任唯一的专职老师。这是他职业生涯的起点，也是他教学生涯的起点。

王云五将同文馆的教学经验引进益智书室：一是给成绩最优异者奖以金钱并兼任"教生"，在激励学生的同时亦节约学校开支；二是采用图解分析进行英文文法教学；三是向学生推荐阅读课外读物。这几项改革颇受学生欢迎，对提高学生的成绩效果明显，之前名不见经传的益智书室竟有学生考取唐山路矿学堂和邮局这些人人羡慕的工作，引来众多学子纷纷到益智书室报读。

这期间，王云五与一批有志青年组织振群学社，学社建有图书阅览室和补习学校，由学社成员义务教课，所得用于学社开支。学社成员经常"相聚论学"，或"讨论一般社会问题，旁及国家大局"①。王

———————————

① 《王云五文集》陆（上），江西教育出版社2011年版，第44页。

云五还担任了一段时间的
社长。振群学社后来发展
成为振群学校。

　　1906 年 10 月，王云五
以"王之瑞"的名字应聘
到中国公学任英文教员。
与益智书室相比，中国公
学高太多了。中国公学，
1906 年 2 月创办。稍早些
时候，日本文部省公布
《取缔清国留日学生规则》，
对中国学生入学严加限制。
这对当时以日本作为留学
首选的中国学生是一个沉
重打击，因而引发了中国

20 世纪 20 年代兼任中国公学常务
校董时的王云五

留日学生的大规模罢课抗议，著名的革命家陈天华甚至愤而蹈海，
身殉抗议。大批留日学生在抗议无果的情况下愤而退学返国。中
国公学就是归国的留日学生在上海创办的。因此，中国公学的学
生年龄大多与王云五差不多，有一些比他还要大，而且大都留过
洋，有相当的学业基础。中国公学看中王云五自然是因为他的英
文水平，王云五应聘的理由却是这里每周教课仅 18 小时，还不及
益智书室的一半，他可以有更多时间自由读书。

　　王云五在中国公学任英文教员，教授文法和修辞学，兼教初
级日文。学校的英文教员，除王云五之外，还有一位是基督教徒、
隐秘的革命家宋耀如，他的三个女儿宋蔼龄、宋庆龄、宋美龄后
来分别嫁给了孔祥熙、孙中山和蒋介石，这就是中国现代史上著
名的"宋氏三姐妹"。

中国公学的学生们对这位个子矮小，脑后拖着辫子，身着土布长衫，年龄不大却老成持重的老师充满了好奇；同时对其没有什么学历、更没有留过洋却敢来教英文更是抱有怀疑态度。不过，一旦开始上课，王云五的滔滔不绝和生动讲解，很快就打消了学生们的疑虑。[①] 半年之后，宋耀如离职，他的英文文学课程由王云五接任。1908 年 9 月，一部分学生退出中国公学另办新中国公学。1909 年 10 月，新中国公学与中国公学合并，"在两校谈判当中，新中国公学所提出条件中之一条，便是要求新中国公学中的两位教师，须随学生移聘过去继续担任教课，其中一位便是王云五先生"。[②]

中国公学有两位学生，胡适和朱经农，成为王云五的终生挚友。

当其时，胡适 17 岁，而做老师的王云五也仅仅只有 19 岁。多年以后，功成名就的胡适在《四十自述》中回忆："我在中国公学两年受姚康侯和王云五两先生的影响很大，他们都是注重文法上的分析，所以我那时候不大能说英国语，却喜欢分析文法的结构，尤其喜欢拿中国文法做比较。"[③] 胡适在赴美留学前，王云五曾推荐他在华童公学做国文教员，并在胡适苦闷时给以兄长般的劝慰排解。这段少年往事，作为胡适的前传，是两人终身友谊的起点，或许也是十多年后促成胡适推荐王云五到商务印书馆编译所任职的一个原始动因。

年长王云五一岁的朱经农，在中国公学既兼教务，又兼行政。新、旧公学合并后，两人同任教职，由师生变为同事，"进而形成

① 《王云五文集》陆（上），江西教育出版社 2011 年版，第 46－47 页。
② 刘涛天：《出版业经营家王云五传略》，载《教育与职业》第 161 期，1934 年，翰文近代报刊数据库。
③ 《胡适自述》，华东师范大学出版社 2013 年版，第 77 页。

四十余年生死不渝之友谊"。① 民国初年，王云五短期在北京《民主报》担任撰述，在熊希龄（秉三）主持的全国煤油矿事宜处编译股工作，均由朱经农引荐（朱经农是熊希龄的侄子）促成。之后，两人在商务印书馆合作无间。抗日战争胜利后，朱经农接王云五任商务印书馆的总经理兼编审部部长。

1909 年秋，王云五任李瑞清（江宁提学使）在上海闸北开办的留美预备学堂教务长，仍教授英文。

1912 年 3 月，中华民国临时政府迁都北京，王云五亦随之到北京，仍在教育部任职，业余则兼为国民党在北京的机关报《民主报》撰述。9 月，兼任国民大学法科的英文教授。所授课程，除了英文之外，尚有政治学、英美法概论，均用英文课本。

其后，国民大学相继更名为中国公学大学部、中国大学。至1916 年离京返沪前，王云五一直在这所学校任教。学生中著名者有藏启芳（哲先），曾任东北大学校长。

民国前后十年的教学生涯，对王云五来说有着重要的意义：（1）王云五在这个阶段的教学由"教生"兼课开始，从培训性质的夜校、私人补习学校，再到外国人办的学校、留学生办的学校；教学对象从像他一样的自修学生，到有学历的中学生、留学生，再到大学生。他逐渐形成了自己教学相长的风格，其教学方式有利于学生在课堂上自由发挥。（2）18 岁至 28 岁是人生观价值观世界观形成的最关键时期，王云五在这个阶段养成了苦学向上、善于把握、精于算计的性格特点。（3）这十年间，王云五的教学生涯涉及各类性质的学校，授课的课程涉及英文、法学、政治学等；教学之外，他还做过政府公职，业余时间又为报纸撰稿；如此丰富的经历，为王云五编织了强大的人脉网络。这一切，为他后来

---

① 《王云五文集》伍（下），江西教育出版社 2008 年版，第 912 页。

从事出版工作，并一举成为出版大家起到非常重要的作用。

二、"重理粉笔生涯"

1954 年，也就是过了将近 40 年以后，王云五"重理粉笔生涯"①。至 1969 年正式辞去台湾政治大学的教授职务，共 15 年。其间，他还先后任"考试院副院长"和"行政院副院长"，并于 1964 年入主台湾商务印书馆，因此在台湾政治大学实为兼职。

1954 年 8 月，王云五以"总统府国策顾问""行政院设计委员会设计委员""考试院副院长"的公职身份，受聘为台湾政治大学政治研究所的兼任教授。

政治大学是一所国民党官办的大学。1954，政治大学成立政治研究所，请王云五主持。王云五既有民国初年在国民大学教授政治学、法学的经历，又有任职国民政府高官的履历，因此，政治研究所的教职，几乎可以看作是专为王云五度身定制。

其时，王云五仍在"台湾政府部门"和"国民大会"任职，因而在政治研究所是"兼任教授"。由于身兼多职，加之社会活动繁忙，王云五在政治研究所的课程并不多，仅为硕士班开设了《现代公务管理》《中国行政问题研究》两门课程。1956 年博士制度施行之后，增开一门《中国政治典籍研究》的课程。他更多的是指导博士班的学生做博士论文。王云五指导过 23 位硕士生、9 位博士生的论文。9 篇博士论文分别为：

周道济：汉唐宰相制度研究

陈宽强：清代捐纳制度

傅宗懋：清代军机组织及其职掌研究

---

① 《王云五文集》陆（下），江西教育出版社 2011 年版，第 1340 页。

张家洋：我国公务员保险制度研究

王寿南：唐代藩镇与中央关系之研究

陈水逢：中国文化之东渐与唐朝政教对日本之影响

巨焕武：明代巡按监察御史之研究

缪全吉：明代胥吏

曹伯一：江西苏维埃之建立及溃败①

王云五的学生中，多人曾在台湾商务印书馆任过职，在振兴台湾商务印书馆过程中发挥了重要的作用，有的则成为他在政治研究所和公益事业的助手。如周道济是台湾第一个获得博士学位的人（1959 年），曾任台湾商务印书馆总编辑、总经理。徐有守是王云五入主台湾商务印书馆后首先聘请的总编辑，其后兼任总经理。傅宗懋毕业后留政大政治研究所任教，曾任王云五的助理。王寿南在王云五 90 岁时发起政大同学编写《我所知道的王云五先生》，编著四卷本《王云五先生年谱初稿》，长期担任台湾商务印书馆编审委员会主任委员，2002—2003 年任台湾商务印书馆总编辑。王云五去世之后，金耀基撰写了王云五的墓志铭，雷飞龙代表治丧委员会撰写了带有盖棺论定性质的《王云五先生事略》。由门生到门徒，这些学生在王云五生前身后，对其人生和事业都发挥了重要作用，产生了重要影响。

晚年王云五授课，"于平易中见深沉，博知多识，不作第二人想"。② 有意思的是，王云五将青年时代教学相长的经验移植到政治大学。他喜欢让学生上讲台，每一位学生在做论文过程中，都要上讲台演讲，他和其他学生在台下一边听，一边提问。他做主

---

① 徐有守：《出版家王云五》，台湾商务印书馆 2004 年版，第 157 页。

② 金耀基：《人间有知音：金耀基师友书信集》，香港，中华书局 2018 年版，第 17 页。

持和评述。① 他的学生对此印象深刻。"这种教学法，我们得到很多的陶冶，也使我们会读书。"②

1963 年 10 月，王云五在辞去台湾当局的行政职务之后，由政治大学兼任教授转为专任教授，以更多时间和精力投入到学术研究。可是很快，他就担任了台湾商务印书馆的董事长。1969 年 5 月，为专心著述，王云五正式辞去政治大学的教职。

王云五在政治大学任职时间虽长，但大多时间为兼职，即使后来"专任"，多半时间也在台湾商务印书馆，加上他社会活动多，所以这一段时间的教学活动并无多少东西可以回顾，否则以他事无巨细喜欢记述的个性，不可能不在回忆录（《岫庐八十自述》）中以专章专题进行忆述，留下"壮游"的空白。

与台湾政治大学的学生们在一起

---

① 《王云五全集》（18），九州出版社 2011 年版，第 688 页。
② 《王云五全集》（18），九州出版社 2011 年版，第 725 页。

人生总有留白。王云五的教学生涯也有遗憾，就是他没有教过小学生和幼稚园。离开教学岗位之后，他多次谈到，如果有机会，或者人生可以重来，他愿意做一名乡下小学的校长。①

三、读书与研究

王云五喜爱读书，已到了痴迷程度。"初时只是由于不甘落后的动机而读书，继而愈读愈有兴趣。"他自小养成读书习惯，宁可一日不吃饭，也不肯一日不读书。即使到了 70 多岁的高龄，"偶然听到一种新的学问或理论为自己向所不知者，总是多方搜求有关这一问题的书籍期刊，涉猎一下，然后甘心"。②

王云五读书之多之广，是十分惊人的。对此他非常自负，"我可以不客气地说，没有人读的书比我多"。③ "中文，我想老翰林也没有我读的古书多；而英文，博士和专家也没有我看的书广。"④王云五博览群书，在讲课、演讲、写作时往往信手拈来，似乎毫不费功夫，除了博闻强记的天赋，关键是他读书讲求方法。

关于读书方法，王云五写过许多文章，做过许多演讲，颇受青年和学生们的欢迎。首先，他十分强调培养读书的兴趣。"读书最好是从养兴趣起，这样书一定读得好。"⑤ 读书不需要有什么目的，有了兴趣，就可以去读。有了兴趣，读书就变成一件快乐无比的事。其次，开卷有益，每一本书都是一个老师。"读书好比和名人对谈，只要有一卷在手，我不但可以和安迪生（今译爱迪生）爱因斯坦那些活人对谈，而且也可以和牛顿等死人对谈。无论哪

---

① 《王云五全集》（18），九州出版社 2013 年版，第 730 页。
② 《王云五全集》（10），九州出版社 2013 年版，第 175 页。
③ 《王云五全集》（17），九州出版社 2013 年版，第 286 页。
④ 《王云五全集》（18），九州出版社 2013 年版，第 682 页。
⑤ 王云五：《怎样读书》，载《读书月刊》1931 年第 2 期，翰堂近代报刊数据库。

一国的人，我都可以和他对谈，这实在是难得的机会。"[①] 再次，鼓励多读，但不要滥读。王云五曾拿自己青少年时期通读《大英百科全书》做例子，认为"《大英百科全书》本是一种参考书，而我却把这部书从头至尾的读了一遍，像这样的读书是等于不读书。希望诸君不要走我失败的路。"[②] 第四，他强调读书时要多想，要有怀疑精神。不思考、不怀疑，这是死读书，是书呆子做的事。王云五的读书方法虽然多半是老生常谈，但因为是他从自己人生经历和读书心得中总结出来的，因此受到人们的欢迎。他在从事出版工作时，也特别注意出版物的趣味性，引导读者思考问题。商务印书馆出版的儿童读物和学生课外读物大多具有这样的特点，与王云五这样的指导思想是有关系的。

王云五在小书房兼卧室留影。身后的对联是：位置皆宜无杂品，收藏极富只诸书（清代钱南园对联）

① 王云五：《怎样读书》，载《读书月刊》1931 年第 2 期，翰堂近代报刊数据库。
② 王云五：《怎样读书》，载《读书月刊》1931 年第 2 期，翰堂近代报刊数据库。

关于读书的演讲和文章，王云五于 1951 年出版过一本《读书常识》的小册子。《中国古今治学方法》《岫庐论学》《对青年的讲话》《我的生活与读书》等书也多谈到读书与研究方法。大陆已出版的王云五的著作单行本《旧学新探：王云五论学文选》《我怎样读书：王云五对青年谈求学与生活》也都与读书有密切关系。可见，对王云五关于读书方法、读书论学的论述和心得，海峡两岸都颇为认同。

培养读书兴趣如此重要，可是现实中又有太多的人视读书为畏途，没有兴趣读书。王云五认为，错不在人们不喜爱读书，因为好奇是人的天性，而读书是可以满足人们好奇心的；人们不喜欢读书，多半是因为不得法的教育，使得这种天性逐渐泯灭；这恰恰表明出版家和教育家没有负起应尽的责任。那么，怎样解决这个问题呢？王云五说："我以为要维持或恢复读书的兴趣，唯有鼓起学生自动读书的心情。依我的见解，首须使学生发生对于读书的需求。而这种需求要能持久，尤其要有一个中心的需求，譬如在中等以上学校的学生都可使其各自认定一个专题，自行研究，有如大学生将近毕业时撰作毕业论文一般。……照此办法，一来可以多读书，二来可以组织思想，三来可以练习文字，而多读书的习惯能由此养成特别重大。"①

如何培养读书兴趣，是古今中外儿童教育的共同难题，王云五把"研究"的主旨引入儿童教育，参照大学生毕业论文的做法，以专题研究激发读书兴趣，这在西方发达国家的教育实践中如今已成共识。王云五算不上教育家，但绝对是教育领域的先行者。在出版实践中，王云五非常注重策划、组织和编辑出版儿童书籍；他对儿童书籍的要求是要能满足孩子的好奇心、使孩子发生研究

① 《王云五全集》（10），九州出版社 2013 年版，第 181 页。

的兴趣。

在王云五看来，读书与研究，关系至为密切。读书是一定会导向研究的，而研究的引入，使得读书增添了兴趣，又反过来促进了读书的效果。对于由读书而发生研究的兴趣，以及反过来，因研究的兴趣而从读书中寻求答案，是贯穿王云五一生的。在商务印书馆编译所工作时，由于商务印书馆出版大量工具书且受普遍欢迎，但往往不方便检索，因此他研究检字法和中外图书统一分类法；因为商务印书馆与教育的密切关系，他又开始研究教育。主持商务印书馆工作之后，他对企业管理兴趣浓厚，便转而研究"科学管理法"。从政之后，王云五对政治学、法律学、社会学等发生兴趣，因而阅读大量相关书籍，撰写了大量文章、论文。

王云五把喜欢研究上升为是一种科学精神。"碰着任何事不要骤然说它是与不是，先把它研究一下，再作评断。"①

那么怎样做研究呢？他最推崇欧洲启蒙思想家培根和笛卡尔建立的科学方法论。培根研究学问有三个原则：一是尽量收集可靠的资料；二是对资料进行科学分类；三是把各类资料进行互相比较。笛卡尔提出，对于任何事，除非你找不出它的漏洞，不要骤然承认它是真理。又说，如想解决一个问题，不要把整个题目来解决，而要把问题分开成为若干个分题目，每一个分题目逐一解决了，那么总题目就不待解决而解决了。"博学、审问、慎思、明辨、笃行"是中国传统的科学方法，与西方的科学方法意思相通。博学，就是尽量收集可靠的资料。审问，就是分析研究、分类列表等。慎思，就是推理想象。明辨，就是结论。②

研究旧学，一样要用"新方法"。王云五归纳为6条："（1）高处俯瞰；（2）细处着眼；（3）淘沙见金；（4）贯珠成串；（5）研

① 《王云五全集》（17），九州出版社2013年版，第65页。
② 《王云五全集》（17），九州出版社2013年版，第68页。

究真相；（6）开辟新路。"①

　　他还时刻提醒自己"为学毋萌老态，做人须具童心"。这付自书对联常年挂在他的书房。

　　一方面喜欢研究，一方面又难以专门和深入，王云五终其一生都在为博与专而烦恼。对于自己的"博"，他是相当自豪的；而对于自己学问不"专"，他也并不讳言。他曾自赋诗曰："为学贪多无一是，殚精一艺出青蓝。"他精通英文，德、法、日文能读能译，每天手不释卷，以读书为最大乐趣，熟悉中国各类古籍，广阅欧美经典名著，被人称为"有脚的百科全书"。可是也因为兴趣广泛，养成博而不专的习惯，"结果成为一个四不像的学者"。②"未能成为一个专家"③。

　　胡适对专精和博学曾有专门的研究。他引用哈佛大学校长洛威尔之言教育目的为："Everything of something and something of everything"（使人知某些事之一切与夫每事之一点点）。也就是说，既要专，也要博，二者相统一，才算是成功的教育。他对美国"专攻一学门之专家，多能旁通他事"羡慕不已，"今吾国学者多蹈此弊，其习工程者，机械之外几于一物不知。此大害也。"④ 因此，胡适主张，研究学问要由博而专，即"为学当如金字塔，要它广博要它高"。⑤

　　王云五经常引用胡适这句话。中年的时候，王云五意识到自己博而不专的毛病，也希望向胡适学习，由博而专，"所以一反前此读书的方法，往往以几年的长时期，研究一个很小的题目"。⑥

---

① 《王云五全集》（10），九州出版社 2013 年版，第 245 页。
② 《王云五全集》（14），九州出版社 2013 年版，第 227 页。
③ 《王云五全集》（14），九州出版社 2013 年版，第 248 页。
④ 《王云五全集》（8），九州出版社 2013 年版，第 51 页。
⑤ 《王云五全集》（17），九州出版社 2013 年版，第 232 页。
⑥ 《王云五全集》（14），九州出版社 2013 年版，第 249 页。

但从后来的结果看，这样的转变并不成功。兴趣广泛，又跨界发展，事务繁忙，还要勤于写作，由博而专对一般研究学问的人也许是自然而然的结果，对王云五而言却是一个不可能完成的任务。

王云五意识到这一问题，对古今治学和教育上的博专关系也多有研究，因此他将胡适的名言"为学当如金字塔，要它广博要它高"，改为"为学当如群山式，一峰突起众（诸）峰环"。其意思，"是说正如一群山，固然有一个最高峰，但最高峰不是平地直起的唯一峰顶，往往有许多较低的山峰环绕着它；这个最高峰好像是专攻的某一项专门学科，而环绕着它的较低峰顶，好像是这位专家应该旁通的其他学科"。①

王云五的研究能力在他发明四角号码检字法，出版有关检字法和中外图书统一分类法的专门著作后，已得到社会公认。1928年5月全国教育会议，有18位专家列席会议，"俱属国内学术界之知名人士"。② 会议刊出的王云五简历，说他"通英德法日各国文字，于法律政治教育历史及自然科学，均有高深之研究"。③ 虽然难免当时报章夸大其辞的通病，但对王云五研究能力认可，应无疑问。次年，王云五曾短期转入中央研究院任研究员，是顺理成章的事。

晚年王云五将很多精力用于研究和著述，出版各类著作近百种，内容涉及政治、经济、法律、教育、管理等等，但大都浅尝辄止，仍然不脱博而不约、专而不精的毛病。

四、写作与著述

之所以要将王云五的写作与著述分开叙述，是因为，王云五

① 《王云五全集》（17），九州出版社 2013 年版，第 232 页。
② 《全国教育会议聘请专家任委员》，《申报》1928 年 4 月 4 日。
③ 《全国教育会议出版组王云五简历》，《申报》1928 年 5 月 20 日。

之于写作，有如一日三餐；甚至，与读书一样，是宁可一日不吃饭，不可一日不写作的；而著述，主要是在他晚年，尤其是从政治大学退休以后。据说，因为看到学生们的博士论文都是洋洋洒洒，出版之后都是厚厚一本的专著，临渊羡鱼，便退而织网，开始发奋著述。①

王云五的写作是从翻译和编译开始的。还在同文馆做"教生"的时候，当时大约十七八岁，他就以"出岫"的笔名，翻译法国文豪嚣俄（今译雨果）的名著《可怜的人》（今译《悲惨世界》）在上海的《南方日报》连载。在获得该报认可之后，定期供稿，多为"译述"。所用的笔名是岫庐或出岫。② 1910 年前后，王云五在业余时间经常为上海《天铎报》撰稿，这家报纸由粤籍举人李怀霜担任总编辑。之前组织振群学社，比王云五年长 20 岁的李怀霜在一群小青年中很有威信，对王云五这位小同乡特别看重，力推他任学社社长。振群学社社员在一起时，经常毫无顾忌地发表对时局的意见。③ 李怀霜主持报政，就邀请王云五为报社主笔。王云五为《天铎报》撰稿仍以译述为主，用的笔名也是岫庐、出岫；另外，每周写一篇社论，社论则不署名。

民国初年，朱经农在北京国民党的机关报《民主报》任"馆内编辑"，王云五到北京之后，朱经农请他任"馆外撰述"，每周撰文两三篇，其中大部分是社论，计有 150 多篇。1913 年"二次革命"时，报社被查封，社长仇蕴存被枪杀。王云五因"文稿皆用笔名"，逃过一劫。

1917 年，原本兼了许多职，似乎把赚钱看作人生大事的王云五，突然赋闲，就好像是一列快车进了站，需要停下来做短暂的

---

① 《王云五全集》（18），九州出版社 2013 年版，第 688 页。
② 《王云五文集》陆（上），江西教育出版社 2011 年版，第 56 页。
③ 《王云五文集》陆（上），江西教育出版社 2011 年版，第 44 页。

休息。这一方面固然是因为在禁烟特派员任上的诸多不愉快，一方面是感觉自己需要补课的地方很多，想静下心来多读些书，做些自己感兴趣的研究。

他制订了读书和研究的计划。一是广泛读书，"自然科学方面，侧重于化学与医学；社会科学方面，侧重于政治与经济；国学方面侧重于历史"。[①] 二是自学德语和法语。三是从事研究，重点对世界大战给世界局势带来的变化，及相关的国际问题、国际法等进行研究。四是翻译和写作。他最早的一部译作，罗素的《社会改造原理》就是这时翻译出版的。此外，他还为公民书局编译了一本《物理与政治》出版。

自 1921 年入职商务印书馆编译所起，直到 1941 年太平洋战争后全家移居重庆的 20 年间，王云五只写过三本书。三本书中，《四角号码检字法》和《中外图书统一分类法》是他专为解决商务印书馆的工具书检索问题和东方图书馆的中外图书统一分类编号问题而进行研究的成果。还有一本是辑入《万有文库》第一辑的《中国古代教育思潮》，包括四篇论述孔子和孟子、荀子、庄子、墨子教育思想的长文。有意思的是，王云五将上述诸子的教育思想与当时流行的各种主义，如人文主义、理想主义、自然主义、国家主义、机械主义（今译唯物主义）、实用主义、社会主义等相联系，并称之为教育思潮。这种比附，在学术上难说有何价值，倒是表明王云五视野的开阔和善于接受新生事物的个性。

其后，王云五有过三个写作的高产期。

（一）大后方的写作：1942—1945 年

随着商务印书馆的四度复兴，以及在参政会上的"出彩"表

---

① 《王云五文集》陆（上），江西教育出版社 2011 年版，第 88 页。

现，王云五在大后方重庆声名鹊起；又因为他出众的口才，各方邀约演讲的越来越多。

这时的王云五由于须发皆白，刚过五十，已成"云老"。[①] 重庆是山城，王云五经常在住地与办公的地方步行往返数十里，上山下山的石级不下三四千级。商务印书馆在南岸汪山山顶上新购置房屋后，家人借住于此，他则"平日居城中，周末则返山居，上下山无不步行。而且常常背负一二十斤的书物。沿途居民和轿夫，无不知有健步如飞的'王老太爷'"[②]。这样的身体状态使得他在商务印书馆的繁忙事务之余和参政会的会议间隙，可以到处讲演，还抽空写作、编译、出书。

1942 年，王云五将主要面向青年的 12 次演讲，集刊为《做人做事及其他》，这是一本"对于抗战前途力表乐观，对于青年后进力加砥砺"[③] 的励志书，由重庆商务印书馆出版之后竟然大受欢迎，与罗家伦同期出版的《新人生观》一起成了大后方的畅销书。

1943 年，王云五将关于科学管理的一系列演讲集刊为《工商管理一瞥》。这是中国较早出版的关于工商管理的专业图书，内容"既为工商管理之概要，似可供一般职业学校教科之需要"[④]。同年，他又将自己从事出版工作时关于检字法、图书分类，以及编纂多套大型丛书写的前言或序言等 10 篇文章，汇刊为《新目录学的一角落》。

1944 年王云五访英归来后，也是到处演讲，并将演讲稿和访英时写的日记等整理，接连出版了《战时英国》和《访英日记》，因为两书均大受欢迎，他又将《访英日记》自己译为英文出版，

---

① 《王云五文集》陆（上），江西教育出版社 2011 年版，第 380 页。
② 《王云五文集》陆（上），江西教育出版社 2011 年版，第 382 页。
③ 《王云五文集》陆（上），江西教育出版社 2011 年版，第 381 页。
④ 《王云五全集》(19)，九州出版社 2013 年版，第 45 页。

供学英文的学生们对照参阅。离开重庆前，未归入上述各书的各类讲演和文稿，他又集刊成《旅渝心声》出版。

另有两本书值得一提。一本是《王云五新词典》，这本书虽然是编著，但非常有创意，有一定的学术价值。王云五之所以要编这本书，是因为"近来国内流行的许多新名词，国人以为传自日本者，其实多已见诸我国的古籍。……似此数典而忘祖，殊非尊重国粹之道"。[①] 他的编辑思路是：对每个新词，"一一注其来源，及其意义之演进"，又"各举其所见之古籍篇名与辞句"。全书共收3700余个新词。如哲学方面，"意识"见《北齐书·宋游道传》，"唯心"见《楞伽经》，"乐观"见《汉书·货殖传》；社会方面，"社会"见《世说·德行》，"阶级"见《后汉书·边让传》，"同志"见《后汉书·班超传》；经济方面，"专利"见《左传·哀十六年》，"储蓄"见《后汉书·章帝纪》；政治方面，"政治"见《书经·毕命》，"总统"见《汉书·百官志》，"国会"见《管子·山至数》；法律方面，"宪法"见《国语·晋语》，"上诉"见《后汉书·陈宠传》，"律师"见《唐六典》；教育方面，"师范"见《文心雕龙·通辨》，"教授"见《史记·仲尼弟子传》，"博士"见《史记·秦始皇本纪》，"硕士"见《五代史·张居翰传》；体育方面，"打球"见《史记·骠骑传》，"田径"见《钱起诗》，"游泳"见《朱林诗》；医学方面，"卫生"见《庄子·庚桑楚》，"处方"见《世说·术解》；等等。

现代人借用古籍词语，一方面固然说明中华文明的强大，可以用已有词语命名和消化新生事物；另一方面，新生事物的新意内涵，旧的词语又难以涵括，有些甚至意思发生了根本改变，只是借用而已。王云五收集新词，追本溯源，是一件颇有意义的事。

① 《王云五文集》陆（上），江西教育出版社2011年版，第382页。

由于此前出过《王云五大辞
典》（1930 年出版）和《王
云五小辞典》（1931 年出
版），均很畅销，于是就以
《王云五新词典》为书名出
版，结果"亦颇能流行一
时也"。①

《王云五新词典》

　　还有一本是他偶然在美
国大使馆新闻处看到的英文
版《苏联工农业管理》。因
为当时苏联的话题很热，又
是中国稀见的管理方面的书
籍，王云五觉得有从速出版
的必要。"因一时未能觅得
相当译者，乃自任其译事，以二十余日的时间，完成十一万言的
译本，还附一篇长达万言的译序。其中有一个星期日所译竟在一
万二千字以上。"② 该书出版于 1945 年 5 月。王云五在万言长序
中，对苏联在立国 20 多年间所取得的工业化成就颇为赞赏，并分
析其原因，"一为其对于工业化之方针坚决，二为工农业效率之增
进"。③ 书中既介绍了"苏联工业中所采增进效率方法与资本主义
国家大致相同者"，也介绍了"苏联所采增进效率之方法而为其所
独创者"。从这本书的翻译出版，可以看出王云五对图书选题的高
度敏感，迅速抢占图书市场的极高效率，以及超强的工作能力。

①　《王云五文集》陆（上），江西教育出版社 2011 年版，第 385 页。
②　《王云五文集》陆（上），江西教育出版社 2011 年版，第 387 页。
③　《苏联工农业管理译序》，载《王云五全集》(19)，九州出版社 2013 年版，第 60 页。

（二）为稻粮谋的写作：1949—1954 年

在抗战胜利之际，王云五的人生有两条道路可供选择，"一则从事政治，一则从事学术"。① 从事学术多半是想想而已，因为从政之路已是箭在弦上，不得不发了。然而两年半的从政之路，王云五从志得意满开始，以惨淡辞职收场。国民党政权风雨飘摇，王云五仕途前路茫茫。在这种情况下，1949 年王云五转向出版和写作，无疑是生计困顿之下的无奈之举了。

这段写作时间，直到 1954 年王云五获任台湾当局"考试院副院长"，又兼任政治大学政治研究所教授，才告一段落。为了生计，他为港台两地及海外中文报刊和广播电台大量写稿。他写作供稿的报刊计有：香港的《自由中国》半月刊、《自由人》三日刊、《香港工商日报》，台湾的《民力》月刊、《学生》半月刊、《读书》半月刊、《幼狮》月刊、《自由谈》《当代青年》《人事行政》《反攻》半月刊，《新生报》《中央日报》《中华日报》等；既有政治色彩浓厚的国民党报刊，也有面向一般青年学生的杂志，还有一些专业性较强的杂志；内容主要为三个方面，一是政论时评，二是往事杂忆，三是国际观察。这些文章很快结集出版的有《一九五二年的世局》和《读书常识》，大部分在 1954 年前后结集为"谈"的系列（《谈往事》《谈政治》《谈教育》《谈管理》《谈世界》等）出版，后来又在 1965 年前后经补充增订，结集为"论"的系列（《岫庐论世局》《岫庐论国际局势》《岫庐论管理》《岫庐论经济》《岫庐论教育》《岫庐论学》《岫庐论国是》《岫庐论政》《岫庐论为人》等）出版。

---

① 《王云五文集》陆（上），江西教育出版社 2011 年版，第 390 页。

王云五自署书名："论"的系列著作

此外，王云五还写了三本各六七万字的普及性的小册子，即《国际常识》《读书常识》和《科学管理常识》，均由台北的华国出版社出版。其实内容也大多在各报刊零散地发表过。

与此同时，王云五为自己开办的华国出版社大量翻译出版有关"反共与国际知识"方面的图书。为了赶稿，王云五每日译稿达五六千字。仅在 1950—1951 年，王云五翻译出版的书就有 9 本之多，数量可说惊人。所有译作署名"龙倦飞"，颇合当时"倦飞"的心境。①

1952 年 3 月，王云五为台北《新生报》担任专栏作者，撰写

① 《王云五文集》陆（下），江西教育出版社 2011 年版，第 659 页。

关于国际政治的言论专栏。1953 年开始，为台湾中广公司（电台）的"青年讲座"撰写系列文章，后结集为《对青年讲话》出版。

这个时期王云五的写作，速度奇快，发表文章和出版著作十分频密，可能与生计困难、为稻粮谋有关，大多价值不高。

值得一提的是《美国全史》。1953 年 6 月，为了筹措女儿鹤仪赴美就医的巨额医药费，王云五开始翻译美国新近出版而广获好评的《美国全史》[①]。该书约近 150 万字，1956 年分四册由台湾商务印书馆出版。在当时，这部作品应该是既为形势需要，又受读者欢迎的一部作品，也是这段时期王云五著述中较有价值的一部译作。

（三）学术著述：1968—1971 年

当台湾商务印书馆的经营完全走上轨道后，王云五开始了他最后的"壮游"：撰写长篇学术专著。这是他一向的心愿。他一直纠结于博与专。他的博学已然得到公认，但专的方面，即使他自己，从来也不曾满意。从他门下出来的硕士生、博士生已有 30 位之多，很多学生的毕业论文出版之后都是煌煌巨著，令他羡慕不已。他已经 80 多岁了，时日无多，乘现在身体还硬朗，他决定写！

既然在政治研究所教授位上退下来，那就从《中国历代政治思想》开始吧。在平日里的读书和教学、研究过程中，他早就积累了几万张卡片，架构他也想好了，纵的线当然是朝代，横的线则以人物为纲。他列出了从先秦到民国的 93 位政治人物。1968 年 5 月动笔，平均三个月成书一册，出版一册；至 1970 年 2 月，第七册终稿。"总计历时一年有九月，而全书七册，总字数在二百万以上，一气呵成。"[②]

---

① 《王云五文集》陆（下），江西教育出版社 2011 年版，第 685 页。
② 《王云五全集》（4），序言，九州出版社 2013 年版，第 10 页。

接着他又马不停蹄地投入到《中国历代教学思想》的撰述。体例与《中国历代政治思想》一样，以先秦至民国的 81 位教育家为纲。最后一册《中国历代教学思想综合研究》则"改以事为纲"。1971 年底，《中国历代教学思想》完稿，共 6 卷，100 余万字。

写完这两部大书，王云五本计划继续撰写《中国历代经济思想》，这也是他一直在积累资料和准备撰述的著作。然而，他的学生、台湾商务印书馆总编辑兼总经理周道济，建议他应该尽早把商务印书馆的历史写出来，因为没人比他更熟悉商务印书馆，也没有人比他对商务印书馆更有感情。可以说，在这个世界上，再找不到有比他更合适、更有资格写这本书的人。以商务印书馆的文化地位，这本书也一定更有价值。

这样，王云五暂时放下了《中国历代经济思想》的写作计划，转为撰写《商务印书馆与新教育年谱》。选用这个书名，"盖商务创办，实受新教育影响，而其间作述，亦转而影响于新教育；合并撰述，可知其间关系"。[①] 而以年谱方式撰述，是因为王云五有保存资料档案的习惯，这也是最为省事和实用的撰述方式。

不料，撰述任务未过半，王云五就开始患上心脏疾病，体力精力明显下降，讲话不利索，手也开始经常发抖，不得不搁笔半年。

王云五休养半年之后，身体稍为恢复一些，但也只能每天写作一两小时，写作进度较患病前慢了许多。原本计划一年可以完成著述，最后写了将近两年半。1973 年 3 月，《商务印书馆与新教育年谱》完稿，总计 100 余万字。

上述三部王云五在 80 多岁高龄最后"壮游"的发愤之作，初衷是在学术著述上有所作为，由博向专作一探索，为自己一生

---

① 《王云五文集》伍（上），序言，江西教育出版社 2008 年版，第 2 页。

"壮游"画上圆满句号。从结果看，仍是广博有余，专精不足。前两部大作，虽有"洋洋巨秩，早已引起学术界之注意与赞颂，佳评如潮"①的说法，人们多半还是感佩于王云五的写作精神，而不是说这两部书的学术价值真有多高。王云五在回忆录中收的几篇书评均来自他的学生，也多从资料的宏富，结构的巧妙，检阅的方便等进行评述。"萧公权先生所著之中国政治思想史，夙为学者所推许，然其字数不过七十万；萨孟武先生所著之中国政治思想史，见解精辟，亦有后来居上之势，然其字数尚不足四十万。岫师此书之总字数则逾二百万。"②周道济的这个评述表明，就该领域的学术水平而言，王云五的著作并无特别之处，只是在字数上超越了萧公权、萨孟武的著作罢了。

不过，《中国历代政治思想》和《中国历代教学思想》资料宏富，且便于检索，则确实是两书共同的优点。对于有志于该领域学术研究的学子，两部著作提供了基本的资料。由于王云五在撰写时以编写工具书的手法进行了详尽的条目分类，同时，两书都以人或事为纲，《中国历代教学思想》甚至将类目以四角号码进行编号，因此查阅检索十分方便。

《商务印书馆与新教育年谱》（1949年后仅涉及台湾商务印书馆，未包括北京的商务印书馆、香港商务印书馆等）则由于提供了中国近现代最大出版机构迄今最全面详尽的资料，而受到各界高度评价，认为此书"不仅字数多，而且在内容上也极充实，极具价值"。③

在三部大书中，王云五最为看重的也是《商务印书馆与新教

---

① 《王云五全集》(18)，九州出版社2013年版，第570页。
② 《王云五全集》(17)，九州出版社2013年版，第336页。
③ 《王云五全集》(18)，九州出版社2013年版，第570页。

育年谱》，他将其"视为至宝"。① 王云五平时极其重视相关资料的收集、整理和保存，他是商务印书馆和台湾商务印书馆近半个世纪历史的见证者，书中关于商务印书馆的经营情况和相关数据，大部分来自第一手的原始资料，弥足珍贵。以年谱体例编撰，同样为查阅和检索提供了极大的便利。

在心脏衰弱之前，王云五曾有一个雄心勃勃的学术著作写作计划，除了上述已准备着手而停下来的《中国历代经济思想》外，还有一部《中国历代法律思想》。因健康原因，这两部书终未写出。

王云五为什么没有写一本关于出版的专门著作？甚至连这样的计划都没有？这是一个令人大感兴趣的问题。王云五一生"壮游"，跨界政学商及文化、教育、出版等，然而大家公认的是他出版家的身份。他从事出版工作时间近半个世纪，民国时期四度复兴商务印书馆，晚年以 77 岁高龄，重振台湾商务印书馆。王云五一生出版各类著作数十种，上千万字。他的著作，涉及政治、经济、教育、管理、法律等方方面面，却没有一种专门著作是论述出版的。他在不同时期汇编的单行本，不管是"谈"的系列，还是"论"的系列，都没有将"出版"纳入其中。在《岫庐论学》里，有一个关于"出版"的专题，也仅收了五篇文章。这五篇文章分别是：《创编大学丛书致大学丛书委员会各委员函》《十年来的中国出版事业》《国学基本丛书四百种目录》《出版物的国际关系》《五十年来的出版趋势》（均收入《王云五全集》第 10 卷）。

张元济、王云五、陆费逵等近现代知名出版家群体，较少把"出版"作为一个问题，或作为一门学科进行研究和论述，这是他们的共性。或许因为出版是一个更注重实务，而不属于理论探究

---

① 《王云五全集》（18），九州出版社 2013 年版，第 690 页。

的领域。然而，出版毕竟是传承文化的手段，张元济、王云五、陆费逵等出版家在文化上的巨大贡献与他们的出版思想密切相关。我们需要从他们的全部著作中整理爬梳出他们的出版思想，更重要的是从他们的出版实践中，探索和研究他们的出版思想，以启示当代的出版，并更好的传承近现代中国的优秀出版传统。

王云五没有关于"出版"的专门著作，并不表明王云五对出版没有自己的思考和研究。事实上，王云五的出版思想散见于他的各种论著，尤其是他为许多图书（丛书、文库）所写的序言、缘起、出版说明等文字之中。这些文字足以编选出一本《岫庐论出版》。

王云五一生写作不断，直到 1978 年还有著作出版。据他的学生王寿南统计，其 1914 年至 1977 年的著述生涯，共出版著作 81 部，译著 11 部，论文 291 篇。这个统计应该包括了王云五编著的各种辞书、工具书，如《王云五大辞典》《王云五小辞典》《王云五新词典》《王云五综合词典》《王云五汉英大辞典》等；也包括了各种书名虽不相同而内容大同小异的书。王云五另一个学生徐有守的统计是"著作至少 51 种，主编的书至少 465 种"[1]，尚不清楚这个统计是否包括译著，不过比较接近笔者在本书附录二《王云五著译书目》中列出的书目。

在职责如此重要，兼职如此之多，事务如此繁忙的情况下，王云五仍然写了这么多东西，令人惊奇！原因首先是他极其勤奋自律。中年以后，他基本上每天凌晨三点起床，吃过早餐后大约四点多开始读书写作，九点准时到办公室上班。他也不午睡。其次，王云五凡事皆做计划，写作也不例外。晚年撰述几部大著，除了因病拖累，他全部按计划完成。他说："写作就像建筑工程一

---

[1]　徐有守:《出版家王云五》，台湾商务印书馆 2004 年版，第 4 页。

样，一定要拟定一个进度表，照着进度表施工，才能在预定的时间完成。我每星期总要检查一次我的写作进度表，反省自己是否曾经偷懒。"① 再次，则与他"卡片式的写作"有关，他平时读书做了大量卡片，并用自己的方式进行了编号，写作时先拟大纲，搭出框架，列出类别，然后将这些卡片资料分门别类填充进去。

王云五的大部分著作，优点是材料丰富、应时应景、实用性强，因此往往一再印行，许多书都畅销一时。有些书还颇有生命力，如《读书常识》《旧学新探》两书，不同时代、台湾和大陆都有诸多版本，并未因时间流逝和政治原因等影响读者好评。缺点则是行文比较啰嗦，语言风格絮絮叨叨，夸夸其谈；不同时期的文章内容重复较多，迭代更新的著作单行本也较多，如《做人做事及其他》与《论为人》，《谈往事》与《我的生活片断》，《谈政治》与《论世局》等等。尤其一些经常用的例子、引用的名人名言等，重复更多。在编辑王云五的全集和文集时，看得出编者在避免重复方面已经做了许多努力，但各种重复仍难以避免，原因就是王云五"卡片式的写作"，习惯性地将有关的资料运用于不同的专题、不同的场合。如关于读书的论述，《中国古今治学方法》收入了《读书十四法》一文②，《岫庐论学》又收入③，《中国历代教学思想综合研究》再收入④。又如，《中国古今治学方法》（收入《王云五全集》第 10 卷）整书十余万字全盘移入《中国历代教学思想综合研究》（收入《王云五全集》第 8 卷）的第二章《为学方法》。全集编者为了确保收入著作的完整性，不得不原貌保留，造成一套全集不同卷次、甚至同一卷里重重复复。此外，王

① 《王云五全集》（17），九州出版社 2013 年版，第 310 页。
② 《王云五全集》（10），九州出版社 2013 年版，第 26 页。
③ 《王云五全集》（10），九州出版社 2013 年版，第 182 页。
④ 《王云五全集》（8），九州出版社 2013 年版，第 93 页。

云五对于自己的经历和成就过于津津乐道，尽管大部分都是事实，但夫子自况，说多了，阅读的体验还是差了一些。

王云五晚年的大部分著作都在这个小书房完成

1949 年以后，直到 20 世纪 90 年代后期，工云五的著作都在台湾出版，大陆近乎遗忘。1997 年，上海学林出版社出了《旧学新探：王云五论学文选》，这是王云五的一本旧著，出版社加了副题。2005 年，他的儿子王学哲编成《我怎样读书：王云五对青年谈求学与生活》交辽宁教育出版社列入《新世纪万有文库》出版。之后，王云五晚年回忆录在大陆出版。近些年，大陆又相继出版了《王云五文集》（江西教育出版社 2008—2015 年，6 卷 11 册）和《王云五全集》（九州出版社 2012 年，20 卷）。《王云五文集》是"十一五"国家重点图书规划项目，2008 年开始出版，2016 年出齐，420 余万字。《王云五全集》系台湾商务印书馆 2012 年版的《王云五全集》引进版，全书 20 卷，878 万字。《王云五文集》选本较精，重要著作大多收入，但很多做了删节处理。《王云五全集》保留原貌未做删节，但对《四角号码检字法》《中外图书统一分类法》《商务印书馆与新教育年谱》这三部在我看来是王云五最重要的著作居然未收，令人费解。文集与全集均未收台湾版全集的《王云五书法励志嘉言录》《见证历史（历史现场照片集)》。下表列出了台湾商务印书馆（简称台湾版）、江西教育出版社（简称赣教版）和九州出版社（简称九州版）关于王云五著作三个版本的差异，读者可以明察。

九州版全集、赣教版文集与台湾版全集所收王云五著作的比较表

	九州版全集未收	赣教版文集未收
大陆版本未收的著作	岫庐语汇、谈世界、谈政治、谈教育、岫庐论粹、岫庐文选、十年苦斗记、对青年讲话、王云五对青年谈求学与生活、王云五小字汇、王云五书法励志嘉言录、见证历史（历史现场照片集） 四角号码检字法、中外图书统一分类法、商务印书馆与新教育年谱	岫庐语汇、谈世界、谈政治、谈教育、岫庐论粹、岫庐文选、十年苦斗记、对青年讲话、王云五对青年谈求学与生活、王云五小字汇、王云五书法励志嘉言录、见证历史（历史现场照片集） 岫庐序跋集编、国民大会躬历记、岫庐最后十年自述、我的生活片断（与《一九四八大风大浪》合并）、访英日记、中国古今治学方法
海峡两岸版本均收入的著作	岫庐八十自述、中国政治思想（含先秦、两汉三国、晋唐、宋元、明代、清代各卷，民国政治思想与中国政治思想之综合研究，共7卷）、中国教学思想（含先秦、汉唐、宋元、明清、革新时代各卷，中国历代教学思想综合研究，共6卷）、岫庐论为人、岫庐论教育、岫庐论学、岫庐论管理、岫庐论经济、岫庐论世局	

三个版本的共同缺失：一是遗漏了若干重要文章。笔者利用南京图书馆的"翰堂近代报刊数据库"进行检索，已发现10多篇各类王云五单行本或全集、文集未收的文章，如1931年的演讲速记稿《怎样读书》是目前所知最早的王云五关于读书方法的文章，

1933 年在"国耻周"上的演讲《一·二八》则是充分体现王云五爱国情怀的一篇重要文献，1936 年发表的《中国的印刷》是较早研究中国印刷历史的学术成果，等等。使用其他数据库检索，可能会有新的发现。笔者推测，全集编选时，是以过去已公开出版的王云五各类著作的单行本为基础的，故有这样的遗漏。抗战时期，考虑到战乱所可能造成的文稿损失，王云五已尽量将散布各报刊的单篇文章结集出版；并且他将这种习惯保持到晚年；这也是造成他出版各类著作多且多有重复的一个原因。因此，未收入单行本著作的情况主要存在于全面抗战爆发（1937 年）之前。

二是未收任何王云五与各界名人的往来书信。这些书信有的收入了其他人的文集或著作，如耿云志主编的《胡适遗稿及秘藏书信》（黄山书社 1994 年），张树年、张人凤编的《张元济书札》（商务印书馆 1997 年），王学哲编的《艰苦奋斗的岁月（1936—1948）：张元济致王云五的信札》（台湾商务印书馆有限公司 2009 年），但从未系统整理和出版。以王云五交游的广泛，信函的数量应该不在少数；以王云五在文化界、教育界、出版界和政界的影响，这些信函的价值自不待言。我们期待有心人将来能够编辑出版王云五的书信集，弥补全集的不足。

第十章／家庭生活与经济状况

人的晚年应该从什么时候算起？60 多岁，王云五重返政坛，兼任大学教授；70 多岁，回归出版，重振台湾商务印书馆；80 多岁，接连撰写三部超过一百万字的学术专著。

王云五并不惧怕死亡。80 岁时出了《岫庐八十自述》的回忆录，广受好评，许多青年人竟也喜欢。90 岁时他写成《最后十年自述》，先给自己盖棺论定了。

他也不应该惧怕死亡。晚年在台湾为官，当教授，做出版，他把大陆时期 60 岁以前的人生又轮回了一遍。人生壮游如此，夫复何求？古人云，人有五福："一曰寿，二曰富，三曰康宁，四曰攸好德，五曰考终命。"[①] 他应该算是五福临门了吧。

一、家庭生活

王云五的父亲青年时代就从香山到上海谋生，后在一家洋行做仓库主管。母亲曾 12 次怀胎，其中三个或流产或夭折，陪伴他成长的是三个哥哥五个姐妹。然而在他很小的时候，三哥日清就去世了；在他成家之前，大哥、二哥又先后去世。

王云五的大哥日华（1880—1897）"是一位典型的旧式读书人"[②]，18 岁时考中秀才，不幸的是，三个月后就因病去逝。大哥既是王云五的文化启蒙老师，也是家中寄予厚望的长子。大哥因病去世，对王家和王云五本人都是极沉重的打击。此后，王家不再送子女入读学校，而是早早地安排到商店或工厂做学徒；因为他们认为，王家没有读书做官的命。王云五晚年回忆："我的一生命运便因而受到深切无比的影响。"[③] 二哥日辉（1884—1907）聪明能干，英文尤其出色，年纪轻轻，便在一家洋行做了买办，收

[①] 《书经·尚书》。
[②] 《王云五文集》陆（上），江西教育出版社 2011 年版，第 6 页。
[③] 《王云五文集》陆（上），江西教育出版社 2011 年版，第 7 页。

入不菲，但不幸染上鸦片毒瘾，加之经商失败，在王云五20岁的时候也走了。

1910年，在父母的安排下，23岁的王云五与香山同乡徐宝莲结婚。"婚后，先生字之曰净圃，后遂以净圃为名"。[①]

徐净圃的妹妹宝磬，王云五为其取名馥圃。"先生称馥圃女士为知己。"[②] 似乎是两人先有了私情，1917年，王云五再娶徐馥圃。

王云五与两位夫人，徐净圃（右）徐馥圃（左），摄于1975年

王云五与两位夫人共育有七子二女，分别是长子学理、次子学武、三子学政、四子学农、五子学哲、六子学艺、幼子学善；长女学文、幼女学医（又名鹤仪）。深受上海商业文化和西方文化影响的王云五没有按族谱的辈份排行为子女取名，而是以自己对各学科的兴趣，像百科全书似的分别以文（科）、理（科）、农（学）、医（学）、哲（学）、政（治）、艺（术）取名，学武、学

① 王寿南编：《王云五先生年谱初稿》（一），台湾商务印书馆1987年版，第167页。
② 王寿南编：《王云五先生年谱初稿》（一），台湾商务印书馆1987年版，第191页。

善分别强调身体、道德的重
要性。子女取名，体现了王
云五对各学科的兴趣和对旧
学新知的探求，也寄托着他
对子女未来的期望。

王云五家庭生活颇和
谐，属于典型的"男主外女
主内"模式。据其自撰年
谱："净圃识大，馥圃谨小，
各有所长，而对我外间业
务，均不稍过问，以视丈夫
为事业常败于太太之手者，
不可并论。同时，我对于家
庭管理，亦极力尊重两妻之
意，除外之卧室书房一切由
我自行布置外，余皆听其
处理。"①

1924 年 11 月 28 日，王
云五在致胡适的信中说：

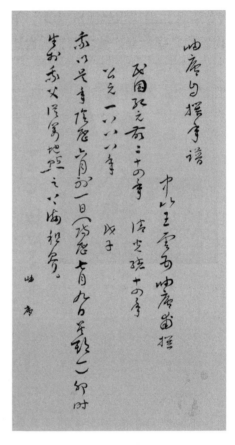

王云五自撰年谱第一页

"这半年以来我的心境颇不佳，而且家人多病，前几个月接连两日
死了我的两个爱儿，此种惨状，现今还在我的脑子里环回不退。"②

---

① 转引自王寿南编：《王云五先生年谱初稿》（一），台湾商务印书馆 1987 年版，第
　191 页。
② 耿云志主编：《王云五书信三十六通》（1924 年 11 月 28 日），载《胡适遗稿及秘
　藏书信》第二十四册，黄山书社，第 346 页。原信未标注年份，编者将其归入
　1932 年，大约是因为信中有"本年战事，商务损失虽然不少"的描述。但根据信
　中"梦旦给你的信，请你注力于白话的著作和提倡，经农给你的信，劝你不要办努
　力周刊"；胡适从商务印书馆"所领的小小月费"；以及"编译所"字样的信函用纸
　推断，此信应写于 1924 年。所谓"本年战事"应指 1924 年 9 月爆发的江浙战争。

此处所说"接连两日死了我的两个爱儿"未见其他史料记载，有可能是夫人流产或早产。

1932 年 4 月 8 日，正是商务印书馆因"一·二八"巨劫之后艰难复兴的时候，王云五的父亲病逝。其时家中兄弟姐妹，"男则唯我独存，女则二姊及四五两妹耳"。[①] 王云五外要应对商务印书馆最为艰难的日子，内要面对一大家子共十几口人的生活困难，非常不易。国仇家难，对王云五而言，有着无比深痛的体会。中年王云五在这个时候"须发皆白"。他之数度"苦斗"，既是为了商务印书馆的事业，也是为了个人的生活。

三哥日清之女王沛芳（过继）曾在上海和香港与王云五一家一起生活。1941 年 12 月日本侵占香港后，王沛芳改名王兆莲，回到家乡香山县泮沙村定居，2004 年去世，享年 86 岁。2006 年 4 月笔者走访王云五的故乡时，见到住在泮沙村王屋正街 20 号的龚云毅，是王兆莲的独子，也是王云五家族在故乡的唯一直系亲属。

在王云五的家庭观念里，虽然强调男女平等，但他又说，因为人类分工的要求，"男主外，女主内的原则，实在是最健全的原则。组织家庭的一个主要目的，无疑的是养育儿女；要使儿女成为健全的国民，依赖于母亲远较父亲为重要。因此，做父亲的出外就业以养家，做母亲的在家教养儿女，这样的分工实在是最合科学原则的"。[②] 这话不一定正确，但在王云五一家，却是典型的"男主外，女主内"。

王云五崇尚"吃苦主义"。他自己是"吃苦主义"的最好例子。"教育子女的方针，我也是用的这种办法。"[③] 他的言传身教，

① 《王云五全集》(20)，九州出版社 2013 年版，第 268 页。据王寿南编《王云五先生年谱初稿》所载"王云五家世谱系图"，王云五二姊名文凤，四妹名文杏，五妹名文梅。
② 《王云五全集》(17)，九州出版社 2013 年版，第 147 页。
③ 俞治成：《王云五先生访问记》，载《长城》第 2 期，1934 年，翰堂近代报刊数据库。

在子女长大成人过程中表现十分明显。

王云五的 9 个子女，大都学有所成。长女学文，1912 年北京出生，毕业于东吴大学法学院，1936 年冬不幸在上海病逝，年仅25 岁。长子学理，1913 年北京出生，毕业于上海沪江大学，后取得柏林工业大学学位，译有《变动中之国际法》，获中山学术文化基金会资助，由台湾商务印书馆出版。四子学农，1918 年上海出生，毕业于南京中央医学院，为著名的牙医专家，后居港行医。幼儿学善，1928 年上海出生，毕业于台湾大学医学院，后赴美国杜克大学精神病科学习深造，以杜克大学医学院教授当选全美精神学院院士。

1932 年王云五全家合影。后排立者右起：王学文、王学武、徐应昶（内兄）、王云五、王鹤仪、王学政、徐应文（内弟）、王学农、王学哲；中排坐者右起：徐净圆、徐乃华（岳父）、内兄妻、徐馥圆；坐者右一王学艺、右三王学善

　　小女学医，又名鹤仪，幼患小儿麻痹，小学尚未毕业即被迫退学；身残志坚，居家自学，中英文及书画皆有相当造诣；英人奥威尔的名著《一九八四》中文首个译本即由她翻译出版；30 岁后仍不良于行，遂只身赴美求医，在教会大学毕业后又考入哥伦比亚大学，获数学硕士学位，返台后在政府部门任统计处主任。王云五曾赋诗赞誉鹤仪："吾家有女最坚贞，只身万里西征。幼年病患实非轻，不良于行。屡经刀圭手术，居然苦学有成。残而不废令人惊，业绩优宏。"[①]

　　五儿学哲，1922 年 5 月在上海出生，其时王云五到商务印书馆编译所任职半年多，因此可以说是"生于商务印书馆"。[②] 1944 年从成都华西大学哲学系毕业后，即到重庆白象街的商务印书馆编辑部任助理编辑，随后主编《学生杂志》。编辑出版的《现代汉英词典》（1946 年商务印书馆初版）采用四角号码检字法检索，王云五亲自为这本书做校订。初版以来，两年时间重版达五六次；1951 年增订后由华国出版社再版，又重印了五次。据说毛泽东在延安学英语，就用过这本工

王学哲与父亲王云五在一起（1961 年）

① 《画堂春·喜鹤仪因业绩优异，不次升迁也》，载《王云五全集》（20），九州出版社 2013 年版，第 515 页。

② 王学哲、方鹏程：《勇往直前：商务印书馆百年经营史（1897—2007）》，台湾商务印书馆 2007 年版，第 165 页。

具书。①

抗战胜利后，王学哲由重庆返回上海，曾短暂任职于商务印书馆的编审部。1947年，王学哲在东吴大学法学院毕业后，赴美国华盛顿，入读乔治大学，获法学博士学位。旅美50余年。2011年12月在美国创设王云五基金会，后返台定居，并任台湾商务印书馆董事长（2002—2011）、云五图书馆基金会董事长。王学哲在台湾和中国大陆编辑出版多部王云五的著作，是早期王云五著作在中国大陆出版的主要推手。

王学哲之子王春申，自幼随王云五长大，耳濡目染，有志出版事业。王学哲在90高龄卸任台湾商务印书馆董事长之职。王春申随之继任台湾商务印书馆副董事长、云五图书馆基金会董事长、美国王云五基金会董事长，后于2014年6月任台湾商务印书馆董事长。王云五一家三代，接连执掌台湾商务印书馆，成就一段出版佳话。

王云五子女成家之后散居我国港台地区及美国等。晚年他完全可

王云五在台北与家人一起出游。左一王学理，右二王春申

①　参见王学哲编：《艰苦奋斗的岁月（1936—1948）：张元济致王云五的信札》，序，台湾商务印书馆有限公司2009年。

以四处走走，安享天伦之乐，可是除了正常的休息，他的时间表上只有工作、读书、写作。台湾商务印书馆的几位总编辑周道济、杨树人、浦薛凤等先后以家庭原因辞职赴美。在挽留浦薛凤的信中，王云五说自己"留美儿媳孙曾不下四十人，除一二人外各有宽大房舍。每岁莫不函牍纷来，表示迎养。徒以责任心重，视责任远过于家人。故宁在此吃苦，不肯畅叙大伦"。①

1972 年前后，王云五患上心脏疾病，随后眼睛又患白内障。白天老眼昏花，夜间开始失眠，手脚也不麻利了，最后数年，无奈坐上了轮椅。唯有头脑依然清醒。有心无力，想做不成，这使从来闲不住的王云五痛苦不堪。"苦斗，苦斗！心力徒劳难宥。"②

1976 年，年近 90 的王云五再立遗嘱，并撰"云五遗言"。"但愿世代留书香，最恨室家染铜臭"。③ 他只给子女留了一些书籍字画之类的精神遗产，而把物质财产绝大部分捐给了以他名字命名的两个基金会（云五图书馆基金会、云五奖学金基金会）。

1979 年 8 月 14 日，王云五病逝，享年 92 岁。死后葬于台北树林镇山佳之净律寺的佛教墓园。这是他生前委托净律寺住持广元法师帮他选定的归宿所在。

二、经济状况

17 岁时，王云五就边读书边在"公文翻译社"做"教生"，每月有了二三十元的收入，"足敷白天入校读书的需要"。④ 18 岁起，他先后在益智书室、中国公学任专职教师，每月收入有两百多元；此外，他还利用业余时间为报纸定期译述文章，"每月给酬

---

① 王寿南编：《王云五先生年谱初稿》（四），台湾商务印书馆 1987 年版，第 1844 页。
② 《如梦令·八八自寿》，载《王云五全集》（20），九州出版社 2013 年版，第 514 页。
③ 《王云五全集》（18），九州出版社 2013 年版，第 804 页。
④ 《王云五文集》陆（上），江西教育出版社 2011 年版，第 38 页。

六十元，继续了二三年之久"。①

这样看来，王云五在自己成家之前，就已开始承担起养家的重任了。王云五的三个哥哥早逝，他成了家中的独子，不得不早早地"独力负起了奉侍二老及赡养寡嫂的责任"②。

婚后，王云五家里人口逐渐增多。两位夫人、9 个子女，加上父母、寡嫂及 3 个姊妹，还有过继的侄女王沛芳，王云五作为一家之主，要供养这一大家子，看起来颇不容易。不过，至少在 1932年"一·二八"事变之前，他好像从来不曾为生计操过心。

以王云五父辈买办小职员的出身，他的财富不可能来自继承。而王云五在进商务印书馆之前，教书译书政府职员之类，也不可能挣到什么大钱。王云五在熊希龄主持下的全国煤油矿事宜处编译股做编译，由于连夜赶译出美商美孚油公司的合同，经熊希龄特批，月薪由 100 元直升至 350 元，是他进商务印书馆前的最高一份职业收入了，不过时间极短，不到半年。

1916 年 7 月，王云五"突然转任向来梦想不到的一个新职务"③——苏粤赣三省禁烟特派员。这是一个公认的肥缺，名为禁烟，实为洋药商行（洋商）贩卖烟土（鸦片）给土商，特派员从中征收烟土税。因为是特许经营，暗箱操作空间很大。王云五到任之前，惯例是洋商给予特派员 5% 的回扣。此笔款项在王云五到任后仍有五六十万元未结。王云五上任后，认为这一做法不妥，遂报经政府同意，5% 回扣不变，但解交政府，再由政府从中拨出一个点的数，奖励包括他本人在内的相关人员。奖励总额 10 万元，而王云五本人拿到约 3 万元。这是王云五自己的说法。胡适在日记中提到过这件事："曾有一次他可得一百万元的巨款，并且可以无

①　《王云五文集》陆（上），江西教育出版社 2011 年版，第 56 页。
②　《王云五全集》(18)，九州出版社 2012 年版，第 866 页。
③　《王云五文集》陆（上），江西教育出版社 2011 年版，第 81 页。

人知道。但他不要这种钱，他完全交给政府。"① 以此表明王云五是一个廉洁不贪的人。不过我怀疑这是王云五有意说给胡适听的。

晚年王云五回忆："此三万元连同我历年服务的少数积蓄，合计不下四万元。按照我家的节约生活，与那时的生活程度，实在可以闭户读书二三年，而无需担任何种有给的工作，以维生计。"②

事实上，王云五不仅赋闲"闭户读书二三年"，而且在上海北四川路 183 号购地起屋。王云五建这座房子花了多少钱，未见任何记录。由于租界拓界和人口膨胀都很快，北四川路附近在二三十年代成了繁华地带，这所宅第应该大为升值。住在这一带的日本人很多，与鲁迅关系密切的内山书店，豪华的日本人俱乐部，都在这条路上。20 世纪 30 年代前后，鲁迅也曾有一段时间住在北四川路，每天路过王云五的住所。"一·二八"事变之后，鲁迅一度怀疑王云五的宅第"沦为妓馆"。实际上，"一·二八"之后，直到抗战期间，王云五一家生活较为艰苦；因此，除上海沦陷期间被日军占据使用，这所房子基本都是出租，租金收入补贴家用；王云五一家则另外租房居住。1946 年，王云五在赴南京从政之前，将房子"出典"给教会数年，"得款以半数供几年从政的贴补，半数在南京购置一所住宅"。③

由此看来，在禁烟特派员的任上，他多少还是捞了一票的。当时的舆论和社会对王云五从"禁烟"当中捞到好处，已多有传闻。即使如他所说，获得政府奖励 3 万元，在当时，无疑也是一笔巨款。1919 年鲁迅在北京西直门附近的八道湾购买一个三进的四合院，价格是 3500 元。另外，我们试对照同一时期商务印书馆的薪酬，也可以约略知道这一点。

① 《胡适的日记》（上册），1921 年 7 月 13 日，中华书局 1985 年版。
② 《王云五文集》陆（上），江西教育出版社 2011 年版，第 88 页。
③ 《王云五文集》陆（上），江西教育出版社 2011 年版，第 545 页。

据茅盾回忆：他在 1916 年进商务印书馆时月薪只有区区 24
元，因为工作出色，进馆不到半年调升至 30 元，"已是破格优待，
编译所中人员，进去为二十四元者，熬上十年，才不过五十元而
已"。茅盾的顶头上司孙毓修，是编译所的"名编"，做了十多年，
月薪也才 100 元。1921 年 1 月起，因为馆方重用，茅盾接手主编
《小说月报》，月薪涨至 100 元。① 在商务印书馆已属于高薪阶层
了。而商务印书馆的薪酬水平在上海应该算是比较高的。当时，
市场上 5 元可买 1 石米（约合 120 斤）。可见，月薪 100 元以上，
在当时中国经济最发达的上海也属于高薪阶层了。

1921 年 9 月，王云五到商务印书馆编译所任职，月薪是 250
元。这是当时名牌大学名教授的月薪标准。正式出任编译所所长
后，王云五的月薪提到 350 元，是商务印书馆一般职工的十多倍。

王建辉对王云五"在商务时期的个人经济状况"进行过专门
研究。他根据胡适日记所载编译所 169 人月薪统计，300 元以上 3
人，100 元以上 37 人，而 50 元以下达 108 人。陈独秀做北京大学
文科学长时月薪是 300 元。② 可见，不论是在著名文化教育机构之
间的横向比较，还是在商务印书馆内部的纵向比较，王云五的薪
金都是非常高的。

月薪之外，还有花红和股息。花红，就是年终奖，不同年份
因人而异。王云五在编译所的前四年（1921—1924）花红分别是
800 元、4000 元、5000 元和 4250 元，除第一年情况比较特殊外
（王云五当年 9 月才到商务印书馆上班），每年的花红都接近或超
过全年月薪总和。③ 至于股息，一般职工是没有的，即使主要的经

① 茅盾：《我走过的道路》（上），人民文学出版社 1997 年版，第 129 页。
② 参见王建辉：《文化的商务：王云五专题研究》，商务印书馆 2000 年版，第 255 -
256 页。
③ 参见王建辉：《文化的商务：王云五专题研究》，商务印书馆 2000 年版，第 258 页。

营者，持股也并不多，因为商务印书馆的股权相当分散，大部分是小股东。王云五在编译所所长任上已被商务印书馆聘为董事[①]，但直到"一·二八"事变发生，根据他在报上公开发表的声明，其在商务印书馆也"仅为五十三股之小股东"[②]。所谓王云五"每月领薪，全部或大部都存购本馆股票"的说法[③]，或为传言，并非事实。

1930年王云五在日本考察时，曾有日本企业家建议商务印书馆"将股份每股百元改为二十元"，并让更多员工持股。[④] 据此可知，王云五拥有的商务印书馆股票，每股面值为100元。笔者没有查到商务印书馆股票流通价值和每股分红（股息）的数据，因此，无法估算王云五持有商务印书馆53股股票的市值和股息所得。尽管商务印书馆效益非常好，每年的股东分红也相当丰厚，然而作为"小股东"的王云五，股息所得和股票市值，或许并不像外界想像的那么多。

1927年12月，王云五被人绑架勒索。当时沪上绑架并非偶见，前不久张元济才遭遇过绑架。可是绑匪索价达五十万之巨，显然是将王云五视为豪富人士了。经过谈判，砍价至两万元。"此二万金者，悉由旅沪诸粤商所襄助。"[⑤] 王家是否连两万元都拿不出，这个不好说；以王云五在上海粤籍乡亲中的名望，他落难后，

---

① 笔者尚未查到王云五何时担任商务印书馆董事的确切资料。1948年12月，王云五接张元济信，告知其不再担任商务印书馆的董事职务，曾有"轻轻把联任了二十年的老董事革除"之感叹。载《王云五文集》伍（下），江西教育出版社2008年版，第978页。又，《申报》1929年10月7日有商务印书馆召开董事会的报道，上面列有王云五的名字。据此推测，王云五任商务印书馆董事时间大约是1928年。

② 《王云五启事》，《申报》1932年5月9日。

③ 王建辉：《文化的商务：王云五专题研究》，商务印书馆2000年版，第258页。

④ 《王云五文集》陆（上），江西教育出版社2011年版，第152页。

⑤ 程志政：《王云五轶事》，《申报》"自由谈"，1928年6月7日。

粤人社团筹款相助，也在情理之中。

1930 年任商务印书馆总经理后，王云五的月薪升至 500 元。但 1932 年"一·二八"事变，商务印书馆遭受巨劫，全体员工先行解职，重新录用之后也大幅减薪，包括王云五在内的商务印书馆高层也不例外。王云五的生活遇到困难，他将北四川路的房子出租以增加收入，全家则搬入租界中区租住。又写信向胡适求援："今后计划一面为公司尽职务，一面只好于办公之余略筹家人生计。好在劳苦本系夙习，八小时工作之余，尚可以五六小时任他事。思维再四，倘文化基金委员会译书处能□译一二名著，□可以解决一家人生计问题……译书范围，无论法律政治社会历史均可。足下相知最深，如可为力，即尽早为注意。"① 在胡适帮助下，王云五以译书合约，按月从中华教育文化基金会领取稿费 300 元。然而，由于商务印书馆复业工作繁重，将近十个月时间过去了，王云五"所译书仅十一二万字，□每月领垫译费积欠已多。虽个人经济状况未稍胜于上半年，究不敢再加重积欠。请从明年一月起停止垫款。"②

1937 年"八一三"事变，上海战火再起，北四川路处于战区，王云五一家被迫搬入公共租界的威海卫路 688 号租住，随后再迁至香港。上海沦陷之后，北四川路的房子被日本宪兵占领，并重新进行日式装修。王云五又失去了一笔房租收入。

在回顾这段时期的经济困难时，王云五说："此时期内余之经济奇穷，亦为有生以来所仅见。……顾战前余薪津收入数十倍于

① 《王云五书信三十六通》（1932 年 2 月 8 日），影印件，载耿云志主编：《胡适遗稿及秘藏书信》第二十四册，黄山书社，第 341－344 页。□为不易辨识，暂不确定的字。下同。

② 《王云五书信三十六通》（1932 年 11 月 25 日），影印件，载耿云志主编：《胡适遗稿及秘藏书信》第二十四册，黄山书社，347－349 页。

一般职工者，战时以身作则，月入仅倍之。"①

这样的收入，显然是维持不了一家人生计的。事实上，这一时期王云五的主要收入来自撰稿、译书赚取的稿费和出版著作带来的版税。

笔者在访谈商务印书馆馆史专家汪家熔先生时，他多次提到，向作者支付版税虽然不是王云五首创，但在他做商务印书馆总经理之后，成为一项制度。王云五在馆内实行规范的会计制度和统计制度，每周一，他必审阅总部各营业处及各地分支馆店报来的统计报表，统计报表上，哪本书在哪里卖了多少，一目了然。这个习惯，他一直保持到台湾商务印书馆的时候。有了这样的基础，版税制度才成为馆方和作者都认可并能实现双赢的一项制度。"商务印书馆数十年来，一贯极其重视账目之正规性与真实性，对于著作人之版税支付，每年结付两次，一律主动清算通知，凭单随到随取，从未短少拖延；部分著作人或旅居海外，或因事羁延，多年后持单赴馆，亦立即如数付款。"②

王云五对版税制度贡献良多，他自己无疑也是一个受益者。

四角号码检字法发表之后，王云五立即着手利用商务印书馆编译所积累的资料，于1928年9月赶印出版了《四角号码国音学生字汇》和《四角号码学生字典》，并在报上大肆宣传，号称这是"采用四角号码检字改编最流行的两部字典"。③ 1930年他任商务印书馆总经理后，编辑出版《王云五大辞典》。《王云五大辞典》以中学生为读者对象。"除了是首先按照我的四角号码检字法排列，检查较向有各种字书为便捷外，编制的体裁也颇新颖，与其

---

① 《王云五全集》（19），九州出版社2013年版，第72页。
② 《王云五全集》（18），九州出版社2013年版，第559页。
③ 《申报》广告，1928年9月24日。

他词典不同。因此颇能风行一行。"① 由于这些工具书的流行，王云五的版税收入相当可观。

抗战时期，在大后方重庆，王云五到处接受邀约演讲，又连续结集出了 10 本书。王云五在短时间出版这么多书，一方面固然是为了战时"藉刊布而保存"自己的文稿或演说词，以免散失；一方面也是为了赚取稿费和版税。这就是王云五所说的："余近年对事业与一家生计咸抱自力自给之旨，于是利用退食之余，操笔墨以资补助，亦唯赖此鬻文之收益，四年艰苦未尝受一不劳而获之钱，亦未尝举一债也。"② 这些书与王云五以公众人物身份所做的演讲，形成非常好的互动关系，书由演讲而来，演讲为书造势，因而大多畅销。如《做人做事及其他》在一年多时间就印了 4 次。此后，"操笔墨以资补助"就成为王云五在生活困难时的惯用招数了。

王云五把自己的名字放入书名，除了以此表明著作权和树立个人品牌的长远考虑，当然还打着版税收入的算盘。他编这些工具书，虽然是依据自己发明的四角号码检字法，其本人及亲友也付出大量心血和劳力，但不可否认的是，他同时也动用了商务印书馆内的大量资源。从结果来看，这是双赢的格局，商务印书馆赚了出版利润，王云五赚了版税收入。不过还是一直有人对此多有诟病。

1931 年，王云五以大辞典为蓝本，以小学生为读者对象，删繁就简，编辑出版《王云五小辞典》。此后，还相继推出《王云五大辞典》（袖珍本）和《王云五小字汇》，均属大小辞典的变种，也都由商务印书馆出版。上海的主流大报《申报》曾连篇累牍地刊登广告进行宣传推广。这些工具书大都迭经增订，不断再版。以小辞典为例，"自民国三十四年三月第二次增订本初版以来，迄三十八年

① 《王云五综合词典自序》，载《王云五全集》（19），九州出版社 2013 年版，第76 页。
② 《王云五全集》（19），九州出版社 2013 年版，第 72 页。

底，四年之间，重版至四十余次，流行之广，可以想见。"① 这还仅是第二次增订本在 4 年时间的版次，如果算上未增订前的 14 年时间，再加上港台两地华国出版社和台湾商务印书馆的修订再版各印次，以及中国大陆以此为蓝本编写的《四角号码新词典》各版本、印次，总印量极为惊人，相信除了中国大陆后来出版的《新华字典》和《现代汉语词典》，再无其他同类书可以超越！

《王云五大辞典》《王云五小辞典》《王云五小字汇》等以自己名字做招牌的工具书，为王云五赢得巨大声誉和高额版税

1950 年初，王云五编辑《王云五综合词典》，由华国出版社出版。此书系由"原编之《王云五大辞典》及第二次增订本《王云五小辞典》合并统编"而成。② 此外，王云五还编辑出版过《王云五新词典》《王云五汉英大词典》等，也多次再版和重印。据王建辉研究，这些词典工具书，王云五都要按销售总码洋（指完成销售的图书册数乘以图书定价）的 10% 抽取版税；另外，王云五主

① 《王云五综合词典自序》，载《王云五全集》（19），九州出版社 2013 年版，第 76 页。
② 《王云五综合词典自序》，载《王云五全集》（19），九州出版社 2013 年版，第 78 页。

持编纂中小学教科书，他自己挂名的要抽版税，甚至有的是以他子女挂名的（如高中综合英语教科书）也要抽取版税。由于图书种类多，商务印书馆每年向王云五支付版税，累计不下二十次，版税数额是相当惊人的，当时有人估计每年有数万元之巨。[①] 王云五本人的说法是："历年所著的书籍，按期所收的版税勉可自给。"[②] 或许有些过分自谦了。

经济上的底气，使得王云五从政没有了后顾之忧。因为，"我之从政，却有两个先决条件：一是完全摆脱了工商业的任务；二是经济能够独立，不依赖俸给为生。"[③]

1947 年，已经"入阁"为官的王云五在 60 岁时写下《六十生日告家人》，在说明"今年以来我的版税收入突然大增，用以弥补每月收入之不敷，尚无不足。又以余额增购商务印书馆的股份，其价值狂涨十倍"之后，做出"析产的决定"。即决定将财产进行家庭内部的分配。他罗列了个人财产（实际也是家庭财产）的一个清单：

美元 26000 元；

商务印书馆股份 294 股；

上海及其附近的田产 50 余亩；

在商务印书馆出版的著作权书籍（版税收入）；书籍书画，计有中文线装书（中多善本和孤本）三四万册，中文铅印书不计其数，外文书六七千册，资料卡片八九万张。

上海和南京各有房子一栋。

①　参见王建辉：《文化的商务：王云五专题研究》，商务印书馆 2000 年版，第 259 – 260 页。

②　《王云五文集》伍（下），江西教育出版社 2011 年版，第 905 页。

③　《王云五文集》伍（下），江西教育出版社 2011 年版，第 905 页。

　　这份家业的价值，我们可以从以下两个细节注意到：其一，王云五拥有两万多美金，这些美金据他自己说，"可供闭门读书写作五年以上"。由于严重的通货膨胀，法币大幅贬值；王云五身居经济部长要职，弃法币而兑美金是必然的。普通民众自然没有这样的条件。其二，上海的房子"出典"，"所得的典值供我若干年生活费"。

　　这样的财务状况，王云五依然叫穷。1948 年 8 月 6 日，王云五为"政府救济特捐"捐出国币 10 亿元，还煞有介事的发表公开信："惟弟从政以前，虽曾服务文化、工商界数十年，除藏书尚富外，其他资产至为微薄。……"① 多半是在官场时间久了，学会演戏了。

　　由于金圆券于 8 月 19 日发行，王云五捐出的是法币；根据《财政经济紧急处分令》，金圆券与法币的比率为 1∶300 万，而金圆券兑美元的比率为 1∶0.25，如此折算，王云五捐出国币 10 亿元，看似巨额，实际仅相当于区区 83.3 美元而已。

　　上述王云五在《六十生日告家人》中所列的资产，除上海的房子和商务印书馆的版税留给自己外，王云五全部"析"给了他的两位夫人和八位子女。上海的房子，他准备作为身后"纪念我的图书馆"。版税则用为身后的奖学金。

　　不过，当大陆易帜，王云五避居香港，他的生活再度陷入窘迫。那段时期，他连创办华国出版社的 20 万元启动资金，都要靠蒋介石资助 5 万元加上出售字画、善本书来筹款，并向亲友募集。② 这就难怪这个时期他要拼命译书写稿，赚取稿费来养家了。

　　迁居台北初期，他租住在台北市新生南路三段 19 巷 8 号的公房。

　　王云五重返政坛之后，生活稍有改善，但仍相当艰难。他在

---

① 《提倡救济特捐，王云五认十亿》，《申报》1948 年 8 月 7 日。
② 《王云五全集》（18），九州出版社 2013 年版，第 495 页。

1958 年 3 月 3 日写的"行政改革日记"中，记有《文化发展史》译著稿约之事，65 万字译文，一年完成，译费 4 万元。并有"余自大陆退出，家产荡然，全赖自力维持生计。……考试院月入仅二千六百元，每月不敷三四千元，全赖译著补助。今后大半年生计定感困难。目前尚略可维持数月，以后只好听之命运"的感叹。① 真得感谢当时台湾社会在经济发展水平较低的情况下，仍有相对较高的稿酬标准，否则，尽管王云五贵为"考试院副院长"，一家人恐怕要喝西北风了。

晚年王云五在台湾突然变得富有，是他到台湾商务印书馆任董事长之后。为表示他入主台湾商务印书馆并非为钱而来，他在台湾商务印书馆不领薪酬。然而由于台湾商务印书馆的经营发展迅猛，红利、股息增长很快，加上版税越来越多，"使他突然'富'了起来，这也是他才能拿出两百万元作为云五图书馆建馆基金的道理"。②

这里，有必要讲一讲王云五的名利观。王云五出身上海洋行买办，有着广东人的精明和上海人的算计，长期在商界奋战，深受商业文化的浸润，有着强烈的名利思想。利的方面，前面已经说过。名的方面，从早年在商务印书馆编译所开始，到他担任商务印书馆的总经理，许多集体项目，如各种丛书和教科书，王云五都要挂名，什么主编、总编辑、总编纂、总纂述之类，不一而足。"在他掌握商务的实际活动以后，'王云五主编'五个字是商务出版物封面和内封上的'最常用字'。"③

王云五主持或自己动手编著的工具书，为了表示自己拥有著作权，当然更是为了商业上的利益和进一步的社会影响，干脆把

---

① 《王云五文集》陆（下），江西教育出版社 2011 年版，第 851 页。
② 《王云五全集》(18)，九州出版社 2013 年版，第 693 页。
③ 汪家熔：《张元济》，上海辞书出版社 2012 年版，第 309 页。

自己的名字放在书名里，《王云五大辞典》《王云五小辞典》《王云五新词典》《王云五综合词典》《王云五小字汇》《云五社会科学大辞典》等等。1967 年台湾商务印书馆重建位于台北市重庆南路一段 37 号的办公大楼，更以"云五大楼"命名，"以余二三年来使商务书馆起死回生……以表敬意并志纪念"[1]。上述他自己出资成立的奖学金和图书馆，也无一例外地以他自己的名字命名。

如果说，王云五在经营思想和管理理念上与张元济多有共通之处的话，在对待名与利上，则与张元济形成鲜明的对比。张元济对人苛刻，对己更苛刻。他在 1926 年退休之后，担任商务印书馆董事长，但薪酬方面分文不取。虽然"不在馆中办事已有多年，其实每日在寓为馆所办之事，比之在馆时，有过之无不及，而对于报酬分文不取。就其亲自校订之书，出版后送其一二部作为纪念品，亦必谦逊不受"[2]。张元济在主持编译所工作时，策划和组织编辑出版《辞源》《中国人名大辞典》《中国古今地名大辞典》《中国医学大辞典》，均属商务印书馆的标志性出版工程；在图书出版时，张元济却不署名，署名的是具体主持编辑工作的陆尔奎、藏励和、谢观。[3]

王云五晚年自诩"爱国爱名不爱钱"[4]、"爱书爱酒不爱钱"[5]。他晚年虽然变得富有，但其儿女一向独立，且各有成就，其"不爱钱"变得特别有底气。名与利向来不那么容易分得清，只不过，王云五的晚年，爱名更重于爱钱罢了。

1972 年 3 月 25 日，王云五公开登报"预立遗嘱"，综计其财

① 《王云五文集》伍（下），江西教育出版社 2008 年版，第 1039 - 1040 页。
② 《本馆创业史》，原载商务印书馆同人杂志《同舟》第二卷第十期。转引自张人凤编著：《张菊生先生年谱》，台湾商务印书馆 1995 年版，第 328 页。
③ 汪家熔：《张元济》，上海辞书出版社 2012 年版，第 309 页。
④ 《王云五全集》（20），九州出版社 2013 年版，第 451 页。
⑤ 《王云五全集》（20），九州出版社 2013 年版，第 460 页。

产如下：台北市区新生南路平房一栋；股票几十万股；少量现金及字画。[①] 财产的处置，除将"所存全部书画及精印艺术品"分赠子女留念之外，其余的，全捐给云五图书馆了。

————————————

① 徐有守：《出版家王云五》，台湾商务印书馆 2004 年版，第 160 页。

第十一章／朋友圈

什么是朋友？朋友意味着什么？每一个时代，每一个人都有不同的理解。王云五曾说："要评论一个人，应把握住他的中心；要看一个人的动向，必须观察他的朋友。"① 以下，我们不妨看看王云五的朋友圈。

王云五跨界政学商，纵横中国大陆和港台地区数十年，交际非常广，朋友圈相当大。这里仅选取6位：胡适、张元济、高梦旦、蔡元培、朱经农、孙科。作为朋友，他们与王云五在志趣上颇为投合，在生活上友爱互助，在事业上互有促进。他们都对王云五的出版事业产生了重大的影响，他们是王云五成为一代出版大家的"贵人"。

一、胡适

在王云五的朋友圈里，胡适也许算是老朋友，从青少年时代的相识相知，到中年时期的相携互帮，再到晚年的交集交往，他们的友谊可以说维系终生。

青少年时期胡适在上海曾有一段"堕落"的日子。"我在新公学解散之后，得了两三百元的欠薪，前途茫茫，毫无把握，哪敢回家去？只好寄居上海，想寻一件可以吃饭养家的事。在那个忧愁烦闷的时候，又遇着一班浪漫的朋友，我就跟着他们堕落了。"②"堕落"的胡适旧病复发，开始酗酒胡闹，跟着一帮朋友吃喝玩乐，终日胡混消磨时光。

年长三岁而阅历丰富的王云五，在这个时候适时出现，以师友身份予以劝勉和鼓励，又是推荐他到华童公学教授国文，又是帮他补习功课。1910年7月，胡适幸运地考上了官费留学，从上海登轮启程，赴美留学，开启其全新的人生。

---

① 《王云五文集》伍（下），江西教育出版社2008年版，第973页。
② 耿云志：《胡适年谱》，福建教育出版社2012年版，第19页。

之后的故事人们耳熟能详：商务印书馆想请名满天下的新文化运动代表人物胡适主持编译所的工作，以改变编译所偏于保守和沉闷的局面，而胡适并不想离开北京大学，也不想接手一项困身的事务性工作，于是推荐王云五以自代。王云五遂以无学历无学位的上海滩"无名之辈"，进入大名鼎鼎的商务印书馆编译所，不久即主持全面工作，开启其"壮游"的人生。从这一点看，说是胡适改变了王云五的一生，也不为过。

在编译所期间，除了以作者身份与编译所交往之外，胡适多次为王云五站台。其中两次为王云五发明的四角号码检字法编写歌谣，两次为王云五撰写的著作《四角号码检字法》撰序，可谓不遗余力。

王云五在编译所的改革，一定程度上来自于胡适的启发。他拟定的《改进编译所意见书》大量吸收了胡适 1921 年暑假在商务印书馆考察调研的成果。王云五曾为此致函胡适表达谢意："适之同学：……自从你到过商务后，□编译所改革的空气，就日渐酝酿。"① 应王云五的要求，胡适为编译所推荐了朱经农。朱经农成为王云五在编译所最得力的工作助手。

1922 年 12 月，胡适身体不适，王云五致函胡适，邀请他南下静养。"我想你在北大有形和无形的帮助总称不少了，难道商务不当替你效一点微力吗？我们的意见，总想你南下，或者在沪，或者在沪附近稍清静的地方暂住若干时，商务方面每月致送三百元，做你的生活费。你总以休养为重，不一定替商务做多少事；偶然高兴起来，替我们写一两本小书就得咯。"② 根据耿云志编著的

① 《王云五信三十六通》，影印件，载耿云志主编：《胡适遗稿及秘藏书信》（第二十四册），黄山书社，第 280 页。
② 《王云五信三十六通》，影印件，载耿云志主编：《胡适遗稿及秘藏书信》（第二十四册），黄山书社，第 290 – 292 页。

《胡适年谱》，这段时期，胡适帮编译所编著了多种中学国语教科书、国文用书等，还参编了王云五主持编译所工作后的首个大型辞书项目《教育大辞典》。1924年11月，当胡适表示不应继续领取商务印书馆薪酬，王云五再次致函胡适，表示："你这几年来对于商务有形的和无形的帮助，是无人不知的。现在所领的小小月费，当然不成问题。……不过你体谅朋友的困难，真是无微不至，足使我感佩不已。"①

1927年至1930年，因为政治原因，胡适滞留上海，任光华大学和东吴大学的教授。1928年4月27日，中国公学校董会推举胡适为中国公学校长，校董则有王云五、朱经农、蔡元培等民元之前中国公学的"旧人"。② 1931年2月7日，因学潮难以解决，国民政府教育部派员接管中国公学。中国公学校长易人。蔡元培、王云五、马君武、高一涵、杨杏佛等人也先后辞去校董职务。

王云五任商务印书馆总经理之后，大力推行科学管理法，却遭到馆内职工的强烈反对和社会各界的声讨。胡适致函安慰王云五并给他出主意："今日见报纸所载，你竟成了'社会之公敌'。凡改革之际，总有阻力，似可用'满天讨价，就地还钱'之法……及其信用已著，威权已立，改革自然顺利。"③ 从王云五后来的改革实践看，他确实采纳了胡适教他的办法。

1932年上海"一·二八"事变中，商务印书馆遭受巨劫，胡适积极声援，他应邀担任了东方图书馆复兴委员会的委员和大学丛书委员会的委员。"一·二八"之后，王云五的事业、生活内外交困，胡适对王云五不但在事业上积极鼓励和帮助，在生活上也

---

① 《王云五信三十六通》，影印件，载耿云志主编：《胡适遗稿及秘藏书信》（第二十四册），黄山书社，第346页。
② 《上海民国日报》1928年4月29日。
③ 耿云志、宋广波编：《胡适书信选》，外语教学与研究出版社、上海三联书店2012年版，第189页。

尽其所能为王云五抒困。

　　然而，两人在政治思想上却是渐行渐远。胡适是自由主义者，独立、自由高于一切；王云五则缺乏坚定的政治信仰，一切服从服务于现实利益。1921 年 5 月，胡适与王徵、丁文江、蒋梦麟等人在北京发起"努力会"，时在上海的王云五是最早一批会员之一，其他入会会员还有蔡元培、任鸿隽、陈衡哲、朱经农等。1922 年，胡适要办《努力周报》倡言时政，已经做了商务印书馆编译所所长的王云五，力劝胡适不要办报，"免为梁任公之续"，要他把主要精力放在教学研究与著书立说上。向来主张"宁鸣而死，不默而生"的胡适当然是不会听从劝阻的。①

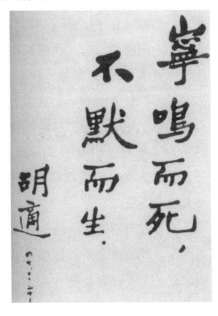

　　1922 年 5 月，《努力周报》正式创刊，第 2 号刊发《我们的政治主张》共有 16 人签名，多为"努力会"成员，王云五并不在列。②

　　20 多年之后，当蒋介石表演"还政于民"的政治秀，以国府委员兼内阁大臣为诱饵，先后向胡适和王云五发出邀约。面对官场的诱惑，两人的表现大相径庭：胡适再三推却，王云五却趋之若鹜；胡适滞留美国，不为老蒋的多次暗示所动；王云五却是招之即

胡适手迹：宁鸣而死，不默而生

①　耿云志：《胡适年谱》，福建教育出版社 2012 年版，第 87 页。
②　耿云志：《胡适年谱》，福建教育出版社 2012 年版，第 91 页。

来，唯恐人后。在台湾，蒋介石大搞独裁，"国民大会"永不落幕，自己屡次"违宪"连任"总统"，王云五竟从法理上为其找"依据"背书。

1949年11月，胡适创办《自由中国》半月刊，次年，王云五在香港创办《自由人》三日刊。《自由中国》终成台湾自由民主运动的旗帜，以批评国民党独裁专制为主旨，不断遭到蒋介石国民党政权打压，直至其发行人雷震在1960年被判入狱。《自由人》三日刊则随着王云五重返政坛，很快停办。早期，王云五也曾在《自由中国》发表多篇政论文章，但当国民党将该杂志划为监控对象之后，王云五立即与其划清界限了。王云五与《自由中国》半月刊的关系，几乎就是当年其与《努力周报》关系的翻版，始乱终弃。不同的是，这一次的始乱终弃，使得王云五与雷震这两位政坛"文人"，最终翻脸，在耄耋之年还打了一场笔墨官司。

王云五与雷震的笔墨官司发生在胡适去世多年之后。根据雷震的观察，胡适之死，与他对台湾国民党当局在"雷案"中暴露出来的残暴与黑暗有关。因此，即使胡适在世，甚或居中调解，王云五与雷震的笔墨官司也不可避免；他们所要争论的东西，与个人私谊无关。

王云五与胡适，这两个在政治理念与现实政治中南辕北辙的老朋友，其私谊之所以能够维系终生，在胡适这边，与他的传统观念有关，王云五是他的老师，何况早年还是患难之交呢？在王云五这边，则与他很少将"主义"带进私域有关；对于他认定的朋友，他较少以意识形态进行划线。对于作为"朋友"的政治主张，两个人都颇为宽厚，并不苛求对方。1957年，已在政治上渐行渐远的王云五和胡适代表台湾当局参加纽约的联合国大会，两个老朋友有过短暂的交集和颇为亲密的时光。期间，适逢胡适67岁生日，胡适夫妇在家与王云五小聚，戒了酒的胡适竟开了一瓶威士忌，与王云五一起畅饮。

20世纪50年代王云五与胡适、张大千在台北

1958年底，拗不过台湾知识界的邀劝，胡适返台出任"中央研究院院长"。虽然与台湾有了更多的接触，但胡适与王云五几乎没有什么来往。1959年6月4日，因启明书局沈志明夫妇翻印斯诺《长征二万五千里》一书被台湾当局拘禁一事，胡适致信时任"副总统"兼"行政院院长"陈诚、"副院长"王云五，信中说："我也是追随两公制定'宪法'第八条的一个人。所以我把这件事在百忙之中，写成简单报告，提供两公注意。"① 1947年12月25日施行的《中华民国宪法》第八条规定："人民身体之自由应予保障。……非经司法或警察机关依法定程序，不得逮捕拘禁。非由法院依法定程序，不得审问处罚。非依法定程序之逮捕、拘禁、审问、处罚，得拒绝之。"胡适信中提请陈诚、王云五注意"宪法"第八条，意在敦促台湾当局释放沈志明夫妇。结果，当然是

① 耿云志、宋广波编：《胡适书信选》，外语教学与研究出版社、上海三联书店2012年版，第446－447页。

胡适的"书生之见"并没有改变任何东西。

在政治信仰和政治主张上，胡适、雷震是一路人，他们不屈服不认同，更不会同流合污；王云五则不是同路人，他选择与狼共舞，并陶醉其中。王云五说他和胡适是"同学同工亦同志"①。他们在政治上志不同而道不合，何来"同志"之说？

在台湾，胡适无法避开无孔不入的政治，这为他增添了许多烦恼，加重了他那本来就脆弱的心脏的负担。1962 年 2 月 24 日，胡适突发心脏病，在台北去世。

胡适去世之后，王云五写了挽联："虚怀接物，剖析今古问题，发扬儒家恕道；实证穷源，爬梳中西哲理，的是科学精神。"这是他心目中的胡适：学识渊博，为人厚道。自由主义的斗士？就算是吧，但与王云五无关。

1963 年 12 月 17 日，王云五在台北胡适铜像揭幕典礼上讲话

二、张元济

王云五坚决反共，但并不以意识形态划分朋友圈。对于 1949 年以后的张元济，他从来都认为张元济是受了陈叔通的"蛊惑"，而全然不顾商务印书馆自 20 世纪 20 年代起就有一支进步力量，以及张元济内心的政治追求和政治选择这样的事实。

①《寿胡适之七十》，载《王云五全集》(20)，九州出版社 2013 年版，第 460 页。

　　1963 年，王云五听说张元济去世（实际上是 1959 年，因两岸信息阻隔，王云五一直不知道），立即写了纪念文章《张菊老与商务印书馆》，追忆两人之间的交往，这在当时的台湾虽然算不上政治不正确，但也说明张元济在王云五心中的地位，并没有因为两岸意识形态的对立和两人政治立场上的分道扬镳而改变。

　　1979 年 7 月 25 日，也就是王云五去世前的十多天，他还为张元济著《涉园序跋集录》撰写了跋——这是一生著述不辍的王云五写的最后一篇文章。里面写道："余于民国十年以后加入本馆，为第三任编译所所长，渐与菊老为忘年交，无话不谈。"①

　　作为商务印书馆的灵魂，张元济很早就认识到要更多地引入"新人"——具有西学知识和创新观念的人才；在五四新文化运动中，他深感必须改变商务印书馆保守落后的现状。张元济想要的是胡适这样在欧美留学，回国后引领学界潮流的新派人物，而王云五显然算不上"新人"。所以，当胡适推荐王云五以自代时，张元济、高梦旦等人大感诧异。"他们自命为随时留意人才，竟不曾听见过这个名字！"②

　　不过，胡适在介绍王云五时说的三个优点——道德高尚、读书广博、办事能力强，还是说动了张元济。张元济同意引进王云五到商务印书馆编译所，先试用；三个月后，又建议先做副所长，协助高梦旦。可是由于高梦旦认准了王云五是个人才，相信他必能通过全面改革，打破编译所多年以来的沉闷局面。王云五才直接接了高梦旦的所长职位。

　　1926 年，张元济年满 60 岁，董事会在批准他退休的同时，推举他为商务印书馆的董事会主席（董事长）。在此之前，担任董事会主席的前清遗老郑孝胥（1860—1938）已离开上海，北上天津辅助溥仪。

---

① 王寿南编：《王云五先生年谱初稿》（四），台湾商务印书馆 1987 年版，第 1853 页。
② 胡适：《胡适的日记》（上册），1921 年 9 月 6 日，中华书局 1985 年版。

张元济继任董事会主席之后，鉴于鲍咸昌年事已高，精力不济，开始考虑总经理的继任人选。同时，他对商务印书馆的管理现状和频繁工潮也颇为不满。他希望继任的商务印书馆总经理至少在这两个问题上，必须有所作为。

王云五就任商务印书馆总经理之后，立即出国考察，考察的重点又是企业管理和防范工潮，与张元济盼望的商务印书馆所要改革的两个方向暗合，应该不是偶然。

从 1921 年秋王云五到商务印书馆编译所试用，到 1930 年初聘请王云五任商务印书馆总经理，张元济与王云五从相识到相知，从理解到信任。王云五说，1932 年"一·二八"之后，"菊老知我益深，不仅在公务上无事不尊重余意，力为支持；即私交上亦无话不说，取代了梦旦先生对余之关系地位。"[1] 应该是可信的。

王云五主政商务印书馆时期（1930—1946 年），大力推行科学管理法，实际上是对张元济设计的商务印书馆改革路线的贯彻实施；在出书方针上，他依然贯彻了张元济所制定的以教科书推动教育革新，以学术图书促进文化进步的思想。可以说，在大的方向上，他是完全按照张元济制定的商务印书馆发展战略来走的，这应该是张元济在公司事务上处处尊重和支持王云五的基础，也与张元济与高凤池几乎事事对立、处处制肘，形成了鲜明对比。

1932 年"一·二八"事变，商务印书馆遭受巨大损失。王云五在危难之际，以其大无畏精神和周密安排，挽狂澜于既倒，使商务印书馆于短期内复业。在复兴商务印书馆的过程中，张元济为首的董事会全力支持王云五的工作。张元济不但重返一线，担任商务印书馆善后委员会和东方图书馆复兴委员会主任；在最艰难的日子，他还每日到馆，"竭其垂敝之精力，稍为云五、拔可诸

① 《王云五文集》伍（下），江西教育出版社 2011 年版，第 669–670 页。

子分尺寸之劳"。①

"一·二八"之后复兴商务印书馆的两年苦斗，王云五写有专文回顾，他将张元济在其中发挥的作用称之为"一种伟大的指导力"：

> 这指导力所代表的人格，时时给我以高尚的观感；这指导力所表现的远见，时时给我以可贵的箴规。但是我要声明的，就是我在这次苦斗中的举措，如有可以值得称美的，固然要归功于这个指导力，但如有确系乖谬的，却应当完全由我个人负责。现在我要明白发表了，这个伟大的指导力，不是别的，乃是商务书馆的保姆张菊生先生。②

1933 年 2 月 24 日商务印书馆召开第 406 次董事会，王云五报告上年公司获得盈余 82 万元，主持会议的张元济特别提到："去年公司遭此大难，尚能有此成绩，皆属办事人之努力，极当佩慰。特代表股东向办事人致谢!"③ 在当年 4 月 5 日召开的第 408 次董事会上，张元济又临时提议："上年公司办理善后，为期六月，办事人辛苦异常，津贴仅占薪水六折至三折。炮声之中炎暑之下，无一日休息……公司另拨三万元，以一万元酬劳善后办事处常务委员王（云五）、李（拔可）、夏（小芳）、鲍（庆林）四君，二万元酬办事处同人。"④

张元济对"办事"同人慷慨大方，对自己则颇为苛刻。自退休之后，他对于馆中报酬，从来分文不取，而他对于商务印书馆

---

① 张人凤编著：《张菊生先生年谱》，台湾商务印书馆 1995 年版，第 306 页。
② 王云五：《两年中的苦斗》，载《东方杂志》第三十一卷第一号（1934 年 1 月出版）。王云五晚年撰写回忆录《岫庐八十自述》时，全文收录了这篇文章，却有意将这段文字删除了。
③ 张人凤编著：《张菊生先生年谱》，台湾商务印书馆 1995 年版，第 312 页。
④ 张人凤编著：《张菊生先生年谱》，台湾商务印书馆 1995 年版，第 313 页。

的工作，则从来视作义务。"遇公司有重要问题时，立即挺身而出，尽力帮助。平时疾恶如仇，数十年来不知不觉养成一种风气，稍知自爱者，无不翕然成风。"①

1935 年 6 月 18 日，王云五、李拔可、夏鹏联署致函张元济，请求"从本年起奉薄酬肆千元，每半年致送一次"，随信附有上半年薪酬两千元的支票。张元济予以婉拒，并说："弟终当常为公司办事，但终不能受公司一钱。以此报诸君，并以此报身殉公司之故人，亦即以此报始终信我之股东也。"②

1935 年 5 月，商务印书馆同人在上海福开森路李拔可住宅花园合影。

前排右起：何炳松，王云五，张元济，李拔可

张元济的人格魅力不但深深地贯注于商务印书馆，也在一定程度弥补了王云五在商务印书馆经营管理上的刚劲作风和较为注重个人利益的个性。可以说，如果没有张元济对王云五的极大支

---

① 《本馆创业史》，原载商务印书馆同人杂志《同舟》第二卷第十期。转引自张人凤编著：《张菊生先生年谱》，台湾商务印书馆 1995 年版，第 328 页。
② 张人凤编著：《张菊生先生年谱》，台湾商务印书馆 1995 年版，第 337 页。

持，复兴商务印书馆是不可能成功的。
这使得张元济与王云五成为患难与共
的"忘年交"。我们看这一段时间的
张元济日记和年谱，两人过从交往甚
密，互访（到家）次数较多，经常在
一起议事，或一同出门访客、看戏等。

张元济 70 岁生日照

1936 年 6 月，为了给一向"避
寿"的张元济祝寿，王云五别出心裁
地策划了《张菊生先生七十生日纪念
论文集》作为"寿礼"，并亲自起草
了征集论文公告，与胡适、蔡元培联
署发布。公告之中，王云五满含敬重之情描述了他眼中的张元济：
"张先生是富于新思想的旧学家，也是能实践新道德的老绅士，他
兼有学者和事业家的特长。"[1] 这是我所见到对张元济的出版家、
学者身份以及其高尚人格魅力的最为传神的描述。当年印出的由
王云五策划和主编的商务印书馆重大出版项目《中国文化史丛书》
的各书封里，都加印了王云五专门写下的话："张菊生先生致力于
文化事业三十余年，其躬自校勘之古籍，蜚声士林，流播之广，
对于我国文化之阐扬，厥功尤伟。'中国文化史丛书'之编印，实
受张先生之影响与指导。第一集发行之始，适当张先生七十生日，
谨以此献于张先生，用志纪念。"[2]

1937 年 11 月上海沦陷之后，王云五先后辗转香港、重庆，主
持商务印书馆的经营业务；张元济领导的董事会及李拔可、夏小
芳、鲍庆林等高管则一直在上海坚守。作为经营管理层面的职能

---

[1] 《征集张菊生先生七十生日纪念论文启》，载《张菊生先生七十生日纪念论文集》，
商务印书馆 2012 年重印本。
[2] 张人凤编著：《张菊生先生年谱》，台湾商务印书馆 1995 年版，第 352 页。

部门"总管理处"名存实亡，取而代之的是王云五根据需要临时成立的各种"办事处"和"业务组"。这是战争时期为求商务印书馆业务发展不停顿而被迫作出的一种特殊安排。从中可以看出张元济和王云五为商务印书馆的发展殚精竭虑的务实精神。由于王云五一直滞留香港、重庆，从未回到上海，而张元济在 1940 年 5 月曾以 74 岁高龄和董事长之尊，只身往港，与王云五晤谈，有人据此推测王云五与张元济之间存在不和。①

王云五去世之后，其子王学哲清理遗物，发现王云五一直珍藏着张元济的来信。② 2009 年，台湾商务印书馆出版王学哲编的《艰苦奋斗的岁月（1936—1948）：张元济致王云五的信札》，共收入抗战期间张元济写给王云五的 132 封信。这批信件的刊布，让我们可以一窥两人在抗战时期的种种交往细节。很可惜，王云五致张元济的信，我们至今也没有见到，只能通过张元济在回信中的引述来了解一些事情的来龙去脉。

从这批信件可以看出，至少在全面抗战期间，张元济与王云五不但不存在任何芥蒂，反而在艰难困苦中更显情深意切。

首先，虽然张元济与王云五分居沪港、沪渝，但两地人员互动和书信往返极为频繁。张元济致王云五的信函，1938 年为 30 封，1939 年为 32 封，1940 年为 24 封，有些月份多至五六封，几乎是前函未到，后函又发。据此推测，王云五致张元济的信，数量应该也相当可观。如 1938 年 3 月 31 日张元济致函王云五说："岫庐先生阁下：本月十四、十五、十七、廿二、廿五叠上五函计均已达览。"③ 两人往返书信的内容多为讨论商务印书馆的业务，

① 参见汪家熔：《商务印书馆史及其他——汪家熔出版史研究文集》，中国书籍出版社 1998 年版，第 137 - 138 页。
② 这批书信的数量，根据王云五自述，"不下十余万言"。参见《王云五文集》伍（下），江西教育出版社 2008 年版，第 980 页。
③ 王学哲编：《艰苦奋斗的岁月（1936—1948）：张元济致王云五信札》，台湾商务印书馆有限公司 2009 年版，第 49 页。

涉及公司的大政方针、人事安排、财务支出等等。太平洋战争之
前，沪港两地交通畅顺，李伯嘉、史久芸等商务印书馆骨干都曾
衔命访港；王云五虽然不曾返沪，没有参加在上海召开的董事会，
但需由总经理报告的事项，他都事先书面拟好，由李伯嘉代为宣
读。因此，商务印书馆的经营管理指挥系统并未因为董事长与总
经理不在一起办公，而受到影响。

　　其次，张元济对王云五在艰难困苦中复兴商务印书馆的工作
成果和拼搏精神极为赞赏，对王云五由于在经营管理上的一些措
施而得罪人表示充分理解，对王云五推行的各项政策措施全力支
持。1937 年 11 月 25 日，张元济致函王云五，充分肯定他到香港
后的工作。"港厂工作力量，自兄整理后，每日可由十万，增至二
十万册，不胜钦佩。"① 1938 年 5 月 12 日，面对内部争论颇大的提
薪要求，张元济致信表示："我兄思想精密，或弃或取，必能一言
而决也。"② 1938 年 11 月 29 日，张元济在信函中称赞王云五："处
此之时，犹能拼力治事，籍以志忧，此等精神，实不可及，令人
钦佩无极。"③ 1939 年 8 月 15 日，张元济在读完王云五托史久芸从
香港带回上海的 30 页纸公司经营计划后，立即回函称："我兄于
全局之事，无不思深虑远，措置周详，即沪处编译、印刷、发行
诸事，极至细微之处，无不全神贯注，指示周密，至深钦佩。"④
为了支持王云五的工作，张元济从上海派了蔡公椿、史久芸到香
港协助王云五，又以李伯嘉、史久芸充当联络员，往来沪港，沟

① 王学哲编：《艰苦奋斗的岁月（1936—1948）：张元济致王云五信札》，台湾商务印
　书馆有限公司 2009 年版，第 33 页。
② 王学哲编：《艰苦奋斗的岁月（1936—1948）：张元济致王云五信札》，台湾商务印
　书馆有限公司 2009 年版，第 52 页。
③ 王学哲编：《艰苦奋斗的岁月（1936—1948）：张元济致王云五信札》，台湾商务印
　书馆有限公司 2009 年版，第 61 页。
④ 王学哲编：《艰苦奋斗的岁月（1936—1948）：张元济致王云五信札》，台湾商务印
　书馆有限公司 2009 年版，第 72 页。

通联系。当沪港两地人员因为王云五减薪裁人而对他进行攻击时，张元济在董事会上和公司内外均力挺王云五，并力主对造谣诋毁之人"以法律起诉"。

再次，虽然分处两地，但张元济与王云五在商务印书馆的发展上，思想一致，配合默契。这段时期商务印书馆的重大计划和政策措施都是先经过两个人书信往返，充分沟通之后，由王云五写成书面意见或起草相关文件，再经董事会讨论通过和发布。有些私人之间的沟通，为开诚布公起见，张元济会将王云五的信函在董事会上宣读或在个别董事、高管中传阅。

比如关于公司 1939 年的股息分红，多位董事要求分到五厘；张元济则"以为公司财政窘迫至此，断难迁就"，主张减为三厘；王云五也主张三厘，但考虑到各方利益平衡，认为可以迁就。最后董事会还是按张元济的提议通过，股息定为三厘。① 又比如对同人怠工的处理。1939 年前后，沪港两地的商务印书馆职工为争取利益，多次发生怠工，现场甚至出现争斗闹事场面，王云五处于舆论纷争的漩涡。张元济与王云五一样，"力主从严"，同时因为上海情况更为复杂，王云五又不在现场，使得怠工情况有一段时间几乎失控。为此，张元济深为自责，在致王云五的信中表示："弟于此事无法贯彻其主张，愧对吾兄，负疚无极"。②

张元济与王云五不但在工作上互通信息，互为协力，共同领导商务印书馆在抗战时期渡过难关，而且在生活上嘘寒问暖，互相照应。张元济的信件除了大部分谈工作之外，也有一些涉及私事。张元济对王云五家人常有问候，也经常托王云五在港办些私

① 王学哲编：《艰苦奋斗的岁月（1936—1948）：张元济致王云五信札》，台湾商务印书馆有限公司 2009 年版，第 104 页。
② 王学哲编：《艰苦奋斗的岁月（1936—1948）：张元济致王云五信札》，台湾商务印书馆有限公司 2009 年版，第 77 页。

人的事。国民党军撤出上海之后，日军进驻，上海物价飞涨，张元济生活日益困难。1938 年 3 月 2 日，王云五写信表示，以后每月接济张元济 200 元生活费，张元济考虑公司经营困难，因而婉拒不受，但"愈感良朋之相知深也。"① 1939 年底，为了应付生活，张元济卖掉房子，搬入"孤岛"租界，租房生活。抗战后期，张元济在上海以卖字贴补生计，王云五在重庆为他吆喝，"邀集友人，代订润例"，以增加张元济卖字的收入。② 1942 年 11 月 18 日，张元济与李拔可

张元济手迹

联名致函王云五，要王云五自当年元月起，每月给自己加支"战时津贴一千元"，用以缓解其一家人在重庆的生活困难。③ 抗战胜利之后，王云五一度想变卖上海北四川路的房子，托张元济在上海代为"探询市价"。④

总之，在全面抗战的 14 年间，王云五与张元济两人之间关系极为融洽。王云五说："在此时期，我的一切措施，他无不赞助，一方面由于他爱护商务印书馆，他方面也因为我们之间已经建立

① 王学哲编：《艰苦奋斗的岁月（1936—1948）：张元济致王云五信札》，台湾商务印书馆有限公司 2009 年版，第 44 页。
② 王学哲编：《艰苦奋斗的岁月（1936—1948）：张元济致王云五信札》，台湾商务印书馆有限公司 2009 年版，第 121 页。
③ 王学哲编：《艰苦奋斗的岁月（1936—1948）：张元济致王云五信札》，台湾商务印书馆有限公司 2009 年版，第 118 页。
④ 王学哲编：《艰苦奋斗的岁月（1936—1948）：张元济致王云五信札》，台湾商务印书馆有限公司 2009 年版，第 211–212 页。

了深厚的友谊"。① 应该说，商务印书馆在抗战期间能够历尽各种劫难而不倒，两人之间的这种患难情谊和工作上的密切配合，发挥了重要作用。

抗日战争胜利后，张元济本人和董事会对王云五返沪主持商务印书馆的工作寄予厚望，再三去函，希望王云五尽快返沪。王云五提出"暂留陪都，俾与政府联络"，暗示自己将要从政。为了挽留王云五，张元济表示，商务印书馆将由王云五全权负责，"我兄应付非常，不能不有专职专权，此为当然之事"；同时还在董事会上力陈"应以复兴公司全盘责任相加，并以全权委托施行"。②

王云五离开商务印书馆之后，保留了董事职位。他经常在宁沪之间往返，两人之间也常有见面并保持通信联系。商务印书馆仍是两人联系的重要纽带。

1948 年 12 月 19 日，商务印书馆召开股东会，选出新一届的董事会，王云五不再担任董事职务。此时的王云五，币制改革彻底失败，财政部部长职务也已辞去，身上还背着共产党"战犯"的罪名，他的心情坏到了极点。他与张元济的友情遂永成记忆，只有各自留在心底了。

三、高梦旦

1936 年 7 月 23 日，正当王云五为筹备《张元济先生七十生日纪念论文集》紧张忙碌之时，高梦旦去世，享年 67 岁。

就在不到两个月前的 5 月 29 日，他还与李拔可经理陪同张元济从上海登船，沿长江逆流而上，作"四川之游"，目的是为战云密布下的商务印书馆寻求避难之道。

---

① 《王云五文集》伍（下），江西教育出版社 2008 年版，第 977 页。
② 王学哲编：《艰苦奋斗的岁月（1936—1948）：张元济致王云五信札》，台湾商务印书馆有限公司 2009 年版，第 119 页。

　　高梦旦猝然离世，令王云五悲痛万分，甚至一度萌生了离开商务印书馆的想法。他写下近万字的纪念长文《我所认识的高梦旦》，刊发于当年 9 月 16 日的《东方杂志》。其挚爱感恩之情，表露无遗。他说："假使近年我能够在任何方面有些贡献，高先生至少应居过半之功。高先生待我不仅是最知己的朋友，简直要超过同怀的兄弟。"① 在 7 月 28 日召开的第 431 次董事会上，王云五特别提议在公司"乙种特别公积"项下拨款成立高梦旦纪念基金，"以所得年息一千元为标准"；纪念基金经董事会批准成立，"以其年息为支付奖励之用（奖励研究学术为范围）"。②

　　高梦旦去世后，他的朋友纷纷撰文纪念，外人这才得知这个籍籍无名的人物，原来是一个出身名门、才高八斗，却低调不争、助人为乐的大好人。胡适在高梦旦去世四个多月之后撰写的《高梦旦先生小传》一文，因为不断被收入各种文集、甚至中学教材，

参加高梦旦丧礼后，蔡元培夫妇（中）、张元济（前右）、王云五（左）等合影

① 《我所认识的高梦旦先生》，载《王云五文集》伍（上），江西教育出版社 2008 年版，第 624 页。
② 张人凤编著：《张菊生先生年谱》，台湾商务印书馆 1995 年版，第 348 页。

更使得高梦旦的事迹名扬天下。胡适在文中将高梦旦称为"是一个处处能体谅人，能了解人，能热烈地爱人的、新时代的圣人"。[①]

最能体会高梦旦人格魅力的应该是长期与其共事，先后主政商务印书馆的张元济与王云五。

高梦旦，名凤谦，字梦旦，福建长乐人。家族为当地豪富名门，两位兄长高凤岐、高而谦均学有所长，凤谦之名由来于此。高梦旦以笔名"崇有"发表文章，表示自己崇尚务实痛恨清谈。他看淡名利，出门见客，名片仅印"高梦旦"三个字。

1903 年，高梦旦被张元济引入商务印书馆，任国文部的首任部长，主持教科书的编撰。此后，高梦旦成为张元济在商务印书馆最为得力的助手。其编撰的国文教科书迅速占领市场。这些教科书观念新潮、内容新颖、语言优美，即使今天看来都令人叹服！百年过后的"民国课本热"，仍使我们对中国现代教科书的先驱者肃然起敬。[②] 高梦旦还是商务印书馆大型辞书编纂的先行者，他历时 8 年时间组织编纂的《辞源》于 1915 年出版之后广受欢迎，不断修订再版，至今常销不衰。民国之后，高梦旦实际已在主持编译所的工作，1918 年正式接任所长职务。但他深感编译所经过多年快速发展，沉疴渐积，在风起云涌的新文化运动中，已难以再领风潮，因此开始物色更为年轻和富有改革精神的新式人才，代替自己的所长职务。

为争取胡适从北京大学南下上海任职，在一年多的时间里，高梦旦多次赴京与胡适恳谈，当胡适终于表示"我的性情和训练都不配做这件事"之后，又要胡适推荐合适的"替人"。胡适推荐的王云五虽然是其老师，但名气资望根本不能与胡适相比，商务

---

① 《胡适自述》，华东师范大学出版社 2013 年版，第 168 页。
② 参见朱琳、吴永贵：《新千年以来我国民国教科书研究述评》，载《2015 中国教育出版蓝皮书》，高等教育出版社 2015 年版。

印书馆高层甚至根本就不知道王云五是何许人也。但高梦旦坚信胡适的判断，毅然引进王云五。在试用的三个月之中，他像对待胡适一样，每天向王云五介绍编译所的各种情况，并讨论改进方法。当张元济建议王云五先任副所长，协助高梦旦工作，等过渡半年再看情况决定时，高梦旦不改初衷，坚持要王云五直接接任所长，自己退居出版部部长，全力协助王云五工作。高梦旦"让贤"一事，让胡适大为感叹：

> 王云五先生是我的老师，又是我的朋友，我推荐他自代，这并不奇怪。最难能的是高梦旦先生和馆中几位老辈，他们看中了一个少年书生，就要把他们毕生经营的事业付托给他；后来又听信这个少年人的几句话，就把这件重要的事业付托给了一个他们平素不相识的人。这是老成人为一件大事业求付托人的苦心，这是大政治家谋国的风度。①

高梦旦爱才如命，为了留住陆费逵，他从中撮合，将其长兄高凤岐之幼女高君珈嫁给了陆费逵，但陆费逵还是离开了商务印书馆，创办中华书局。为此，有人讥讽高梦旦"赔了夫人又折兵"，但他毫不在乎。与他同为福建长乐同乡的郑振铎到商务印书馆工作之后，高梦旦十分欣赏他的才干，再次"和亲"，这次是将自己的幼女高君箴嫁给了郑振铎。如此看来，只要是为了商务印书馆的利益，只要是为了引进人才，高梦旦"让贤"，实在是顺理成章的事；而对王云五，这件事却成了改变其一生命运的起点。

在编译所，高梦旦是王云五各项改革最重要的支持者，就像他过去支持张元济一样。王云五在编辑辞书和管理图书馆过程中，

---

① 《胡适自述》，华东师范大学出版社2013年版，第168页。

对汉字检字法产生兴趣，高梦旦将自己过去多年积累的研究资料和研究心得向王云五和盘托出，毫无保留。在王云五初期研究成果发表之后，又想办法帮助他研究出"附角"，使四角号码检字法更臻完善。王云五撰著《四角号码检字法》，高梦旦欣然撰序，在叙述检字法的演进历史时说："近者：林语堂、何公敢、王岫庐三君，均有检字法之新发明。林君条例最简单；何君对于字之点画研究最彻底；王君但取四角，检查最迅速，节省时间尤多。"① 对自己研究检字法的成果和如何帮助王云五，却绝口不提。

因为四角号码检字法广泛应用，王云五暴得大名。有人因此为高梦旦鸣不平。对此，我倒觉得没有必要过度解读。事情的经过很明白，高梦旦的谦虚固然是美德，王云五从一开始就说自己是四角号码检字法的"发明者"，但也从未忽视，更不否认高梦旦的贡献。对此，他在《四角号码检字法》一书的自序中有谈及，更是在书首专门写了一段致敬高梦旦的话："高梦旦君为本检字法附角之发明者。且对于本检字法种种问题，为云五解决不少。本检字法能有现在之成绩，多赖高先生之力，谨此志谢！"② 由此可见，当事人在这件事上完全是开诚布公的，不存在任何芥蒂。两个人的表现，非常真实地反映了各自不同的性格，如此而已。就在王云五发明四角号码检字法不久，1927 年 12 月，王云五在沪上被人绑架，身陷匪窟数周，期间高梦旦为营救王云五"独负全责"。③ 再一次使王云五深受感动。

高梦旦于 1927 年正式退休，改任商务印书馆董事。与张元济一样，高梦旦在商务印书馆属于退而不休。王云五担任商务印书馆的总经理，是张元济与高梦旦极力促成的结果；王云五在商务印书

① 《四角号码检字法》高序，《王云五文集》壹，江西教育出版社 2015 年版，第 16 页。
② 《四角号码检字法》书首，《王云五文集》壹，江西教育出版社 2015 年版。
③ 《王云五文集》伍（上），江西教育出版社 2008 年版，第 623 页。

馆推行科学管理法，张元济和高梦旦则是这项改革的最大支持者。1932 年"一·二八"事变之后，张元济与高梦旦不顾年事已高，每日到馆商讨事情，与王云五等馆中同事一起"苦斗"。王云五这样形容他入馆 15 年期间（1921—1936）作为同事和朋友的高梦旦："对公事上我和他商讨最多，对私交上我也和他过从最密。"①

　　商务印书馆有两件事是主政者最为头疼的：一是人事复杂，高层不和；二是劳资纠纷，工潮不断。商务印书馆职工沾亲带故的多，各种派系林立。张元济与高凤池处处不合，事事相左，在商务印书馆内众所周知。对此，张元济并不讳言："余自民国五年与翰翁共事，意见即不相同，遇事迁就，竭力忍耐。"② 商务印书馆的工潮频繁，不但与其"政治中立"的发展策略相左，而且直接耗费了馆方大量的人力物力财力，使其各项改革举步维艰。编译所虽然不是工潮集中的地方，但却是许多工潮的策源地。

　　在这么复杂的局面下，商务印书馆的主政者还是牢牢掌舵着这艘大船的航向，在各方面取得巨大成就。究其原因，首先当然是商务印书馆高层为了公司可以牺牲自我、进行各种妥协的精神。其次，高梦旦在复杂的人事间从中调和、在各种利益群体间妥善进行沟通，也起了极大的作用。当事人在各种回忆商务印书馆的文章中屡有述及。商务印书馆职工亲切地称高梦旦为"参谋长""润滑济"。③ 担当这样的角色是需要极大的人格魅力才能胜任的。很难想象，如果不是高梦旦常年居中协调，张元济、高凤池、鲍咸昌、王云五这些商务印书馆的"大佬们"是否还能合作共事？至少，自认"个性过强，落落寡合"的王云五，与高梦旦圆通周

---

①　《我所认识的高梦旦先生》，载《王云五文集》伍（上），江西教育出版社 2008 年版，第 616 页。

②　《张元济日记》下册，河北教育出版社 2001 年版，第 968 页。

③　参见汪家熔：《商务印书馆史及其他——汪家熔出版史研究文集》，中国书籍出版社 1998 年版，第 17 页，第 192 页。

全、处处能带给人欢乐的性格，在客观上形成了强烈互补。王云五说："自从获交于现代圣人之一的高先生，有形无形都受了他的很大影响。"①"高先生对家庭、对朋友、对事业、对学术，从现代的意义评量起来，任一方面都算得是理想的人物。"② 这样的"现代圣人"，谁不愿意和他成为朋友？王云五有幸遇上了，并成为他的朋友，这是他的福份！

蔡元培在高梦旦追悼会上说，梦旦让贤，荐云五以自代，"自是以来，历经工潮及'一·二八'巨变，而商务屹然无恙，云五之功，间接的亦梦旦之功也"③。诚哉斯言！

由于高梦旦不蓄私财，他去世后，"高家境遇远非昔比，有收入者仅君珊仲□二人"。王云五曾写信给胡适，请求为高梦旦之长子谨轩找工作。④

四、蔡元培

蔡元培年长王云五整整 20 岁。王云五说："蔡先生初时是我的长官，后来是与我往来最密的朋友，最后简直有如兄弟的关系。"⑤ 这话，有借蔡元培的名望抬举自己的成分，但蔡元培作为王云五朋友圈里的一员，则无疑问。

在王云五初入政府公门的民元之初，蔡元培已因在辛亥革命中的贡献和学贯中西的造诣，出任民国政府首任教育总长。初出

---

① 《我所认识的高梦旦先生》，载《王云五文集》伍（上），江西教育出版社 2008 年版，第 624 页。
② 《我所认识的高梦旦先生》，载《王云五文集》伍（上），江西教育出版社 2008 年版，第 623 页。
③ 高平叔编著：《蔡元培年谱长编》（第四册），人民教育出版社 1999 年版，第 323 页。
④ 《王云五书信三十六通》影印件，载耿云志主编：《胡适遗稿及秘藏书信》（第二十四册），黄山书社，第 363－364 页。
⑤ 《王云五全集》（19），九州出版社 2013 年版，第 341 页。

茅庐的王云五出于对新生民国教育的期望提笔给蔡元培写信，阐述教育主张，提出改革建议。他根本未料到会很快收到蔡元培的亲笔回信，信中不但肯定其教育见解，并且邀请他到百废待兴的教育部任职。从蔡元培当年 2 月 8 日发表的《对于新教育之意见》可以看出，文中的部分见解与王云五信中的建议不谋而合。

显然，素未谋面的蔡元培将王云五视为人才了，这也符合蔡元培"不拘一格降人才"的爱才作风。这样，已在南京临时政府担任总统府秘书的王云五，征得孙中山的同意，便"半日留府服务，半日前往教部相助"①。

王云五认识蔡元培之后，据他自己说，"至少有十年以上和蔡先生接触频繁，而且有约莫半年，和他住在一起，朝夕相见，饮食与共"②。这里所说"十年以上"是指他在商务印书馆编译所和担任商务印书馆总经理期间；"约莫半年"是指全面抗战爆发后蔡元培避居香港的日子。

蔡元培或许是民国时期知识界与商务印书馆关系最为密切的人，这从他与张元济、王云五的密切交往，以及他全部著作均无一例外由商务印书馆出版可以清楚地看出来。在张元济初入商务印书馆时，两人曾共同创办商务印书馆的第一份杂志《外交报》。1903 年冬，经张元济荐举，蔡元培曾短暂兼任商务印书馆首任编译所所长。及至苏报案起，蔡元培逃离上海，编译所所长一职由张元济接任。此后蔡元培与张元济一直保持通信联系。1908—1909年蔡元培为商务印书馆编写了《中学修身教科书》（5 册），1910年商务印书馆出版其译作《伦理学史》和著作《中国伦理学史》。

1916 年蔡元培留法归国任北京大学校长之后，以其"思想自由，兼容并包"的方针，采用"教授治校"制度，相继引进李大钊、

---

① 《王云五文集》伍（下），江西教育出版社 2008 年版，第 777 页。
② 《王云五全集》（19），九州出版社 2013 年版，第 342 页。

胡适、钱玄同、梁漱溟、鲁迅、莎菲、徐悲鸿、李四光等"新派"人物，使北大迅速成为新文化运动的摇篮。与此同时，曾经引领思想风潮的商务印书馆，却在风起云涌的新文化运动中显得沉闷，使得一向思想解放的张元济颇为不满，认为引进新式人才和改革管理制度迫在眉睫。这是王云五进入商务印书馆的时代背景。

1923 年 4 月，辞去北京大学校长的蔡元培拟携眷赴欧游学，商务印书馆以预支编译稿酬方式，按月汇款给蔡元培，作为他欧洲游学的费用。"约定每月支 300 元，以 200 元为编译费，100 元为调查费。编稿每千字 6 元，译稿每千字 4 元。"① 王云五在商务印书馆编译所工作，"遇有重要编译计划，亦多向蔡先生请益，并承时赐鸿文"。② 蔡元培也一如既往，将自己著作《简易哲学纲要》《哲学大纲》等一概交给商务印书馆出版发行。王云五发明四角号码检字法和创立中外图书统一分类法，在其著作出版之际，蔡元培均为之撰写序言。他称赞四角号码检字法"这种钩心斗角的组织，真是巧妙极了"；中外图书统一分类法则"一方面维持杜威的原有号码，毫不裁减；一方面却添出新创的类号来补充前人的缺点"。以蔡元培在教育界和学界的声望，他的序言对于这两项新制的推广，无疑起了极大作用。

1927 年 12 月，王云五被匪徒绑票，在匪窟拘留数周后才经营救释放，蔡元培极为关心，要张元济将王云五的住址给他，以便登门慰问。③ 1928 年 3 月，由蔡元培任院长的大学院成立译名统一委员会，并聘王云五为主任委员，其他委员还有胡适、李石曾、何炳松、秉志、李四光、姜立夫、朱经农、吕徵等，均为知识界的知名人士。这一聘任是对王云五在商务印书馆主持编译所工作的

---

① 高平叔编著：《蔡元培年谱长编》（第二册），人民教育出版社 1999 年版，第 626 页。
② 《王云五文集》伍（下），江西教育出版社 2008 年版，第 773 页。
③ 高平叔编著：《蔡元培年谱长编》（第三册），人民教育出版社 1999 年版，第 141 页。

极大肯定，对于编译所与教育界联络也有莫大的帮助。同年5月，王云五以专家名义出席在南京召开的第一次全国教育会议。会议由蔡元培主持，王云五的诸多提案对出版界和图书馆事业产生了一定影响。

在王云五辞去商务印书馆编译所所长职务之后，蔡元培又聘任他到才成立不久的中央研究院（蔡元培为首任院长），做了三四个月的社会科学研究所"专任研究员"。

王云五任商务印书馆总经理后，与蔡元培在商务印书馆内外均多有交集。1930年10月30日，王云五等中国公学的校董一致推举蔡元培出任中国公学董事长（主席）。在蔡元培的推动下，国民党元老于右任、上海市市长吴铁城①先后出任中国公学校长。1935年3月，上海筹办市立图书馆，吴铁城力邀蔡元培、王云五分别出任上海市立图书馆临时董事会的董事长和副董事长，董事则包括图书馆学家杜定友等人。他们密切配合，上海市图书馆不久即告正式成立。此外，王云五还积极参加蔡元培主持的学术界和教育界的活动。1936年，社会各界发起成立孑民美育研究所（院），以纪念蔡元培七十岁生日，王云五是筹备员之一。

当然，他们交集最多的还是有关商务印书馆的事情。1932年"一·二八"事变造成商务印书馆巨劫，2月1日，蔡元培领衔全国数所国立大学校长联名致电国际联盟，请其制止日军暴行。他对商务印书馆巨劫之后的暂时停业表示理解，同时对其复兴充满信心。在写给胡适的信中，他说："商务印书馆有多数受训练之人物，有三十年之信用，复兴非无望。"②他应邀加入了商务印书馆的一系列复兴计划，包括参与东方图书馆复兴委员会和大学丛书

① 吴铁城（1888—1953），祖籍广东香山，在江西九江出生、成长。1909年加入同盟会。1921年曾任香山县长。1931年12月任上海市长兼淞沪警备司令，1937年4月转任广东省政府主席。
② 高平叔编著：《蔡元培年谱长编》（第三册），人民教育出版社1999年版，第594页。

委员会、编写"复兴教科书"，等等。

1934 年 4 月，张元济将自己拥有的 10 股商务印书馆股票转至蔡元培名下，遂后在股东会上推选蔡元培为商务印书馆董事。蔡元培在日记中说："我本非该馆股东，菊生以所有股份十股置我名下，我遂有被选为董事之资格，事前并未告我也。"[1] 此后，王云五与蔡元培互访和书信往来更多。蔡元培多次向王云五推荐或联系书稿、审阅稿件、撰写序言。对于王云五在商务印书馆的工作，蔡元培给予充分肯定并寄予厚望。他在 1936 年 9 月 13 日高梦旦追悼会上说："今馆务付托与王云五先生辈，主持得人，先生（指高梦旦）未竟之志，望吾后学者而继之。"[2]

1937 年底，蔡元培计划取道香港，前往西南，继续主持中央研究院的工作，但因健康原因，留居香港，临时住在位于港岛皇后大道中 35 号的商务印书馆香港分馆的宿舍。期间，王云五每日奉侍，"畅谈古今，无所顾忌"[3]。其后，蔡元培家人眷属来港，搬去九龙，王云五也经常渡海探望。

蔡元培留港期间，为免太多的相识人等相扰，化名"周子余"，只有包括王云五在内的少数好友知道其留港住址及个人状况，其通信及邮件则由商务印书馆香港分馆转交。王云五与蔡元培互访及信函往还频密，蔡元培经常为王云五联系书稿或推荐作者、荐举人才，王云五则经常向蔡元培讨教学问。除了偶尔外出参加中央研究院、中华教育文化基金会在港举行的会议之外，大部分时间，蔡元培都在家里静养读书。由于蔡元培目疾严重，王云五经常为他备送大字本的古籍，如《演繁露》《游志汇编》（20 册），明刊《王阳明全集》（28 册）等，令蔡元培深为感动。

---

[1] 高平叔编著：《蔡元培年谱长编》（第四册），人民教育出版社 1999 年版，第 123 页。
[2] 高平叔编著：《蔡元培年谱长编》（第四册），人民教育出版社 1999 年版，第 337 页。
[3] 《王云五文集》伍（下），江西教育出版社 2008 年版，第 787 页。

1939 年 5 月 20 日下午，蔡元培应宋庆龄、廖梦醒的邀请，参观在香港华商总会图书馆举办的美术品展览会。会后在圣约翰大礼堂发表演说。这是蔡元培在港期间唯一一次公开演讲。出席活动的有港督罗富国、香港大学副校长史乐诗等，王云五在现场担任蔡元培演说的英文翻译。"会毕，孙夫人约同车游浅水湾，送至摩里臣道三十八号云五家中。"①

居港期间，蔡元培的身体状况急转直下，先是患脑贫血症晕倒，调养数月始愈；接着又患足疾，行走不便。1939 年 7 月，蔡元培意外得知，长女蔡威廉（知名油画家、美术教育家）已于 5 月 5 日在昆明不幸病逝，年仅 35 岁。蔡元培万分悲痛。日子如此艰难，友谊更显珍贵。王云五一家成为患难之中蔡元培夫妇最为亲近的朋友。两家人经常互访或相约外出吃饭游玩。蔡元培对于王云五的几个孩子学政、学善、鹤仪都颇为喜爱，在日记中对王云五的家人子女多有记载。1940 年 3 月 2 日，蔡元培还写了一幅立轴送给鹤仪："梅子生仁燕护雏，绕檐新叶绿疏疏。朝来酒兴不可奈，买到钓船双鳜鱼。"② 不料，第二天，蔡元培即因胃出血住院，3 月 5 日猝然病逝，葬于香港仔华人公墓。住院及病逝前后，王云五一直与其亲属一道，在旁照应。王云五撰有《蔡先生得病之经过》发表于 1940 年 4 月出版的《少年画报》（总第 30 期），讲述这段经历，成为研究蔡元培的珍贵史料。

蔡元培逝世后，其留港家人多由商务印书馆香港办事处照应。这在王云五与张元济在抗战时期的通信中多有反映。对于陪伴蔡元培晚年留港的这段经历，王云五有这样的总结："初时同住商务印书馆的临时宿舍，继则时相过从，蔡先生视我如手足，我则视蔡先生如长兄，在蔡先生逝世时我成为朋友中唯一的随侍病榻送

① 高平叔编著：《蔡元培年谱长编》（第四册），人民教育出版社 1999 年版，第 441 页。
② 高平叔编著：《蔡元培年谱长编》（第四册），人民教育出版社 1999 年版，第 525 页。

终者。"①

王云五先后写有《蔡孑民先生与我》《蔡先生的贡献》《蔡先生与广东》三篇纪念蔡元培的文章。王云五认为：蔡元培"从政完全不为自己，而是为了国家"，不管任什么职务，于国家有利则任，于国家不利则退，这是"政治上的风度"；在教育上强调"讲学自由"和"人格陶冶"，这是"教育上

与蔡元培在香港合影（1940 年 2 月 11 日）

的风度"；在学术上"为学不萌老态"，29 岁前完全为旧学，30 岁始接触西方科学，32 岁学日文，37 岁学德文，47 岁学法文，年过半百，还两度赴欧美游学，这是"学术上的风度"。应该说，王云五是把蔡元培作为自己从政、治学的楷模的。虽不及也，心向往之。

王云五对收集、整理、研究和出版蔡元培的文章、著作颇费心思。早在 1935 年，王云五就曾约高平叔编著《蔡孑民先生的生平及其思想》。1938 年 1 月 16 日，也就是蔡元培到港不久，蔡元培日记中即记有"云五来，劝我写自传"②。1943 年 3 月 5 日，在重庆各界纪念蔡元培先生逝世三周年之际，"王云五先生作了特殊安排"，商务印书馆在重庆出版《蔡孑民先生传略》。③

1968 年，在蔡元培诞辰 100 周年之际，王云五指示台湾商务印书馆出版了近 100 万字的《蔡元培先生全集》。大陆方面，1984

---

① 《王云五文集》伍（下），江西教育出版社 2008 年版，第 777 页。
② 高平叔编著：《蔡元培年谱长编》（第四册），人民教育出版社 1999 年版，第 418 页。
③ 高平叔编著：《蔡元培年谱长编》自序，人民教育出版社 1999 年版，第 3 – 4 页。

年 9 月开始，高平叔编的八卷本近 400 万字的《蔡元培全集》由中华书局陆续出版，但第八卷因故迟迟未能付印。1995 年，台湾锦绣文化企业出版 14 卷本《蔡元培文集》（高平叔主编，萧超然、陶惠英副主编），其中蔡元培的日记为首次发表。1998 年，浙江教育出版社出版由中国蔡元培研究会编的 9 卷增订注释本《蔡元培全集》（萧超然主编，高平叔注释）。

五、孙科

王云五与孙科年纪相仿，在民国初年上海粤籍同乡欢迎孙中山先生宴会上，王云五以青年才俊代表发言，两人由此相识。

孙科 1907 年就加入了同盟会，少年时期就追随父亲参与革命活动，是孙中山先生身边的一个得力助手。蒋介石入主南京之后，以"总理门徒"的正统自居，对孙科多有礼遇；但孙科与粤籍的胡汉民、汪精卫等国民党元老走得更近，1931

孙 科

年另立"中央"，成立广州国民政府，企图与蒋介石的南京国民政府分庭抗礼。由于既无经济基础，亦无军事支持，广州国民政府成立不到一年，就因财政困难无法维持，自行解散了。

孙科是国民党老资格的中常委，两次出任国民政府副主席，以及行政院院长、立法院院长、考试院院长等职。王云五虽然抗战胜利之后转入政界，但与孙科在工作上交集并不多。"盖余与先生实际共事者，只有政治协商会议之一月有余，与国府委员会之一年"。① 如果不是因为特别喜欢读书，并且热爱文化事业，孙科与王云五不可能成为朋友。

孙中山先生十分喜爱读书，对于长子孙科，也从小培养他的读书习惯。据孙科晚年所撰《八十述略》回忆，他在夏威夷檀香山读中学时，流亡英国的孙中山曾寄给他一套100多册的《人人丛书》，这是一套面向大众的西方科学名家名著。无独有偶，王云五晚年以这套书为蓝本，在台湾商务印书馆组织出版了《人人文库》，连续五六年时间，每月推出十余本新书，累计出版了1500余种图书。孙科的座右铭是"养浩然气，读有用书"。从政之余，最大的喜好便是读书。对此，王云五表示十分赞赏。"就余所知，数十年身居要职，政务鞅掌之人士，始终保持其学者风度，好读书而喜新知，有如先生者，我国政坛上，能有几人?"②

孙科对文化事业一直情有独钟，十分热心。1933年3月12日，中山文化教育馆在南京成立，林森、蒋介石、汪精卫等29人为理事，蔡元培、叶恭绰等8人为常务理事，孙科为理事长。③ 1936年，国民党成立中苏文化协会，孙科任会长。

孙科手迹

① 《孙科文集序》，载《王云五全集》（19），九州出版社2013年版，第411页。
② 《孙科文集序》，载《王云五全集》（19），九州出版社2013年版，第413页。
③ 《申报》1933年3月13日。据王云五著《商务印书馆与新教育年谱》所载，中山文化教育馆成立时间则为1933年12月29日，见《王云五文集》伍（上），江西教育出版社2008年版，第392-393页。

王云五进入出版界之后，一直有一个梦想，就是做一套中国的百科全书。他主持商务印书馆编译所后，专门成立百科全书委员会，利用编译所的资料和人力，进行了大量的资料卡片积累。孙科得知王云五的计划之后，表示可以通过中山文化教育馆资助他编纂和出版。王云五遂将项目命名为《中山大辞典》。

王云五与孙科交往频繁是在孙科1965年返台定居之后。孙科自1952年移居美国，由于"不蓄私财"，在美生活相当清苦，主要靠子女和亲友接济，日常以读书为乐。"在美国定居的一段悠长岁月中，友朋酬酢甚少……除了偶尔出外小作旅游外，大部分时间都消耗在读书上面。"有段时间，他每天去社区的图书馆，直到图书馆管理员下班，他才依依不舍地离开。在美期间，孙科还创立了中美文化教育基金会，自任董事长，开展文化交流事业。1965年，台湾当局为纪念孙中山先生诞辰一百周年，邀请孙科返台。

孙科返台后，在筹备孙中山先生诞辰一百周年的多项活动，以及台北故宫博物院等文化事务方面，与王云五在工作上多有交集。两人友情渐深，王云五还将中山同乡会的理事长一职交班给了孙科。

1965—1966年，中山学术文化基金会（简称"中山基金会"）、"中华文化复兴运动推行委员会"（简称"文复会"）先后成立。"文复会"以蒋介石为会长，陈立夫、孙科、王云五为副会长。"中山基金会"则以王云五为董事长。"文复会"和"中山基金会"的重要职能之一就是资助研究和出版。"中山基金会"传承了早期中山文化教育馆的学术文化基因，对学术研究和学术出版竭力支持，资助尤多。其资助出版的《中山自然科学大辞典》《中正科技大辞典》，与嘉新文化基金会资助出版的《云五社会科学大辞典》构成较为完整的台湾版"中国百科全书"，成就了王云五的百科全书之梦！

1967年，王云五80岁生日，孙科以中山同乡会名义，为其祝寿，又发起成立云五基金会，任董事长。1970年，孙科80岁时，王云五等发起成立孙哲生先生学术基金会，王云五任董事长。这一年，台湾商务印书馆出版了上百万字的《孙科文集》，作为纪念孙科 80 寿诞的礼物，王云五为文集出版撰写了序言。云五基金会和孙哲生基金会性质相近，都以资助学术文化和教育事业为主；两人互为对方基金会的主持人，有如古人的诗词唱和。两位曾经从政的政治边缘人物，因为热爱读书和文化事业，在晚年越走越近，成为至交，共同为中华文化的繁荣发展助力，成就一段美谈。

王云五在 80 岁生日会上与孙科（戴墨镜者）等在一起

1970 年，王云五（左三）等为孙科（右四）80 岁生日祝寿

六、朱经农

王云五形容他与朱经农相交 40 余年，是"生死不渝之友谊"①。1906 年，王云五在中国公学任英文教师，与入读该校的朱经农相识。事实上，朱经农比王云五还要年长一岁。他幼年丧父，跟随母亲，由浙江浦江迁居湖南长沙。因家族中多人思想进步，很早就赴日本留学，并加入了同盟会。

民国初年，王云五与朱经农都在临时政府任职，由南京到北京，两人时相往还，相当交好。1913 年，朱经农转去《民主报》社任编辑，王云五则任《民主报》社的"馆外撰述"，两人时常在一起讨论时事政治，直至报社社长仇蕴存被枪杀，报社被查封。此后，朱经农又介绍王云五到他姑父熊希龄（后曾任民国政府首任总理）任职的全国煤油矿事宜处从事编译工作。1916 年，朱经农以留美学生监督的名义考入华盛顿大学教育系，接着又考入哥伦比亚大学师范学院，先后取得学士、硕士学位。1920 年回国，被时任北京大学校长的蔡元培聘为教育学教授。

王云五到商务印书馆编译所任职之后，急需引进新式的西学人才，以改变编译所偏于旧学的人才结构。1923 年，在胡适和王云五的反复疏通下，朱经农离开北京大学，南下上海，就任商务印书馆编译所国文部部长，兼附设的尚公小学校长。

作为教育学家，朱经农强调由改革学制入手进行教育改革，而"改革学制非改革学程不可"，"第一件要紧的事就是讨论中小学课程的标准"。到商务印书馆任职之前，北洋政府已颁布《学校系统改革案》（即壬戌学制）；全国教育联合会据此发起组织新学制课程标准起草委员会，朱经农负责初中课标的起草工作。1923—

① 《王云五文集》伍（下），江西教育出版社 2008 年版，第 912 页。

1925 年期间，朱经农在商务印书馆出
版的《教育杂志》连续发表 8 篇《关
于初级中学课程的讨论》，提出一系列
重要观点，这些观点在后来颁布的新
学制初中课程纲要草案之中多有体现。

国文部是编译所最重要的教科书
编写部门。朱经农以教育学家、新课
标起草专家和教材编写组织者的多重
身份，使得商务印书馆编辑出版的新
学制新课标新教材及教学参考书，受
到普遍的欢迎。朱经农与陶行知创编

朱经农

的中国第一套平民千字课本《平民字课》，由商务印书馆 1923 年
11 月出版，短期内发行 200 余万册，在全国掀起平民教育运动高
潮。王云五在编译所发起组织的第一个大型辞书编纂出版项目
《教育大辞书》，在朱经农还在北大工作时就已确定其为主编。这
个项目几乎就是王云五为朱经农度身订制的。王云五对该书评价
甚高，一直到该书出版近半个世纪之后，他还认为，该书"在我
国单科词典中，取材之丰富，编制之精审，迄今犹首屈一指也"。①

朱经农在编译所约 4 年时间，除了上述重大项目，"对于其他
之编辑计划，或创意，或赞助，所以裨益余之工作者亦多"②。可
以毫不夸张地说，朱经农是编译所时期王云五工作上最为得力的
帮手。

朱经农离开商务印书馆后，任上海市教育局局长，后再转入
教育部，先后任普通教育处处长、普通教育司司长、教育部常务
次长。期间，朱经农、蔡元培、胡适、王云五等中国公学的"旧

① 《王云五文集》伍（下），江西教育出版社 2008 年版，第 915 页。
② 《王云五文集》伍（下），江西教育出版社 2008 年版，第 915 页。

人"，以该校校董名义，再次聚集于中国公学这一平台。1932 年，朱经农回到他的第二故乡湖南，任教育厅厅长，直至日本人占领长沙，任职时间长达 10 年之久。其后，又曾任中国公学副校长、中央大学教育长（校长为蒋介石兼任，实际主持工作）、齐鲁大学校长、光华大学校长等。由于朱经农在教育界之丰富履历，加之其教育研究及著述成果丰硕，王云五遂称其为"全面教育家"[1]。

在王云五复兴商务印书馆的艰苦日子，1934 年 1 月 26 日，朱经农致函王云五，表示深为他的"苦斗"精神所感动："真使我在疲劳极度的时候，重复振作起来……不觉心理为之一变。"[2]

1946 年 5 月，王云五不顾商务印书馆的一再劝留，转入政界任职。这时，商务印书馆的几位元老多已年老病弱，加之时局艰危，董事会竟一时找不到合适的人来接替王云五的总经理职位。李拔可虽勉强同意暂代总经理职务，终因健康原因，只能将公司业务交由馆务会议议决。王云五对继任人选的要求是："非与公司关系甚深，且为内外所属望者，恐不能胜任愉快"。[3] 其意中人选是当时在上海任光华大学校长的朱经农。

1946 年 9 月，经王云五强烈推荐，朱经农接任商务印书馆总经理，兼编审部部长。朱经农在商务印书馆萧规曹随，基本延续了王云五的做法。他组织编辑出版了《新小学文库》和《新中学文库》，又曾组织出版《国民教育丛书》第一集 98 种。

然而，朱经农对主持商务印书馆的工作并不热心，尤其是对其复杂的人事关系颇不适应，因此虽然大权在握，却随意放任，而把主要精力仍放在光华大学的校务管理上。诚如王云五所说：

① 《王云五文集》伍（下），江西教育出版社 2008 年版，第 911 页。
② 王寿南编：《王云五先生年谱初稿》（一），台湾商务印书馆 1987 年版，第 307 页。
③ 王学哲编：《艰苦奋斗的岁月（1936—1948）：张元济至王云五的信札》，台湾商务印书馆 2009 年版，第 124 页。

"经农之治理商务书馆，视余之对各部门无不过问者异其趣。馆中要务实分编审、生产、营业三大部门；经农除躬自主持编审部门外，其他二部门则委托两协理全权主政，经农仅操其大政方针。"①

1948 年 11 月，前方战事吃紧，后方学潮、工潮连绵不断。由于对时局走势极度悲观，朱经农在心灰意冷之下，借代表中国出席国际文教联合会（今译联合国教科文组织）会议之机，由巴黎转赴美国，滞留不归。商务印书馆总经理一职遂由夏鹏接任（已移居美国，未到任），实际工作则由谢仁冰主持。12 月 26 日，商务印书馆第 483 次董事会议决，馆中业务，由张元济、李拔可、陈叔通、徐善祥、蔡公椿五人"遇事讨论，合力扶持"。②

朱经农寄居美国儿子家中，埋首著述，写成英文《中国教育思想史》一书。1950 年秋，康州哈德福神学院聘其担任中国史哲讲席教授。1951 年 3 月 19 日，朱经农突发心脏病，在美国逝世。

朱经农死后半年，王云五撰写长文《我所认识之全面教育家朱经农先生》，以纪念亡友。文中专门引述了朱经农的一段日记："（余）舍学从政，浮沉二十余年，至今思之，实为重大牺牲。倘以二十年余光阴从事学术研究，埋头著述，则今日成就决不止此。从政二十余年，所做建设工作，均被战事摧毁。至今回思，一场空梦。"颇有自况意味。从这一段话回望王云五在台湾的晚年生活，则书生从政，始终会纠结于学术与政治，理想与现实；王云五试图超越，以"壮游"之心，奔走于政、学、商各界，然而人生苦短，事业绵绵，除了出版家的成就，王云五终究只是一个求多求全的事务主义者。

1965 年 8 月，已任台湾商务印书馆董事长的王云五主持编辑出版朱经农的诗集《爱山庐诗钞》（内附朱经农著作年表，由朱经

① 《王云五文集》伍（下），江西教育出版社 2008 年版，第 916－917 页。
② 张人凤编著：《张菊生先生年谱》，台湾商务印书馆 1995 年版，第 419 页。

农的长子朱文长博士辑录）。

以上梳理了王云五与胡适、张元济、高梦旦、蔡元培、孙科、朱经农六位朋友之间的关系。六个人中，除孙科基本可以算作政治人物，其他全是民国时期著名的知识分子，孙科因喜欢读书、热爱文化事业，晚年返台与王云五结为至交，也可以说是一个"知识分子"。这是王云五朋友圈的特点。

王云五长时间在出版界和学界、文化界，与知识分子打交道最多，朋友圈中以知识分子为主并不奇怪。不过，王云五在政界的时间也不短，却并无多少朋友，也是事实。

蒋介石去世后，王云五将其称为"第一知己"。这当然是抬高自己，如果老蒋在世，估计他也不敢。蒋介石固然待王云五不薄，多半是政治所需，并非个人友谊。王云五感恩戴德，投桃报李，在参政会和政治协商会议上甘做反共急先锋，以无党派社会贤达而成为国民党"前哨"，跻身"行政院副院长"的高位。蒋介石搞独裁人所共知，偏偏又要做出民主的姿态，以符合孙中山设计的从军政到训政，再到宪政的民主之路，实现三民主义的宏大理想。为此，各界知名人士便成为他拉拢的对象。他抛出橄榄枝，但并不是人人都愿意接，先不说大量的民主人士因为看透了老蒋的伎俩，投奔了毛泽东，即使以反共知名的胡适、傅斯年，也时刻保持警惕。傅斯年就一针见血地指出，蒋介石召开制宪国民大会，是往大粪上插鲜花。相比之下，王云五却趋之若鹜，甘之如饴。王云五从政并无太大发挥，无非当了一个花瓶而已，更多是失败的惨痛。可是，每一次失败之后，只要蒋介石有所召唤，他必响应，并没有痛定思痛之感。与其说他热衷于政治以实现政治抱负，不如说他是热衷于做官以获得实惠。

王云五获得了官场的实惠，却毁掉了作为著名出版家、知名文化人的名声。这对极为爱惜自己羽毛的王云五真是一个讽刺！

中国传统的知识分子最讲究风骨，民国时期知识分子最看重独立，而知识分子朋友圈对王云五却越来越敬而远之。

人生会有各种各样的朋友，但政治家（政客）除外。政治上只有盟友，而且永远都是暂时的。王云五的政治盟友中，陈诚、张群、王世杰、莫德惠是共事比较多、走得比较近的几位，但显然都不能称之为朋友。王云五的朋友圈，自始至终，还是以知识分子为主。

学而优则仕，中国的知识分子都有一个做官的梦，民国时期的知识分子也不例外；可是大多数情况下，他们进不了政治核心，也成就不了从政以救国的美梦。王云五以老蒋为"第一知己"，只能说，他不懂政治。

王云五的知识分子朋友圈，虽然政治主张迥异，但大都追求思想自由、人格独立，无论居官、论学，还是为人处世，多有好评。胡适称高梦旦是"现代圣人"，王云五评价朱经农有"公而忘私的精神，明敏的头脑，动人的口才，组织的能力，丰富的常识，法律的观念"。相比王云五"落落寡合"的个性，他们的交际更广，朋友更多。王云五在多方面有所成就，尤其是出版方面成就斐然，与他的知识分子朋友圈有着密切的关系。

王云五的个性外圆内方。如果说，他在管理事务方面更多地表现出"方"的一面；那么，在对待朋友方面，他更多地表现出"圆"的一面。这是他在知识分子朋友圈获得认可的一种方式。他一贯反共，但极少以意识形态去划线，即使像张元济这样成了中共的座上宾，他也没什么非议之说；胡适再猛烈批评国民党，他也可以一面照做他的国民党高官，一面继续保持与胡适良好的私谊。这方面，他更像一个务实的商人，在主义与私谊之间，经过精确的算计之后，他选择模糊处理。或许，这才是他在政治上投入甚多却一败再败，而在出版界却能不断做出成就的原因吧？

第十二章／做人做事及其他

《做人做事及其他》是王云五抗日战争期间在大后方重庆的系列演讲合集。出版之后，一年多时间4次再版，畅销一时。此后，王云五在不同时期出版过多种有关自己做人做事态度、方法的书，如20世纪50年代出版的《我的生活片断》《谈往事》，60年代出版的《对青年讲话》《岫庐论为人》，70年代出版的《我的生活与读书》等。1964年，王云五的门生王东平从其各类著作中摘取关于为人处世的1500余条语录，编为《岫庐语汇》，由台湾商务印书馆出版。

本章借用"做人做事及其他"作为标题，展现王云五在"苦斗"与"壮游"中的人生态度。

一、社会活动家

王云五在20世纪20年代初进入商务印书馆工作，并逐渐成为沪上名人之后，就已十分热衷于社会活动。这些社会活动包括在各种社团任职，出席学术界、教育界和文化界的各种活动，在各种场合公开演讲等等。

以社团任职为例，就有以下四种情况：一是与政府或地方管理事务相关的，如任国民政府大学院译名统一委员会主任、上海公共租界工部局华人委员；二是学术社团，如中华职业教育社、中国科学社、中山文化教育馆、中国经济学社、中国工商管理协会、中国文化建设协会、中国人事学会等；三是行业协会，如中华图书馆协会、上海图书馆协会、上海书业公会、中华工业总会等；四是担任中国公学校董、沪江大学校董、上海广肇中学校董，以及上海广肇公所、粤侨商业联合会、广东俱乐部等在沪粤人的社团会馆职务。

抗战时期在重庆大后方，报界说"他现在是国民参政会的驻会委员，同时还兼任十数种公职"①，指的就是上述这些社团任职。

这种状况持续到王云五的晚年。由于政界背景，以及其在文化、教育、学术界的声望，晚年王云五的社会活动，公益色彩更浓，对社会具有较大的示范效应。

据不完全统计，王云五晚年在台湾的各种社会兼职有：纪念国父百年诞辰筹备委员会（国父纪念馆兴建委员会）主任委员、"中华文化复兴运动推行委员会"副会长、台北故宫博物院管理委员会主任委员、中山学术文化基金会董事长、云五图书馆基金会董事长、嘉新文化基金会董事长、孙哲生先生学术基金会董事长、"中韩文化理事会"理事长、亚洲印刷会名誉会长、"十大杰出青年"评审委员会主任委员、铭传女子专科学校董事长、铭传商业专科学校董事长，等等。

即使到了耄耋之年，王云五"除了改任政治大学政治研究所的专任教授外，还兼了七八件义务的工作"。②

王云五的各种社会兼职，对他的出版事业发挥了较大的促进作用。20世纪二三十年代他参加十余个学术社团，对于商务印书馆出版学术著作极有帮助。晚年他兼任多个台湾当局的文化组织，主要致力于策划和组织文化积累及传承项目的出版。例如，台湾"中华文化复兴运动推行委员会"（简称"文复会"）设有学术研究出版促进委员会，王云五以"文复会"副会长兼主任委员。由"文复会"发起的"古籍注译"项目，王云五鼓励出版机构积极参加，台湾商务印书馆当仁不让，出版了项目的第一批图书。此外，"文复会"还"鼓励推动中外名著翻译"。③又如，王云五连任了

① 林鹤：《王云五与工商管理》，载《新商业月刊》，第一卷第四期，1945年2月，翰堂近代报刊数据库。
② 《王云五全集》（17），九州出版社2013年版，第146页。
③ 《王云五全集》（18），九州出版社2013年版，第597页。

七届台北故宫博物院的管理委员会主任委员，他力推台北故宫博物院与台湾商务印书馆深度合作，出版了许多精美画册，其印刷和装帧水平达到世界一流。

在各种社会活动中，王云五特别喜欢参加青年人的活动，他是"青年的朋友"。20 世纪 30 年代前后，社会舆论已将王云五塑造成青年人的偶像，王云五苦学成功的故事成为人们津津乐道的励志鸡汤。

20 世纪五六十年代，台湾经济高速发展，各种思潮激荡，同时又受到世界各地青年运动的影响，因此，台湾青少年思想骚动，社会急需推出可以与青少年沟通联结的新时代偶像。民间各种歌星影星不断，官媒则捧出老当益壮的王云五。在台湾当局发动的青年实践运动中，王云五成为"青年生活规范的忠实奉行者"。①王云五乐于扮演这样的角色，他不负官方期待，穿梭于各路媒体。他尤其喜欢到各大中学校演讲，仅仅在 1968 年的五六月间，他就接连应邀参加了台湾铭传女专、东吴大学等数间学校的四五场毕业典礼演讲，还数次接受《青年战士报》等青年媒体的访问。②

王云五以草根身份成功逆袭，对于台湾的年轻人，是很好的励志故事。再经过他演讲中的现身说法和媒体的访谈塑造，年届耄耋之年的王云五竟然成了年轻人的楷模。他的演讲，成了青年学子的"心灵鸡汤"。台湾的报刊电台充斥着各种各样的溢美之辞："先生藏书之丰，读书、治学之勤，可说无人出于其右，尤为年轻人的楷模"。③"是近代苦学成功最著名的楷模。"④"对于立志向上的青年人来说，王云五先生好像一盏永恒不熄的明灯，烛照

① 《王云五全集》(17)，九州出版社 2013 年版，第 74 页。
② 《王云五全集》(17)，九州出版社 2013 年版，第 146－155 页。
③ 《王云五全集》(17)，九州出版社 2013 年版，第 86 页。
④ 《王云五全集》(17)，九州出版社 2013 年版，第 172 页。

着漫漫长夜，指引着正确方向。"①

　　王云五"爱护学生，喜与青年接触"。② 在他七八个兼职中，有一个是"十大杰出青年"的评审委员会主任，后来他提出，"十大杰出青年"默认只评选男青年，有失偏颇，还应该评选"十大杰出女青年"，于是他又做了"十大杰出女青年"的评审委员会主任。

　　他对青年人充分理解，从不指责。"青年人对社会环境有不满的情绪，并不是件坏事，只有青年人的不满才是改进社会、推动社会的动力；同时，只有青年人的干劲，才能发挥改变社会的作用。"③ 他看到青年人的优点，同时也指出他们的不足。"积极进取，固然是年轻人可爱的优点，但是却往往也最容易使他们在一夕之间心灰意懒，而且就此一蹶不振……由于年轻人把任何事情都看得太容易了，而实际上天下事却未必如他们所想，于是一碰到挫折，就会来个一百八十度的大转弯，很快地消极下来，不再有志气，更不再有斗志。"④

　　作为社会活动家，土云五非常擅长公众演讲。演讲是他与公众沟通的主要方式，他有如明星一般的知名度与此有密切关系。他的许多著作都是由演讲结集而成，当这些著作成了畅销书，又进一步强化了王云五的偶像地位。

　　王云五滔滔不绝的演讲口才，或许源于他青年时期教学相长的经历，又或许源于他丰富的阅历和广博的阅读。他曾总结说："公众的演说第一要有气魄，第二要言语清楚，第三还要带点荒唐的态度。"⑤（这里所谓"荒唐的态度"是指有幽默感，会开玩笑）

① 《王云五全集》（17），九州出版社 2013 年版，第 347 页。
② 《王云五全集》（18），九州出版社 2013 年版，第 567 页。
③ 《王云五全集》（17），九州出版社 2013 年版，第 257 页。
④ 《王云五全集》（17），九州出版社 2013 年版，第 174 页。
⑤ 《王云五文集》伍（上），江西教育出版社 2008 年版，第 620 页。

这是王云五的演讲能够不分男女老幼和文化层次，受到公众普遍欢迎的一个原因，也是社会和公众能在几十年的长时间里以他为偶像的原因所在。

王云五虽然身材矮小，但块头大、嗓门大，静时尚难察觉，一旦开讲，颇具"气魄"。"每次在参政会开会时，常常一言语惊四座，颇像唱大花脸的金少山。"①

王云五在演讲时喜欢讲故事，并且他总是把自己的人生态度融入这些故事当中。几乎每次演讲，他都会把自己做事的体会，做人的心得，思考的方法等等，与大家分享。其他古今中外的故事，他也是信手拈来，使听者兴味盎然。比如他讲法治精神，就从中国人与外国人怎么扫雪说起。中国俗话说："各人自扫门前雪，莫管他人瓦上霜"，这说明中国传统上缺乏法治精神。外国人扫雪，刚好相反，他们是从外向内扫，先把外面涉及到公共的地方扫干净了，再来扫自家门前；因为法律有规定：如果行人在你家前面道路摔倒，是因为你没有扫干净雪，你就必须负法律责任。这就是西方的法治精神。

二、云五图书馆

80多岁的王云五受着心脏衰弱、眼睛白内障、严重的失眠、行走不便和写字手抖的折磨，当他的身体不再"野蛮"，而头脑依然清晰无比时，坐在书房，默默地看着窗户对面的云五图书馆，是他少有的欢乐时光。

创建图书馆，是王云五多年追求的梦想。王云五一生受益于图书馆，又与图书馆有着不解之缘。创建图书馆的目的，既是为他的藏书寻得一个永久保存和利用的处所，也可以向社会免费提

① 余谦：《王云五会拉黄包车》，载《申报》"自由谈"，1946年6月2日。

供精神食粮。1947 年王云五 60 岁时盘点财产预立遗嘱，就筹谋着身后以自己在上海北四川路的住宅创建图书馆，以自己收藏的图书作为图书馆的基础藏书。这个愿望，越到晚年，变得越强烈。

1972 年 5 月，王云五创设财团法人"云五图书馆"。其本人捐出 100 万元和一部分股票（价值约 100 万元），另由台湾商务印书馆捐出 40 万元，他的学生们捐赠 10 多万元，作为"云五图书馆"的首批资金。图书馆用地是王云五早就买下的一幅土地，面积 50 多坪（1 坪约为 3.3057 平方米），就在台北市新生南路三段十九巷 8 号王云五住宅对面。

王云五与云五图书馆董事合影（背后即云五图书馆，1972 年）。前排右一周道济；后排右一陈宽强，右三王寿南，右五徐有守，右六张连生

1972 年 7 月，台湾当局核准成立"云五图书馆基金会"，前期捐助和募集资金全部进入，并接受团体和个人的图书和资金捐赠，以公益财团法人方式运作。基金会由王云五自任董事长，他的儿

子学理和学善也在董事会中。《财团法人台北市云五图书馆基金会章程》规定："本会创设人去世后，将另以遗嘱方式续捐其他资产，补充基金。"① 根据王云五遗嘱，除将"所存全部书画及精印艺术品"分赠子女留念之外，"所有全部剩余资产连同身后各项收入，一律捐予财团法人云五图书馆，由全体董事依该财团法人章程利用或将云五图书馆扩充为云五纪念馆。新生南路三段十九巷8号房屋于净圃、馥圃去世后，即归并于云五图书馆或纪念馆，并接受其所有权。"② 这份遗嘱的执行人是他的学生、云五图书馆董事长陈宽强。由此可见，王云五之所以选在住宅对面买地建图书馆，是为将来图书馆扩建时可将自家住宅（面积约75坪）一并归入做准备，他已将图书馆视作自己生命的归宿和延续。

1974年10月2日，云五图书馆对外公开借书及开放阅览，完全免费。图书馆的基本馆藏是他来台之后搜购的4万余册图书和200多种中外杂志，台湾商务印书馆免费提供的样书样刊，以及社会热心人士的捐赠。王云五亲自用毛笔写了《借阅规章》和开放时间挂在门口。"读者借阅不需任何保证，甚至亦不需任何手续费。这是双重的开风气之先。"③

1977年王云五90岁时，台湾商务印书馆股东常会提议为王云五铸造铜像，在公司内恭立，由于王云五再三推卸，改为捐赠200万元作为云五图书馆扩建费用。王云五则在"预立遗嘱"中，明确将他的住宅改建为五层高楼，作为云五图书馆扩大之用，另再捐出200万元作为改扩建费用。④ 不过，王云五的半身铜像最后还是铸成，放置在云五图书馆的门厅。

---

① 《王云五全集》（18），九州出版社2013年版，第496页。
② 徐有守：《出版家王云五》，台湾商务印书馆2004年版，第161页。
③ 《王云五全集》（18），九州出版社2013年版，第628页。
④ 《王云五全集》（18），九州出版社2013年版，第882页。

有意思的是，1985 年，张元济图书馆在浙江海盐（张元济故乡）落成，陈云同志题写了馆名。以商务印书馆两任主政者命名的图书馆分别在海峡两岸向公众开放，显示了商务印书馆作为文化传承者跨越意识形态的强大生命力。

此外，王云五还创建了以自己名字命名的"云五奖学金"。

1967 年 10 月，王云五 80 岁时，将亲友捐赠的 200 万元，成立"云五奖学基金会"。亦以财团法人运作，孙科为董事长。其中 100 万元用于编撰《云五社会科学大辞典》，另 100 万元作为奖学金，奖助台湾高中以上清寒优秀学生。王云五创立奖学金，是希望有更多的台湾寒门子弟能有机会入学升学，弥补他少年时期由于生活所迫不能正规上学的遗憾。

三、基金会

王云五对基金会制度十分赞赏。他认为，虽然中国人有乐善好施的优良传统，但多停留于行善积德的道德层面，难以发挥广泛和持久的效应；而西方的基金会既得到国家层面的支持，又采取公司制运营，因而在促进事业发展、推动社会进步方面能够发挥重要作用。

王云五说："西方社会的'基金会'制度是我国社会所缺少而必须建立起来的。个人的生命有时而尽，但基金会制度的功能却与时俱进；个人的理想可能一生不能实现，但是基金会制度可以使理想在未来的年月中变成事实。"[1] 他希望在台湾引入西方模式的基金会制度。

台湾嘉新水泥公司先是在 1960 年与台湾的"中央日报社"合作，创设嘉新奖学金；1963 年 6 月，其董事长张敏钰从公司利润

---

[1] 《王云五全集》（19），九州出版社 2013 年版，第 196 页。

中拨出 1000 万元巨资，成立嘉新文化基金会，聘请王云五为董事长。王云五为嘉新文化基金会设定的职责范围包括：设立奖学金资助贫苦优秀学生；设立优良著作奖、研究论文奖、特殊贡献奖、科技研究奖、新闻奖，奖励各项杰出成就；开办系列文化讲座。

嘉新文化基金会是台湾引进基金会制度的开始。王云五非常振奋，热烈地表示这是破天荒的创举，它给文化界开辟了一个"新纪元"。①

王云五与嘉新文化基金会董事合影

1965 年 11 月 12 日，在纪念孙中山诞辰百年之际，中山学术文化基金会（简称"中山基金会"）创设成立，以王云五为董事长。1970 年 11 月，孙哲生先生学术基金会成立，亦以王云五为董事长。

以上三个基金会设立的主要目的均为推动文化事业发展，着

---

① 《王云五全集》（19），九州出版社 2013 年版，第 197 页。

重于以下几个方面：一是以资金奖助专家、学者、作家等，用于学术研究（或文艺创作）、著作出版、技术发明等；二是以资金奖助品学兼优的贫苦学生；三是以资金资助讲座讲堂、学术研讨、名著编译等。

三个基金会，均以财团法人方式运作，均由王云五担任董事长。基金会虽以文化公益事业为目的，而以公司制运营；王云五是文化名人，又以经营企业见长，这是基金会聘请王云五担任董事长的主要动因。这三个基金会的运营平台，则使王云五有机会实践以基金会推动文化发展与社会进步的理念。

以规模最大的中山学术文化基金会为例，其原始本金为新台币6500万元，经过10年运营，基金规模增至约8400万元（已除去各项开支）。十年当中，所做的事项计有：（1）1334名硕士生、博士生和专题研究者获得奖学金、奖助金；（2）82人获得学术著作奖，73部学术著作获得出版补助；（3）98人获得文艺创作奖，374部文艺作品获得出版补助，文艺创作演出补助76次，文艺创作展出补助110次；（4）36人获得技术发明奖；（5）资助讲座96人次；（6）名著编译，外文译中文38部，中文译外文2部；（7）出版《中山学术文化基金会集刊》16集，每集100万字；（8）编纂《中山自然科学大辞典》；（9）为若干图书馆提供购书补助，为台湾"中华文化复兴运动推行委员会"提供稿费补助，为台湾地区的"国际关系研究所""中国教育学会""中国历史学会""中国法学协会"提供刊物出版补助。以上各项支出，加上基金会日常办公所需的行政费用等，中山学术文化基金会成立十年间，总计开支23252845元。① 其收支情况表明，通过运营，基金会增加收入达4000万元以上，增幅约为70%。

---

① 《王云五全集》（18），九州出版社2013年版，第680－681页。

嘉新文化基金会创设 15 年间，奖励台湾大学生和中学生多达
4.3 万余人，发放奖学金达 1470 余万元。① 在台湾教育界产生了广
泛的影响。此外，吴健雄、吴大猷等知名科学家均曾获得嘉新文
化基金会的"特殊贡献奖"。

王云五向吴健雄博士颁发第一届嘉新"特殊贡献奖"（1965 年）

作为出版家，王云五深知许多学术著作价值极高，但靠市场
运营，又无利可图，一般情况下出版机构难有动力去出版这些图
书。因此，当他担任基金会的董事长之后，资助学术著作出版作
为一项公益事业，在他管理的基金会中就一直占有重要的一席之
地。其中，嘉新文化基金会设有优良著作奖。孙哲生先生学术基
金会主要致力于资助学术研究和学术著作出版。中山学术文化基
金会除资助、奖励优秀学术著作、文艺创作的作者和资助出版专
题研究成果之外，另设专门机构编译委员会，"主持第二次世界大

_____

① 《王云五全集》（18），九州出版社 2013 年版，第 722 页。

战后当代名著之互译工作……所译名著均系约请专家承译，译费由本会负担，译成经审查后，由本会约请台湾商务印书馆及正中书局出版，不收版税，仅收赠书若干部，因此书局售价可以从廉，以减轻读者之负担，而便于学术文化界人士之参考。"① 成立十年间，中山学术文化基金会出版外文译中文名著 38 部，涉及法学、哲学、历史与文学、经济学、国际汉学、自然科学及应用科学等。此外，自 1968 年起，还每年编印两集《中山学术文化基金会集刊》，主要收入中山学术文化基金会所开办的"中山讲座"的研究报告和其他专题研究成果，每集约 100 万字。印出之后，一部分免费赠送各大图书馆及学术研究机构，一部分由台湾商务印书馆经销，以广流传。1971 年起，又拨出专门经费 200 万元，发起编纂《中山自然科学大辞典》，由王云五任名誉总编辑，选定十科（科学概论与其发展、天文学、数学、物理学、化学、地质学、生物学、植物学、动物学、生理学）专家各一人为主编。《中山自然科学大辞典》（每科一册，共 10 册）1975 年后陆续出版，成为《云五社会科学大辞典》的姐妹篇。其后，又发起《中正科技大辞典》的编纂。三部大书共同组成一套小型的百科全书。

上述三个基金会均资助学者研究及研究成果出版，又都以王云五为董事长，可知这些成果的出版与台湾商务印书馆有密切关系。

学术著作因为出版不易赢利，所以才获得这些基金会的资助。作为出版方的台湾商务印书馆，学术著作的出版本来就是其传统出版方向，即使不赢利也是需要出版的；而学术著作的大量出版，以及大量优质作者资源向台湾商务印书馆聚集，则为台湾商务印书馆的社会形象及企业发展创造了极为有利的条件。基金会与台

---

① 《王云五全集》(18)，九州出版社 2013 年版，第 674 页。

湾商务印书馆在学术著作出版上优势互补，实现了共赢，对台湾社会的良性发展无疑起到了较好的促进作用。

云五图书馆和云五奖学金，也以财团法人基金会的方式运营，至今仍嘉惠后人。

四、偶像的哲学

在 1921 年进入商务印书馆编译所之前，虽然从个人经历来说，王云五还算小有成就，但谈不上什么名望，因而当胡适向商务印书馆推荐王云五时，以张元济和高梦旦的阅历和人脉，居然从未听说过这个人。

经过编译所的锤炼，尤其是在发明四角号码检字法和以此编写的字词工具书成为畅销书之后，王云五声望渐著。其依靠自修苦学而成为文化名人的故事，广泛传布。在各路媒体的共谋之下，王云五渐渐成为一个偶像："一个完全由自修而获得了学术上的成功，以坚毅刻苦的精神去应付一切困难，创造了个人艰苦生活史的出版业经营家王云五先生，可以作为一个代表。"①"他的一切是值得我们钦

难得的休憩时光

① 刘涛天：《出版业经营家王云五传略》，载《教育与职业》第 161 期，1934 年，翰堂近代报刊数据库。

佩。同时，也是值得我辈青年模仿而自勉的。"①

王云五之所以能够成为偶像，是因为他的成功并非来自学校教育，而是来自于他的自修。这对当时教育尚未普及，大多数人学校生活比较短暂，许多人甚至根本没有上学机会的社会群体具有相当的冲击力。成功人士很多，但像王云五这样几乎没有受过正规学校教育，而成为文化名人的，却严重稀缺。王云五以完全自学方式进入社会上层，是当时典型的草根逆袭故事。在大众传播兴起的早期阶段，公众需要这样的心灵鸡汤，媒体需要这样的典型。王云五成为偶像遂成必然。

另一方面，王云五不断在各种场合阐述自己的人生态度，则进一步巩固和强化了他的偶像地位。王云五的人生态度，我们不妨称之为"偶像的哲学"。

（一）"文明的头脑，野蛮的身体"

王云五终其一生都在提倡"文明的头脑，野蛮的身体"，而不是相反。就是说，头脑要能思考问题，身体要足够强壮。

王云五本人当然是这一理论的的践行者。身体健旺，精神饱满，几乎是他留给访谈者的一致印象。20 世纪 40 年代，他已经迈向花甲之年，媒体还说他"无论精神体力，远非年轻人所能及。……能吃能睡，也更能工作，一无病痛，看样子，至少还能活三十年，这真是位年青的老年人"。② 从此，他开始以"老青年"自居。③

在媒体的描述中，王云五是这样的形象："短短的身材，胖胖

① 玲玲：《王云五先生访问记》，《申报》1933 年 8 月 6 日。
② 卜少夫：《文化巨人王云五》，载《新工商》杂志，第 2 卷第 7 期，1944 年，翰堂近代报刊数据库。
③ 林鹤：《王云五与工商管理》，载《新商业月刊》第一卷第四期，1945 年 2 月，翰堂近代报刊数据库。

的躯体，精神是很健旺的，态度是很可亲的。"① "目光非常有神，而又沉着慈祥。"② 这样的形象一直维持到王云五的晚年，都是如此。人们见到的王云五，永远都是身体健康、精神健旺、充满活力的。报界还以"永远年轻的人"③ 来称呼他。

一直到83岁之前，王云五的身体都很健康。他从不进医院，饮食也不讲究；可是他的牙齿齐全，耳朵不用助听器，看书读报不戴眼镜。以他身兼多个职务和超高的工作效率，这样的身体状况岂止健康，简直可以说强健。经常有人要他讲讲他的"长寿之道"。怎样保有健康的身体，因而成为他演讲中颇为"励志"的一部分。他说："如果要长寿，在生活方面必须早睡早起，少吃多动；在精神方面则必须积极愉快。"④ 别人问他"怎样保持健康"，他的回答是简单的三个字："顺自然"。⑤

王云五生性好动，其所谓"顺自然"，对他而言就是"多动"。不但身体要多动，头脑也要多动。身体越用越好，头脑也是越用越灵。这是他始终能够保持"文明的头脑，野蛮的身体"的秘诀。他的日常生活中，除了吃饭和睡觉，全部都被工作和读书、写作占据。吃饭和睡觉，他的要求，一是简单，二是快捷。他说过许多次，希望可以读书工作到死的那一天，从书房或工作室直接就到殡仪馆，不经过医院。

（二）"积极的精神"

王云五说："任何人做事，首先要有一种精神。精神是甚么？

---

① 《王云五先生访问记》，载《长城》1934年第2期，翰堂近代报刊数据库。
② 《王云五谈老板主义》，载《中央周刊》，第4卷第18号，1941年12月，翰堂近代报刊数据库。
③ 《王云五全集》（18），九州出版社2013年版，第804页。
④ 《王云五先生长寿经验谈》，转引自《王云五全集》（17），九州出版社2013年版，第301页。
⑤ 《我怎样保持健康》，载《王云五全集》（20），九州出版社2013年版，第91页。

就是个人已经养成了的一种习惯。"精神是一种态度，有精神就是有态度。人的精神与人的身体及头脑一样，不怕多用，就怕不用。"精神是越用越好的，刀是越磨越快的。"①

精神有积极的，也有消极的，王云五提倡的是"积极的精神"。"积极的精神是教人向上走，向前走。"②

对于困难和挫折，王云五的看法颇为独特。他把挫折当作命运的安排，人生的考验。他把解决问题、克服困难看作是上天对自己的奖赏。"如果一遇着困难便作消极态度，则任何事，都不能有成。王先生便具有了这种特性。对于任何困难决不稍感消极，并且偏喜欢把困难的事件作为试验，以充分的兴趣，研究其解决方法。万一能解决，他便认为这是唯一的最优厚的报酬。"③

有了"积极的精神"，天份差点，能力不足，这些都不是问题。"无论怎样没能力的人，只要肯把全付精神应付一件事，多少总有一点成就。这可以说是一部王云五服务哲学的纲领。"④

王云五振兴台湾商务印书馆时期，其学生徐有守一度与他朝夕相处。据徐有守回忆，每当王云五遇到困难，总会挥舞手臂，大声说："决不后退，决不屈服，永远向前！"⑤

（三）"吃苦主义"

王云五崇尚"吃苦主义"。少年苦学，中年苦斗，是他的人生写照。五味杂陈的人生，他认为苦最能刺激人的斗志。"我常常认为苦具有刺激性，所谓苦其心，便是对于心志的不断刺激，使之

① 《怎样读书》，载《读书月刊》1931年第2期，翰堂近代报刊数据库。
② 《王云五全集》（17），九州出版社2013年版，第57页。
③ 刘涛天：《出版业经营家王云五传略》，载《教育与职业》第161期，1934年，翰堂近代报刊数据库。
④ 《王云五先生访问记》，载《长城》1934年第2期，翰堂近代报刊数据库。
⑤ 徐有守：《出版家王云五》，台湾商务印书馆2004年版，第3页。

奋发。我生平遭遇不少的挫折，在他人或不免灰心；我却视同苦其心志的一种机会，辄处以积极的态度。"①

本着"吃苦主义"精神，牛成为王云五励志教育的一个常用意象。"牛不过吃了一些草，喝一点水，享用菲薄。但能为人耕田，给我们以续命汤的黄金万粟，能供人富有脂肪的牛油，能供人富有蛋白的牛乳，能供人富有维他命的牛肉，能供人可制各种器具的牛皮。对人类的贡献何等大啊！我真愿做一只牛，愿大家都做牛。"②

王云五的"吃苦主义"是古人"吃得苦中苦，方为人上人"的现代版，所不同的是，他特别强调苦与乐的辩证关系："凡是一个人，在少年时越苦越好。要养成吃苦的习惯，因为快乐和痛苦是相对的，没有苦就表现不出真的快乐。"③ 读书与工作是他生活的全部。"他生平没有任何嗜好，社会上的应酬也极少。他生平视为最快乐的，只有读书和做工两件事。平素生活，除了每日睡觉六七小时外，其他的时间都完全给这两件事支配。"④ 也就是说，当你带着兴趣去学习、去读书或去做事的时候，他人眼中的苦差事，在你心中却是快乐的事。

王云五总是怀着快乐的心情去读书、以乐观的态度去工作，遇到困难则以积极的心态去应对，这一剂心灵鸡汤尽管颇为老套，却得到科学的印证，20 世纪晚期兴起的"积极心理学"讲的不就是这一套东西吗？

---

① 《王云五文集》贰（下），江西教育出版社 2013 年版，第 929 页。
② 胡章钊：《记王云五的"牛"话》，《申报》1937 年 4 月 13 日。
③ 俞治成：《王云五先生访问记》，载《长城》第 2 期，1934 年，翰堂近代报刊数据库。
④ 刘涛天：《出版业经营家王云五传略》，载《教育与职业》第 161 期，1934 年，翰堂近代报刊数据库。

（四）"人力车夫"

王云五在商务印书馆配有专车。抗战时期在重庆，条件变艰苦了，他安步当车，逐渐从山城拉黄包车的车夫身上悟出了"做人做事的成功之道"："好像在重庆拉黄包车，走上坡路的时候，拼命用足气力向上拉；走下坡路的时候，尽量求其慢，把稳车杠，一步一步，不慌不忙。"①

王云五还形象地用人力车夫比喻自己的工作。"我是一个人力车夫，不过坐在我的车子上的是'文化'，我拉着'文化'向前跑。在上坡的时候，我用尽全身的气力，拼命向上拉，因为上坡是不能停顿、犹豫，稍一松劲，车子便会向后倒退；而且坐在车上的，如果你一步一步，他会感到迂缓，气闷。在下坡的时候，正是相反，我就拼命的慢，一步一步稳住走；如果不稳，很容易翻车，而且下坡路，即使你脚步放重，它还是保持着相当的速度的。"②

这很容易使人联想到人生的顺境和逆境。顺境，有如拉车下坡，要的是稳住，绝不要得意忘形，因为一路下冲是很容易翻车的；逆境，有如拉车上坡，要的是咬牙坚持，绝不松懈，慢一些没关系，一旦气馁，则会前功尽弃。

（五）"老板主义"

20世纪30年代，王云五在研究和实施科学管理法中发现，中国的工商业在三五个人的小规模时容易成功，而"规模越大的公司，资金雄厚，设备愈全，人才也愈多，却往往不能获利，而且不乏亏损，甚至无法维持"。他解释这一现象，原因在于小商店或

---

① 《王云五会拉黄包车》，载《申报》"自由谈"，1946年6月2日。
② 卜少夫：《文化巨人王云五》，载《新工商》杂志，第2卷第7期，1944年，翰堂近代报刊数据库。

小工场的成败得失与老板关系最大，而大公司大工厂，主事的名义老板很多，真正负责的老板却少，"他们对于公司的业务便不如一位独资的老板对于他的小商店或小工场之关怀与负责"。①

解决这一问题，王云五提出一个概念"老板主义"。"所谓老板主义，是指一个从业员纵然不是老板，却时时以老板自居，仿佛自认为老板一般。这样以老板自居之人，对于他所主管或办理的事，自然肯像真的老板一样关怀与负责。"②

老板主义体现的是一种主人翁精神，一种人人负责的精神。王云五说："以前我认为做一种大事业最要紧的是要有'组织'，现在我认为除了'组织'之外，还要'负责任'。我近来时常谈'老板主义'。一个小小事业的主人，一定要对他的事业负绝对的责任，因为事业的失败就关系着他的命运。具有这种老板精神的，他的事业才会进展。"③

"老板主义"，是对公司"负绝对的责任"的态度，是勇于担当、绝不后退的精神。王云五认为，张元济是"老板主义"的榜样，他做商务印书馆总经理，在精神上传承了张元济的"老板主义"。王云五说："他（张元济）并不是大股东，可是他当总经理时，却以老板自居。他处处负责任做事。我承袭着他的作风来干总经理。如果说我办商务有什么成功的秘诀，第一是'科学管理'，第二是'老板主义'。"④

---

① 《王云五文集》贰（下），江西教育出版社 2013 年版，第 817 页。
② 《王云五文集》贰（下），江西教育出版社 2013 年版，第 817 页。
③ 《访王云五谈老板主义》，载《中央周刊》第 4 卷第 18 号，1941 年 12 月，翰堂近代报刊数据库。
④ 《访王云五谈老板主义》，载《中央周刊》第 4 卷第 18 号，1941 年 12 月，翰堂近代报刊数据库。此处王云五说张元济"当总经理"有误，但"以老板自居"为实。在夏瑞芳逝世至王云五接任总经理的 16 年间（1914—1930 年），印有模、高凤池、鲍咸昌先后任总经理，期间总经理位置也有过空缺；张元济则先后任编译所所长、监理和董事长，但没有担任过总经理。

如何能够做到员工"以老板自居"？王云五的思考是用经济的动机与员工的信誉结合。前者是物质的激励，通过经济的方式把员工的利益与企业的发展相联系；后者是精神的鼓励，员工的努力获得信誉上的回报，从而加倍努力地贡献于企业。这样的思考与现代管理科学的理论是吻合的。

（六）"走红的算盘"

王云五自小算盘打得精，做人做事处处精打细算。他将这种作风带到商务印书馆，也带到政坛。成名之后，人们称他是"走红的算盘"。[1]

他最擅长"小数长算"。比如他在宣传推广四角号码检字法时，宣称："依该法检字，每人一生至少可节省工作时间三年"。[2]乍听吓人一跳，原来他是这么算的："若用四角号码检字法去找字典，找一个字只须二分钟，有的只须几秒钟就够了。"[3] 而以前的检字法，每检一个字要数倍于这个时间。这么一算，即使每天节约不到一小时，每年节约也可达到十几天，一辈子不就可以节约几年了吗？

有人抱怨没时间读书、没钱买书。王云五说这都不是问题。"一天有二十四小时，除了睡眠八小时，工作八小时之外，还剩下八小时，这是很好的读书时间。就是打一个对折，也还有四小时，打一个七五折，也有六小时。学生一天要上几点钟的课呢？有时一天上六小时的课，最多的时候有八小时……但人家可以四年毕业，我不妨八年毕业。如果我每天能有六小时的读书时间，我的

---

① 何盈：《王云五——走红的算盘》，载《群言》第 15 期，1948 年，翰堂近代报刊数据库。

② 《全国教育会议出版组王云五简历》，《申报》1928 年 5 月 20 日。

③ 《怎样读书》，《读书月刊》1931 年第 2 期，翰堂近代报刊数据库。

毕业期限也就可以减少一些。所以时间是不成问题的。不怕没有时间，只怕没有读书的志气。"至于买书的钱，他说可以想办法从衣服饭食和坐车三方面每月各省一块钱，"一块钱可以买三百面的一本书，这样一个月就可以读四十八万字的书。……每个月可以省下三元钱买书，这样一年便可以读六百万字的书。"①

王云五的精打细算，听起来颇为奇葩，细细去想，确实如此。从某种程度上说，时间对每一个人都是一样的，关键在于怎么合理利用。一个人能够做多少事，可以做成多少事，如何管理时间，肯定是非常重要的因素。王云五一生做成了这么多的事，与此密切相关；商务印书馆的企业文化，与这样的精打细算，同样密切相关。

王云五晚年以草书抄录古语，是一大乐趣

---

① 《怎样读书》，《读书月刊》1931 年第 2 期，翰堂近代报刊数据库。

附录一：王云五大事年表

清光绪十四年（1888）出生

六月初一（7月9日）生于上海租界。谱名日祥。

光绪十七年（1891）4岁

随父母家人从上海回到家乡广东香山，为第一次回到家乡。

光绪二十一年（1895）8岁

在香山度过4年的童年生活后回到上海，家人延请塾师到家中"开文蒙"。

孙中山发动乙未广州起义失败，表兄陆皓东英勇牺牲。

光绪二十三年（1897）10岁

大哥日华去世。

商务印书馆创办。

光绪二十四年（1898）11岁

入读私塾。

光绪二十六年（1900）13岁

第二次回香山，居住半年后返回上海。

光绪二十八年（1902）15 岁

白天在五金店中当学徒，晚上入读英文夜校，开始半工半读生活。

商务印书馆设编译所，在蔡元培短暂兼任所长之后，张元济任所长。

光绪二十九年（1903）16 岁

入守真书馆读英文。

高梦旦入商务印书馆，主持国文部工作。

光绪三十年（1904）17 岁

入同文馆，广读英文名著。

商务印书馆创办《东方杂志》。

光绪三十一年（1905）18 岁

受聘为益智书室教师，正式开始职业生涯。

翻译并发表法国文豪雨果名著《可怜的人》（今译《悲惨世界》）节本数千言。

上海书业商会成立。

光绪三十二年（1906）19 岁

受聘中国公学，教英文。学生有朱经农、胡适等。

开始以"之瑞"为名，"云五"为号。

光绪三十三年（1907）20 岁

二哥去世。

光绪三十四年（1908）21 岁

以分期付款方式购全套《大英百科全书》（今译《大不列颠百科全书》）。

修读万国函授学校的土木工程科课程，喇沙尔函授学校的法律课程。

清宣统元年（1909）22 岁

兼任留美预备学堂教务长（仍在中国公学任教）。

宣统二年（1910）23 岁

与同乡徐净圃结婚。

任上海《天铎报》主笔。修读美国函授大学法律科课程。

商务印书馆创设涵芬楼，收藏各类中西书籍，并为编译所提供资料参考。

宣统三年（1911）24 岁

在 12 月 31 日旅沪香山同乡会欢迎宴会上与孙中山、孙科父子相识。

民国元年（1912）25 岁

1 月，任总统府接待处秘书。致书民国首任教育总长蔡元培，倡言学制改革。应蔡元培邀请，到教育部专门教育司任职。

3 月，随民国临时政府北迁，继续在北京的教育部专门教育司任职。后提任为该司第一科科长，主持制定《大学令》并获颁通过。

9 月，加入国民党。

在北京期间，曾兼任国民大学（后改为中国公学、中国大学）

法科英文教师。又曾兼任国民党机关报《民主报》撰述。

民国 3 年（1914）27 岁
任筹办中的全国煤油矿事宜处编译股主任。
商务印书馆总经理夏瑞芳被刺身亡。印锡璋（有模）继任商务印书馆总经理。

民国 4 年（1915）28 岁
印锡璋病逝，高凤池继任商务印书馆总经理。
商务印书馆出版《辞源》。

民国 5 年（1916）29 岁
7 月，任苏粤赣三省禁烟特派员（驻上海）。次年秋辞去。
本年，商务印书馆在全国率先采用新式会计制度。

民国 6 年（1917）30 岁
本年春，再娶徐馥圃。

民国 7 年（1918）31 岁
高梦旦任商务印书馆编译所所长。

民国 8 年（1919）32 岁
翻译罗素名著《社会改造原理》。

民国 9 年（1920）33 岁
为公民书局主编《公民丛书》。
出版著作《物理与政治》，译著《社会改造原理》（均收入

《公民丛书》）

鲍咸昌任商务印书馆总经理，张元济（菊生）、高凤池（翰卿）任监理；沈德鸿（茅盾）任《小说月报》主编。

民国 10 年（1921）34 岁

5 月，加入胡适等人在北京创办的"努力会"，但未参与其活动。

9 月，经胡适推荐，入商务印书馆编译所工作，三个月后，任编译所所长。高梦旦改任编译所出版部部长。

本年，编译所开办国语讲习所。

民国 11 年（1922）35 岁

在商务印书馆编译所实施整顿和编辑计划。编译所分设国文部等 9 个部，《东方杂志》等 8 个杂志社。编译所在原设英文函授科基础上创办函授学社，设英文科、算术科和商业科。

商务印书馆创办《儿童世界》；出版《中国人名大辞典》《中国医学大辞典》。

全国教育会联合会倡议在中小学校广设图书馆。

民国 12 年（1923）36 岁

6 月，中国共产党第三次代表大会召开，会后成立了中共上海区党组织，包括沈雁冰等 10 多位来自商务印书馆的职工均为党组织成员。

本年，商务印书馆出版《动物学大辞典》。出书品种达 667种，2454 册，均为历年之冠。

民国 13 年（1924）37 岁

2 月，商务印书馆创办上海国语师范学校，聘吴稚晖（敬恒）

为校长。

3月，位于宝山路的涵芬楼新建筑落成，编译所迁入办公。新楼共四层，与总务处、总厂隔马路相对。

4月，商务印书馆在香港设印刷局，后扩为分馆。

5月，编译所附设函授学校增设国语科。

6月，在沪江大学毕业典礼上发表英文演讲《西方文化对现代中国文学之影响》。上海图书馆协会成立。

本年，商务印书馆创办《出版周刊》；出版《少年百科全书》。

民国 14 年（1925）38 岁

5月，"五卅"运动爆发。商务印书馆职工加入上海全市大罢工。郑振铎等创办《公理日报》，张元济、王云五、高梦旦各捐款 100 元。

6月，中华图书馆协会成立。

7月，投书英文《大陆报》，并在《东方杂志》"五卅"事件临时特刊发表长文，"切责英日人应负道德、法律及国际法等多方面责任"，遭到英租界当局起诉。

9月，商务印书馆正式成立工会组织"职工会"，陈云任第一届职工会执行委员会委员长。

本年，中共委派徐梅坤到商务印书馆，组成以沈雁冰、杨贤江、王景云等 10 人为核心的临时党团支部。

编译所函授学社开办国文科。

涵芬楼改称东方图书馆，聘为首任馆长。

中国经济学社成立。

民国 15 年（1926）39 岁

4月，出版《四角号码检字法》一书。

5月，东方图书馆对外开放。

11 月，当选上海图书馆协会主席。

本年，张元济退休，经股东会推举，任商务印书馆董事会主席（董事长）。

中共商务印书馆总支部成立，陈云为总支部干事。

民国 16 年（1927）40 岁

3 月，商务印书馆全体职工参加上海全市总罢工。

4 月，当选中华职业教育社执行委员。

10 月，张元济在寓所被绑匪劫为人质，六天后获释。

11 月，当选中华国民拒毒会出版委员会委员。

12 月，被绑匪劫为人质，身陷匪窟数周后获释。

本年，创立中外图书统一分类法，并首先在东方图书馆实施。

在国民党重新登记党员时放弃党籍，成为无党派人士。

南京国民政府设立大学院（后改为教育部）和中央研究院，院长为蔡元培。

高梦旦退休，被股东会推选为商务印书馆董事。

民国 17 年（1928）41 岁

3 月，聘为大学院译名统一委员会主任。

5 月，以"学术界之知名人士"参加在南京召开的第一次全国教育会议。分在"出版物组"。提交《请大学院通令全国采用四角号码检字法案》获通过。会议还通过议案，由大学院通令全国各学校设立图书馆，并且每年从办校经费中至少提取 5% 作为购书费用。

6 月，被选为中国公学校董，后当选常务校董。其时，中国公学校长胡适，其他校董还有蔡元培、杨铨、朱经农等。

9 月，商务印书馆出版四角号码工具书《四角号码国音学生字汇》（王云五撰序）和《四角号码学生字典》。

本年，出版《中外图书统一分类法》中文版及英文版。

任国立中央图书馆（筹备）审查会主席。

编译所开办图书馆学讲习所，学员 200 余人。

商务印书馆出版《综合英汉大词典》《教育大辞书》（王云五撰序）。

民国 18 年（1929）42 岁

2 月，在中华图书馆协会第一次年会上当选为执行委员（执行委员共 15 人）。

3 月，受聘任上海市图书馆筹备员。

9 月，辞去商务印书馆编译所所长职务，不久转任中央研究院社会科学研究所研究员，兼法制组主任。

本年，以四角号码检字法改良中文排字，"把字架缩小为一张写字桌子的宽度"，并以"自动输字管"装铅字，可大量节省人力物力。

出版著作《中国古代教育思潮》。

《万有文库》第一集陆续出版。

民国 19 年（1930）43 岁

1 月，鲍咸昌去世。商务印书馆董事会决定，聘任王云五为商务印书馆总经理。

3 月，离开上海，赴日本和欧美等九国进行为期半年的考察和研究。

6 月 1 日，《纽约时报》发表专访王云五的文章《为苦难的中国提供书本而非子弹》。

6 月 29 日，中国工商管理协会成立。工商部长孔祥熙为理事长。

9 月，考察结束回国。在商务印书馆推行科学管理法。

10 月，在商务印书馆设研究所，自兼所长，聘原工商部劳工司司长朱懋澄为副所长，自欧美留学生中聘 7 位专家担任研究员。

12 月，发布《编译所改组计划》，遭职工会反对，撤回方案。

本年，商务印书馆出版《地质矿物学大辞典》《王云五大辞典》《百衲本二十四史》。

民国 20 年（1931）44 岁

2 月，在商务印书馆推行科学管理改革，设置预算管理委员会，"实施对事物与对财务之管理"。

5 月，东方图书馆设流通部，开展对外借阅图书服务。上海公共租界工商局聘其任图书馆委员会委员（之前委员全由外国人担任）。

9 月，当选中国工商管理协会理事。

本年，确立商务印书馆的出版方针为"普及教育，学术独立"。商务印书馆成立预算管理委员会。

为《四库大辞典》撰序，称"真是我国第一部最适用最便检查的图书大辞典"。

出版《王云五小辞典》。

民国 21 年（1932）45 岁

1 月 28 日，"一·二八"事变爆发，位于上海闸北宝山路的商务印书馆总管理处、总厂等被炸毁，编译所、研究所、东方图书馆等被日军焚掠，商务印书馆受到重创，"劫后估计所损失财产国币一千六百万元"。

2 月，商务印书馆董事会成立特别委员会，以张元济为会长，王云五为主任。上海的总务处、编译所、印刷所、发行所、研究所，以及虹口西门两分店一律停业。

3月，商务印书馆董事会"决议将总馆厂全部停职的职工一律解雇"。

4月6日，发表66人联名通电，以"事前政府限制讨论范围"为由，拒绝参加洛阳国难会议。

4月8日，老父病逝。为复兴商务，不惜短丧废礼，"于安葬之次日，忍痛任事"。

7月，以总经理名义公布《总管理处暂行章程》和《总管理处重要事务暂行规则》，总管理处分设生产、营业、供应、主计、审核五部，及秘书处和人事委员会。编译所被撤销。

8月1日，提出"为国难而牺牲，为文化而奋斗"，宣布商务印书馆总馆复业。

10月，组织大学丛书委员会，"分聘全国学者为委员"，开始编印《大学丛书》。

11月，商务印书馆宣布除教科书外，"每日出版新书一种"。《东方杂志》等陆续复刊。

本年，商务印书馆资本额由500万元减为300万元。

公共租界工部局选任其为华人委员。

民国 22 年（1933）46 岁

1月，胡愈之主编的《东方杂志》推出"新年特刊"，王云五以"违反国策"为由，与其解约。

3月，中山文化教育馆成立，孙科为理事长。王云五为理事之一。

4月，商务印书馆发布《同人奖励金分配暂行章程》《总馆特别奖励金派发暂行规则》和《分支馆特别奖励金派发暂行规则》，进一步改革普遍分红制度，进行绩效考核，并根据考核结果发放奖金。

5月，成立东方图书馆复兴委员会和复兴基金，每年从商务印书馆盈余所提取的公益金中拨出三分之一，充入复兴基金，并向社会开放募集资金和捐赠图书。

9月，根据教育部新课程标准编著的《复兴中小学教科书》在秋季开学前出版。这套教科书，"在商务书馆历次所编教科书中堪称佳作"。

12月，国立编译馆从《万有文库》中"选就四百十二种作为中等学校第一辑用书，呈送教育部通令各省采用"。

民国 23 年（1934）47 岁

1月，宣布每日至少出版新书 1 种，多则 2～3 种。

3月，在中国国际贸易协会第二届理事会上，当选为理事。

4月，当选中国文化建设协会理事，兼出版委员会主任。

5月，中国人事学会成立。

本年，商务印书馆出版《日用百科全书》《幼童文库》（200册）《小学生文库》500 册，影印出版《四库全书珍本初集》231种，2000 册；《四部丛刊》续编、三编；《六省通志》。《万有文库》第二集陆续出版。商务印书馆恢复资本额到 350 万元。

中山文化教育馆编译之《中山文库》交商务印书馆出版。

民国 24 年（1935）48 岁

1月，商务印书馆变更总分馆计算盈余制度，由分馆自负盈亏改为总馆统一核算。

3月，上海市图书馆临时董事会成立，任副董事长（董事长为蔡元培）。

4月，当选中山文化教育馆理事。

6月，出席中国人事学会第一届年会，并就"复兴商务印书馆之人事管理方法"专题发表演讲。

9月，当选中华工业总会委员。

10月，商务印书馆总管理处增设编审部。

本年，出版《王云五大辞典》（袖珍本）和《王云五小辞典》（增订本），又推出便于携带和定价低廉的《王云五小字汇》。

商务印书馆出版《丛书集成初集》共541类，4000册；《四部丛刊》三编，《化学工业大全》（15巨册，600万字）等。商务印书馆全年出版新书1689种，4304册，创历史最高。商务印书馆恢复资本额到400万元。

．

民国25年（1936）49岁

3月，获中山文化教育馆资助，编撰《中山大辞典》，规划40册5000万字。后因战争爆发，资料散失，仅成《中山大辞典一字长编》。

4月，印行《国学基本丛书》400种。

6月，起草《征集张菊生先生七十生日纪念论文启》，并与蔡元培、胡适联署发出。

7月23日，高梦旦逝世。

本年冬，长女学文病逝。

本年，商务印书馆出书4938册，占全国出书9438册的52%。"为商务印书馆新出版物最盛之一年，亦为中华民国全国新出版物最多之一年。"

教育部颁布《划一图书售价办法》，王云五在主持上海市书业同业公会大会时力挺该办法，表示："在我个人，人可以不做，书却不能不卖实价。"

民国 26 年（1937）50 岁

3 月，商务印书馆恢复资本额到 500 万元，达到"一·二八"事变前水平。

5 月，应中国文化学会之邀，赴该会演讲《十年来的中国出版事业》。

6 月，任温溪造纸公司董事长。

7 月，应邀参加蒋介石在庐山举行的"国是谈话会"，在返回上海途中进行战时馆务的应对部署。

8 月 13 日，日军轰炸上海，商务印书馆再度遭受重大损失，被迫停业。

10 月 1 日，商务印书馆恢复出版新书。宣布日出新书一种。又赴香港设立总管理处驻港办事处，将商务印书馆的主要业务转入香港。至 1941 年底太平洋战争爆发前，一直留居香港，前后约四年时间。

11 月，国民政府迁都重庆。

本年，商务印书馆（香港）出版《战时经济丛书》《抗战小丛书》《战时常识丛书》《抗战丛刊》等战时读物上百种。

撰写《编纂中国文化史之研究》，出版《中国文化史丛书》80 种。

民国 27 年（1938）51 岁

3 月，国民党临时全国代表大会召开，通过《抗战建国纲领》，组织国民参政会，旨在"团结全国力量，集中全国之思虑及识见，以利国策之决定与实行"。

6 月，代表出版界，以社会贤达身份被选为第一届国民参政会参政员。

7 月，商务印书馆驻沪、驻港办事处分别设立节约委员会。出版用纸采用战时版式，节约一半纸张。

9月，因受商务印书馆同人会（工会组织）连续攻击一事，商务印书馆董事会在上海召集会议，议决致函在香港的王云五加以安慰。

本年，在香港出版《中山大辞典一字长编》；创刊《东方画刊》《健与力》杂志。

民国 28 年（1939）52 岁

1月，蒋介石兼任国民参政会议长。

3月，赴重庆参加第三次全国教育会议。

本年，改进航空纸型"以利运输供应"。创新化学翻印法，并"以土制机器、土产粗纸及战时版式印书"，极大节约了成本，增加了供应。

在香港刊印和发行《万有文库简编》500 种，1200 册。

民国 29 年（1940）53 岁

3月5日，蔡元培在香港逝世。"其临终时，除其家人外，余为独侍病榻之唯一友人。"

5月，张元济访港，与王云五商量"公司营业情形"。香港《大公报》10—12 日连载其撰写的《四十年来之中国出版界》。

民国 30 年（1941）54 岁

2月，选为第二届国民参政会参政员。因皖南事变，中共拒绝出席国民参政会，经反复斡旋，董必武出席，并当选驻会委员。

8月，中华书局总经理陆费逵在香港逝世，在其追悼会上致辞，表彰陆费逵的出版功绩。

11月，由港赴渝参加参政会二届二次会议。

12 月，日本偷袭珍珠港，太平洋战争爆发，被迫取消返港计划，随即在重庆设立商务印书馆总管理处和驻渝办事处，由驻渝办事处统辖所有后方馆厂（之前由驻港办事处统辖，而总管理处"作为流动性质，随总经理之驻在地而定"）。

民国 31 年（1942）55 岁

2 月 1 日，商务印书馆宣布在重庆恢复日出新书 1 种。

4 月，滞留香港的家人安抵重庆。

7 月，在国民参政会三届一次会议上当选为驻会委员。

本年，国立编译馆编辑部定大学用书，商务印书馆承印其总数的一半。

出版著作《做人做事及其他》，受到读者欢迎，一年多印行了四版。

民国 32 年（1943）56 岁

1 月，代理国民参政会经济建设策进会滇黔办事处主任，驻留昆明，1 个月后卸任。

2 月，商务印书馆出版《中学生文库》共 400 种。

3 月，《东方杂志》在重庆第三次复刊，兼任社长。《学生杂志》《健与力》也在重庆复刊。

4 月，教育部实施国定本教科书制度，由商务、中华等七家联营。

9 月，试行中文排字改革，创立"云五式中文字架"，可极大提高排字工人效率，并节省铅料一半。

11 月，参加国民政府访英团，出访英国。

本年，任国防最高委员会宪政实施协进会常务委员，国民参政会经济建设策进会常务委员。出版《工商管理一瞥》和《新目录学的一角落》。

民国 33 年（1944）57 岁

2 月，访英途中访问北非以及土耳其、伊朗、伊拉克。回国后撰著《战时英国》《访英日记》（中、英文）出版。

9 月，国民参政会组织延安访问团，为五人代表团成员之一。

12 月，为《五十年来的中国》一书撰写《五十年来的出版趋向》。

本年，任中国发明协会理事长。出版《王云五新词典》。

民国 34 年（1945）58 岁

6 月 2 日，与褚辅成、黄炎培、左舜生、冷御秋、傅斯年、章伯钧联名致电毛泽东、周恩来，促中共继续和谈。毛、周复电表示欢迎他们到延安商谈。

7 月 2—5 日，参政会延安访问团访问延安，王云五"托病"未去。

7 月 7 日，在参政会四届一次会议上当选为主席团成员。

9 月 2 日晚，蒋介石在重庆官邸宴请毛泽东、周恩来、王若飞，参政会延安访问团成员应邀参与，王云五亦获邀参加。

10 月，获颁国民政府二等景星勋章和胜利勋章。

本年，出版著作《旅渝心声》，译著《苏联工农业管理》。

民国 35 年（1946）59 岁

1 月，政治协商会议在重庆召开，以无党派之社会贤达身份当选代表并出席会议。

5 月，自重庆返上海，向商务印书馆董事会辞职并获准，不再任总经理，仅保留董事之职。随即应蒋介石邀请，转赴南京，出任国民政府经济部长，并兼最高经济委员会（后改为全国经济委员会，简称全经会）委员。在经济部长任内主持编订《商业会计法》，经立法院通过后，于1948年颁布实施。

11月，在国民大会（制宪国大）一届一次会议上当选为主席团成员。

民国36年（1947）60岁

1月，国民政府公布《中华民国宪法》，12月25日施行。

2月，与政协各代表在南京与周恩来晤谈。国民政府颁布《经济紧急措施令》，将物价工资等一律暂行冻结。

4月，与蒋介石、张君劢、曾琦、莫德惠联署发表《国民政府施政纲领》。旋任国民政府委员、行政院副院长，兼任预算委员会主任委员会和经济审查委员会的召集人。

9月，朱经农任商务印书馆总经理，兼编审部部长。商务印书馆在台湾筹设分馆，次年1月开业，赵叔诚任经理。

民国37年（1948）61岁

5月，行政院重组，翁文灏为行政院（行宪后第一任内阁）院长。王云五改任财政部部长。

8月，进行币制改革，发行金圆券。

9月，以财长身份，赴美出席国际货币基金及国际银行第三届联合会会议，并以主席身份主持会议。10月10日回国。

11月，辞去财政部部长职务。当月携眷飞往广州。

12月，不再担任商务印书馆董事。

本年，新华社公布第一批国民党甲级战犯43名，王云五位列第15号战犯。

民国 38 年（1949）62 岁

11 月，胡适创办《自由中国》半月刊。胡适、雷震相继任发行人。激烈批评国民党政府。

12 月 25 日，华国出版社在港、台两地同时开业，实际在港主持。

本年，移居香港，受聘为剑桥大学汉学特别讲座（未赴任）。

1950 年 63 岁

10 月，商务印书馆台湾分馆改称台湾商务印书馆。

12 月，在香港寓所遭遇暗杀，子弹未命中。

本年，华国出版社出版《王云五综合词典》。

翻译《在铁幕之后》《工业心理学》《波兰怎样变为苏联卫星国》《现代武器与自由人》《俄人眼中的俄国》《史达林与狄托之交恶》《莫斯科的使命》《共产主义在中国》等书，署笔名龙倦飞，在华国出版社出版。

在香港创办《自由人》三日刊。

1951 年 64 岁

3 月 3 日，自港飞台，定居台北。旋被台湾当局聘为"行政院设计委员会设计委员"。

3 月，朱经农在美国逝世。

5 月，被聘为"总统府国策顾问"。

12 月，出版著作《谈管理》。"未满二年，重版五次"。1953 年出增订本，又重版数次。1965 年扩充再出，为《岫庐论管理》。

本年，编著《中国史地词典》《英文成语新词典》《读书常识》《国际常识》，由华国出版社出版。

1952 年 65 岁

7 月，任"国立故宫中央博物院"共同理事会第二届理事长，后连选连任，直至 1964 年共同理事会改组为"国立"故宫博物院管理委员会，任主任委员（第七任）。

本年，出版回忆录《我的生活片断》，出版著作《谈世界》。

1953 年 66 岁

2 月，被台湾商务印书馆推举为设计委员会主任委员，"仅属从旁赞襄性质"。

1954 年 67 岁

1 月，在"国民大会"一届二次会议上当选为主席团成员，一度以无党派人士提名"副总统"候选人，后放弃竞选。

8 月，受聘为"国立"政治大学政治研究所兼职教授，任教于硕士班和博士班，教授"现代公务管理""现代行政问题研究"和"中国历代政治典籍研究"课程。任"考试院副院长"。

10 月，聘为"光复大陆设计研究委员会委员"。

本年，出版著作《谈往事》《谈政治》《谈教育》《谈管理》等。

1955 年 68 岁

7 月，任公务员高等考试典试委员长。

本年，任"孙立人案调查委员会"委员。

1956 年 69 岁

本年，译著《美国全史》全部出版，共 4 册 150 余万字。

1957 年 70 岁

9 月，代表台湾当局赴美"出席"联合国大会，行前受命"调查研究胡佛委员会之建议与成果"。会后留美四个月，专研美国行政效率改革。

本年，发表《我国博士学位授予之研究》《博士考》两篇论文。在"考试院"主持"博士评定委员会规则"，台湾博士制度由此建立。

1958 年 71 岁

3 月，任"总统府临时行政改革委员会主任委员"，"从事研究行政改革的设计"，主持撰写并提交《中央行政改革建议案》（简称"八十八案"）。

4—5 月，以"总统府临时行政改革委员会主任"名义进行环台巡视。

7 月，任"行政院副院长"，兼"经济动员委员会主任委员"。

11 月，胡适任台湾"中央研究院院长"。

1959 年 72 岁

8 月 14 日，张元济逝世。

本年，任台湾中山同乡会理事长。

1960 年 73 岁

3 月，"国民大会"一届三次大会召开，以大会主席名义主持，制定并在大会通过新的《动员戡乱时期临时条款》，为蒋介石突破"宪法"第三次连任"总统"铺路。

本年，台湾开始授予博士学位。其指导的政治大学研究所高级研究生周道济成为台湾第一个获得博士学位的人。

撰写《中山县先贤志略》。

雷震因《自由中国》言论被台湾国民党当局判入狱。

1961 年 74 岁

为《中山县志》撰序。

1962 年 75 岁

2 月 24 日，胡适在台北病逝。

3 月，兼任"行政院经济动员计划委员会主任委员"。

10 月，"行政院"设"行政改革建议案检讨小组"，任召集人，对三年来的行政改革进行检讨和评估。

1963 年 76 岁

12 月，辞去"行政院副院长"职务，改聘为"总统府"资政。

本年，嘉新水泥公司捐资 1000 万元，成立嘉新文化基金会，王云五任董事长。

1964 年 77 岁

6 月，被台湾商务印书馆股东会推举为董事长。

1965 年 78 岁

2 月，聘政治大学的学生徐有守为台湾商务印书馆总编辑。

6 月，台湾商务印书馆创办《出版月刊》，徐有守兼任主编。

11 月，"国父百年诞辰纪念大会"召开，以筹备委员会主任名义主持大会。

本年，任中山学术文化基金管理委员会主任委员，后成立财团法人基金会，任董事长。

出版著作《岫庐论时局》《岫庐论国际局势》《岫庐论管理》《岫庐论经济》《岫庐论教育》《岫庐论学》《岫庐论政》等。

台湾商务印书馆重印《丛书集成简编》《四部丛刊初编》等。出版《万有文库荟要》1200 册。

1966 年 79 岁

11 月，台湾"中华文化复兴运动推行委员会"成立，任副会长，兼学术研究出版促进委员会主任。（会长为蒋介石）

本年，台湾商务印书馆辑印《汉译世界名著》甲编、乙编共300 种。

策划出版《人人文库》。

1967 年 80 岁

7 月，台湾商务印书馆复刊《东方杂志》，其政治大学学生金耀基任主编。

10 月，成立云五奖学基金会。

本年，徐有守辞去台湾商务印书馆总编辑、总经理职务。遂以董事长代行总经理、总编辑职权。

台湾商务印书馆增订出版《小学生文库》600 册，重印《索引本佩文韵府》《索引本嘉庆重修一统志》等。

出版回忆录《岫庐八十自述》。

1968 年 81 岁

位于台北重庆南路的台湾商务印书馆屋重建，新大楼命名为"云五大楼"，"以志余为该馆之功绩"。

聘周道济为台湾商务印书馆总编辑。

台湾商务印书馆重印《韵史》《中山大辞典一字长编》《宋蜀

本太平御览》《汇刊涵芬楼秘笈》等。出版《国学基本丛书》400 种。

台湾商务印书馆出版《蔡元培先生全集》，纪念蔡元培诞辰100 周年。《岫庐语汇》出版。

1969 年 82 岁

5 月，辞去政治大学教职，聘周道济为台湾商务印书馆总经理。

10 月，赴汉城（今译首尔）接受建国大学所赠名誉法学博士学位，并获颁庆应大学奖章。

本年，撰著《中国政治思想史》先秦卷、两汉卷、宋元卷、明代卷、清代卷，陆续由台湾商务印书馆出版。

重印《四库全书珍本初集》（后陆续出版至九集），出版《古籍今注今译》。

1970 年 83 岁

2 月，《中国政治思想史》第六卷《民国政治思想与中国政治思想综合研究》出版。

7 月，以台北故宫博物院主任委员身份率团访问日本，参观万国博览会。

8 月，《云五社会科学大辞典》12 册开始陆续出版。

本年，台湾商务印书馆出版《新科学文库》60 种。

任孙哲生先生学术基金会董事长。

与陈启天、谷正纲联署具保雷震出狱。

1971 年 84 岁

撰著和出版《中国教学思想史》各卷（共 6 卷）。

台湾商务印书馆重印《东方杂志》全部旧刊 50 卷。出版《续修四库全书提要》《四库全书总目提要》《四库未收书目禁毁书目》等。

患心脏疾病，渐感言语及行动不便。

1972 年 85 岁

3 月 25 日，在台北《新生报》公开《预立遗嘱》，宣布除书画及精印艺术品分赠子女留念之外，剩余财产一律捐予云五图书馆。

本年，成立财团法人"云五图书馆基金会"，将自己的藏书全部捐出，另捐款新台币 100 万元，创建云五图书馆。

1973 年 86 岁

出版著作《商务印书馆与新教育年谱》。

台湾商务印书馆精印出版《历代书画珍品》26 种，影印出版《乾嘉名人手札》《岫庐现藏罕传善本丛刊》50 种。重版《百衲本二十四史》200 部。

台湾商务印书馆在汉城（今译首尔）设总经销店。

1974 年 87 岁

10 月，云五图书馆对外开放，免费借阅。

本年，周道济辞去台湾商务印书馆总经理兼总编辑职务，王云五"不得已扶病逐日到馆主持应变工作"。

聘杨树人为台湾商务印书馆总编辑，张连生为代理总经理。

台湾商务印书馆影印出版《国粹学报旧刊全集》。

1975 年 88 岁

4 月，蒋介石病逝。发表长文《我怎样受知于故"总统"蒋公》，称蒋介石为"第一知己"。

本年，因怀疑雷震泄密，宣布与其"绝交"，引发轰动一时的与雷震的笔墨官司。

由王寿南发动台湾政治大学学生撰写和编印的《我所认识的王云五先生》出版。

台湾商务印书馆影印出版《教育杂志旧刊全部》。

1976 年 89 岁

因总编辑杨树人离职，"以董事长而兼总编辑职务"，组织各大学权威教授筹划《岫庐文库》出版事宜，开始增修《辞源》工作，并亲撰《〈辞源〉修订及补编说明》和《〈增修〉辞源序》。

台湾"国防部"编辑《岫庐文选》，"一次印行一万二千部，分发各单位部队阅读"。

出版著作《纪事诗存》。

台湾商务印书馆缩印《补校百衲本二十四史》。

1977 年 90 岁

连续发表《致卡特公开信》《读卡特就职演说感言》《卡特先生失言矣》，表达对美国强烈不满。

台湾商务印书馆资本额增至 2000 万元（新台币）。

台湾商务印书馆出版《岫庐已故知交百家书札》及回忆录《最后十年自述》。

1978 年 91 岁

3 月 25 日，代表"国民大会"向蒋经国致送"总统"当选证书。

台湾商务印书馆出版《中正科技大辞典》。

台湾商务印书馆营业额达到 4151 万元，再创历史新高。

1979 年 92 岁

7 月 25 日，为张元济著《涉园序跋集录》撰跋。

8 月 14 日，在台北逝世。葬于台北县树林镇山佳净律寺佛教墓园。

附录二：王云五著译书目

1. 《社会改造原理》（原著者罗素），译著，上海公民书局1920年。

2. 《物理与政治》，上海公民书局1920年。

3. 《四角号码检字法》，商务印书馆1926年。

4. 《中外图书统一分类法》，英文版 Wang's System of Chinese Lexicography，商务印书馆1928年。

5. 《中国古代教育思潮》，上海商务印书馆1929年。

6. 《做人做事及其他》，商务印书馆（重庆）1942年。

7. 《工商管理一瞥》，商务印书馆（重庆）1943年。

8. 《访英日记》，商务印书馆（重庆）1944年。另有王云五自己译成的英文版本出版。

9. 《战时英国》，商务印书馆（重庆）1944年。

10. 《王云五新辞典》，商务印书馆（重庆）1944年。

11. 《苏联工农业管理》，译著，商务印书馆（重庆）1945年。

12. 《旅渝心声》，商务印书馆（重庆）1945年。

13. 《编纂中国文化史之研究》，商务印书馆1945年。

14. 《新目录学的一角落》，商务印书馆1946年。

15. 《在铁幕之后》，译著，原著者根室氏，华国出版社（台北）1950年。

16. 《工业心理学》，译著，华国出版社（台北）1950年。

17. 《波兰怎样变为苏联卫星国》，译著，华国出版社（台北）1950 年。

18. 《现代武器与自由人》，译著，华国出版社（台北）1950 年。

19. 《俄人眼中的俄国》，译著，华国出版社（台北）1950 年。

20. 《史达林与狄托之交恶》，译著，华国出版社（台北）1950 年。

21. 《莫斯科的使命》，译著，华国出版社（台北）1950 年。

22. 《共产主义在中国》，译著，华国出版社（台北）1950 年。

23. 《一九五二年的世局》，华国出版社（台北）1952 年。

24. 《谈世界》，华国出版社（台北）1952 年。

25. 《我的生活片断》，华国出版社（台北）1952 年。

26. 《读书常识》，华国出版社（台北）1952 年。

27. 《国际常识》，华国出版社（台北）1952 年。

28. 《科学管理常识》，华国出版社（台北）1954 年。

29. 《谈政治》，华国出版社（台北）1954 年。

30. 《谈教育》，华国出版社（台北）1954 年。

31. 《谈国际局势》，华国出版社（台北）1954 年。

32. 《现代公务管理》，（台湾）"中华文化出版事业委员会"1955 年。

33. 《美国全史》，译著，共 4 册 150 余万字，台湾商务印书馆1956 年。

34. 《纪旧游》，（台湾）《自由谈》杂志社 1964 年。

35. 《谈往事》，（台湾）传记文学杂志社 1964 年。

36. 《对青年讲话》，华国出版社（台北）1964 年。

37. 《岫庐论政》，台湾商务印书馆 1964 年。

38. 《岫庐论管理》，台湾商务印书馆 1965 年。

39. 《岫庐论世局》，台湾商务印书馆 1965 年。

40. 《岫庐论教育》，台湾商务印书馆 1965 年。

41. 《岫庐论国是》，台湾商务印书馆 1965 年。

42. 《我怎样认识国父孙先生》，（台湾）传记文学杂志社 1965 年。

43. 《岫庐论学》，台湾商务印书馆 1966 年。

44. 《岫庐论经济》，台湾商务印书馆 1966 年。

45. 《十年苦斗记》，台湾商务印书馆 1966 年。

46. 《国民大会躬历记》，台湾商务印书馆 1966 年。

47. 《岫庐论粹》，台湾商务印书馆 1967 年。

48. 《岫庐八十自述》，台湾商务印书馆 1967 年。

49. 《岫庐论为人》（附录《岫庐语汇》），台湾商务印书馆 1968 年。

50. 《岫庐语汇》，台湾商务印书馆 1968 年。

51. 《先秦政治思想》，台湾商务印书馆 1968 年。

52. 《两汉三国政治思想》，台湾商务印书馆 1968 年。

53. 《晋唐政治思想》，台湾商务印书馆 1969 年。

54. 《宋元政治思想》，台湾商务印书馆 1969 年。

55. 《明代政治思想》，台湾商务印书馆 1969 年。

56. 《清代政治思想》，台湾商务印书馆 1969 年。

57. 《民国政治思想与中国政治思想之综合研究》，台湾商务印书馆 1970 年。

58. 《我的生活与读书》，进学书局（台北）1970 年。

59. 《民主与自由》，云天出版社（台北）1970 年。

60. 《先秦教学思想》，台湾商务印书馆 1970 年。

61. 《汉唐教学思想》，台湾商务印书馆 1970 年。

62. 《宋元教学思想》，台湾商务印书馆 1971 年。

63. 《明清教学思想》，台湾商务印书馆 1971 年。

64. 《革新时代教学思想》，台湾商务印书馆 1971 年。

65. 《中国历代教学思想综合研究》，台湾商务印书馆 1971 年。

66. 《商务印书馆与新教育年谱》，台湾商务印书馆 1973 年。

67. 《岫庐文选》，台湾商务印书馆 1976 年。

68. 《岫庐最后十年自述》，台湾商务印书馆 1977 年。

69. 《岫庐序跋集编》，台湾商务印书馆 1979 年。

70. 《我的修养》，（台湾）自由青年 1979 年。

71. 《旧学新探：王云五论学文选》，上海学林出版社 1997 年。

72. 《我怎样读书：王云五对青年谈求学与生活》，辽宁教育出版社 2005 年。

73. 王云五：《岫庐八十自述（节录本）》，上海人民出版社 2007 年。

74. 《王云五文集》（6 卷 11 册），江西教育出版社 2008—2015 年。

75. 《王云五回忆录》，北京，九州出版社 2012 年。

76. 《王云五全集》（20 卷），台湾商务印书馆有限公司 2012 年。

77. 《王云五全集》（20 卷），北京，九州出版社 2013 年。

（以上按出版年代排序。不同年代或大陆与台湾的版本，虽然书名不同，但内容可能一样。所编词典，仅收《王云五新词典》。）

主要参考书目

王云五著作

王云五:《工商管理一瞥》,商务印书馆 1943 年 6 月重庆初版。

王云五:《十年苦斗记》,台北,台湾商务印书馆 1966 年。

王云五:《岫庐八十自述》,台北,台湾商务印书馆 1967。

王云五编:《商务印书馆与新教育年谱》,台北,台湾商务印书馆 1973 年。

王云五:《岫庐最后十年自述》,台北,台湾商务印书馆 1977 年。

王云五:《谈往事》,台北,台湾传记文学出版社 1981 年。

《王云五书信三十六通》,载耿云志主编:《胡适遗稿及秘藏书信》第二十四册,合肥,黄山书社 1994 年。

王云五:《旧学新探——王云五论学文选》,上海,学林出版社 1997 年。

王云五著,王学哲编:《我怎样读书:王云五对青年谈求学与生活》,沈阳,辽宁教育出版社 2005 年。

王云五:《岫庐八十自述(节录本)》,上海人民出版社 2007 年。

《王云五回忆录》,北京,九州出版社 2012 年。

《王云五全集》（20卷），北京，九州出版社2013年。

《王云五文集》（6卷11册），南昌，江西教育出版社2011—2015年。

王云五研究论著

王寿南主编：《我所认识的王云五先生》，台北，台湾商务印书馆1975年。

王寿南编：《王云五先生年谱初稿》，台北，台湾商务印书馆1987年。

蒋复璁、王寿南等编：《王云五先生与近代中国》，台北，台湾商务印书馆1987年。

王建辉：《文化的商务：王云五专题研究》，北京，商务印书馆2000年。

杨扬：《商务印书馆：民间出版业的兴衰》，上海教育出版社2000年。

胡志亮：《王云五传》，台北，汉美图书有限公司2001年。

徐有守：《出版家王云五》，台北，台湾商务印书馆2004年。

俞晓群：《中国出版家王云五》，北京，人民出版社2018年。

《王云五的一生》，载《广东文史资料》第57辑。

其他参考论著

杨端六：《工商组织与管理》，商务印书馆1944年7月重庆初版。

张静庐编：《中国现代出版史料》，北京，中华书局1959年。

茅盾：《我走过的道路》，北京，人民文学出版社1981年。

《商务印书馆图书目录（1897—1949）》，北京，商务印书馆1981年。

汪家熔：《大变动时代的建设者》，成都，四川人民出版社1985年。

《胡适的日记》，北京，中华书局1985年。

周海婴编：《鲁迅、许广平所藏书信选》，长沙，湖南文艺出版社1987年。

《商务印书馆九十年》，北京，商务印书馆1987年。

胡愈之：《我的回忆》，南京，江苏人民出版社1990年。

《雷震特稿：与王云五的笔墨官司》，载《雷震全集》（28），台北，桂冠图书股份有限公司1990年。

《商务印书馆九十五年》，北京，商务印书馆1992年。

张人凤编著：《张菊生先生年谱》，台北，台湾商务印书馆1995年。

《鲁迅全集》，北京，人民文学出版社1996年。

张树年、张人凤编：《张元济书札》（全三册），北京，商务印书馆1997年。

《商务印书馆一百年》，北京，商务印书馆1998年。

汪家熔：《商务印书馆史及其他——汪家熔出版史研究文集》，北京，中国书籍出版社1998年。

高平叔编著：《蔡元培年谱长编》，北京，人民教育出版社1999年。

宋原放主编：《中国出版史料（现代部分）》，济南，山东教育出版社2001年。

《张元济日记》，石家庄，河北教育出版社2001年。

《张元济全集》，北京，商务印书馆2007年。

王学哲、方鹏程：《勇往直前：商务印书馆百年经营史（1897—2007）》，台北，台湾商务印书馆2007年。

《中国出版通史》（9卷），北京，中国书籍出版社2008年。

王学哲编：《艰苦奋斗的岁月（1936—1948）：张元济致王云五的信札》，台北，台湾商务印书馆有限公司 2009 年。

吴永贵：《民国出版史》，福州，福建人民出版社 2011 年。

耿云志、宋广波编：《胡适书信选》，北京、上海，外语教学与研究出版社、上海三联书店 2012 年。

耿云志：《胡适年谱》（增订本），福州，福建教育出版社 2012 年版。

《张菊生先生七十生日纪念论文集》，北京，商务印书馆 2012 年。

王建辉：《教育与出版：陆费逵研究》，北京，中华书局 2012 年。

汪家熔：《张元济》，上海辞书出版社 2012 年。

《胡适自述》，上海，华东师范大学出版社 2013 年版。

赵俊迈著，汪班、袁晓宁译：《典瑞流芳：民国大出版家》，台北，台湾商务印书馆有限公司 2014 年。

《胡适雷震来往书信选集》，南京大学出版社 2014 年。

马伯煌主编：《中国近代经济思想史》，上海人民出版社 2014 年。

周武主编：《二战中的上海》，上海远东出版社 2015 年。

金耀基：《人间有知音：金耀基师友书信集》，香港，中华书局 2018 年。

后　记

　　本书的写作始于十多年前的一次命题作文。当时广东的主政者提出编辑出版一套广东历史文化名人丛书，以配合"文化大省"建设。我当时任广东人民出版社总编辑，在参与讨论时，我提出："文化大省"建设少不了出版界的参与，王云五是公认的出版界的历史文化名人，希望能够列入规划。选题列入规划之后，几经周折，主要是由于受到政府项目有严格的出版时间限制的影响，编委会最后指定我来承担项目。坦率地说，我相当忐忑，因为既无研究基础，亦缺乏写作专著的经验；但我若不写，作为这项计划的"始作甬者"，项目却有可能落得一个无疾而终的结局，有些说不过去。2006 年，《文化奇人王云五》如期出版。虽然反响不算太差，出版界和学术界都有若干书评，出版社也重印了两次，但我始终不太满意，主要还是参考文献太少，很多史实没有涉及，有些分析很肤浅，甚至存在谬误。

　　这一次修订，虽说基本保留了原来的框架结构，但大部分是重写。首先是把这十多年收集的资料文献都做了增补；其次是撰写了王云五定居台北之后的若干章节；第三是改订了部分史实上的谬误。由于初版时是一个丛书出版规划，要求统一不用注释，因此所有引文都未注明出处。本次修订大部分都核对了引文，但仍有个别地方，因未能找到原始文献，无法注明出处。特此说明。

　　十年前，我的第一本著作《文化奇人王云五》刚刚出版，母亲就突然发病，驾鹤西去，竟然没能见上最后一面。很长一段时间，我都难以从悲伤中自拔。父母相继离去，使我产生了一种孤儿般无依无靠的感觉。

子欲孝而亲不在，何尝不是人生中的一道坎？

事业的起起伏伏，生活的暗礁险滩，是人到中年的必修课吧？

前年 7 月，我的人生突然有了一个重大的改变。我接受命运给予我的安排。就像 36 年前，命运把我孤零零抛到我完全陌生的广州。现在，我似乎有了重新开始的机会。

十年是一个轮回。十年来，好几次想要动笔写写我的父亲母亲，欲说还休，竟然无言。那么就用这本书祭献给我的父亲母亲吧，愿你们安息，并且继续护佑我们！

广东省宣传思想战线"十百千"工程优秀人才（2014）、广东省培养高层次人才特殊支持计划（2015）、广东省首届出版名家（2016）等人才培养工程，为本书的研究、写作和出版提供了大力支持，我对此心存感激！

我的导师林家有教授，一直以来对我关爱有加。研究生毕业的时候，他非常想要留我在中山大学历史系任教，又担心我不能承受大学老师的清苦生活（那个时候流行"造原子弹的不如卖茶叶蛋的，操手术刀的不如拿剃头刀的"），因此一边帮我联系单位，一边与当时的系主任陈胜粦教授商量，万一外面单位不理想，我还是可以留在系里。前年导师八十寿诞，弟子们聚在一起，谈了很多这样的往事，原来林老师和夫人梁碧莹教授，对待自己学生，有如自己子女。当我呈上这本书稿，我的心里是忐忑不安的，毕竟这么多年忙于事务而疏于学业了。未曾想林老师却几次鼓励。他两次通读全稿，认真审阅，指出了稿中多处谬误以及不当表述，还为拙作撰序，为本书增色不少。林老师的"培养之恩，父爱之情"，我会永远铭记在心。

陈万雄先生曾主政香港商务印书馆、香港联合出版集团多年；

在繁忙工作之余，致力于中国近现代史研究，其著作《五四新文化的源流》广受学术界好评；同时还热心公共事务，获香港特别行政区政府委任为太平绅士。陈先生正是我心目中理想出版家应有的形象，尽管这样的出版家，现在已经越来越少了。我与陈先生相识二十余年，各方面常获教益，亦深为他的远见卓识与谦和为人所折服。陈先生应允为拙著作序，实为本人莫大荣幸！

本书撰写过程中，得到了中山大学历史系邱捷教授、吴义雄教授、赵立彬教授，中国新闻出版研究院魏玉山院长，广东省立中山图书馆倪俊明副馆长，中央驻香港联络办副主任何靖先生，台湾王云五基金会张芙愫女士，香港中华书局总编辑周建华先生，广东教育出版社杨向群编审，商务印书馆研究专家汪家熔先生，广东人民出版社王俊辉副编审的帮助。广东人民出版社肖风华社长、钟永宁总编辑、卢雪华副编审在本书编辑出版过程中，提出了许多很好的建议。在此，一并致谢！

最后，要特别感谢我的家人！在我一次次困顿和萎靡不振时，你们始终鼓励我支持我。你们的鼓励使找重新振作，你们的支持是我继续奋斗的源泉。

本人不是专业史学工作者，才疏学浅，错漏之处在所难免，恳切希望得到史学界和出版界的批评指正。

作　者

2018 年 7 月 22 日